Ruhestar

Sabine Schröder-Kunz

Ruhestand als Chance

Die späte Lebensphase entdecken

Sabine Schröder-Kunz
Darmstadt, Hessen, Deutschland

ISBN 978-3-658-43488-5   ISBN 978-3-658-43489-2   (eBook)
https://doi.org/10.1007/978-3-658-43489-2

Die Deutsche Nationalbibliothek verzeichnet diese Publikation in der Deutschen Nationalbibliografie; detaillierte bibliografische Daten sind im Internet über https://portal.dnb.de abrufbar.

© Der/die Herausgeber bzw. der/die Autor(en), exklusiv lizenziert an Springer Fachmedien Wiesbaden GmbH, ein Teil von Springer Nature 2024

Das Werk einschließlich aller seiner Teile ist urheberrechtlich geschützt. Jede Verwertung, die nicht ausdrücklich vom Urheberrechtsgesetz zugelassen ist, bedarf der vorherigen Zustimmung des Verlags. Das gilt insbesondere für Vervielfältigungen, Bearbeitungen, Übersetzungen, Mikroverfilmungen und die Einspeicherung und Verarbeitung in elektronischen Systemen.
Die Wiedergabe von allgemein beschreibenden Bezeichnungen, Marken, Unternehmensnamen etc. in diesem Werk bedeutet nicht, dass diese frei durch jedermann benutzt werden dürfen. Die Berechtigung zur Benutzung unterliegt, auch ohne gesonderten Hinweis hierzu, den Regeln des Markenrechts. Die Rechte des jeweiligen Zeicheninhabers sind zu beachten.
Der Verlag, die Autoren und die Herausgeber gehen davon aus, dass die Angaben und Informationen in diesem Werk zum Zeitpunkt der Veröffentlichung vollständig und korrekt sind. Weder der Verlag noch die Autoren oder die Herausgeber übernehmen, ausdrücklich oder implizit, Gewähr für den Inhalt des Werkes, etwaige Fehler oder Äußerungen. Der Verlag bleibt im Hinblick auf geografische Zuordnungen und Gebietsbezeichnungen in veröffentlichten Karten und Institutionsadressen neutral.

Planung/Lektorat: Ulrike Loercher
Springer ist ein Imprint der eingetragenen Gesellschaft Springer Fachmedien Wiesbaden GmbH und ist ein Teil von Springer Nature.
Die Anschrift der Gesellschaft ist: Abraham-Lincoln-Str. 46, 65189 Wiesbaden, Germany

Wenn Sie dieses Produkt entsorgen, geben Sie das Papier bitte zum Recycling.

Danksagung

*Das Leben kann nur rückwärts verstanden werden,
aber es muss vorwärts gelebt werden.*

Søren Kierkegaard

Das Schreiben an dem hier vorliegenden Buch hat mehrere Jahre in Anspruch genommen – Jahre, in denen ich selbst älter geworden, selbst dem Ruhestand näher gerückt bin. Es basiert auf meiner beruflichen wie auch meiner persönlichen Erfahrung. Beigetragen haben in beiden Fälle viele Menschen. Mein Dank gilt all jenen, mit denen ich über den Übergang in den Ruhestand und die späte Lebensphase sprechen durfte und die mich inspiriert haben.

Ein besonderer Dank gebührt meinem lieben Vater, der mir an vielen Stellen ein Vorbild in Sachen Alter war. Mit Ruhe, Güte und Frohsinn hat er es bis zuletzt mit seinen Möglichkeiten gestaltet. Seine Haltung und seine Lebensweise haben mich tief beeindruckt und mir gezeigt, wie bereichernd und erfüllend diese Lebensphase sein kann.

Inhaltsverzeichnis

1	**Einleitung**	1
2	**Sinn und Fähigkeiten bis zum letzten Arbeitstag erleben**	7
	2.1 Die Entscheidung: Wann geh ich raus?	8
	2.2 Sinn bis zum letzten Arbeitstag	11
	2.3 Unsere Fähigkeiten nutzen und zur Entfaltung bringen.	20
	2.4 Verantwortung, die gut tut	29
	Weiterführende Literatur	43
3	**Wissen mit Freude weitergeben und nicht aufhören zu lernen**	47
	3.1 Wissen weitergeben	48
	3.2 Lernen und Erfahrung sammeln – auch in späten Jahren	63
	Weiterführende Literatur	71
4	**Loslassen und Abschied nehmen**	73
	4.1 Verabschiedet werden?	74
	4.2 Abschied nehmen	76
	4.3 Den Abschied gestalten	78
	Weiterführende Literatur	82
5	**Die Lebensphase „Ruhestand" vorbereiten – Eine demografische Notwendigkeit**	85
	5.1 Planung und Vorbereitung des Ruhestands	86
	5.2 Demografische Atemnot und finanzielle Engpässe	89
	5.3 Die Unruhe vor dem Ruhestand	91
	5.4 Die vielen Facetten des Neuen	95

	5.5 Sinnsuche im Übergang zum Ruhestand: Was war? Was ist? Was kommt?	103
	Weiterführende Literatur	111
6	**Die besondere erste Zeit im Ruhestand**	**113**
	6.1 Ruhestand im Wandel	114
	6.2 Die erste Zeit des Ruhestands	119
	Weiterführende Literatur	135
7	**Neu gefordert: Die richtige Nahrung für Kopf und Körper finden**	**137**
	7.1 Wenn Kopf und Körper altern – ganz natürlich	140
	7.2 Unser Leben mit Kopf und Körper gestalten	146
	7.2.1 Herausforderungen, die gut tun	149
	7.2.2 Vom Umgang mit Veränderungen	157
	7.2.3 Wenn es zu viel wird: Auch im Ruhestand kann weniger mehr sein	160
	7.2.4 Wenn die Psyche leidet – mentale Gesundheit und Resilienz	162
	7.2.5 Sich gegen Belastungen wappnen und mit ihnen umgehen	164
	7.2.6 Stress und positives Denken	166
	7.2.7 Sucht, die das Alter verdirbt	170
	7.2.8 Wohlgefühl und Lebensqualität	172
	7.2.9 Zeit: Vergangenheit und Erinnerungen	177
	Weiterführende Literatur	180
8	**Die Werte der Arbeit – auch im Ruhestand?**	**183**
	8.1 Warum eine Aufgabe im Ruhestand so wichtig ist	184
	8.2 Aufgaben im Ruhestand – ein weites Feld an Möglichkeiten	192
	Weiterführende Literatur	205
9	**Soziale Kontakte und Begegnungen gestalten**	**209**
	9.1 Die Chance der Begegnung	210
	9.2 Die Vielfalt der Menschen als Bereicherung erleben	217
	9.3 Liebe und Familie im Fokus	219
	9.4 Die Rolle von Freundschaften, Bekannten und Nachbarschaft im Ruhestand	229
	9.5 Wenn Generationen aufeinander zugehen: Im Älterwerden die Jugend entdecken	231
	9.6 Gelassenheit im Umgang mit anderen	235
	Weiterführende Literatur	239

10	**Einschränkungen und Verluste als Teil des Lebens begreifen**	243
	10.1 Sich im Alter weiterentwickeln – trotz Einschränkungen, Krankheit und Verlusten	244
	10.2 Autonomie und Hilfsbedürftigkeit	250
	10.3 Arbeit an der Vergangenheit	254
	10.4 Endlichkeit: Sterben und Trauer	255
	10.5 Psychische Widerstandskraft rechtzeitig für das Alter stärken	260
	Weiterführende Literatur	264
11	**Schluss: Den Ruhestand als Chance begreifen und gestalten**	267

Über die Autorin

Sabine Schröder-Kunz, 1964 geboren, verbindet ihr Wissen als Diplom-Gerontologin und Diplom-Betriebswirtin in ihrem Ansatz zum guten Leben, Arbeiten und Älterwerden. In ihren Ruhestand-Coachings unterstützt sie Menschen, den Ruhestand als eine erfüllende und aktive Lebensphase zu gestalten. Dabei ist ihr bereits der Übergang in die nachberufliche Zeit wichtig. Sie begleitet ältere Berufstätige in ihrer individuellen Vorbereitung auf die nachberufliche Zeit. Ebenso berät sie Arbeitgeber in Fragen einer mitarbeiterorientierten Unternehmenskultur mit Blick auf Ältere.

In ihren Überlegungen zum Alter sieht die Gerontologin den Ruhestand und die Resilienz als Chancen für Wachstum und eine aktive Lebensgestaltung. Die Betonung von Würde, Respekt und Teilhabe älterer Menschen spiegelt sich in ihrem Ansatz, eine Brücke zu bauen zwischen gerontologischem Wissen und der individuellen Lebenswelt der Menschen. Als zentral sieht sie dabei das Verständnis an, dass Alter ein natürlicher Prozess ist. Für sie steht außer Zweifel, dass der Umgang mit dem Alter an Bedeutung gewinnen wird – für jeden Einzelnen, aber auch für die Gesellschaft insgesamt.

Weitere Veröffentlichungen von Sabine Schröder-Kunz im Springer-Verlag: Generationen (gut) führen – Altersgerechte Arbeitsgestaltung für alle Mitarbeitergenerationen (2019); Gutes Leben und Arbeiten in der zweiten Lebenshälfte – Frühzeitig den Weg zum Älterwerden gestalten (2019); Älterwerden in Krisenzeiten – Chancen nutzen, Risiken vermeiden (2020). Kontakt: Sabine Schröder-Kunz; Diplom-Betriebswirtin; Diplom-Gerontologin; info@demografie-und-gerontologie.com

1

Einleitung

Viele Fragen beschäftigen uns, wenn wir den eigenen Ruhestand ins Auge fassen. Was erwartet mich? Was werde ich mit meiner Zeit anfangen? Welchen Aufgaben werde ich mich zuwenden? Wie werde ich mit den Menschen um mich herum auskommen? Die Antworten können ganz unterschiedlich, ganz individuell ausfallen. Jeder aber wird den Wunsch haben, diese Zeit sinnvoll zu gestalten.

Ruhestand – so lange wie noch nie!
Der Ruhestand dauert für viele Menschen inzwischen länger, als das in früheren Zeiten der Fall war. Das ist aber nicht alles: Inzwischen hält er auch andere Herausforderungen bereit. Nicht nur die Lebenserwartung, auch die Welt hat sich verändert. In den nächsten zehn Jahren werden die sogenannten Babyboomer in den Ruhestand gehen, ein Teil ist es bereits. Oft bei guter Gesundheit, haben sie noch viel Zeit vor sich. Neue Türen öffnen sich. Sie können das Leben genießen, endlich Dinge tun, für die sie bisher nicht ausreichend Gelegenheiten hatten, sich ganz Verschiedenes vornehmen.

Sie werden aber auch eine Lücke in der Arbeitswelt hinterlassen, die sich nicht so einfach schließen lässt. Zugleich wird es immer mehr Menschen geben, die aufgrund ihres hohen Alters auf Hilfe angewiesen sind. Wer wird ihnen helfen? Die Jungen, die sowieso kaum wissen, wie sie die ganze Arbeit anpacken sollen? Oder sind die Menschen, die inzwischen mehr Freizeit haben und noch aktiv sind, jetzt mehr gefordert als je zuvor?

Die lang ersehnte Freiheit
Für viele Menschen bedeutet Ruhestand die lang ersehnte Freiheit. Die Zwänge des Arbeitslebens entfallen: die oft ja als einschränkend empfundenen zeitlichen Vorgaben, die langen Stunden am Arbeitsplatz, die Tätigkeiten, die vorgeben werden, die Kontrollen, die Termine, der Stress, wenn die Arbeit überhandnimmt … Damit ist es nun vorbei. Endlich Zeit und Ruhe, das zu tun, was ich möchte. Endlich ausreichend Raum, den Dingen nachzugehen, die mich interessieren, die ich mir vornehme, und das in meinem Rhythmus, nach meinem Gutdünken, ja ganz nach Lust und Laune.

Ist es dann so weit, erweist sich das als gar nicht so einfach. Zunächst mag es wie Urlaub erscheinen, bald aber wird klar, dass diese Freiheit angepackt, gestaltet werden will. Richtig, das zeitliche Korsett des Arbeitslebens entfällt, aber der Tag will dennoch strukturiert werden. Wie, das muss nun die Ruheständlerin, der Ruheständler selbst entscheiden. Ihnen selbst fällt damit die Verantwortung für die eigene Lebensgestaltung zu. Und das umfasst mehr als nur das eigene Privatleben. Auch im Ruhestand sind wir Teil der Gesellschaft, in der wir leben. Das aber bedeutet, dass wir sie auch jetzt noch mitgestalten können, ja sollen.

Veränderung, Veränderung!
Die Welt um uns herum verändert sich in schnellem Tempo. Von dem, was wir in unserer Jugend kennengelernt haben, ist nur noch wenig geblieben. Technische Neuerungen, nie da gewesene medizinische Möglichkeiten, die Fülle der Supermärkte, das geballte Medienangebot … Das Arbeitsleben hat sich verändert und tut es immer mehr, fast so schnell wie die Mode. Im Zusammenhang mit den Krisen, die wir in den letzten Jahren erlebt haben und in denen wir uns immer noch befinden, wird von einer Zeitenwende gesprochen. Was die Zukunft bringen wird, scheint noch unsicherer, als es früher war.

Wir werden uns, wenn wir in dieser Welt mitkommen, wenn wir uns in ihr wohlfühlen wollen, ein Stück weit mit verändern müssen, trotz der Kontinuität, die wir an vielen Stellen in uns haben. Auch im Ruhestand sind wir von dem Wandel betroffen, von den großen und den vielen kleinen Änderungen. Vielleicht sind wir es anders als noch während des Arbeitslebens, vielleicht tritt uns das eine oder andere nicht mehr so unmittelbar gegenüber. Aber unser Leben wird davon beeinflusst sein.

Ruhestand und Älterwerden gehören zusammen
Der Ruhestand wird also, salopp formuliert, auch nicht mehr das sein, was er einmal war. Sich auf ihn vorzubereiten ist daher wichtiger denn je. Die

Babyboomer-Generation ist oftmals von Arbeit und Leistungsdenken geprägt. Das wird sie nicht ablegen, wenn sie frisch in die Rente startet. Sich aufs Altenteil zu setzen, ist also nicht nur nicht drin, sondern wahrscheinlich bei den meisten gar nicht gewünscht – zumindest nicht im Sinne von deutlich reduzierter Aktivität und begrenzter sozialer Kontakte. Zugleich aber fällt vieles, was an beruflichen Strukturen bisher Halt gegeben hat, weg – eine neue Lebensbalance zu finden ist gerade dann wichtig, wenn die Arbeit bislang an erster Stelle gestanden hat. All die hier angedeuteten Anforderungen und dieses weite Feld an Möglichkeiten sinnvoll zu verbinden – das ist die Aufgabe, vor die der „drohende" Ruhestand einen stellt.

Es kommt aber noch dicker: Beim Schritt aus dem Berufsleben ins Dasein einer Rentnerin oder eines Rentners wird es nicht bleiben. Zehn, zwanzig, dreißig Jahre Ruhestand oder mehr – da ist viel Zeit für Veränderungen. Wir sind nicht plötzlich alt, wenn wir aus dem Beruf ausscheiden. Älter sind wir schon immer geworden und werden es auch weiterhin. Das lässt sich nicht berechnen, wenn wir unseren Ruhestand planen, und doch sollten wir das Alter ins Auge fassen, wenn wir danach fragen, wie wir unser weiteres Leben gestalten wollen. Wenn wir in Rente sind, können wir die persönlichen Veränderungen besser berücksichtigen, zumindest aber einen Raum schaffen, der offen genug für sie ist.

Die Chancen, die sich im und mit dem Ruhestand bieten, sind, um es vorwegzunehmen, individuell zu betrachten. Bedürfnisse, Werte, Fähigkeiten und Möglichkeiten – auch die finanziellen – können ganz unterschiedlich sein. „Chance" reicht dabei weiter als das persönliche Wohlleben, als Annehmlichkeiten im Alter – so wichtig diese auch sind. Wir müssen das eigene Leben nach dem Erwerbsleben gestalten, es findet aber nicht isoliert statt. Wir leben weiter in dieser unserer Gesellschaft. Auch daraus ergeben sich Anforderungen an das Rentnerdasein.

Als Gerontologin beschäftige ich mich in diesem Buch mit dem Ruhestand aus gerontologischer Sicht und werfe einen Blick auf die „neuen" Alten, die da in den Ruhestand gehen, die länger und gesünder als je zuvor leben und gleichzeitig größeren Herausforderungen und Gestaltungsmöglichkeiten gegenüberstehen als noch ihre eigenen Eltern. Der Ruhestand muss heute im gesellschaftlichen Kontext gesehen werden. Ich möchte zeigen, dass das Alter eine eigene, ganz wichtige Lebensphase ist, nicht irgendein „Rest", sondern Aufgabe und Chance zugleich. Ich möchte zeigen, dass Arbeit – in einem weiten Sinne verstanden – nicht einfach wegfällt mit dem Übergang in den Ruhestand, sondern als wichtige Lebenssäule weiterhin von Bedeutung ist – mit all den sinnvollen Modifikationen, die der neue Kontext mit sich bringt.

Auseinandersetzen sollten wir uns mit all dem aber schon vor dem Tag, an dem wir uns aus dem Berufs- und Erwerbsleben verabschieden. Warum das so ist, wie dies gelingen kann und was es hierbei zu beachten gilt, damit werde ich mich auf den folgenden Seiten befassen. Denn eines ist sicher: Ruhestand gelingt nur dann wirklich als erfüllte Lebensphase, wenn er als Chance begriffen wird.

Ein Buch für Jung und Alt
Dieses Buch ist sowohl für Ruheständler als auch für Berufstätige gedacht, die den Ruhestand vor Augen haben. Sie finden hier einige auf Erfahrung basierende Überlegungen zu dieser Lebensphase, zu den Herausforderungen und den Potenzialen, zum Übergang in den Ruhestand und zu sinnvollen Vorbereitungen. Aber auch für Unternehmen und Institutionen, die eine mitarbeiterorientierte Kultur anstreben und mit den zukünftigen Ruheständlern verantwortlich umgehen möchten, bietet es einige Einsichten – nicht zuletzt für jene, die im Rahmen des Fachkräftemangels die Älteren halten oder wiedergewinnen möchten. Im Arbeitsleben wird es zunehmend darum gehen, die Älteren bis zum Schluss gesund, motiviert und kompetent in die Teams zu integrieren. Aber auch ganz allgemein können jüngere Berufstätige Interesse an den Ausführungen in diesem Buch haben, um die ältere Mitarbeitergeneration zu verstehen und konstruktiv mit ihr zusammenzuarbeiten. Dabei müssen Sie dieses Buch nicht von der ersten bis zur letzten Seite durchlesen. Sie können sich gezielt die Punkte aussuchen, die Sie interessieren und mit denen Sie sich näher beschäftigen wollen. Die Kapitel und Abschnitte sind weitgehend so konzipiert, dass sie sich unabhängig voneinander lesen lassen.

Zunächst wird daher das späte Berufsleben betrachtet. Dabei geht es nicht nur um Sinn und Fähigkeiten bis zum letzten Arbeitstag, sondern auch um die Frage, wie die Älteren ihr Erfahrungswissen mit Freude weitergeben und dabei selbst nicht aufhören zu lernen. Der Abschied und das Loslassen vom Job werden in den Blick genommen. Die Veränderungen infolge des technischen und gesellschaftlichen Wandels, aber auch die durch die eigene Lebensphase und der bevorstehende Übertritt in den Ruhestand werfen gesellschaftlich wie für den Einzelnen einige Fragen auf. Angesichts der individuellen Vielfalt kann es keine pauschalen Lösungen geben. Das ist gut so, aber eben auch anspruchsvoll. Um unserer Verantwortung gerecht zu werden, müssen wir sie als etwas verstehen, das sich grundsätzlich aus zwei Aspekten zusammensetzt: aus Selbstverantwortung und aus Mitverantwortung.

Im nächsten Schritt geht es um die Planung des Ruhestands. Neben den gesellschaftlichen Entwicklungen finden sich erste Gedanken rund um die zukünftige Ruhe und Unruhe. Die vielen Facetten des Neuen, das da mit dem Ruhestand kommt, werden uns nicht nur begeistern, sondern auch immer wieder dazu aufrufen, gut zu überlegen, wie wir unsere neu gewonnene Freiheit gestalten wollen. Dabei stellen sich ganz grundlegende Sinnfragen: Was war? Was ist? Was kommt? Aufgrund der vielen Gestaltungsmöglichkeiten ist die Planung der Lebensphase „Ruhestand" wichtiger als je zuvor.

Im weiteren Verlauf des Buches sind wir im Ruhestand angekommen und können nun endgültig ausprobieren und gestalten: Was wollen wir für unseren Körper tun? Was für unseren Kopf, der bei den meisten Ruheständlern nicht mehr so gefordert wird wie noch im Berufsleben. Da gilt es aktiv zu bleiben und für unsere körperliche und geistige Fitness etwas zu tun, das zu uns passt. Die beruflichen Aufgaben fallen weg; das ist zunächst befreiend, jetzt aber müssen wir uns selbst neue Aufgaben setzen, um die Verluste, die wir beim Abschied vom Berufsleben erfahren, zu kompensieren. Mit einer solchen Wahl und den sich daraus ergebenden Tätigkeiten sind viele Werte verbunden; sie gilt es sich bewusst zu machen. Schließlich wird es im Ruhestand ganz entscheidend auch um unsere sozialen Kontakte gehen, in denen wir Wohlbefinden erleben wollen. Begegnungen können jetzt mit neuer Qualität gestaltet werden. Dabei sollten Rentner nicht unter sich bleiben, sondern gerade auch den Kontakt zu den jüngeren Generationen pflegen. Beide müssen in einer älter werdenden Gesellschaft verstärkt aufeinander zugehen.

Soll Ruhestand als Chance begriffen werden, müssen wir uns die Besonderheiten der späten Lebensphase bewusst machen. Nach ersten aktiven Ruhestandjahren werden wir zunehmend mit Einschränkungen und Verlusten konfrontiert sein. Das Älersein nur als Abbau und Niedergang anzusehen, wäre freilich falsch. Es bietet viele Chancen, die wir uns bewusst machen sollten. Sie reichen von neuen Entdeckungen und bewusstem (Er-)Leben bis hin zur Akzeptanz unserer eigenen Endlichkeit und der umfassenden Bereitschaft, ja Fähigkeit, Frieden zu schließen. So gesehen ist die späte auch gerade eine wichtige, ja zentrale Lebensphase. Sehen wir sie uns daher etwas genauer an!

2

Sinn und Fähigkeiten bis zum letzten Arbeitstag erleben

Das Wort Sinn ist in aller Munde. Überall wird nach ihm gesucht, immer wieder nach ihm gefragt, und stets wird unterstellt, es müsse einen geben. Als wäre das nicht mühselig genug, wird nun auch noch nach einem Sinn bis zum letzten Arbeitstag verlangt. Wie soll und kann das aber gelingen? Was ist überhaupt Sinn? Bleibt er nicht gleich, sondern verändert sich im Laufe des Lebens?

Wenn wir schlüssige Antworten auf unsere Fragen bekommen, macht das Sinn. Wenn wir das Gefühl haben, das Richtige zu tun, wenn unsere Fähigkeiten genutzt werden, für uns selbst oder auch für andere – das alles kann Sinn ergeben. Die Frage nach dem Sinn ist wichtig. Dabei darf sie aber nicht mit der Suche nach dem Glück verwechselt werden. Beginnen wir vielleicht damit zu behaupten, dass das Leben insgesamt Sinn macht, dass alles irgendwie miteinander zusammenhängt, auch wenn das im Einzelnen und schon gar nicht in der entsprechenden Situation immer so gesehen wird. Betrachtet man die Natur, bekommt man vielleicht am ehesten einen Blick in oder ein Gefühl für einen sinnvollen Gesamtzusammenhang.

Einen solchen umfassenden Sinn sollten wir aber auch bei der Gestaltung unseres eigenen Lebens und Arbeitens im Auge haben. Soll Arbeit nicht Mühsal und Plackerei oder monoton sein, müssen wir einen Sinn in ihr sehen, muss sie sinnvoll sein. Nur so gelingt ein Verhältnis, das über reine Äußerlichkeiten hinausgeht. Sinn braucht es aber auch, um gesund in den Ruhestand zu gehen und im Idealfall dann, im neuen Lebensabschnitt, einen positiven Rückblick auf das eigene Leben und Arbeiten zu finden. Zugleich kann unsere Arbeit aber auch für die wichtig und sinnvoll sein, die uns nachfolgen oder die weiterhin an unserem bisherigen Arbeitsplatz wirken. Haben wir das verstanden (und möglichst auch erfahren), hilft uns das bis zum Schluss, etwas zu hinterlassen (vgl. Generativität Abschn. 3.1), das für andere hilfreich sein kann. Es gibt also viele gute Gründe, sich mit dem Thema Sinn bis zum letzten Arbeitstag zu beschäftigen und sich nicht zu früh von ihm zu verabschieden.

Meist ist der Übergang in den Ruhestand ein fixes Datum. Oft kann der Zeitpunkt aber auch beeinflusst werden. Kap. 4 werden Sie Impulse dazu erhalten, wie Sie das Ausscheiden aus dem Berufsleben sinnvoll gestalten können. Das beinhaltet auch, bis zum letzten Arbeitstag den Sinn der Arbeit zu wahren. Dieser zeigt sich nicht zuletzt darin, das eigene Erfahrungswissen an die nachfolgende Generation weiterzugeben. Es stellen sich Fragen zu den eigenen Fähigkeiten im Arbeitsleben. Fassen wir sie auch im späten Berufsleben ins Auge, gelingt es uns eher, unserer Verantwortung gerecht zu werden.

2.1 Die Entscheidung: Wann geh ich raus?

Wissen Sie eigentlich schon, wann Sie in den Ruhestand gehen und haben Sie sich schon längst entschieden? Was sind die Beweggründe? Und treffen Wunsch und Realität aufeinander?

Sich mit diesen Fragen einmal zu beschäftigen, kann sowohl im Vorfeld als auch rückwirkend hilfreich sein. Man sollte das möglichst unaufgeregt tun. Der Übergang vom Arbeitsleben in die Rente markiert sicherlich ein wichtiges Ereignis im Leben, aber ruhig Blut, es ist wahrscheinlich nicht so, dass man gleich auf einen anderen Stern gebeamt wird. Den Kopf in den Sand zu stecken, hilft ebenso wenig wie Scheuklappen aufzusetzen.

Wann will und kann ich in Rente gehen? Das ist eine Frage, die sich viele Berufstätige immer wieder stellen. Dabei gibt es vieles zu berücksichtigen. Wie so oft gibt es auch hierauf nicht die eine Antwort, da die Gruppe der Berufstätigen keine homogene Gruppe ist. Manche können sich mit 70 noch immer kein Leben ohne Arbeit vorstellen, andere wieder haben bereits mit Anfang 50 den Wunsch, dass der Ruhestand am besten gleich morgen beginnt. Trotzdem orientieren sich die meisten bei der Beantwortung der Frage an der Regelaltersgrenze. Diese Grenze liegt bisher im Alter zwischen 65 und 67 Jahren.

Männer möchten öfters als Frauen länger arbeiten, aber auch Menschen mit einer höheren Bildung. Ist der Job körperlich belastend, wollen die Betroffenen meist lieber früher, als es die Regelaltersgrenze vorsieht, in die

Rente gehen. Ein weiterer wichtiger Faktor ist das Geld. Welche finanziellen Einbußen habe ich, wenn ich früher in Rente gehe? Kann und will ich das hinnehmen und welche Konsequenzen hat das für mich möglicherweise? Auch die Gesundheit spielt eine Rolle: Körperliche und psychische Beeinträchtigungen führen oftmals dazu, dass die Arbeit als belastend wahrgenommen wird. Das hängt nicht zuletzt damit zusammen, dass solche Beeinträchtigungen auch gerade durch die Arbeit entstehen. Ein weiterer Grund sind mögliche Aufgaben, die im Privatleben auf einen warten. Dazu gehört beispielsweise der Wunsch, die eigenen Kinder mehr zu unterstützen und auf die Enkel aufzupassen, oder auch die Fürsorge um hochbetagte Eltern, die zunehmend auf Hilfe angewiesen sind. Aber auch Berufstätige, die im Bekanntenkreis oder durch die eigenen Eltern erfahren haben, wie teilweise direkt nach dem Ruhestand schwere Erkrankungen bis hin zum Versterben auftreten, haben oftmals die Vorstellung, dass ihnen nur noch wenig Zeit bleibt. Sie wollen diese entsprechend für ihre noch offenen Wünsche und Planungen nutzen und daher lieber früher in den Ruhestand gehen.

Oftmals ist es auch nur so ein vages Gefühl, das im Laufe des späten Berufslebens darauf hindeutet, dass wir mehr und mehr am frühzeitigen Ausstieg aus dem Berufsleben interessiert sind: Man stellt an sich selbst fest, dass man sich an unangenehmen Themen weniger verausgaben will. Zum Beispiel wenn man sich immer weniger über langfristig bestehende strukturelle Probleme ärgern will, oder wenn das Thema Karriere gänzlich aus dem Blickwinkel verschwindet, ob nun aus eigener Orientierung heraus oder auch, weil seitens der Firma keine Wege mehr aufgezeigt werden. Ein weiteres wichtiges Zeichen, das auf die Priorisierung eines früheren Berufsausstiegs hinweist, ist, wenn Veränderungen im Unternehmen oder am Arbeitsplatz negativ betrachtet werden. „Das muss ich mir jetzt nicht mehr antun", ist eine typische, oft zu hörende Aussage. Dass es zu solch einer ablehnenden Haltung kommt, hat oftmals verschiedene Gründe, die in der Person selbst, aber auch in den äußeren Rahmenbedingungen oder in der Beziehung mit den Vorgesetzten zu suchen sind.

Berufstätige sollten daher schon früh ihre Motivation für das Berufsleben in den Blick nehmen. Aber auch Führungskräfte sind hier gefordert. Bewegen sich die Mitarbeiter in ihrem Lebensglück fast nur noch von Urlaub zu Urlaub? Ist da noch Freude und Lust auf die Arbeit, wenn sie nach der freien Zeit wieder in den Betrieb zurückkommen? Was sind die Hintergründe für die Motivation? Und wie kann an ihr gearbeitet werden? Es braucht eine differenzierte Betrachtung der Lebenssituation durch Selbstreflexion, und oft sind auch Beratungen hilfreich.

Prinzipiell gilt, dass ein Übergang in den Ruhestand von hundert auf null eher negativ ist. Er sollte eher fließend sein. Übergänge, die ein langsames Ausscheiden aus dem Berufsleben ermöglichen, sind sowohl gesünder als auch zufriedenstellender. Beispielsweise eine Verringerung der Arbeitszeit; dabei können neue Aufgaben sowohl innerhalb als auch außerhalb des Berufslebens gefunden werden. Viele ältere Berufstätige können sich auch vorstellen, als Mentoren für Nachwuchskräfte zu wirken. Andere möchten in ihrer Freizeit ein Ehrenamt aufnehmen. Wichtig ist es, sich immer wieder zu fragen, was einem ohne den Job fehlen würde (Vgl. Abschn. 5.4 „Gewinne und Verluste").

Anerkennung und positive Glücksgefühle bis hin zu den sozialen Kontakten gehören zu den wesentlichen Verlusten, von denen Neu-Rentner nach dem Berufsleben berichten. Wie viele Menschen oftmals feststellen, ist es nicht so einfach, Ersatz zu schaffen – gerade dann, wenn man engagiert gearbeitet hat. Das Leben ohne Arbeit neu zu gestalten, fällt nicht immer leicht. Oftmals ist direkt nach dem Eintritt in den Ruhestand der Enthusiasmus groß; man setzt Ideen um und genießt die neuen Freiheiten. Doch mit der Zeit erweisen sich der Alltag und dessen Realität als eine Routine, die nicht genügend Herausforderungen bereithält oder die geistige Betätigung nicht ausreichend fordert. Wenn Aufgaben oder die sozialen Kontakte, die man im Beruf pflegte, wegfallen, kann sich das negativ auswirken und ein Gefühl von Mangel verursachen.

Fakt ist, dass der demografische Wandel in vielen Ländern zu politischen Maßnahmen geführt hat, die einen vorgezogenen Ruhestand einschränken oder verhindern. Die damit oftmals nicht beachteten Wünsche von Berufstätigen sind Signale für die Organisationen und zeigen die Herausforderungen, die noch zu bewältigen sind. Der Umgang mit dem weiteren demografischen Wandel folgt bisher zu schleppend. Wichtige Grundlage kann es sein, dass Führungskräfte ihre Teams im Blick behalten. Sie sollten nicht nur das errechnete Renteneintrittsalter im Auge haben, sondern auch die Gesundheit, Kompetenz und Motivation der Mitarbeiter. Aber auch Beschäftigte können diese Aspekte betrachten und frühzeitig mit ihren Vorgesetzten ins Gespräch kommen. Gemeinsam sollten Lösungen entwickelt werden, was nun zu tun ist, um früher aus dem Arbeitsleben auszusteigen – oder eben auch länger zu bleiben. Laut den Ergebnissen einer Umfrage des Marktforschungsinstituts Civey im Auftrag des Demographie Netzwerks e. V. (ddn) im Jahr 2021 unter 2500 Erwerbstätigen wäre es den Befragten zufolge hilfreich, „weniger körperliche Belastung und weniger Stress" (40 %) zu haben; positiv wäre auch, „mehr Flexibilität bezüglich der Arbeitszeit" (34 %) und „mehr Gehalt" (33 %) zu haben. Aber auch die Wertschätzung durch Vorgesetzte spielt eine wichtige Rolle: Knapp ein Viertel der Erwerbstätigen würde länger arbeiten, wenn es mehr Lob und Anerkennung gäbe.

Unternehmen und Führungskräfte sind somit gefordert, immer wieder die individuellen Lebenssituationen und Bedürfnisse ihrer Mitarbeiter zu betrachten und zu überprüfen, ob die Rahmenbedingungen am Arbeitsplatz und im Unternehmen noch passen. Auch die Begleitung älterer Mitarbeiter in den Ruhestand kann eine Herausforderung sein, die von Führungskräften mit Empathie bewältigt werden muss. Unternehmen und Institutionen sollten daher Workshops zum Thema Ruhestand anbieten, um langjährige Mitarbeiter verantwortungsvoll zu unterstützen. Das wäre übrigens eine mitarbeiterorientierte Unternehmenskultur, die auch auf jüngere Mitarbeiter attraktiv wirken würde.

> **Denkanstoß**
>
> Wann möchten Sie in den Ruhestand? Und welche Kriterien spielen dabei eine Rolle?
> Was müsste geschehen, damit Sie bis zum letzten Arbeitstag gesund und motiviert arbeiten? Was können Sie selbst dafür tun, was benötigen Sie von außen, zum Beispiel von ihrem Chef, dem Team oder dem Unternehmen? Und klaffen Ihr Wunsch nach dem Eintritt in den Ruhestand und die Möglichkeit auseinander? Dann ist es umso wichtiger, die verschiedenen Aspekte rund um ihre Situation genauer anzuschauen. Vielleicht möchten Sie sich ein Blatt Papier nehmen und ihre Gedanken niederschreiben und sortieren. An welchen Stellschrauben können Sie drehen? Wer könnte Ihnen beim Sortieren helfen?

2.2 Sinn bis zum letzten Arbeitstag

„Sinn kann nicht gegeben werden, sondern muss gefunden werden."
V. Frankl 1997, österreichischer Psychiater und Neurologe

> **Denkanstoß**
>
> Bevor Sie weiterlesen und mehr über das Thema Sinn erfahren: Was würden Sie spontan sagen, was für Sie in den letzten Berufsjahren Sinn ergibt?

Sinn auch in den kleinen Dingen

Es ist wichtig, nach dem Sinn zu fragen. Gleichwohl wäre es aber zu viel verlangt, hinter allem Sinn entdecken zu wollen und zu glauben, dass der Alltag von morgens bis abends vor Erfüllung strotzen muss. Überhaupt hängt die ganze Sinnfrage mit unseren Erwartungen zusammen. Sind sie zu hoch, werden wir zwangsläufig enttäuscht. Wer bei jeder Sache einen Sinn voraussetzen muss, um sich mit ihr arrangieren, um sinnvoll mit ihr umgehen zu können, dürfte schnell unzufrieden sein. Dennoch, die Sinnfrage macht Sinn.

Sinn kann schon in den ganz kleinen Momenten des Lebens und Arbeitens erfahren werden: Er zeigt sich in einem guten Gespräch, einem freundlichen „Guten Morgen", einer schönen Naturbeobachtung, im schwitzenden Körper beim Sport, in einer wohltuenden Pause, einer schönen Musik, der wir lauschen, einer schlüssigen Präsentation, der wir beiwohnen. Wenn wir etwas Gutes oder Schönes erleben, kann das für uns Sinn ergeben. Wir sollten uns daher die vielen kleinen sinnhaften Momente in unserem Leben und Arbeiten wieder verstärkt bewusst machen. Dadurch bringen wir Dankbarkeit, Zufriedenheit und schließlich auch Widerstandsfähigkeit (siehe Abschn. 10.5) in unser Leben. Denn es sind gerade auch die kleinen Kraftquellen, die uns stark machen.

> **Denkanstoß**
> Welche kleinen Momente des Sinns erfahren Sie in Ihrem Berufsleben? Welche in Ihrem Privatleben? Können die Sinnmomente dort zu einem Ausgleich für weniger Sinn in Ihrem Berufsleben werden? Auf was können und wollen Sie zukünftig vermehrt achten?

Sinn im Erfahrungswissen

Sinn können wir in unserem Tun und Arbeiten finden, indem wir etwas (er-)schaffen. Ob es ein schönes Produkt, eine gelungene Präsentation oder eine Hilfestellung ist, die wir einem Kollegen gegeben haben – es gibt viele Möglichkeiten. Vielleicht erfahren wir dadurch Anerkennung oder auch Dank. Der Sinn muss nicht unbedingt in dem liegen, was wir erschaffen, herstellen, hervorbringen und dann vor uns haben. Wichtig ist zu verstehen, dass der Sinn nicht nur im Endprodukt liegt, sondern auch im Schaffensprozess selbst. Wir müssen den Sinn in der Tätigkeit erkennen und darin finden, anstatt ihn nur im fertigen Ergebnis zu suchen.

So wird ja auch das Bedürfnis, das eigene Erfahrungswissen weiterzugeben mit zunehmendem Alter und zunehmender Erfahrung immer wichtiger. Unternehmen und Führungskräfte sind daher immer mehr gefordert, ihre älteren Mitarbeiter dadurch zu motivieren, dass sie deren Erfahrung nutzen und abfragen. Hier zeigt sich ein spezifischer Sinn des späten Berufslebens, der nun tatsächlich bis zum letzten Arbeitstag reicht, ja noch darüber hinausreichen kann. Insofern kann und muss ein negatives Altersbild korrigiert und differenziert betrachtet werden. Mehr zu Sinn durch Wissensweitergabe finden Sie in Kap. 3.

> **Denkanstoß**
>
> Das haben Berufstätige 55plus in meinem Workshop „Guter Übergang in den Ruhestand" auf die Frage, woraus sich für sie Sinn ergibt, genannt:
>
> - Wenn ich meine Erfahrungen weitergeben kann.
> - Wenn ich Wertschätzung für meine Arbeit erfahre.
> - Wenn da das Gefühl ist, gebraucht zu werden.
> - Wenn ich oder wir etwas bewegen können.
> - Wenn ich Verantwortung tragen kann.
> - Wenn ich die Kompetenz habe für das, was ich tue bzw. tun soll.
> - Wenn ich körperlich und psychisch gesund bin und damit die Kraft habe, um die Aufgabe zu schaffen.
> - Wenn ich meine Projekte gut an meine Nachfolger übergeben kann.
>
> Was würden Sie ergänzen?

Sinn – wenn auch erst auf den zweiten Blick

Sinn kann auch gegeben sein, obwohl wir in unserer Arbeit an manchen Stellen Mangel erfahren. So arbeiten wir ja nicht zuletzt deshalb, um Geld zu verdienen und unseren Lebensunterhalt zu sichern. Allerdings dürften wir dann nur schwer mit unserem Beruf, mit unserer Tätigkeit zufrieden sein. Ist die materielle Entlohnung der einzig gefühlte Sinn darin, seine Arbeitskraft in seinem Betrieb einzusetzen, bleiben zahlreiche Leerstellen bestehen. Das gilt umso mehr in einer Zeit, in der viele der menschlichen Grundbedürfnisse, die zum Erhalt des menschlichen Lebens erforderlich sind, ausreichend befriedigt werden und nicht mehr die ganze Aufmerksamkeit, die ganze (Arbeits-)Kraft beanspruchen. Automatisch rücken nun andere in den Vordergrund, so etwa das Bedürfnis nach Wertschätzung oder Selbstverwirklichung. Das sollten Unternehmen und Institutionen bei allen Beschäftigten, besonders aber auch bei den Älteren und ihren veränderten Wünschen im Blick haben. Wichtig ist das nicht nur für die Aufrechterhaltung oder Erhöhung der Produktivität, sondern bei älteren Beschäftigten auch gerade dafür, deren langjährige Mitarbeit zu würdigen, ihnen gegenüber Dankbarkeit auszudrücken und als Arbeitgeber Verantwortung zu übernehmen. Fehlt all das, kann ein so erlebter Mangel leicht zur Demotivation führen. Führungskräfte sollten daher mit ihren Mitarbeitern ins Gespräch kommen und gemeinsam überlegen, wie sich die Arbeitssituation sinnhaft gestalten lässt.

Wenn wir Tag für Tag, Stunde um Stunde etwas tun, dessen gefühlter Sinn nichts weiter als das Geldverdienen ist, sollten wir innehalten. Die Werte der Arbeit sind vielfältig und geraten manchmal aus dem Blickfeld. Überlegen Sie, was Ihnen Ihre Arbeit alles gibt: Ergeben sich für Sie daraus soziale Kontakte? Erleben Sie dabei immer wieder Freude im Miteinander? Erfahren Sie auch Vielfalt, lernen ganz unterschiedliche Menschen kennen, mit denen sie sonst nicht in Berührung kommen würden? Sind Sie am sogenannten Zahn der Zeit? Können Sie in Ihrer Arbeit Ihre Fähigkeiten einsetzen, verbessern, erweitern? Und wenn ja, ist das nicht mit dem Gefühl verbunden, etwas gut zu machen – unabhängig davon, ob Sie Lob dafür erhalten oder nicht?

Es ist, wenn man im späten Arbeitsleben steht, gewiss auch sinnvoll, den Blick auf die Zeit nach dem Übergang in den Ruhestand zu wenden. Tun Sie im Beruf etwas für Ihr geistiges Training, das gerade im Älterwerden an Bedeutung gewinnt? Was gibt Ihnen Ihre Arbeit, das im Ruhestand vielleicht wegfällt? Und haben Sie jetzt bereits eine Vorstellung davon, was an die frei werdende Stelle treten, was in Ihrem neuen Leben für ähnliche oder gleichwertige Erfahrungen sorgen könnte?

Eine weitere Frage tut sich auf – nicht nur, aber doch auch im Blick auf den Ruhestand. Wie steht es mit den Dingen, die für uns nicht sinnvoll sind, die wir aber nicht ändern können? Für manche ist ja der Übergang in das Rentnerdasein etwas von außen Auferlegtes, bei dem nicht sie die Kontrolle ausüben. Das Finden von Sinn in den Aspekten unseres Lebens, die uns unveränderlich erscheinen, ist eine tiefe und persönliche Herausforderung, der wir uns alle in verschiedenen Phasen unseres Lebens stellen müssen. Anstatt unsere Energie darauf zu verschwenden, gegen das Unabänderliche anzukämpfen, können wir versuchen einen Weg der Akzeptanz und des Loslassens zu lernen. Das kann uns dann auch die Möglichkeit eröffnen, unsere Aufmerksamkeit auf das zu richten, was wir tatsächlich beeinflussen können. Ein Perspektivenwechsel erlaubt uns, scheinbar negative oder sinnlose Situationen in einem neuen Licht zu sehen. Was heute als Hindernis erscheint, könnte sich morgen als versteckte Lektion oder Gelegenheit zum Wachstum herausstellen. Die Weisheit der Stoiker sagt, dass unsere Macht in der Kontrolle unserer Reaktionen liegt, nicht in der Beherrschung äußerer Umstände. Durch die Praxis der Dankbarkeit können wir uns auf die positiven Aspekte unseres Lebens konzentrieren und ein tieferes Gefühl der Zufriedenheit finden. Dies hilft uns, auch in schwierigen Zeiten einen Sinn zu bewahren. Therapeuten und Berater können wertvolle Perspektiven und Strategien bieten, um mit den Herausforderungen des Lebens umzugehen. Letztlich ist die Suche nach Sinn ein höchst individueller Prozess. Was für die eine Person funktioniert, mag für eine andere nicht zutreffen. Aus diesem Grund ist es von großer Bedeutung, unterschiedliche Ansätze zu entdecken und zu identifizieren, was einem selbst am stärksten entspricht und die meiste Unterstützung liefert.

In der Annahme des Unveränderlichen und der Fokussierung auf das, was wir beeinflussen können, finden wir nicht nur Frieden, sondern auch einen tieferen Sinn im Fluss des Lebens. Dieser Prozess erfordert Geduld, Offenheit und die Bereitschaft, sich den Herausforderungen mit einer Haltung der Akzeptanz und des Lernens zu stellen.

Sinn durch Verantwortung
Sinn macht es auch, wenn ich bis zum letzten Arbeitstag auf mich achte und für mich selbst Verantwortung trage. Dazu gehört, dass ich mich um meine Gesundheit kümmere, meine Kompetenzen und meine Motivation im Blick habe. Da im Älterwerden das Bedürfnis nach guten und harmonischen sozialen Kontakten zunimmt, gewinnt der Umgang mit unseren Kollegen oder mit Führungskräften an Bedeutung. Sinn kann durch mitverantwortliches Handeln entstehen. Beziehungen, in denen wir uns auf andere einstellen und andere wiederum auf uns, können sehr befriedigend und erfüllend sein. Wie unsere sozialen Kontakte gelingen und was wir selbst dazu beitragen können, erfahren Sie in Kap. 9. Es ist ebenfalls wichtig zu bedenken, dass selbst die sinnvollste Arbeit nur dann wirklich wertvoll für uns ist, wenn sie uns nicht dauerhaft psychisch überfordert. Und auch die Suche selbst nach dem tieferen Sinn sollte uns nicht dazu treiben, uns ständig gehetzt zu fühlen oder das Gefühl zu haben, immer einen Schritt hinterher zu sein. Lesen Sie mehr hierzu unter „Verantwortung, die gut tut" (Abschn. 2.4).

Sinn in den letzten Tagen des Berufslebens
Der Zeitpunkt rückt näher: Wenige Monate und Tage bleiben nur noch bis zum Austritt aus dem Berufsleben. Jetzt sind die Gedanken und Gefühle zunehmend von Abschied und Neuanfang geprägt. Der Arbeitsplatz wird aufgeräumt, in Gesprächen geht es immer mehr darum, wann man denn geht, was man in seinem Ruhestand alles vorhat und ob man vielleicht dies oder jenes noch einmal erklären kann.

In diesen letzten Tagen des Berufslebens macht es für die meisten Menschen Sinn, aufzuräumen. Das gilt für den Arbeitsplatz, den man so lange eingenommen hat, aber auch für die eigenen Gedanken. Was gibt es noch zu sortieren? Was kann ich wegwerfen? Was verlasse ich? Wo erlebe ich Verluste? Wo Gewinne? Was kann und möchte ich hinterlassen? Wie das genau aussehen kann, erfahren Sie in Kap. 4.

Auch die Vorbereitung auf das nachberufliche Leben macht in den letzten Arbeitstagen Sinn. Am besten geschieht das aber nicht erst in den letzten Wochen oder Tagen, sondern schon einige Jahre vor dem Austritt. Es geht darum, sich selbst als Mensch zu betrachten, mit all seinen Erfahrungen im Privat- und Berufsleben und mit all den noch offenen Wünschen. Welche Fähigkeiten habe ich und was möchte ich zukünftig tun? Welche persönlichen Ressourcen stehen mir zur Verfügung und wie kann ich sie sinnvoll nutzen? Wie eine sinnvolle und verantwortliche Vorbereitung erfolgen kann, erfahren Sie in Kap. 5.

Gesundheit, Kompetenz und Motivation ist für die noch Berufstätigen wichtig. Frage ich in meinen Seminaren nach dem Sinn, wird oft als erste Antwort genannt: „Erfahrungswissen weitergeben." Ein Wissenstransfer braucht aber Zeit, die, wie immer wieder bemängelt wird, im schnelllebigen Berufsalltag mit seinen vielen Veränderungen oftmals nicht gegeben ist. Realisieren lässt sich die Wissensweitergabe am ehesten, wie es scheint, durch Patenschaften, Mentoren und Lerntandems. Dabei geht es nicht nur um fachliches Wissen. Auch Lebensweisheiten möchten die Seminarteilnehmer weitergeben. So erachten zum Beispiel Ältere oft die Ruhe in den jeweiligen Projekten ihres Berufslebens als wichtig. Es dürfen nicht zu viele auf einmal sein, was bedeutet, auch einmal ablehnen zu können. Hier sehen sie sich mit ihrer Erfahrung als kompetent an. Es geht also auch um eine menschliche Leitung und die Hilfe zur Selbsthilfe. (Vgl. Kap. 3).

Sinn im schleichenden Ausstieg aus dem Arbeitsleben
Schließlich erscheint ein schleichender Ausstieg vielen als sinnvoll, denn der Gedanke, bis zum letzten Tag Vollzeit (oder mehr) zu arbeiten und dann von heute auf morgen gar nicht mehr im Betrieb aktiv zu sein, führt oft zu Unsicherheit.

Ein schleichender Ausstieg aus dem Berufsleben, oft auch gleitender Ruhestand genannt, kann eine Win–Win-Situation für Arbeitnehmer und Arbeitgeber darstellen, die zahlreiche Vorteile in sich birgt. Dieser Ansatz ermöglicht es den Arbeitnehmern, einen sanfteren Übergang in den neuen Lebensabschnitt zu erleben. Statt einer abrupten Veränderung bietet der gleitende Ruhestand die Möglichkeit, sich allmählich an den veränderten Alltag und die damit einhergehende neue Identität abseits der gewohnten Berufstätigkeit zu gewöhnen. Es bedeutet weniger Stress und eine größere Chance, den bedeutenden Lebenswandel in den Ruhestand positiv zu gestalten.

Gleichzeitig profitieren Unternehmen vom Erhalt wertvoller Erfahrungen und des Wissens ihrer langjährigen Mitarbeiter. Indem diese erfahrenen

Kräfte schrittweise aus dem Arbeitsleben ausscheiden, haben sie die Möglichkeit, ihr Wissen und ihre Erfahrungen effektiv an die nächste Generation von Arbeitnehmern weiterzugeben. Dieser Prozess der Wissensweitergabe sichert nicht nur die Zukunftsfähigkeit des Unternehmens, sondern schafft auch ein Umfeld des Lernens und der Weiterentwicklung.

Für die ausscheidenden Arbeitnehmer selbst bietet der gleitende Ruhestand eine nie dagewesene Flexibilität, die es ihnen ermöglicht, ihre Arbeitszeit und -belastung besser an ihre persönlichen Bedürfnisse und Wünsche anzupassen. Diese Flexibilität verbessert nicht nur ihre Lebensqualität durch mehr Freizeit für Hobbys, Familie und Freunde, sondern kann auch finanzielle Vorteile bieten. Indem sie weiterhin ein Einkommen erzielen, während sie bereits beginnen, ihre Altersvorsorge zu nutzen, können sie einen abrupten finanziellen Übergang in den Ruhestand vermeiden und so eine solide finanzielle Basis für die kommenden Jahre schaffen.

Nicht zu unterschätzen ist auch der Beitrag des gleitenden Ruhestands zur Reduzierung von Stress und psychischer Belastungen, indem er den Arbeitsdruck allmählich verringert und so einen gesünderen Arbeitsabschluss ermöglicht. Darüber hinaus vermittelt diese Art des Ausscheidens den Arbeitnehmern ein Gefühl der Anerkennung und Wertschätzung ihrer jahrelangen Arbeit und ihres Engagements. Dies stärkt nicht nur das individuelle Wohlbefinden, sondern fördert auch eine positive Unternehmenskultur.

Auf gesellschaftlicher Ebene kann der gleitende Ruhestand zur Flexibilisierung des Arbeitsmarktes beitragen, indem ältere Arbeitnehmer länger im Erwerbsleben bleiben und so zum Abbau des Fachkräftemangels in bestimmten Branchen beitragen.

Es handelt sich also um eine facettenreiche Lösung, die nicht nur den individuellen Übergang in den Ruhestand erleichtert, sondern auch zur Sicherung und Weitergabe von Wissen im Unternehmen beiträgt, die Lebensqualität verbessert und gesellschaftliche Vorteile mit sich bringt. Es ist eine Strategie, die sowohl den Bedürfnissen der Arbeitnehmer als auch den Anforderungen der Unternehmen gerecht werden kann und somit einen wertvollen Beitrag für die gesamte Gesellschaft leistet.

Obwohl der schleichende Ausstieg aus dem Berufsleben viele Vorteile bietet, wird er aufgrund organisatorischer und finanzieller Herausforderungen, kultureller Normen, rechtlicher Einschränkungen sowie eines Mangels an Bewusstsein und Verständnis nicht so häufig angeboten. Diese Faktoren erschweren die Implementierung flexibler Arbeitsmodelle, die es älteren Arbeitnehmern ermöglichen würden, ihren Ruhestand schrittweise anzugehen. Trotz dieser Hindernisse erkennen jedoch immer mehr Unternehmen die Bedeutung eines sanften Übergangs in den Ruhestand und arbeiten daran,

Lösungen zu finden, die sowohl den Arbeitnehmern als auch den Arbeitgebern zugutekommen.

Weitere Beispiele für Sinn-Erfahrungen
Sinn können wir auch in Ruhemomenten finden. Jeder Mensch hat ein Ruhebedürfnis, und gerade in zunehmendem Alter wird es meist größer. Diesem Bedürfnis gerecht zu werden, ist wichtig. Das gibt uns zudem die Zeit, über unser Älterwerden und unser Dasein nachzudenken, und gestattet so, neuen Sinn zu erschließen. In seinem Leben immer wieder Ruhephasen einzulegen, ist daher hilfreich für die Sinnsuche, birgt aber auch selbst in sich Sinn. (Vgl. Abschn. 7.2.3).

Sinn macht es, im Berufsleben bis zuletzt offenzubleiben – gerade gegenüber den jungen Menschen. Sie treten unsere Nachfolge an, sie setzen unser berufliches Werk fort – in gewisser Weise müssen wir uns auf sie und sie sich auf uns verlassen. Unser Verhältnis zu ihnen bestimmt auch darüber, wie sinnvoll unsere letzten Monate, Wochen und Tage im Beruf sind und welchen Sinn unser Ausscheiden aus dem Beruf hat. Hat man beim Übergang in den Ruhestand das Gefühl, ein sinkendes Schiff zu verlassen, ist das nicht wirklich erfreulich, ebenso wenig natürlich, wenn man sich „über Bord geworfen" fühlt. Offen zu sein heißt aber auch, die Welt als Ganzes wahrzunehmen und in ihr, so gut es geht, mitzuwirken. Durch diese Offenheit habe ich die Möglichkeit, auch noch im Älterwerden viel Neues zu entdecken und verschiedenste Kontakte zu pflegen. Mit meinem Erfahrungswissen kann ich Altes und Neues verbinden. Das kann sehr spannend werden.

Es ist vielleicht keine Kleinigkeit, darf aber auch nicht als Zumutung empfunden werden, wenn man sich aufgefordert sieht, Sinn bis zum letzten Arbeitstag zu finden. Denn das ist durchaus möglich, wie die vorangehenden Ausführungen gezeigt haben und die folgenden Abschnitte noch zeigen werden. Sinn finde ich, Sinn gebe ich aber auch, wenn ich meine Fähigkeiten lebe, wenn ich Wissen weitergebe und selbst neues Wissen erlange, wenn ich Verantwortung trage, wenn ich lerne, loszulassen und Abschied zu nehmen. In diesem sinnhaften Tun können das Älterwerden und der Ruhestand eine Chance für ein erfüllendes Leben der neuen Alten werden.

Sinnvoll kann übrigens auch sein, einmal nichts zu tun. Man muss es ja nicht übertreiben, aber vielleicht sollte am Ende des Berufslebens auch das einmal geübt werden. Inzwischen werden ja ganze Bücher über das Nichtstun geschrieben, immerhin ein wichtiges Thema in unserer Zeit, in der das Wort Stress häufig genutzt wird. Wer schon den nächsten Termin im Kopf hat oder mit den Füßen zappelt oder sich gar in Gedanken im eigenen Hamsterrad dreht, dem gelingt das Nichtstun offensichtlich nicht. Nein, es geht um eine Kunst, die auch Achtsamkeit genannt wird. Produktivität, Gelassenheit und Energie, Kreativität, verbesserte Konzentration bis hin zu einem stabileren Immunsystem können die Folge sein. Nichtstun muss auch nicht leer sein; in meinem Seminar „Entspannung in den Alltag bringen – mit Natur und Sinneserfahrungen" empfehle ich dieses Nichtstun in und mit der Natur.

Äußere Voraussetzungen
Wie und wo auch immer wir Sinn finden und gestalten können, liegt allerdings nicht nur an uns. Sind die Rahmenbedingungen im Arbeitsleben so, dass wir uns mit unseren Möglichkeiten und Talenten nicht darin wiederfinden, dann ist es wohl nicht der richtige Weg, sich so wie eben beschrieben um Sinn zu bemühen, droht doch sonst, dass man sich letztlich etwas nur schönredet. Manchmal passen der Arbeitsplatz oder das Team einfach nicht zu uns. Und wenn wir die Möglichkeit haben, etwas zu ändern, dann sollten wir das auch tun.

Zunächst ist es entscheidend, die Kernursachen der Unzufriedenheit zu identifizieren. Sind die gefunden, kann in der offenen Kommunikation mit Vorgesetzten oder der Personalabteilung gemeinsam nach Lösungen gesucht werden. Möglicherweise eröffnen sich Chancen, die Aufgaben im Unternehmen so anzupassen, dass sie wieder mehr Freude und Zufriedenheit in den Arbeitsalltag bringen. Manchmal kann schon der Austausch mit vertrauten Kollegen oder Mentoren neue Perspektiven eröffnen und Trost spenden. Eine weitere Strategie ist zudem, sich persönlich weiterzuentwickeln, sei es durch Weiterbildungen oder das Erlernen neuer Fähigkeiten, die nicht nur beruflich, sondern auch persönlich bereichern können. Und vergessen werden darf bei all dem nicht, wie wichtig es ist, auch außerhalb des Berufslebens für Wohlbefinden zu sorgen, indem man Hobbys nachgeht oder Zeit mit seinen Liebsten verbringt.

Sollte sich trotz all dieser Bemühungen keine Verbesserung der Situation abzeichnen, kann es ratsam sein, über eine berufliche Veränderung nachzudenken. Dies könnte den Wechsel in eine andere Abteilung, den Übergang in ein neues Unternehmen oder sogar den vorzeitigen Ruhestand umfassen, sofern dies finanziell tragbar ist. Denken wir daran, dass es auch in den letzten Jahren vor der Rente nie zu spät ist, aktiv für die eigene Zufriedenheit und Gesundheit einzustehen.

Für einen Jobwechsel stehen aber nicht jedem die gleichen Chancen offen. Gerade ältere Berufstätige finden oftmals nur schwer Angebote für eine neue Arbeitsstelle oder müssten dafür große Unsicherheiten auf sich nehmen (z. B. Probezeit und Gefahr der Arbeitslosigkeit bei Kündigung).

Das führt oft dazu, dass sie dieses Risiko nur ungern eingehen. Umso wichtiger ist es, dass sich jede Organisation in der Verantwortung fühlt, sinnstiftende Arbeitsplätze zu schaffen und das Individuum dabei immer wieder in den Blick zu nehmen. Hier sind gerade Führungskräfte gefordert. Doch auch diese sollten in ihrer Verantwortung nicht überstrapaziert werden. Letztlich ist immer die Unternehmenskultur von Bedeutung. Eine Belegschaft, die sich wohlfühlt, ist besser in der Lage, Turbulenzen zu meistern. Daher sollten Unternehmen bereits in guten Zeiten Maßnahmen ergreifen, um eine mitarbeiterorientierte Unternehmenskultur zu fördern, da diese mittel- bis langfristig Wirkung zeigen und die Teams in Krisenzeiten unterstützen können.

Die Unternehmenskultur ist ein wichtiger Teil der Überlebens- und Zukunftsstrategie von Unternehmen, und sie sollte als vermeintlich weicher Faktor nicht vernachlässigt werden. Der individuelle Sinn im Berufsleben muss zwar immer wieder vom Einzelnen gesucht und gefunden werden, gelingen kann das aber nur, wenn die Führungskräfte und die Betriebskultur den erforderlichen Rahmen hierfür schaffen.

2.3 Unsere Fähigkeiten nutzen und zur Entfaltung bringen.

Geht es darum, Sinn zu erschließen, so zielt dies auch auf unser Tun und Handeln – im späten Berufsleben, aber auch im Ruhestand. Das führt zu der Frage, wie die eigenen Fähigkeiten sinnvoll eingesetzt werden können. Doch was sind überhaupt meine Potenziale bzw. Fähigkeiten? Schöpfe ich sie bereits ausreichend aus? Welche Möglichkeiten habe ich noch? Haben sich meine Fähigkeiten vielleicht auch verändert? Was hat sich gerade durch mein Alter – oder besser meine Erfahrung – neu entwickelt?

Ist es nicht so, dass die Fähigkeiten, wie sie insbesondere im Berufsleben gefragt sind, mit zunehmendem Alter nachlassen? Ältere Berufstätige, so heißt es, können nicht mehr so zupacken wie früher, sind nicht mehr so kreativ, verhalten sich Innovationen gegenüber reserviert und bringen sie noch weniger auf den Weg. Dieses Bild scheint immer noch in vielen Köpfen vorherrschend. Zunehmend erhält es aber – glücklicher- und notwendigerweise – Risse. Keineswegs mehr wird pauschal eine geringere Leistungsfähigkeit unterstellt, wenngleich sehr wohl Veränderungen gesehen werden. Es werden gerade spezifische positive Fähigkeiten ausgemacht, die das Alter oder, besser gesagt, das späte Berufsleben auszeichnen sollen: eine größere, auch breite Erfahrung, eine hohe Arbeitsmoral, Disziplin, auch Unternehmenstreue und ein hohes Bewusstsein für Qualität. Das sind durchaus wichtige, für das Arbeitsleben relevante Fähigkeiten, auch wenn etwa die körperliche Leistungsfähigkeit mit den Jahren etwas zurückgeht.

Babyboomer als ältere Arbeitnehmer
Wenn es um die Potenziale der heute älteren Arbeitnehmer geht, müssen wir sie uns auch in ihrer Sozialisierung und gesellschaftlichen Prägung anschauen. Wie ist diese Generation aufgewachsen? Welche gemeinsamen Erfahrungen sind aus der spezifischen historischen oder kulturellen Konstellation erwachsen? Was zeigt sich an beharrlicher Kontinuität im Laufe ihres bisherigen Lebens?

Die Generation, die heute zu den älteren Arbeitnehmern in Deutschland gehört und die in den nächsten zehn bis fünfzehn Jahren in großer Zahl in den Ruhestand gehen wird oder in den letzten Jahren bereits gegangen ist, ist die der sogenannten Babyboomer. Sie wurden zwischen 1955 und 1964 geboren. Der dann abklingende Babyboom, verursacht durch den sogenannten „Pillenknick", hielt bis 1969 an (Hermann 2023). Die Menschen, die als Kinder während des Babybooms in Westdeutschland geboren wurden, hatten oftmals Eltern, die ihnen viele Chancen für ein erfolgreiches Leben bieten wollten. Es war wichtig, ehrgeizig zu sein und eine Karriere anzustreben. Doch mit den vielen anderen um begrenzte Ausbildungs-, Studien- und Arbeitsplätze zu konkurrieren, war für die Babyboomer nicht einfach. Manchmal mussten sie lange Wartezeiten und berufliche Veränderungen in Kauf nehmen. Für Frauen war es besonders schwer, Beruf und Familie unter einen Hut zu bringen (was freilich auch heute noch gilt). Aber seit den späten 1960er Jahren gab es auch für sie mehr Möglichkeiten, ihr Leben nach eigenen Wünschen zu gestalten.

Geprägt sind die Babyboomer durchaus von Konkurrenzdenken – immerhin war die Zahl der Mitbewerber in ihrer Generation meist groß. Zugleich handelt es sich um eine umfangreiche Gruppe, die entsprechend großen Einfluss auf die Gesellschaft und die Wirtschaft (gehabt) hat. Trotz gewisser allgemeiner Merkmale handelt es sich um eine sehr heterogene Altersgruppe. Viele von ihnen sind gut ausgebildet und hatten Möglichkeiten, die ihre Eltern so nicht kannten. Viele Babyboomer haben auch während ihrer Karriere einiges erreicht und einen großen Beitrag für die Arbeitswelt geleistet.

Ein Punkt, der die Babyboomer von anderen Generationen oftmals unterscheidet, ist ihre Einstellung zur Arbeit. Sie sind manches mal als „Workaholics" bekannt, sie haben hart gearbeitet, um Erfolg und Wohlstand zu erlangen. Viele haben auch einen starken Arbeitsethos, was zu ihrem Erfolg beigetragen hat. Sie haben Durchhaltevermögen, da Durchhalten schon früh als Wert gelernt wurde – und bisweilen als generationenspezifische Beharrlichkeit auch als nachteilig erlebt wird, bei der man selbst wieder von den Jüngeren etwas lernen könnte. Ähnlich sieht es bei dem aus, was sich als Kontrollzwang benennen ließe. Diese Einstellungen haben sie vorangebracht, werden aber von den nun älteren Beschäftigten selbst bisweilen als einengend erlebt.

Zugleich haben sie ganz vielfältige und verschiedene Erfahrung gemacht und sich aus diesem Grund sehr unterschiedlich entwickelt. Nicht zuletzt zeigt sich das an einer Vielfalt an Lebensstilen. Damit ist jeder Einzelne von ihnen immer wieder gefordert, sich selbst unabhängig von dem, was andere tun und können, in den Blick zu nehmen und zu fragen: Wie wurde ich geprägt? Was habe ich bisher in meinem Leben erfahren? Was sind meine Talente? Worauf kann ich mich stützen, was lässt sich ausbauen? Welche Fähigkeiten kann ich in das Berufsleben einbringen – und welche in den Ruhestand mitnehmen?

Die Babyboomer sind eine Generation, die viele soziale Veränderungen erlebt hat. Groß geworden sind sie in einer Zeit, als sich Protestbewegungen breitmachten, in denen sie dann als junge Erwachsene nicht selten auch aktiv waren. Sie haben erhebliche Etappen des technischen und sozialen Wandels erlebt und mitgestaltet. Im digitalen Zeitalter sind sie angekommen, wenngleich nicht grundlegend darin sozialisiert worden, wie die jüngeren Generationen; nicht umsonst spricht man von „digital immigrants". Auch wenn sie nicht so technikaffin sind wie die jüngeren Generationen, haben sie gelernt, mit Technologie umzugehen und nutzen sie heute in ihrem Alltag. Und auch ihre Lebensläufe waren nicht immer geradlinig, sondern nicht selten von Brüchen und Wendungen gekennzeichnet – bis hin zu alternativen Lebensweisen. Manche Soziologen sehen die Babyboomer zwar als eine eher glückliche Generation an. Sie habe keine wahren Niederlagen erleben müssen, habe wachsenden Wohlstand erfahren. Allerdings hatte die Erziehung durch die Eltern, die selbst Kriegskinder waren, sozialpsychologische Folgen, die sich oftmals auch in meinen Sprechstunden zeigen. Hier kommen Punkte zum Vorschein, die jetzt erst im späteren Erwachsenenalter aufgearbeitet werden können. So sehen sich manche in der Mitte ihres Lebens plötzlich in einer Krise. Sie sind enttäuscht, weil sich ihre Erwartungen an die Selbstverwirklichung rückblickend nicht erfüllt haben. Unzufriedenheit mit ihrer gegenwärtigen Situation macht sich breit. Sie waren als Kinder der Hoffnung vorgesehen. Beeinflusste dieser unausgesprochene Auftrag ihrer Familien ihr Heranwachsen und hielt in ihrem Leben an, bereitet er ihnen nun in der Lebensmitte Probleme. Vielleicht gab es Erfolg und stetigen Aufstieg, das aber scheint nun, in den späten Berufsjahren, hinter ihnen zu liegen. Mit der Krise geraten auch die begrenzte Lebenszeit und die Sorge um die Schwierigkeiten des Alterns in den Blick. Manch einer begegnet diesen Aussichten mit Erschöpfung, Burnout, Angst oder Depression.

Neben den persönlichen individuellen Herausforderungen gibt es für die Babyboomer die Herausforderung mit den jüngeren Generationen und deren Werten und Möglichkeiten in offenen Kontakt zu kommen. Besonders – oftmals männliche – Personen in Führungspositionen sind gefordert, mit Blick auf den kommenden Ruhestand ein Stück weit loszulassen und neu auf die Jüngeren zuzugehen oder sogar von ihnen zu lernen. Streit zwischen den Generationen können wir gerade in der heutigen gesellschaftlichen Situation mit all ihren Umbrüchen nicht gebrauchen. Es braucht also Offenheit – eigentlich etwas, wofür die Babyboomer, denkt man an ihre eigene Sozialisation, ja durchaus spezifische Potenziale mitbringen dürften. Wir alle müssen uns mit der Generationenthematik beschäftigen, um Konflikte zu vermeiden, die sich nur zu unser aller Nachteil auswirken können (siehe auch Mitverantwortung und Generativität in Abschn. 2.4). Als Teil einer sehr vielfältigen Generation wissen Babyboomer: Vieles ist möglich. In dieser Generation zeigte sich erstmals eine Auflösung der klassischen Rollenbilder. Noch nicht gleichberechtigt, konnten doch immer mehr Frauen eine gute Ausbildung machen und einem Beruf nachgehen. Das herkömmliche Familienbild, bei dem der Mann die Rolle des Ernährers ausübte und die Frau sich um Haushalt und Kinder kümmerte, wandelte sich. Damit gehen Forderungen nach familiengerechten Rahmenbedingungen in Unternehmen und Organisationen einher, die heute zunehmend relevant sind.

Die Älteren, die heute in ihrem späten Berufsleben stehen, weisen somit einige Besonderheiten auf. Daraus ergeben sich spezifische Denkweisen, aber auch ganz eigene Fähigkeiten, die für ihre jetzige Situation relevant sind, wenn es darum geht, die letzten Berufsjahre und mittelfristig den Übergang in den Ruhestand zu gestalten.

Fähigkeiten im späten Berufsleben
Welche Fähigkeiten sind es, die wir als ältere Berufstätige im späten Berufsleben nutzen und einsetzen können? Und welche Chancen sind damit für uns verbunden? Potenziale lassen sich als Möglichkeiten verstehen, die unter Umständen noch nicht ausgelebt werden können. Es geht um mögliche Fähigkeiten, für die es ein Bewusstsein zu schaffen gilt und an denen der Einzelne arbeiten kann. Dazu sollten wir uns fragen: Wer bin ich? Was schlummert vielleicht noch in mir und kann zur Entfaltung gebracht werden? Wohin will ich mich entwickeln? Was kann ich tun – für mich, aber

auch für die Jüngeren, die in vielem auf die erfahrenen Berufstätigen angewiesen sind? Was kann ich einbringen? Wo will ich beruflich Spuren hinterlassen? Inwiefern ist es sinnvoll, dass ich mich zurückhalte und die Jüngeren ihre eigenen Erfahrungen sammeln lassen? Wo gilt es also Maß zu halten oder zu verzichten? Wie kann ich Gelassenheit und Ruhe üben zu meinem eigenen, aber auch zum Wohle anderer? Sich etwas zurückzunehmen, einen Gang herunterzuschalten, sich nicht mehr in der gleichen Weise wie früher positionieren zu müssen – auch das sind Potenziale der älteren Berufstätigen, die zunehmend an Bedeutung gewinnen.

All das macht im Grunde schon deutlich, dass ein Defizitmodell des Alterns nicht haltbar ist. Die Merkfähigkeit, die Geschwindigkeit in der Wahrnehmung und in der Informationsverarbeitung nehmen mit den Jahren bei den meisten Menschen ab. Aber es tritt anderes an ihre Stelle. Sprich: Sie können im Allgemeinen kompensiert werden!

Was heißt das konkret für unser spätes Berufsleben? Inwiefern ergeben sich daraus Chancen? Mancher Ansatz, über den Sie im Folgenden lesen werden, mag zunächst fremd erscheinen. Das muss nicht überraschen, liegt ihm doch eine Denkweise zugrunde, die den Mustern und Überlegungen eines Großteils des Berufslebens nicht entspricht. Aber genau hierin liegt eine Chance in unserem Älterwerden. Grundsätzlich geht es darum, unsere gesammelten Erfahrungen noch einmal anzuschauen und zu überlegen, wie wir sie im Hinblick auf unsere eigene Entwicklung und die Veränderung um uns herum nutzen können.

Schauen wir uns nun ein paar wertvolle Fähigkeiten der Älteren etwas genauer an:

Erfahrungswissen und Überblick Als ältere Berufstätige haben wir in der Regel in unserem Fach viele Erfahrungen gesammelt. Wir haben gesehen, wie neue Erkenntnisse zu Veränderungen geführt haben und welche Folgen sie für das Produkt oder eine Dienstleistung hatten. Manches davon schien uns als positive Entwicklung, anderes vielleicht weniger sinnvoll. Auch durch die wechselnde Arbeitsweise und das Verhalten von Menschen um uns herum haben wir eine Menge Erfahrungen gesammelt. Im Vergleich zu unseren jungen Berufsjahren haben wir zudem einen besseren Überblick. Deshalb können wir an vielen Stellen auch zu Beratern werden, und in manchen Dingen können wir schneller und sicherer Entscheidungen treffen. Wir wissen besser, welche Konsequenzen damit verbunden sind, und können sie in der Regel auch tragen. Wir können Grenzen ziehen und besser einschätzen, was noch möglich ist und was nicht.

2 Sinn und Fähigkeiten bis zum letzten Arbeitstag erleben

Was heißt das nun für unser spätes Berufsleben? Inwiefern ist das eine Chance für uns? Abgesehen von unserer eigenen Entscheidungskompetenz können wir anderen mit unserem Rat zur Seite stehen, ob es nun Kollegen oder bisweilen auch Vorgesetzte sind. Gerade jüngere Vorgesetzte können von dem Erfahrungswissen der älteren Mitarbeiter profitieren, über das sie nicht immer selbst verfügen. Setzen wir diese Fähigkeit, dieses spezifische Potenzial des späten Berufslebens ein – ohne freilich mit erhobenem Zeigefinger zu agieren –, kann das für uns selbst sehr befriedigend sein. Zugleich können wir dadurch für andere nicht nur zum Vorbild werden, sondern vielmehr zum Berater in kleinen und dennoch wichtigen Dingen des Berufsalltags. Das können vielleicht hilfreiche Kontakte in einer speziellen Problemsituation sein, in einem anderen Fall eine bestimmte Art der Gesprächsführung, die genau dieser eine Kunde, mit dem wir bereits zu tun hatten, benötigt, oder das Lager, das wir wie unsere eigene Westentasche kennen und in dem wir zielsicher das gesuchte Produkt finden – es gibt viele Möglichkeiten. In diesem Sinne haben wir die Chance, bis zum Schluss ein erfülltes Berufsleben zu haben, die damit verbundene Zufriedenheit mit in den Ruhestand zu nehmen und stets einen positiven Rückblick auf die vergangenen Jahre und Jahrzehnte zu werfen.

> **Denkanstoß**
>
> An welcher Stelle können oder konnten Sie in Ihrem Berufsleben anderen Rat geben? Dabei kann es sich auch um kleine, vermeintlich nebensächlich Dinge handeln. Wo waren oder sind Sie eher Berater, wo eher Entscheider? Wo sind Sie besser als andere in der Lage, Grenzen zu ziehen und das auch gut zu kommunizieren? Wenn Sie zukünftig in Ihrem Berufsalltag (oder auch später im Ruhestand) auf solche Situationen achten, können Sie Ihre Fähigkeiten noch wirksamer einsetzen – zum Wohle aller. Achten Sie aber auch darauf, ob Ihr Gegenüber den Rat haben will und wie Sie ihn ohne erhobenen Zeigefinger formulieren.

Qualitätsdenken und Leistungsbereitschaft Ein großes Potenzial der heutigen Babyboomer-Generation ist, dass viele von ihnen mit einem hohen Qualitätsbewusstsein groß geworden sind. Sie sind gründlich, ordentlich und zuverlässig. Als Generation, die in ihrer Jugend keine Ablenkungen durch moderne Medien erfahren hat, hat sie oftmals von früh auf gelernt, sich zu fokussieren und zu konzentrieren und sich ganz einer Sache zu widmen. Das kann gerade auch in Verbindung mit den vielfältigen Erfahrungen zu besonderen Leistungen führen. Eine gute Arbeit zu leisten und gute Qualität abzuliefern, ist für die meisten Menschen zutiefst zufriedenstellend.

Die eigene Tätigkeit erfährt so nicht nur bei anderen Anerkennung, sondern ergibt selbst einen Sinn.

Generativität oder *Etwas für die Nachfolgenden hinterlassen.* Wer bis zum späten Berufsleben Erfahrungswissen gesammelt und verinnerlicht hat, besitzt das Potenzial, dieses auch für die Jüngeren fruchtbar zu machen. Und nicht nur das: Oft besteht auch das Bedürfnis, dieses Wissen, diese Erfahrung weiterzugeben. Vielen ist es wichtig, auch dann, wenn sie sich Stück für Stück aus dem Berufsleben verabschieden und schließlich in den Ruhestand gehen, etwas zu hinterlassen. Dies kann sachlicher, teils materieller Art sein, es kann aber auch die eigene Meinung und Haltung sein, die von den Jüngeren aufgegriffen, gewiss nicht eins zu eins umgesetzt, aber doch in gewisser Weise weitergeführt wird. So fließen die Spuren, die man hinterlässt, und der Nutzen, den die Jugend daraus ziehen kann, zusammen. Hier zeigt sich Generativität, der Wunsch, etwas zu hinterlassen – eine wichtige Eigenschaft und innere Haltung, die auch als Entwicklungsaufgabe bezeichnet werden kann. Diese ist eine ganz spezifische Kraft, die von den Älteren ausgehen kann, wenn sie sich nicht benachteiligt fühlen, wenn sie loslassen können und die Jüngeren unterstützen möchten. Die letzten Tage und Monate, teils auch Jahre im Beruf kann es darum gehen, geduldig, vielleicht auch in dankbarem Rückblick das Berufsleben zu vollenden. Wenn man von sich etwas zurücklassen will, darf man es den anderen nicht aufdrängen. Vor allen Dingen sollte man den Jüngeren in seiner letzten Berufsphase kein Hindernis sein. Es geht darum, zu helfen, wo geholfen werden kann und wo Hilfe gebraucht wird, und zugleich loszulassen, wo losgelassen werden soll. Hier kann sich im Berufsleben eine einmalige Ruhe einstellen, in der es nicht mehr darum geht, sich hervorzutun, Karriere- und Machtmuster auszuleben, Wissen für sich zu behalten oder gar ein misstrauisches Auge auf die (innerbetriebliche) Konkurrenz zu werfen. Sind diese Verhaltensmuster ohnehin im ganzen Berufsleben fehl am Platz, so sollten sie nun gar keine Rolle mehr spielen. Meist tun sie es ja auch nicht mehr, wenn es ums Ausscheiden und Abschiednehmen geht.

Frust aushalten Die Haltung, die bis jetzt beschrieben wurde und die in eine ruhige, von Souveränität geprägte späte Berufsphase münden kann, ergibt sich nicht von alleine. Und es soll auch nicht der Eindruck vermittelt werden, als stünden ihr nicht auch einige Hindernisse im Wege. Nicht alles hat man, auch beim besten Willen, selbst in der Hand. Besonders dann, wenn sich Frust bildet, wird es schwer, seine letzte Berufsphase im oben beschriebenen Sinne zu gestalten.

Werden Ihre Fähigkeiten, wird Ihr Erfahrungswissen Ihrer Meinung nach nicht ausreichend geschätzt? Werden Ihre Fähigkeiten nicht mehr so gebraucht wie früher, weil sich die Arbeitswelt verändert hat? All dies führt leicht zu Enttäuschung und vielleicht auch zu Resignation. Aber selbst hier haben Ältere ein besonderes Potenzial: Sie schaffen es in der Regel gut, ein gewisses Maß an Frust auszuhalten. Schließlich liegen viele Berufsjahre hinter ihnen, in denen sie bestimmt hin und wieder mit entsprechenden Situationen konfrontiert waren. Oft genug haben sie in ihrem Leben gelernt, mit kleineren oder großen Krisen umzugehen. Ältere haben meist Bewältigungsstrategien entwickelt, die uns auch jetzt im späten Berufsleben helfen können.

Das Wissen, dass Veränderungen ein Teil des Lebens sind, so wie ein Fluss sich beständig in seinem Dahinfließen wandelt, hilft uns oftmals. Nichts kann auf Dauer festgehalten werden. Und doch wissen wir auch nur zu gut und sehen es vielleicht besser als andere, dass die Basis für all das, was heute neu gemacht wird, das Alte ist. Wir sehen eine Entwicklung, an der wir maßgeblich Anteil hatten und in gewisser Weise immer noch haben.

Gelingt es also, das Alte mit dem Neuen sinnvoll zu verbinden und abzuwägen, und schaffen wir es, dass die anderen es annehmen, zumindest in Erwägung ziehen, dann können wir mit manchem schmerzlichen Verlust besser umgehen. Unser Produkt, an dem wir jahrelang gearbeitet haben, wird vom Markt genommen? Das ist zunächst schwer nachzuvollziehen, ja, es tut weh. Aber vielleicht ist die Entscheidung, die dahintersteht, transparent und insofern Stück für Stück nachvollziehbar. So haben auch die Älteren die Möglichkeit, sich an die neue Situation anzupassen und da, wo es notwendig ist, loszulassen. Offenheit und Interesse für das Neue ist hierfür eine wichtige Voraussetzung. Und auch wenn man Entscheidungen bei aller Bemühung nicht nachvollziehen kann, sie für falsch hält oder Zweifel hat, sollte man sich fragen, ob man nicht doch die Bereitschaft aufbringen kann, den Jüngeren zuzugestehen, dass sie es anders machen. Schließlich haben wir unsere Erfahrungen gemacht, und so wichtig sie für die Nachfolgenden sein mögen, müssen diese doch auch immer wieder ihre eigenen, ganz neuen machen. Sind wir uns dessen bewusst, gelingt es uns besser, einen gewissen Verlust und Frust auszuhalten, sodass er nicht mehr unsere Lebensqualität und innere Zufriedenheit maßgeblich beeinflusst. Verantwortung für sich selbst, aber auch für die anderen heißt manchmal eben auch, Verantwortung abzugeben.

Länger arbeiten Ältere Berufstätige waren noch nie so gut drauf wie heute! Damit meine ich vor allen Dingen ihre Gesundheit und Kompetenz. Aber auch die Motivation der Älteren ist oftmals hervorragend, und das, obwohl sie schon so viele Jahre arbeiten und man annehmen könnte, dass sie nun genug hätten. Aber so ist es nicht – zumindest nicht bei allen. Sie sind noch rüstig, fühlen sich keineswegs verschlissen, sondern sind bereit und verspüren Lust, ihr Wissen und ihre Erfahrung weiter einzusetzen. Sie geben es an Jüngere weiter, und das nicht in einer bevormundenden Art und Weise, sondern in einer neuen, kollegialen und umsichtigen Art. Die flachen Hierarchien, die sie von ihrer eigenen Jugend nicht kennen, haben sie gerne angenommen, und sie sind sich sicher, dass sich so gut arbeiten lässt, gerne auch noch etwas länger.

Zu schön, um wahr zu sein? Ist das allzu idealistisch gedacht? Sie können sich und Ihre Kollegen in diesem Bild nicht wiedererkennen? Tatsächlich empfindet das nicht jeder so wie oben beschrieben. Oftmals sind schlichtweg die erforderlichen Rahmenbedingungen gar nicht gegeben. Und wer will es leugnen: Der Wandel der Arbeitswelt mit seiner Arbeitsverdichtung, Komplexität, Schnelllebigkeit und Digitalisierung macht auch den Älteren zu schaffen. Trotzdem haben viele ältere Berufstätige die oben beschriebenen Potenziale und sind sich dessen bewusst. Vergleichen Sie einmal Ihr aktuelles Leben mit der Zeit in ihrer Jugend und achten Sie darauf, ob es nicht auch positive Veränderungen bei Ihnen gegeben hat. Lebens- und Arbeitserfahrung lässt sich auf viele Bereiche übertragen. Die Tätigkeit selbst, das soziale Miteinander, aber auch der Umgang mit Belastungen kann durch das Erfahrungswissen und die Lebensschule positiv beeinflusst werden. Und noch etwas Positives kommt hinzu: Die älteren Berufstätigen wissen, dass ihr Leben noch lange nicht zu Ende ist. Viel Spannendes kommt noch auf sie zu – auch nach dem Berufsleben, und vielleicht gerade nach dem Berufsleben. Sie haben noch Visionen und Ziele; viele bleiben offen, halten sich gesund und fit, so gut es geht. Sie achten auf eine Work-Life-Balance und lassen sich nicht verrückt machen.

Wenn Sie solche Merkmale auch bei sich selbst erkennen, schafft das eine gewisse Gelassenheit, die Ihnen im Umgang mit Überforderungen hilft. Oft genug werden Sie den Jüngeren dabei zum Vorbild – schließlich erhalten auch diese gehörig Druck und wissen oft nicht, wie sie damit umgehen sollen. Manch Älterer stellt sich sogar vor seine jüngeren Schützlinge und sucht einiges abzufangen. Diese Eigenschaften des reiferen Alters erfahre ich immer wieder in meinen Workshops und Seminaren mit älteren Berufstätigen. Werden sie dann auch gewürdigt, ist dies ein weiterer Quell der Zufriedenheit.

Also doch länger arbeiten, obwohl man in den Ruhestand wechseln kann? Noch eine gewisse Zeit dranhängen, weil man sich auch gerade im Beruflichen noch nicht am Ende seiner Schaffenskraft sieht? Sofern der Übergang nicht generell infrage gestellt wird, sofern man sich trotzdem noch darum kümmert, auch nach dem Arbeitsleben sinnvolle Ziele zu haben, kann das für die eine oder den anderen durchaus das Richtige sein. Dazu braucht es freilich eine ausreichende Gesundheit und Fitness – es macht keinen Sinn, sich weiterem Stress auszusetzen, dem man nur schwer gewachsen ist, wenn man das nicht tun muss. Und es setzt voraus, dass der Betrieb den eigenen Arbeitseinsatz weiterhin gebrauchen kann und das auch deutlich macht. Selten kommt dies nicht vor, die Unternehmen und Organisationen wissen die Erfahrung, Ruhe und Stabilität ihrer älteren Mitarbeiter oft zu schätzen. Stimmen dann auch noch die Rahmenbedingungen und achtet man darauf, den Jungen nicht im Weg zu stehen, sondern weiter produktiv und in wechselseitigem Nutzen zusammenzuarbeiten, können Ältere es in Erwägung ziehen, noch etwas länger zu arbeiten, ohne den Übergang in den Ruhestand aus den Augen zu verlieren. Und schließlich gibt es auch noch die Option, sich im Ruhestand andere Aufgaben zu suchen, etwa eine andere Arbeit, einen Minijob oder ein Ehrenamt (vgl. Kap. 8).

> **Denkanstoß**
>
> Welche Potenziale würden Sie älteren Beschäftigten zuordnen? Und welche haben Sie bei sich selbst erfahren? Ist es der Umgang mit komplexen Situationen, durch die Sie sich nicht aus der Ruhe bringen lassen? Können Sie gut Entscheidungen treffen und mit weitreichenden Zeit- und Zielplanungen umgehen? Haben Sie den Überblick über vertraute Arbeitsgebiete und schaffen es, Problemsituationen zu bewältigen? Würden Sie sich ein hohes Verantwortungsbewusstsein und ein ausgeprägtes Urteilsvermögen zusprechen? Und haben Sie die Grenzen im Blick, erkennen Sie eigene Leistungsmöglichkeiten, aber auch, wo diese aufhören? Haben Sie gelernt, gut zu kooperieren? Und wenn das ein oder andere nach Ihrer Einschätzung zutrifft, welche Fähigkeiten haben Sie durch Ihre langjährigen Erfahrungen hinzugewonnen? Vielleicht können Sie auch noch etwas ergänzen – das Potenzial auch im späten Berufsleben ist zu breit, um es begrenzen zu können.

2.4 Verantwortung, die gut tut

Sehr oft höre ich von Kursteilnehmern Einschätzungen wie diese: „Je mehr sich das Arbeitsleben verändert, z. B. wenn es dichter wird, desto mehr müssen wir nach uns selbst schauen. Aber das ist gar nicht so einfach. Man weiß ja oft gar nicht mehr, wo man überhaupt anfangen soll. Und man braucht eine Menge Selbstdisziplin. Ich finde, Verantwortung für sich selbst oder für andere zu tragen ist heute viel schwerer als früher."

Ist Verantwortung also etwas, das mit den Jahren zunimmt, dabei aber auch immer belastender wird? Für viele von uns hört sich „Verantwortung" nach einer lästigen Pflicht an, nach etwas, das wir tun müssen oder unbedingt sollten. Sie zu übernehmen ist etwas, das von uns verlangt wird, und das in zunehmendem Maße. Aber tragen wir nicht sowieso den ganzen Tag schon Verantwortung und macht nicht gerade das das Erwachsenenleben so anstrengend? Machen wir zunächst einen Schritt zurück, um einen besseren Überblick zu bekommen, und fragen uns dann: Ist Verantwortung wirklich so streng und anstrengend?

Verantwortung – alltäglich und doch grundlegend
Sehr oft handeln wir verantwortlich, ohne uns dessen bewusst zu sein. Wir packen uns ein Päckchen Taschentücher ein, wenn wir Schnupfen haben, weil wir nicht wollen, dass die Nase läuft. Wir schalten in der Dunkelheit ganz automatisch das Licht an unserem Fahrrad an, damit andere Verkehrsteilnehmer uns besser sehen. Wir putzen uns die Zähne, damit sie gesund bleiben. Wenn wir den Frühstückstisch decken, holen wir nicht nur für uns Teller und Tasse raus, sondern auch für die Menschen, mit denen wir zusammenleben. Wir erinnern unseren Arbeitskollegen an einen Termin, wenn wir das Gefühl haben, dass er ihn vergessen hat, oder auch daran, dass es Zeit ist, zum Mittagessen in die Kantine zu gehen, wenn er in seine Arbeit vertieft ist und die Pausenzeit aus dem Blick verloren hat.

Das sind alles kleine, meist unbewusste Handlungen in unserem Leben, mit denen wir uns um uns selbst oder um andere kümmern. Es sind Dinge, die wir gelernt haben, über die wir vielleicht auch in früherer Zeit einmal nachgedacht haben und zu denen wir Entscheidungen getroffen haben. Die Entscheidungen haben zu Regelmäßigkeit geführt und sind in unbewusste Handlungen übergegangen. Je länger wir diese unbewussten Handlungen in unserem Leben vollzogen haben, desto mehr haben sich Verhaltensmuster in uns ausgebildet, die wir nur selten durchbrechen und die sich nicht ohne weiteres einfach abstellen lassen. Diese Handlungen sind dadurch aber mitnichten inhaltsleer. Im Gegenteil übernehmen wir in ihnen Verantwortung – auch dann, wenn wir uns nicht jedes Mal ausdrücklich darüber im Klaren sind.

Ohne eine solche Verantwortung wäre unser Leben ein Chaos. Ohne Verantwortung würden wir nicht leben können – nicht alleine und nicht mit den anderen. Ohne Verantwortung wäre ein gutes Miteinander nicht möglich. Trotzdem gehen die Ansichten zur Verantwortung weit auseinander. Sie hat mit Werten zu tun, die beispielsweise in unserer Kindheit geprägt wurden oder über die wir nachdenken, um in der Folge eine bestimmte Einstellung zu finden. Verantwortung ist nicht etwas, das ausschließlich von außen an uns herangetragen wird, sondern etwas, das im Wechselspiel zwischen Innerem und Äußerem in uns entsteht. Daher ist sie auch sehr individuell: Was für den einen das rechte Maß an Verantwortung ist, ist für den anderen schon zu viel.

Verantwortung kann unser Leben erleichtern, sie kann aber genauso gut anstrengend sein. Verantwortung kann leicht und einfach sein, aber auch schwer und komplex. Werden wir ihr mit den alltäglichen, oft lebenslang eingeübten Handlungen gerecht, ist das etwas anderes, als wenn wir eine schwierige Entscheidung treffen müssen, die für uns selbst oder für andere ernsthafte Konsequenzen haben kann. Gerade mit steigender individueller Freiheit nimmt hier oft auch die Unsicherheit zu. Je weniger uns Menschen in der Gesellschaft an Werten und Normen vorgegeben ist, weil religiöse oder gesellschaftliche Bindungen lockerer werden und traditionelle Vorgaben an Bedeutung verlieren, desto mehr sind wir aufgefordert, selbst nachzudenken und verantwortliche Entscheidungen zu treffen.

Grundsätzlich darf Verantwortung aber nicht (nur) als mühselige Verpflichtung verstanden werden, der man hilflos ausgeliefert ist. Sie geht mit der Möglichkeit einher, selbst Dinge zu gestalten und zu beeinflussen. Verantwortung ist so gesehen eher etwas Positives, durch das wir unsere Ziele erreichen und unsere Bedürfnisse befriedigen können. Sie trägt zur intrinsischen Motivation bei, also dazu, dass wir Dinge nicht aus äußeren Zwängen, sondern aus innerem Antrieb heraus tun. In ihr kann sich das verinnerlichte Bedürfnis ausdrücken, das ein gutes, friedliches Eigen- und Gemeinwohl im Blick hat und auch die nächste Generation mit einbezieht. Aus ihr kann nachhaltiges Handeln erwachsen. Wird Verantwortung als die Fähigkeit verstanden, auf das Leben und seine Herausforderungen Antworten zu finden, fragt der verantwortliche Mensch immer wieder: „Was soll ich tun?" In einer komplizierter werdenden Welt mag diese einfache Frage immer schwerer zu beantworten und das persönliche Handeln oft nicht mehr abschließend zu überblicken sein. Tatsächlich bildet Verantwortung ein Spannungsfeld in unserem Leben, das sinnvolles Verhalten als solches erst ermöglicht.

Es macht daher Sinn, Verantwortung nicht nur als Last, sondern auch als Chance zu betrachten. Und wir sollten auch Veränderungen in den Blick nehmen, die sich auf die Verantwortung auswirken – Veränderungen in unserer Umwelt und in der Gesellschaft, aber auch solche in unserem ganz persönlichen Lebensvollzug. Verantwortung kann sich also wandeln. Daher müssen wir immer wieder Fragen stellen, um uns unserer Verantwortung bewusst zu werden, aber auch, um Klarheit zu erhalten, inwieweit wir ihr gerecht werden können. Für wen, für was tragen wir Verantwortung? Letztlich macht dies auch klar, wo unsere Verantwortung endet – sie mag unter Umständen weit reichen, ist aber nicht grenzenlos.

Verantwortung im Älterwerden
Neue Lebenssituationen bieten Anlass, sich auch in dieser Frage erneut und gegebenenfalls neu zu orientieren. Dazu gehört zum Beispiel das Ende des Berufslebens oder der Anfang des Ruhestands. Jetzt wird es doch wohl hoffentlich endlich um unsere Freiheit und weniger um Verantwortung gehen! Das mag in gewisser Hinsicht richtig sein, etwa was den Beruf betrifft. Und doch: Auch die nachberufliche Lebensphase erfordert natürlich Verantwortung. In meinen Seminaren stelle ich immer wieder fest, dass sie besucht werden, weil die Teilnehmer zunächst einmal Wissen sammeln möchten und der Einzelne überlegt, wie er den neuen Lebensabschnitt gestalten kann. Was ist erforderlich? Was tut mir und anderen gut? Wo sehe ich Probleme, wo kann ich Lösungen finden? Hierauf wollen sie verantwortungsbewusste Antworten finden.

Ein erfüllendes Älterwerden kann gerade durch das bewusste Leben von Selbstverantwortung und Mitverantwortung gelingen. So sind wir immer wieder gefordert, die Notwendigkeit von Verantwortung im eigenen oder äußeren Wandel aufzuzeigen. Der Mensch selbst befindet sich im ständigen Wandel. Wie er sich wandelt und zu welchem Menschen er wird, das liegt unter anderem auch in seiner Verantwortung. Wir sind nicht unserem Schicksal überlassen, sondern aufgefordert, unser Leben zu gestalten und in die Hand zu nehmen. Sind besonders rasche oder große Veränderungen aufgetreten, müssen wir immer wieder aus unserer Routine und unseren Mustern heraustreten und im jeweiligen Wandel ein neues Bewusstsein und neues Handeln finden (Schröder Kunz 2016). Viele werden das in ihrem Berufsleben erfahren haben, sei es, dass eine neue Position angetreten wurde, sich die betrieblichen Umstände geändert haben, vielleicht auch die Branche einen Wandel durchlaufen hat oder man selbst einen ganz anderen Beruf, einen neuen Arbeitsplatz gewählt hat. Im Blick zurück können wir uns so immer wieder klarmachen, dass neue Situationen neue Anforderungen stellen und mit diesen neue Antworten gefragt bzw. Ver-Antwortungen gefordert sind.

Dabei zeigt sich näher betrachtet rasch, dass Verantwortung in der Gegenwart zwar auch in der Vergangenheit wurzelt, aber im Grunde auf die Zukunft gerichtet ist. Und: Verantwortung kann guttun. Gleichzeitig wissen wir: Ganz ohne Selbstdisziplin geht es manchmal nicht. Wenn wir uns beispielsweise vornehmen, jeden Morgen ein spezielles Rückenprogramm zu absolvieren, ist das für uns zunächst vielleicht kaum mehr als eine lästige

Pflicht. Meist muss man sich die ersten zwei Wochen dazu zwingen. Wie kann es auch anders sein, gilt es doch, alte Muster aufzulösen und neue Gewohnheiten einzuüben. Sind die ersten Wochen aber erst einmal um, fällt es in der Regel leicht, das nun schon nicht mehr so Neue in den täglichen Ablauf zu integrieren. Noch einmal drei Monate und wir können uns den Morgen schon gar nicht mehr ohne das Ritual vorstellen – auch weil die Erfolge des Rückentrainings nun wirklich spürbar sind und wir uns wesentlich wohler fühlen.

Das Thema Verantwortung hat sich auch dadurch verändert, dass wir an vielen Stellen heute freier entscheiden können als früher. Dies gilt für das Leben insgesamt wie auch für die Phase des späten Berufslebens und des Ruhestands. Ohne Zweifel sind immer noch viele Zwänge gegeben. Aber gerade auch als Rentnerinnen und Rentner haben wir heute viel mehr Möglichkeiten – allein weil wir meist bei besserer Gesundheit sind, als unsere Großeltern es beim Übergang in den Ruhestand waren. Wir haben ein großes Maß an Freiheit, ob es nun darum geht, dass wir nochmal einem Beruf bzw. einer Berufung nachgehen oder welches Hobby wir uns für die Zeit im Ruhestand vornehmen. Die Freiheit in unserer liberalen Gesellschaft ist ein hohes Gut, und sie erschöpft sich keineswegs darin, in regelmäßigen Abständen wählen zu gehen. Viele Zwänge sind im Vergleich zu früher fortgefallen, ob es nun um den privaten oder den öffentlichen, den beruflichen oder den gesellschaftlichen Bereich geht. Auch wenn teilweise neue entstanden sind, dürfte doch unverkennbar sein, dass der Bereich der individuellen Wahlfreiheit deutlich größer geworden ist. Mehr Freiheit bedeutet aber immer auch mehr Verantwortung. Sie ist das notwendige Gegenstück, denn ohne Verantwortung droht die Freiheit missbraucht zu werden, und dies würde unsere liberale Gesellschaft untergraben.

Gerade das zunehmende Maß an Individualisierung bedeutet eine erhebliche Veränderung. Neue Lebensgewohnheiten und Ziele sind die Folge. Der Soziologe Norbert Elias hat schon früh beschrieben, wie sich die Gewichtung vom Wir zum Ich verlagert hat. Die Wir-Identität ist deutlich schwächer geworden. Waren früher Menschen von Geburt an einer bestimmten Gruppe zugeordnet und damit praktisch gezwungen, beständig aus Sicht der Gruppe zu denken, zeigt sich heute ein ganz anderes Bild. Durch die Individualisierung werden die Wünsche und Ziele der Menschen ausgeprägter und differenzierter. Sie sind weniger fremd-, also durch andere bestimmt, sondern können selbst viele Entscheidungen treffen. Die Gruppenzugehörigkeit hat an Relevanz verloren oder ist nun selbst Gegenstand der Wahl. Damit ist aber auch der Umfang an Entscheidungen, die der Einzelne nun selbst treffen muss, deutlich größer geworden. Dies erfordert zunehmend eine reflexive Lebensführung. Reflexiv meint hier, dass wir mehr nachdenken müssen, was gut für uns und für andere ist. Die größer gewordene Entscheidungsfreiheit sieht sich einer deutlich komplexer gewordenen Welt gegenüber. Umso wichtiger ist es, seine Entscheidungen bewusst zu treffen und sich deutlich zu machen, dass es auf vielschichtige Fragen keine einfachen Antworten gibt. Nur ein reflektiertes Handeln kann ein verantwortliches Handeln sein.

Selbst- und Mitverantwortung
Wir sehen uns also in der späten Berufsphase einer veränderten Verantwortung gegenüber – verändert infolge des technischen und gesellschaftlichen Wandels, verändert aber auch durch die eigene Lebensphase und den bevorstehenden Übertritt in den Ruhestand. Das wirft gesellschaftlich wie für den Einzelnen einige Fragen auf. Angesichts der individuellen Vielfalt kann es keine pauschalen Lösungen geben. Das ist gut so, aber eben auch anspruchsvoll. Um unserer Verantwortung gerecht zu werden, sollten wir sie als etwas verstehen, das sich grundsätzlich aus zwei Aspekten zusammensetzt: aus Selbstverantwortung und aus Mitverantwortung.

Die Selbstverantwortung entspricht der Frage, was gut für uns selbst ist. Die Mitverantwortung hängt mit der Frage zusammen, was gut für die anderen ist. Beide zielen darauf, was man selbst jeweils beitragen kann. Was können wir tun, um herauszufinden, was gut für uns ist, und um es zu erreichen? Was können wir dazu beitragen, dass verwirklicht wird, was gut für die anderen ist? Beide, Selbstverantwortung und Mitverantwortung, müssen in einem Gleichgewicht gehalten werden, das es erlaubt, beiden gerecht zu werden. Das bringt stetige Arbeit mit sich. Das Verhältnis der beiden, aber auch die jeweiligen Anforderungen können sich von einem Moment auf den anderen verändern. Vielleicht habe ich nach einem harten Arbeitstag das Gefühl, dass ich nur gegeben und zu wenig auf meine eigenen Bedürfnisse geachtet habe. Die Mitverantwortung war gefühlt höher als die Selbstverantwortung. Dann komme ich nach Hause und werde mit einem leckeren Abendessen verwöhnt. Und schon fühle ich mich meinen Bedürfnissen entsprechend in meiner Selbstverantwortung.

Die Frage nach der Balance zwischen Selbst- und Mitverantwortung stellt sich gerade auch im späten Berufsleben und mit Blick auf den Ruhestand neu. Die Antwort darauf muss immer für den Einzelfall gefunden werden und kann für jeden anders aussehen. Manche fühlen sich respektiert und wertgeschätzt, wenn sie in den letzten Berufsjahren rücksichtsvoll behandelt werden und die Führungskraft oder Kollegen darauf achten, dass die Belastung nicht zu groß wird. Andere könnten sich hingegen dadurch zurückgesetzt sehen. Mitverantwortung setzt also eine gewisse Sensibilität und Empathie voraus. Aber auch mit Blick auf die eigenen Bedürfnisse sollte man aufmerksam sein und vermeiden, dass sie an den Rand gedrängt werden und unbeachtet bleiben. Das knüpft daran an, dass es keine pauschalen Lösungen gibt. Stets ist der Einzelne zu berücksichtigen, ob dies nun der andere oder man selbst ist. Es sind stets Individuen, ob nun jene, die Verantwortung tragen, oder jene, denen gegenüber diese Verantwortung besteht. Mitverantwortung heißt also nicht, allen ein bisschen vom Gleichen zukommen zu lassen. Wichtiger ist es, die konkrete Situation und die konkreten Bedürfnisse in den Blick zu nehmen, die eigenen wie die der anderen.

Verantwortung und konkretes Handeln
Wie Verantwortung konkret gelebt werden kann, habe ich in einer Studie (2016) mit 100 Beschäftigten im Alter von 45 Jahren und älter herausgearbeitet. Dabei haben sich 14 ethische Handlungsfelder der Selbstverantwortung und Mitverantwortung herauskristallisiert: Verantwortung bedeutet zunächst, über eine gegebene Situation Wissen zu sammeln (1). Nur wenn wir über Wissen zu den verschiedenen Aspekte verfügen, können wir schließlich auch differenziert nachdenken (2) und damit verbundene Gefühle verstehen und annehmen (3). Darauf aufbauend können wir schließlich die Gestaltungsmöglichkeiten einer Situation erkennen und aktiv handeln bzw. uns gegebenenfalls Hilfe holen (4). In unserem Handeln und Tun müssen wir immer wieder verantwortlich auf einen Ausgleich von Aktivität und Ruhe achten (5). Achtsamkeit ist geboten (6). Das bedeutet teilweise auch einen bewussten Verzicht oder das Setzen von Grenzen – es mag paradox klingen, aber manchmal werden wir unseren Bedürfnissen eher gerecht, wenn wir auf etwas verzichten. Beim Zusammenhang zwischen Ernährung und Gesundheit ist uns das inzwischen geläufig geworden, im Umgang mit den digitalen Medien wird es uns spätestens in naher Zukunft sicher noch beschäftigen (7). Auch in unseren Begegnungen und Beziehungen tragen wir Verantwortung, indem wir die Vielfalt des Menschseins akzeptieren (8), auf eine gute Kommunikation (9) sowie auf Ehrlichkeit, Verlässlichkeit und Authentizität (10) achten. Zudem ist die Weitergabe von Erfahrungen und Wissen von Bedeutung und kann ethisch verantwortlich erfolgen (11). Die Haltung der Verantwortung lässt dabei durchaus Spannungsfelder (12) zu. Sie versteht Polaritäten wie Freude und Leid (13) oder Selbstständigkeit und Abhängigkeit (14) als Teil des Lebens. Diesen Spannungsfeldern ist der Mensch immer wieder auf natürliche Weise ausgesetzt.

Die 14 Handlungsfelder der Verantwortung sind als Orientierung zu verstehen. Bemühen wir uns, sie in unserem Leben zunehmend zu beachten, werden wir feststellen, dass es sich um einen fortwährenden Prozess handelt. Es wird nicht *die* eine Lösung geben, sondern es bedeutet kontinuierliche, gute Arbeit, die an vielen Stellen auch Freude bereiten kann. Eine Entwicklung in diesem Sinne tut uns gut und bereichert unser Leben. Das Leben wird facettenreicher, wenn wir die ethischen Handlungsfelder betrachten. Dadurch fördern wir unsere eigene Entwicklung, und wir sehen neue Gestaltungsmöglichkeiten und erkennen, wo wir gezielt anpacken können. Daraus lässt sich immer wieder Hoffnung schöpfen – Hoffnung auf ein erfüllendes Leben und Älterwerden, indem wir uns selbst entdecken, aber auch unsere Mitmenschen als Teil unseres Lebens stets mit einbeziehen (Schröder-Kunz 2016).

Verantwortung ist also wichtig. Und sie ist keineswegs eine Fessel, auch wenn sie Anforderungen an einen stellt oder eine Aufgabe ist, der man sich im Grunde nicht entziehen kann. Verantwortung ist vielmehr etwas, das uns einen Horizont an Möglichkeiten erschließt. Wir sollten sie nicht als eine Zunahme von Regelwerken betrachten. Das Gegenteil ist der Fall: Durch die Übernahme von Selbstverantwortung und Mitverantwortung gelingt es, dass wir insgesamt weniger Regelwerke benötigen. Oft sind wir im Alter geneigt, bei Missständen nach Vorgaben zu verlangen; tatsächlich geht es aber darum, dass Verantwortung gelebt wird. Starre Regeln entlasten von Verantwortung (und schränken die Möglichkeiten ein), Verantwortung hingegen macht zumindest manche Regeln verzichtbar. Somit erlangen wir mehr Freiheit, wenn wir Verantwortung übernehmen.

Wir haben also zwei Formen der Verantwortung, die beide ins Gleichgewicht gebracht werden sollten, und wir können uns fragen, was dies jeweils für das späte Berufsleben bedeutet. Bei der Mitverantwortung geht es um unsere Fähigkeit und Bereitschaft, uns in die Lebenssituation anderer hineinzuversetzen, sprich auch die Fähigkeiten der Mitmenschen zu berücksichtigen, den Anderen in seiner Selbstverantwortung zu sehen und zu fördern sowie uns für andere zu engagieren und etwas für sie zu tun, ob es dabei nun um die Kollegen oder die Familie, um die Gesellschaft insgesamt oder – gerade aus Sicht unserer großen Lebenserfahrung – die junge Generation handelt. Selbstverantwortung hingegen sollte sich darauf beziehen, dass der Alltag nach den eigenen Leitbildern von einem guten Leben, das heißt nach den eigenen Bedürfnissen, Normen und Werten gestaltet wird. Sie meint aber auch, im Sinne einer Selbstreflexion gezielt Fragen zu stellen: Wer bin ich? Was ist gut für mich? Was soll ich tun? Was sind meine Fähigkeiten? Eine solche Selbstreflexion als unerlässlicher Partner der Selbstverantwortung bedeutet daher eine Auseinandersetzung mit den Anforderungen und Möglichkeiten der persönlichen Lebenssituation. Betrachten wir im Folgenden die beiden Teile der Verantwortung näher, um zu erkennen, was sich daraus für unser spätes Berufsleben ergibt.

Mitverantwortung und Generativität
Wie Mitverantwortung im späten Berufsleben aussehen kann, geben folgende Worte eines älteren Berufstätigen sehr schön wieder: „Ich bin jetzt wirklich schon lange in der Firma. Ich kenne unglaublich viele Menschen. Ich möchte meine Erfahrungen in den letzten Jahren weitergeben. Nicht nur auf der Sachebene, auch was ich im Hinblick auf uns Menschen gelernt habe. Und als Älterer fühle ich mich auch in der Verantwortung, hier und da die Jüngeren zu schützen. Wenn wieder ein neues Projekt kommt und ich spüre, das ganze Team wird unruhig, der eine oder andere ist überfordert, da bin ich oft derjenige, der zu vermitteln versucht. Entweder ich sage: ‚Wir schaffen das, wir gehen jetzt Schritt für Schritt die Sache durch, und dann überlegen wir, wie wir es so hinbekommen, dass wir nicht zu sehr im Druck sind.' Oder aber ich sehe, dass es wirklich zu viel ist. Und dann bin auch meist ich derjenige, der sich vor die Mannschaft stellt und dem Chef sagt: ‚So werden wir das nicht schaffen. Das ist zu viel.'"

Die Mitverantwortung für jüngere Menschen entsteht aus verschiedenen Aspekten heraus. Gebündelt lassen sie sich als die Entwicklungsstufe der Generativität verstehen. Sie sollte laut dem Entwicklungspsychologen Erik H. Erikson in der Altersklasse von etwa 40 bis 65 Jahren, aber auch darüber hinaus als eine Aufgabe entdeckt werden und kann zu einer wichtigen Entwicklung oder Vervollkommnung der eigenen Identität führen. Es geht darum, der zukünftigen Generation etwas zu hinterlassen. Dabei tut man aber auch etwas für sich selbst. Denn Generativität hilft, die existenziellen Fragen der zukünftigen Lebensphasen zu beantworten: Welche Spuren hinterlasse ich? Welchen Sinn hat(te) mein (Berufs-)Leben?

Generatives Verhalten gelingt nicht einfach so. Erforderlich ist eine entsprechende Haltung. Hier müssen wir ganz besonders auf unsere Mitverantwortung achten. In der mitverantwortlichen Haltung begegnen wir dem jeweils anderen mit einer großen Offenheit. Auch wenn uns etwas fremd ist, weil wir es anders gelernt haben, bemühen wir uns, den jungen Menschen mit seinen Bedürfnissen, Fähigkeiten und Werten zu verstehen und entsprechend auf ihn zuzugehen. Gelingt uns das nicht und wenden wir uns von den Jüngeren ab, weil wir sie alle über einen Kamm scheren, werden wir nicht nur unserer Mitverantwortung nicht gerecht, sondern laufen Gefahr, auch in unserer eigenen Entwicklung zu stagnieren. Womöglich kreisen wir nun in unserem Frust immer mehr um uns selbst und kümmern uns immer weniger um unsere Mitmenschen. Das führt dazu, dass andere uns ablehnen und wir wiederum sie ablehnen – ein Teufelskreis. Wenn niemand so wichtig ist wie wir selbst, wie soll dann ein freudvolles Miteinander gelingen? Schaffen wir es hingegen, das selbst- und das mitverantwortliche Verhalten in Balance zu halten, so besitzen wir die Fähigkeit zur Fürsorge, ohne uns selbst aus den Augen zu verlieren.

Wir haben jetzt im späten Berufsleben vielleicht noch einmal eine besondere Möglichkeit, junge Menschen kennenzulernen und über die Arbeit eingehende Beziehungen mit ihnen zu pflegen. Tatsächlich laufen in der zweiten Lebenshälfte die meisten Kontakte zu Jüngeren über den Beruf und die Familie. Den Umgang mit Jüngeren zu pflegen ist aus allgemeiner Entwicklungsperspektive sehr wichtig, und er ist es heute angesichts der Erfordernisse einer neuen Generationensolidarität umso mehr. Wenn wir jetzt schon, im späten Berufsleben, dem Verhalten in unserer eigenen Jugend nachtrauern, wie wollen wir dann die „neue" Welt verstehen, die selbstverständlich mehr und mehr von den Jüngeren bestimmt und gestaltet wird? Wenn wir das Neue verurteilen oder nicht annehmen, werden wir es im Alter umso schwerer haben. Wahrscheinlich werden wir länger leben als unsere Eltern oder Großeltern. Die verlängerte Altersphase kann nur im Miteinander mit den Jüngeren gelingen. Wir sollten daher immer wieder versuchen, offen zu sein, wenn uns etwas fremd ist. Die Jungen duzen sich alle und mittlerweile auch uns ältere? Respektlos? Oder einfach nur fremd für uns, weil wir in unserer Jugend in Bezug auf Anstand und Formalitäten etwas anderes gelernt haben? Überprüfen wir uns selbst. Akzeptieren wir die Normen der Jüngeren und versuchen wir weniger zu urteilen und mehr zu verstehen. Pflegen wir unsere Offenheit als Tugend des Alters.

Pauschalurteile über „die Jugend" verbieten sich ohnehin. Auch wir als Ältere wehren uns zu Recht, wenn wir solchen Urteilen ausgesetzt sind. Das müssen wir dann aber auch den Jüngeren zugestehen. Manche Vorstellungen stimmen nicht oder treffen zumindest nicht auf alle zu. Die Jungen wollen nicht oder immer weniger arbeiten und leben nur in ihrer Freizeit? Die Verkürzung der Arbeitszeit und die Ausdehnung der Freizeit hat bereits seit einigen Jahrzehnten stattgefunden; gerade wir, ja sogar unsere Elterngeneration hat davon profitiert. Und pauschal eine Freizeitorientierung zu unterstellen, geht laut Studien ohnehin fehl. Vielmehr erweist sich die jüngere Generation als recht heterogen. In ihr gibt es zahlreiche Unterschiede, was die Persönlichkeit, die Fähigkeiten und die eigenen Bedürfnisse und Wünsche betrifft. Blicken wir zurück, werden wir übrigens bemerken, dass dies für unsere Generation ganz ähnlich war. „Menschen sind unterschiedlich" wäre ein Beispiel für die wenigen Pauschalurteile, die doch zutreffen. Man könnte es auch als Binsenweisheit bezeichnen. Und sie trifft eben auch auf die Angehörigen ein und derselben Generation zu.

Natürlich gibt es gewisse Dinge, die die junge Generation prägen oder die sich als Merkmal aufweisen lassen. So sucht sie nach einem ausgewogenen Verhältnis von Arbeit und Freizeit. Zugleich hat sie hohe Anforderungen an ihre Arbeitgeber. Unterschiede zwischen den Generationen betreffen aber weniger die Wertvorstellungen und persönlichen Vorlieben, sondern die Fähigkeiten, wie beispielsweise der Umgang mit modernen Informations- und Kommunikationsmedien. An der Stelle werden die Jungen für uns mit ihrem Erfahrungsschatz zum Lehrer wie nie zuvor.

Jetzt nochmal die Werte der Arbeit betrachten, bewusst machen und den Jüngeren ein Vorbild sein
Bei einem Workshop mit jungen Studierenden aus ganz verschiedenen Studiengängen, die noch keine Erfahrungen mit dem Berufsleben hatten, habe ich die Frage nach den Werten der Arbeit gestellt. Ihre Vision für die Zukunft klang attraktiv: Neben Sinn (etwas bewegen, etwas hinterlassen), Selbstverwirklichung, Spaß und sozialer Anerkennung sahen sie viele weitere positive Aspekte in der Berufstätigkeit. Sie gingen davon aus, dass man durch die eigene Arbeit Teil von etwas ist: Das kann das Team und die Gemeinschaft im Berufsleben sein, aber auch ein Projekt oder ein Produkt (Werk). Als weitere Werte nannten sie den positiven Ausgleich bei privaten Belastungen, eine positive Routine und Verantwortung, aber auch finanzielle Selbstständigkeit und ausreichende Vorsorge für später. Auch die Pflicht galt ihnen als Wert im Arbeitsleben, ebenso die Möglichkeit, durch die Arbeit einen Beitrag zum gesellschaftlichen Leben zu leisten und im Gegenzug Respekt zu erhalten. So könnte man im Arbeitsleben auch zum Vorbild werden und dadurch einen wichtigen Wert in seinem Leben schaffen. Dies wiederum schaffe einen positiven Selbstwert und damit Selbstbewusstsein.

Dieses optimistische Bild des Arbeitslebens bei den jungen Studierenden hat mich in vielerlei Hinsicht nachdenklich gestimmt. Grundsätzlich fand ich es erst mal gut, dass die jungen Menschen positive Erwartungen an, ja gewisse Idealvorstellungen vom Berufsleben haben. Aber wir wissen auch, dass diese Erwartungen nicht immer erfüllt werden und sich eine gewisse Enttäuschung in der gelebten Routine einschleichen kann. Das mag an den Rahmenbedingungen in einer Organisation liegen, sicherlich aber auch an der Beurteilung und gegenseitigen Beeinflussung vieler Berufstätiger. Allein dass in den letzten Jahrzehnten eine oftmals überschätzte Erwartung an den Ruhestand im Sinne maximaler Freiheit in Gesprächen immer wieder auftaucht oder Menschen sich mehr über ihre Urlaube unterhalten als über das, was sie Tag für Tag im Unternehmen tun, zeigt, dass die Arbeit oftmals negativ besetzt ist.

Kann man die Vorstellungen der jungen Erwachsenen, diese positive Haltung also getrost mit einem überlegenen Lächeln abtun? Oder sollten wir nicht alles daransetzen, dass die Erwartungen und der damit verbundene Elan dann, wenn sie auf die Realität treffen, nicht automatisch Schiffbruch erleiden? Auch wenn manches zu idealistisch daherkommt, ist es doch der Mühe wert, möglichst Bedingungen dafür zu schaffen, dass die positive Haltung nicht untergeht, sondern Wirkung entfalten kann. Hier sind Führungskräfte und Teams gefordert, aber auch gerade Berufstätige im späten Arbeitsleben können einen Beitrag dazu leisten. Sie wissen von den Höhen und Tiefen im Berufsleben und können rückblickend nicht nur die verschiedenen Facetten aufzeigen, sondern auch überlegen, was ihnen geholfen hat und vielleicht auch auf die Situation der nachfolgenden Generationen übertragbar ist. Dazu braucht es grundsätzlich Offenheit gegenüber jüngeren Menschen, aber auch einen individuellen Blick – immerhin sind die Jungen nicht anders als die Älteren eine sehr heterogene Gruppe.

Werfen wir also, wenn wir in unserer späten Berufsphase mit jüngeren Menschen zu tun haben, wenn wir mit ihnen zusammenarbeiten oder wenn wir, was besonders relevant ist, ihnen unser Wissen weitergeben, einen genaueren Blick auf sie. Versuchen wir, sie in ihrer Individualität, aber auch in ihrer generationellen Besonderheit besser zu verstehen, und hüten wir uns vor vorschnellen Urteilen. Dann gelingt es uns viel besser, unserer Mitverantwortung in dieser Lebensphase gerecht zu werden. Allgemein sind damit aber auch Anforderungen angedeutet, die sich aus der Selbstverantwortung ergeben. Das trifft sich gut, denn auch auf diese kommt es in der späten Berufsphase an, wenn wir allmählich aus dem Berufsleben ausscheiden und in den Ruhestand wechseln. Wollen wir unsere Mitverantwortung leben, dürfen wir unsere Selbstverantwortung nicht vernachlässigen.

Selbstverantwortung im späten Berufsleben
Manche von uns blicken mit gemischten Gefühlen auf die letzten Jahre im Beruf, und bei manchen macht sich dabei große Sorge breit. Verunsicherung spielt eine Rolle, wie das folgende Zitat zeigt: „Mir ist noch nicht so ganz klar, wie ich die letzten Jahre im Berufsleben schaffen soll. Die ständigen Veränderungen ergeben für mich keinen Sinn. Ich mach da nur mit, weil ich muss. Aber eigentlich bin ich gar nicht richtig dabei. Und dann der ganze Druck. Diese Berge an Arbeit. Ich widerspreche nicht, wenn wieder etwas Neues kommt. Aber am liebsten würde ich Nein sagen."

Die Berufsarbeit kann durchaus als etwas Belastendes erlebt werden. Stress kann an vielen Stellen entstehen. Nicht selten sind es die äußeren Rahmenbedingungen, die dazu führen oder es verschärfen. Und selbst wenn wir als Ältere eine gute Position im Betrieb haben, wenn unsere Arbeit wertgeschätzt wird und wir Gelegenheit haben, unsere Anliegen vorzubringen – alles Dinge, die ohnehin nicht immer gegeben sind –, heißt das nicht, dass sich Belastungen immer abwenden oder verringern lassen. Umso mehr stellt sich die Frage der Selbstverantwortung. Sie verlangt von uns, möglichst darauf hinzuwirken, dass die Situation erträglicher wird. Oft mag dies gelingen, gewiss aber nicht immer. Selbstverantwortung heißt aber auch, mit Blick auf ‚gute Arbeit' immer wieder folgende Fragen zu stellen: Wie finde ich einen Ausgleich zur Arbeit? Wo und wie kann ich gut entspannen? Welche Rituale oder Regelmäßigkeit können mir hierbei helfen?

Es ist wichtig zu erkennen, wenn eine psychische Überforderung droht oder bereits eingetreten ist – nicht nur bei anderen, sondern auch bei uns selbst. Gerade für sich selbst muss man Sorge tragen, um so überhaupt fähig zu sein, den anderen gerecht zu werden. Es gilt daher darauf zu achten, ob bereits einzelne oder mehrere der folgenden Anzeichen bei einem selbst oder bei anderen auftreten. Warnsignale sind, wenn es uns schwerer fällt, nach der Arbeit abzuschalten, als früher; wenn wir seit einer Weile Hobbys aufgegeben haben, weil uns die Zeit und Kraft dafür fehlte; wenn wir deutlich mehr arbeiten, als uns lieb ist; wenn sich infolge der Arbeit unser privater Bekanntenkreis seit einer Weile verkleinert hat; wenn wir deutlich reizbarer sind als früher; wenn wir in letzter Zeit häufiger als früher das Gefühl haben, alles wachse uns über den Kopf; wenn wir schlechter einschlafen oder seltener durchschlafen als früher; wenn wir schneller erschöpft sind, ohne körperlich gearbeitet zu haben. Solche Beobachtungen müssen ernst genommen werden. Wir müssen dann einen Gang zurückschalten. Wir sollten überlegen, mit wem wir über die Situation sprechen können und wer unter Umständen Hilfestellung leisten kann. Und wir müssen verstärkt auf einen Ausgleich zum beruflichen Stress achten, wenn wir vermeiden wollen, dass er uns überwältigt.

Eine gute Arbeit hängt letztlich nicht nur von den beruflichen oder betrieblichen Umständen ab, wenngleich sie natürlich eine große Rolle spielen. Wichtig ist auch, ein Gleichgewicht zwischen Berufsarbeit und Leben, zwischen Arbeitszeit und Freizeit zu finden. Ein gutes und verantwortliches Leben und Arbeiten in der zweiten Lebenshälfte gelingt, wenn wir folgende fünf Punkte ernst nehmen und beachten – ich nenne sie die fünf Säulen des gesunden Älterwerdens (Schröder-Kunz 2019b). Gemeint ist damit, dass wir etwas für unseren Kopf tun (I), dass wir ebenso aber auch auf unseren Körper achten (II), dass wir gute soziale Kontakte pflegen (III), dass wir – gerade nach dem Übergang in den Ruhestand – eine Aufgabe haben (IV) und dass wir schließlich an unserer inneren Haltung zum Älterwerden arbeiten (V). Indem wir jede der fünf Säulen stärken, werden wir unserer Verantwortung für uns selbst am ehesten gerecht.

Der letzte Punkt, die Verantwortung für die innere Haltung, ist wohl am schwersten greifbar. Anhand einiger Beispiele lässt er sich vielleicht ein bisschen besser verstehen. Es geht zum Beispiel um Offenheit, die wir ganz allgemein fördern und leben können. Offen sollten wir sein für das, was um uns herum geschieht, für die Menschen, denen wir begegnen. Wir können aber auch ganz gezielt an der Offenheit gegenüber unserem Wandel im Älterwerden arbeiten. Dies gelingt, wenn wir diesen Wandel nicht prinzipiell ablehnen, sondern bejahen und so bewusst und als natürlichen Prozess erleben. Ob es nun um veränderte äußere Rahmenbedingungen geht oder um unsere eigenen körperlichen oder geistigen Veränderungen. Ja sagen bedeutet nicht, dass wir über die Veränderung immer glücklich sein müssen oder dass uns alles leicht fällt. Es geht hier eher um eine menschliche Grundhaltung gegenüber Veränderungen. Es geht um die Bereitschaft, sie zu akzeptieren und einen Weg zu finden, sie in das eigene Leben zu integrieren. Dieser Weg mag manchmal steinig und schwer sein. Wie wir mit Belastungen, mit Verlusten umgehen – und auch das sind Veränderungen –, was dabei Trauer oder Melancholie bedeuten, ist ein wichtiger Bereich, auf den ich in Kap. 10 näher eingehen werde.

Die späte Berufsphase hat also viel mit Verantwortung zu tun – Verantwortung für die anderen, Verantwortung für sich selbst. Wie es uns gelingt, sie wahrzunehmen, hängt nicht zuletzt damit zusammen, welchen Sinn wir im Beruf, in unserem Berufsleben, in unserer Tätigkeit und unserem Wirken sehen, aber auch, welche Fähigkeiten wir bei uns erkennen, welche wir einsetzen können, vielleicht auch noch entwickeln wollen. Es gibt durchaus spezifische Potenziale, die gerade das späte Berufsleben wie überhaupt die Phase des Älterwerdens mit sich bringen und die durchaus wertvoll sind, ihr ganz eigenes Gewicht haben. Wichtig ist dabei schon, den Zeitpunkt richtig zu bestimmen, an dem man aus dem Berufsleben ausscheidet, und zu erkennen, dass der Übergang in den Ruhestand auch gestaltet sein will. Soll er gelingen, dann darf es gerade kein Bruch, kein abruptes Ende sein, sondern ein geplantes, schrittweises Ausscheiden. Mit Blick auf die jüngere, nachrückende Generation gibt es im Sinne der Generativität und der eigenen Verantwortlichkeit einige Anforderungen, aber eben auch ein breites Feld an Möglichkeiten. Ganz zentral in der beruflichen Perspektive ist die Frage nach der Weitergabe des Wissens, das ja nicht mit dem Übergang in den Ruhestand verschwinden soll, und die Weiterentwicklung der eigenen Fähigkeiten in der späten Berufsphase.

Weiterführende Literatur

Alekandrowicz, P., Fasang, A., Schömann, K., & Staudinger, U. M. (2010). Die Bedeutung der Arbeit beim vorzeitigen Ausscheiden aus dem Arbeitsleben. *Zeitschrift für Gerontologie und Geriatrie, 5*(2010), 324–329.

BAGSO Bundesarbeitsgemeinschaft der Seniorenorganisationen e. V. Berufsende in Sicht ?! Annäherung an eine neue Lebensphase bagso Ratgeber (2019). Bonn. https://www.bagso.de/fileadmin/user_upload/bagso/06_Veroeffentlichungen/2019/BAGSO_Ratgeber_Berufsende_in_Sicht_barrierefrei.pdf.

Bernhard, B. (2022). *Ethische Führung in Organisationen. Konzepte und Umsetzung.* Springer International Publishing.

Bude, H. (2024). Abschied von den Boomern. Hanser.

Bundesanstalt für Arbeitsschutz und Arbeitsmedizin (BAuA). (2017). Alterns- und altersgerechte Arbeitsgestaltung Grundlagen und Handlungsfelder für die Praxis. https://www.baua.de/DE/Angebote/Publikationen/Praxis/Arbeitsgestaltung.pdf. Zugegriffen: 01. Aug. 2023.

Bundesanstalt für Arbeitsschutz und Arbeitsmedizin (BAuA). (2020). Stressreport Deutschland 2019. Psychische Anforderungen, Ressourcen und Befinden. 1. Auflage 2020. Dortmund/Berlin/Dresden. https://www.baua.de/DE/Angebote/Publikationen/Berichte/Stressreport-2019.pdf?__blob=publicationFile&v=3.

Bundesministerium für Familie, Senioren, Frauen und Jugend. (2005). Fünfter Bericht zur Lage der älteren Generation in der Bundesrepublik Deutschland. Potenziale des Alters in Wirtschaft und Gesellschaft. Der Beitrag älterer Menschen zum Zusammenhalt der Generationen. Bericht der Sachverständigenkommission. Berlin. https://www.bmfsfj.de/resource/blob/79080/8a95842e52ba43556f9ebfa600f02483/fuenfter-altenbericht-data.pdf. Zugegriffen: 20. Dez. 2023.

Bundesministerium für Familie, Frauen, Senioren und Jugend (2008).Studie. Erfahrung rechnet sich. Aus Kompetenzen Älterer Erfolgsgrundlagen schaffen. https://www.bmfsfj.de/resource/blob/93662/8ec515dd463772b68185e682bd9b8ff8/erfahrung-rechnet-sich-data.pdf

Buslei, H., Gallego-Granados, P., Geyer, J., & Haan, P. (2019). Rente mit 67: Der Arbeitsmarkt für Ältere wird entscheidend sein. In: DIW Wochenbericht. USE gGmbH, Berlin. https://www.diw.de/documents/publikationen/73/diw_01.c.619367.de/19-16-1.pdf.

DAK Psychreport 2024: Erneuter Höchststand bei psychisch bedingten Fehltagen im Job. https://www.dak.de/dak/unternehmen/reporte-forschung/psychreport-2024_57364. Zugegriffen: 07. Sept. 2023.

Ehrlich, U. (2020). Familiäre Pflege und Erwerbsarbeit: Auf dem Weg zu einer geschlechtergerechten Aufteilung? In Bundeszentrale für Politische Bildung

(Hrsg.), *Pflege* (Schriftenreihe des Bundeszentrale für politische Bildung, S. 168–179). Bundeszentrale für Politische Bildung.

Erikson, E. H. (1966). *Identität und Lebenszyklus.* Suhrkamp.

Ilmarinen, J., & Tempel, J. (2013). *Arbeitsleben 2025. Das Haus der Arbeitsfähigkeit im Unternehmen bauen.* VSA.

INQA Teams und Belegschaften systematisch entwickeln. Drei Werkzeuge für Qualifizierung, gute Arbeitsgestaltung und Nachfolgeplanung im Mittelstand. https://inqa.de/SharedDocs/downloads/webshop/teams-und-belegschaften-systematisch-entwickeln?__blob=publicationFile. Zugegriffen: 29. Juli 2023.

Jonas, H. (1979). *Das Prinzip Verantwortung – Versuch einer Ethik für die technologische Zivilisation.* Insel.

Kriebel, R. (2015). Wunsch nach längerer Lebensarbeitszeit oder nach vorzeitigem Ruhestand: Optionen im Alter? *Psychotherapie im Alter, 12*(3), 341–355. Psychotherapie im Alter Nr. 47: Arbeit, herausgegeben von Bertram von der Stein und Astrid Riehl-Emde. 12. Jahrgang, Nr. 47, 2015, Heft 3. Psychosozial-Verlag.

Kruse, A. (2005). Selbstständigkeit, Selbstverantwortung, bewusst angenommene Abhängigkeit und Mitverantwortung als Kategorien einer Ethik des Alters. Zeitschrift für Gerontologie und Geriatrie *38,* 223–237. Springer.

Künemund, H., & Vogel, C. (2018). Altersgrenzen – theoretische Überlegungen und empirische Befunde zur Beendigung von Erwerbsarbeit und Ehrenamt. In S. Scherger & C. Vogel (Hrsg.), *Arbeit im Alter: Zur Bedeutung bezahlter und unbezahlter Tätigkeiten in der Lebensphase Ruhestand* (S. 75–98). Springer Fachmedien Wiesbaden.

Marie-Luise, H. (2023). *War das schon alles? Babyboomer jenseits der Lebensmitte.* Psychosozial-Verlag.

Maslow, AH (1943). Eine Theorie der menschlichen Motivation. *Ursprünglich veröffentlicht in Psychological Review , 50,* 370–396. Eine Internetressource, entwickelt von der Christopher D. Green York University, Toronto, Ontario,ISSN 1492-3713 Veröffentlicht im August 2000 (Eingesehen am27.06.2023). https://psychclassics.yorku.ca/Maslow/motivation.htm.

Mergenthaler, A., et.al. (BIB). Vom Ruhestand zu (Un-)Ruheständen- Ergebnisse der Studie „Transitions and Old Age Potential" (TOP) von 2013 bis 2019. https://www.bib.bund.de/Publikation/2020/pdf/Vom-Ruhestand-zu-Un-Ruhestaenden.pdf;jsessionid=66F47E58F06CA655BA4543AD3E9C51C4.intranet662?__blob=publicationFile&v=2. Zugegriffen: 30. Aug. 2023.

Naegele, G. (1992, 2004). *Zwischen Arbeit und Rente – Gesellschaftliche Chancen und Risiken älterer Arbeitnehmer* (2. Aufl.). Maro-Verlag.

Nettelbeck, H., & Schreier, B. (2020). *Durch Krisen führen – Mensch bleiben! Wie man auch in schwierigen Zeiten unternehmerisch und menschlich verantwortungsvoll handelt.* Justus von Liebig Verlag.

Schmid, W. (2013). Glück und seine Bedeutung für die Wirtschaft. https://www.romanherzoginstitut.de/fileadmin/user_upload/Publikationen/PDFs-Publikationen/glueck_und_seine_bedeutung-essay-Nr.1.pdf. Zugegriffen: 29. Juli 2023.

Schröder-Kunz, S. (2016). Studie „Selbstverantwortung und Mitverantwortung bei älteren Arbeitnehmern in der sich verändernden Arbeitswelt". (nicht veröffentlicht)

Schröder-Kunz, S. (2019a). *Generationen gut führen – Altersgerechte Arbeitsgestaltung für alle Mitarbeitergenerationen.* Springer Gabler.

Schröder-Kunz, S. (2019b). *Gutes Leben und Arbeiten in der zweiten Lebenshälfte – Frühzeitig den Weg ins Älterwerden gestalten.* Springer.

Seneca. (2017). *Von der Kürze des Lebens* (H. Müller, Übers.). Rowohlt Verlag (Originalwerk veröffentlicht ca. 49 n.Chr.).

Simonson, J., Bünning, M., Ehrlich, U., Kelle, N., & Weinhardt, M. (2023). *Aktivitäten und Potenziale älterer Menschen in Stadt und Land* [DZA-Fact Sheet]. Deutsches Zentrum für Altersfragen.

Sonntag, K., & Seiferling, N. (2016). Potenziale älterer Erwerbstätiger nutzen. Ageing Workforce. In K. Sonntag (Hrsg.), *Personalentwicklung in Organisationen. Psychologische Grundlagen, Methoden und Strategien* (4., vollständig überarbeitete und erweiterte Aufl., S. 495–534). Hogrefe.

Links

https://demographie-netzwerk.de/mediathek/presse/mehrheit-der-beschaftigten-sieht-kaum-perspektiven-im-job/

3

Wissen mit Freude weitergeben und nicht aufhören zu lernen

Ältere Arbeitnehmer haben schon einiges geleistet. Sie haben vieles hinter sich, sie kennen sich aus, sie haben einiges auf Lager. Sie haben das große Potenzial, Wissen weiterzugeben. Zugleich wissen sie aber auch: Das eigene Lernen hört nie auf. Wer ehrlich ist, wird auch in späten Jahren trotz, ja vielleicht gerade wegen seines Erfahrungsschatzes es weit von sich weisen, bereits alles zu wissen. Es kann also ein Wissenstransfer stattfinden, und dieser Transfer geht nicht nur in eine Richtung. Genau das zeigt sich, wenn wir selbst- und mitverantwortlich Wissen weitergeben. Allein schon aus dem Kontakt mit Menschen ergibt sich ein stetiges Lernen. Wichtig sind die richtige Haltung und eine Offenheit – und dass beide im Alltag gelebt werden.

Welche Grundhaltung braucht es, um Wissen weiterzugeben, und welche Formen gibt es dafür? Und warum können und sollten wir auch von den Jüngeren lernen? Welche Erfahrungen können wir im späten Berufsleben überhaupt noch sammeln und damit immer weiter lernen? Eine individuelle Angelegenheit ist das Lernen allemal, und deshalb sind wir auch gefordert, gut nach unseren Möglichkeiten zu schauen. Die vielen Veränderungen, die tagtäglich um uns herum geschehen, fordern uns an vielen Stellen. Offenheit stellt sich da nicht von alleine ein. Sie uns zu erarbeiten und zu erhalten ist eine Chance der letzten Jahre im Beruf – auch gerade, wenn es uns gelingt, sie als Tugend des Alters zu bewahren.

3.1 Wissen weitergeben

Je mehr Erfahrungen wir gesammelt haben, je mehr wir wissen, desto mehr wird es auch darum gehen, dass wir dieses Wissen nicht nur für uns behalten, sondern weitergeben. Das gilt ganz besonders im späten Berufsleben und für die Zeit, bevor wir aus dem Arbeitsleben austreten. Fach- und Sachwissen spielt eine Rolle, auch gerade wertvolles Wissen über betriebliche Strukturen. Wichtig kann aber auch Wissen sein, das über solche spezifischen Aspekte hinausgeht.

Der Entwicklungspsychologe Erik Homburger Erickson sah die Weitergabe von Erfahrungswissen als wichtigste Entwicklung im Alter von circa 40 bis 65 Jahren an. Es geht also nicht nur um diejenigen, an die das Wissen weitergegeben wird und die von dem Erfahrungswissen des älteren Kollegen profitieren. Vielmehr ist dieser Prozess auch für Letzteren sehr wichtig. Durch die Wissensvermittlung an andere ist es möglich, sich selbst zu erfahren und in seinen Potenzialen und Fähigkeiten zu entfalten. Generativität hilft dabei, die existenziellen Fragen auch gerade der zukünftigen Lebensphasen zu beantworten: Welche Spuren hinterlasse ich? Welchen Sinn hat(te) mein (Berufs-)Leben?

Umso wichtiger ist es, die Wissensweitergabe richtig anzupacken, um sie auch für einen selbst zu einem Gewinn werden zu lassen. Hierbei gibt es ein paar Grundsätze zu beachten. Wir müssen uns selbst und den Wissensnehmer mit seinen Möglichkeiten und in seiner Lebensphase anschauen. Was sind seine Präferenzen? Wie lernt er gut? Was ist ihm wichtig? Mit anderen Worten: Will er überhaupt Wissen von uns erhalten? Und wie können wir das beeinflussen? Eigentlich wissen wir aus eigener Erfahrung selbst: Es kommt immer auch auf den Lehrer an. Wer kennt nicht aus seiner eigenen Schulzeit Lehrer, die das spannendste Fach so vermittelten, dass restlos alle schon zu Beginn der Stunde keine Lust mehr hatten und nur noch den Pausengong herbeisehnten? Und es gab zugleich Lehrer, die uns fesselten, die als Mensch, aber auch in ihrem Fach so souverän und begeistert wirkten, dass wir an ihren Lippen hingen.

Machen wir uns nichts vor: Nicht jeder hat diese Begabung. Aber auch diese Qualitäten kann man bis zu einem gewissen Grad „lernen". Möchten Sie also ihr Wissen weitergeben und diese Weitergabe in den letzten Berufsjahren für alle Beteiligten gut gestalten, dann tun Sie gut daran, zunächst ihre eigenen Erwartungen sowie die des Menschen, dem Sie Wissen weitergeben wollen, zu überprüfen. Fragen Sie sich, ob Sie Vorurteile etwa wegen des Alters Ihres „Schülers" haben. Trauen Sie ihm zu, den Stoff mit Begeisterung aufzunehmen? Überlegen Sie immer wieder, wie der Wissenstransfer aussehen sollte, dass er für beide Seiten passt. Welchen Inhalt vermitteln Sie wie? Welche Zeit setzen Sie dafür an? Wie können Sie Ihr Gegenüber im Blick haben, wie auf seine Wünsche und Präferenzen eingehen? Welche Nachhaltigkeit gibt es im Lernen und Üben? Wenn Sie sich über diese Punkte im Klaren werden, ist ein Lernerfolg möglich.

Generativität und Wissensweitergabe
Der Begriff der Generativität bei Erickson reicht weit und schließt nicht nur die bloße Weitergabe von Wissen ein, sondern auch sonst alles, was dazu beiträgt, dass nachfolgende Generationen profitieren können. Im späten Berufsleben bedeutet Generativität auch, Verantwortung zu übernehmen und aktiv einen Beitrag zu leisten. Im Kontext der Wissensweitergabe ist es daher besonders wichtig, das Gegenüber mit all seinen Bedürfnissen, Werten und Fähigkeiten in den Fokus zu rücken. Es ist entscheidend, sich bewusst zu machen, dass Lerninteressen und Wissensdurst nicht konstant, sondern vielmehr variabel sind. Daher muss man sich immer wieder auf den Lernenden einstellen und sich an dessen individuellen Potenzialen und Interessen orientieren. Das Ziel besteht darin, den Lernenden in seiner Ganzheit wahrzunehmen und die Wissensvermittlung darauf auszurichten, um eine erfolgreiche Wissensweitergabe zu gewährleisten.

Nur wenn die Präferenzen des Einzelnen berücksichtigt werden, gelingt es, dass das Lernen nicht langweilig und erschöpfend ist, sondern mit Freude, vielleicht sogar mit Leidenschaft betrieben wird als etwas, das den Wissensdurst löscht. Bei der Weitergabe des Wissens in diesem Sinne kann es so nicht nur um die Kompetenz und das Fachgebiet selbst gehen. Vielmehr müssen immer auch der einzelne Mensch und dessen Vorlieben in den Blick genommen werden. Gelingt das, kommt deutlich weniger Anstrengung oder gar Stress auf, egal wie anspruchsvoll der Stoff ist. Er wird mit Freude aufgenommen und kann umso besser verinnerlicht werden. Mitverantwortliche Weiterbildung in diesem Sinne ist somit zukunftsorientiert und präferenzorientiert.

Dass all dies zu hundert Prozent gelingt, wäre ein zu hoher Anspruch. Doch allein die Haltung des Wissensgebers ist von Bedeutung. Vor der Wissensweitergabe sollten wir uns daher immer wieder unsere Mitverantwortung bewusst machen. Wir gehen mit einer bestimmten Haltung auf die jeweilige Person oder die Gruppe zu: Das Wissen, das wir weitergeben, soll für sie nützlich sein. Es soll ihr helfen, sich in ihrer Arbeit weiterzuentwickeln und Freude an der Tätigkeit zu erleben. Dazu brauchen wir die richtigen Worte, gute Praxisbeispiele und das richtige Gespür dafür, wie die Betreffenden lernen, welchen Stand sie haben und was sie sich persönlich wünschen. Es macht daher Sinn, die Wissensweitergabe mit folgenden Fragen zu beginnen: Was findest du an dem Thema spannend? Was willst du wissen? Welche Fragen liegen dir auf dem Herzen? Was möchtest du mit dem Wissen in der Zukunft machen? Und für die, die mit Kunden zu tun haben: Was wird deine Kunden wirklich interessieren? Stoßen wir so im Sinne der Selbstverantwortung und Mitverantwortung beim Lernenden einen Reflexionsprozess an, wird er, durch uns geleitet, ein Stück weit sein eigener Lehrer. An manchen Stellen wird er durch Nachdenken und Reflektieren weiterkommen, wird lernen und neue Fragen aufwerfen, um erneut Lösungen zu finden. Dieser auch gerade selbstwirksame Prozess kann erheblich zur intrinsischen Motivation beitragen.

Soll Ihr Wissen im späten Berufsleben an eine ganze Gruppe weitergegeben werden, macht das die Sache noch um einiges anspruchsvoller. Planen Sie im Vorfeld ausreichend Zeit ein, um auf individuelle Fragen und die Besonderheiten der einzelnen Personen eingehen zu können. Vielleicht bieten Sie auch an, im Nachgang für persönliche Anliegen und Fragen zur Verfügung zu stehen. Und achten Sie als älterer Arbeitnehmer darauf, dass Sie im beruflichen Alltag in den letzten Wochen und Monaten vor dem Ruhestand auch genügend Zeit haben, diese anspruchsvolle Wissensvermittlung durchzuführen.

Aber ist das nicht sehr anstrengend? Ist das nicht eine Zusatzleistung, die erbracht wird, aber auf Kosten von etwas anderem geht? Nein, das muss keineswegs so sein. Gerade im späten Berufsleben ist die eigene Haltung, ist das Selbstverständnis und der Umgang mit der eigenen Umwelt auch im Büro, an der Werkbank oder im Betrieb vielleicht anders als früher. So berichtet ein älterer Arbeitnehmer von einer gewissen Zufriedenheit bei seiner Erwerbstätigkeit, denn: „Ich muss niemanden mehr was beweisen. Ich habe auch keine Konkurrenzgedanken mehr. Ich tausche mich jetzt viel intensiver mit den Kollegen aus, bin offener und gelassener geworden. Manches bewerte ich auch anders, weil ich es einfach schon oft erlebt habe. Ich weiß dann: Davon geht die Welt nicht unter. Das kann ich den Kollegen gut mitteilen. Das ist für mich auch eine Art, sein eigenes Wissen weiterzugeben." Die Wissensvermittlung kann also auch darin bestehen, eine ruhigere, unaufgeregte Haltung zu vermitteln, die einem selbst erst jetzt wirklich möglich ist oder bewusst wird.

Formen der Wissensweitergabe
Wie also sieht die Wissensweitergabe aus? Darauf gibt es nicht die eine Antwort, weil es keine Standardlösung gibt. So unterschiedlich das Wissen und die Personen, die es weitergeben oder an die es weitergegeben wird, so unter-

schiedlich dürften auch die jeweiligen Situationen und deren Anforderungen sein. Und doch lassen sich einige Hinweise finden. So sind manche ältere Arbeitnehmer für ihre Kolleginnen und Kollegen geradezu ein wandelndes Lexikon: Sie haben in ihrer jahrelangen Berufstätigkeit und Betriebszugehörigkeit eine immense Menge an Wissen angesammelt. Dazu zählt Sachwissen in vielfältiger Form und in einem oft erstaunlichen Detaillierungsgrad, dazu gehören aber auch Kontakte, die man im Berufsleben aufgebaut und gepflegt hat. Netzwerke in und außerhalb des Betriebs sind eine wesentliche Voraussetzung für gute Arbeit und flüssige Abläufe. Nach langjähriger Tätigkeit hat man hier oft einen erstaunlichen Erfahrungsreichtum angesammelt, der, etwa in Form persönlich gepflegter Kundenkontakte, für die jüngeren Mitarbeiter interessant ist. Während Expertenwissen einem steten und oft auch raschen Wandel unterliegt, sorgt Netzwerkwissen für Stabilität. Es ist gewissermaßen eine Ressource, um den Wandel des Expertenwissens zu steuern und abzusichern.

Die Wissensweitergabe kann individuell an einzelne Personen etwa im Sinne eines Mentorings erfolgen. Denkbar sind auch altersgemischte Teams, oder man schließt eine Art Lernpartnerschaft etwa in Form eines Lerntandems. Auch technische Aspekte weist die Wissensweitergabe nicht selten auf. So können Verzeichnisse oder Wissensdatenbanken aufgebaut werden, die dann dauerhaft und über die unmittelbare soziale Interaktion hinaus zur Verfügung stehen und genutzt werden können – auch dann, wenn der ältere Arbeitnehmer endgültig aus dem Betrieb ausgeschieden ist. Allerdings ist die Einrichtung und Pflege solcher Datenbanken aufwendig und verlangt ein Engagement über eine längere Zeit hinweg. Damit es auch erbracht wird, sollten Unternehmen ihren Beschäftigten als den Wissensträgern eine hohe Wertschätzung entgegenbringen. Wissensweitergabe ist wichtig, aber keine Selbstverständlichkeit. Das sollte den Unternehmen bewusst sein, und sie sollten entsprechend die erforderlichen Voraussetzungen treffen.

Im Folgenden stelle ich einige Formen des Wissenstransfers vor. Auch wenn sie nicht spezifisch für den Wissenstransfer rund um den Ruhestand gedacht sind, kann es sinnvoll sein, sich mit ihnen auseinanderzusetzen und sie in die Überlegungen rund um das Ausscheiden und was man wie hinterlassen möchte, einzubinden.

Altersgemischte Teams sind Gruppen mit Mitgliedern aus unterschiedlichen Generationen, die voneinander lernen können. Durch den Austausch und die gemeinsame Bewältigung neuer Aufgaben kommt es zu einem kontinuierlichen Wissensfluss. Altersgemischte Teams verfügen über ein enormes Potenzial und sind häufig, wenn sie konstruktiv zusammenarbeiten, leistungsstärker als homogene Teams. In der Zusammenstellung von Teams ist es daher ratsam, auf eine möglichst hohe Altersdurchmischung zu achten. Ihre Stärken spielen sie vor allem dann aus, wenn sie kontinuierlich und dauerhaft zusammenarbeiten.

Ein Lerntandem besteht typischerweise aus zwei Personen, die sich gegenseitig beim Lernen unterstützen. Diese Konstellation ist eher symmetrisch, da beide Teilnehmer sowohl Lehrer als auch Lernende sind. Sie arbeiten zusammen, um gemeinsame oder jeweils individuelle Lernziele zu erreichen. Durch das gemeinsame Bearbeiten von Aufgaben kann der Lernerfolg gesteigert werden. Die Methode ist kosteneffizient und eignet sich besonders für die Übergabe von Schlüsselpositionen oder handwerklichen Tätigkeiten. Personalverantwortliche sollten die Teilnehmer auf ihre Aufgabe vorbereiten und bei der Zusammenstellung des Tandems die Wünsche der Teilnehmer berücksichtigen. Ein Vertrauensverhältnis zwischen den Partnern ist wichtig, um Probleme zu klären und den Wissenszuwachs zu prüfen.

Mentoring ist eine Methode der Personalentwicklung, bei der ein erfahrener Mentor einem unerfahrenen Mentee zur Seite steht. Der Mentor bietet Unterstützung bei der persönlichen und fachlichen Weiterentwicklung und vermittelt wichtige Kontakte und Regeln im Unternehmen. Eine offene und vertrauensvolle Atmosphäre ist für ein erfolgreiches Mentoring notwendig, wobei mögliche Spannungsmomente berücksichtigt werden sollten. Der Mentor sollte über soziale Kompetenz, Berufserfahrung verfügen und die Unterstützung des Mentees ihm eine Herzensangelegenheit sein.

Moderierte Übergabegespräche sind sinnvoll, wenn Mitarbeiter das Unternehmen verlassen und ihr Wissen an Nachfolger weitergeben sollen. Dabei moderiert ein Dritter das Gespräch und lenkt die Diskussion auf wichtige Punkte, die der scheidende Mitarbeiter von sich aus möglicherweise nicht erwähnen würde. Der Moderator sorgt für einen strukturierten Ablauf und nimmt die Perspektive des neuen Mitarbeiters ein. Diese Gespräche sind besonders nützlich, wenn Schlüsselpositionen neu besetzt werden. Wichtiges Wissen wird komprimiert und dokumentiert weitergegeben, um den neuen Mitarbeiter optimal vorzubereiten. Der Erfolg hängt von der Freiwilligkeit der Teilnehmer ab, und vor den eigentlichen Gesprächen sollte der Wissensbedarf analysiert werden. Regelmäßige Treffen über einen längeren Zeitraum sind wichtig, in denen der Moderator mit seinen Kompetenzen eine erfolgreiche Übergabe sicherstellt. Weitere Erläuterungen hierzu finden Sie unten unter „Systematisierung des Wissens- und Erfahrungstransfers".

Lessons Learned sind praktische Erkenntnisse aus positiven und negativen Erfahrungen im Arbeitskontext. Sie dienen dem Wissensmanagement und können Arbeitsprozesse optimieren. Projekt- oder Teamleiter sollten die Lessons Learned vermitteln und das gesamte Team informieren, um Transparenz zu schaffen. Erfahrungen sollten dokumentiert und in regelmäßigen Workshops diskutiert werden. Handlungsempfehlungen sind schriftlich festzuhalten, um bei zukünftigen Projekten berücksichtigt zu werden. Die Umsetzung der Lessons Learned beginnt mit der Sammlung von positiven und negativen Arbeitserfahrungen durch alle Beteiligten, die idealerweise in einem Log-Buch festgehalten werden. Danach sollten die gesammelten Erfahrungen in einem regelmäßigen Workshop vorgestellt und diskutiert werden, wobei Leitfragen als Orientierung dienen können. Die Ergebnisse werden dann gemeinsam analysiert und Handlungsempfehlungen herausgearbeitet, die schriftlich festgehalten werden sollten, um bei der Planung zukünftiger Projekte berücksichtigt zu werden.

Beim Reverse Mentoring werden die Rollen des klassischen Mentoring getauscht: Jetzt lernen ältere, teils hierarchisch höher gestellte Kollegen von jüngeren, der Junior coacht den Senior. Auch beim Reverse Mentoring geht es in erster Linie um Personalentwicklung. Gleichzeitig steigt durch den Rollentausch und Perspektivwechsel der Wissenstransfer und Vorurteile zwischen den Generationen werden abgebaut. Inhaltlich geht es beim Reverse Mentorings meist um Gebiete, bei denen die junge Generation mehr weiß als die älteren Mitarbeiter, also insbesondere Dinge, die mit Medien, Digitalisierung und sozialen Netzwerken zu tun haben. Prinzipiell geht es um den Dialog zwischen den Generationen; beide Seiten profitieren, sofern er richtig umgesetzt wird. Das Reverse Mentoring kann einen wichtigen Beitrag dazu leisten, Arbeitsorganisationen und Prozesse neu zu strukturieren oder zu verjüngen, um sie an die Zukunft anzupassen.

Der Wissenstransfer kann aber auch über Technologien erfolgen. Beispiele sind die sogenannten „Gelben Seiten" im Sinne von *unternehmensinternen Verzeichnissen,* die alle Mitarbeiter mit ihren Kompetenzen, Erfahrungen und Kontaktdaten auflisten. Das ermöglicht es Mitarbeitern, schnell den richtigen Ansprechpartner oder Experten zu finden, wenn sie komplexe Arbeitsaufgaben lösen müssen. Die Pflege und regelmäßige Aktualisierung dieser Verzeichnisse ist wichtig. Eine Erhebung kann im Rahmen der jährlichen Mitarbeitergespräche erfolgen, und es gibt spezielle Software zur Verwaltung des Mitarbeiterverzeichnisses. Allerdings kann allein so das Wissen der Mitarbeiter nicht dauerhaft im Unternehmen gehalten werden, wird doch lediglich die Suche nach dem Träger relevanten Wissens für den Zeitraum erleichtert, in dem die betreffende Person im Betrieb tätig ist.

Eine FAQ-Sammlung ist eine Zusammenstellung von Antworten auf regelmäßig wiederkehrende Fragen zu bestimmten Themen. Sie hilft, Probleme zu lösen, Fehler zu vermeiden und neue Mitarbeiter schneller einzuarbeiten. FAQ-Listen sollten kontinuierlich aktualisiert werden und im Intranet oder auf einem zentralen Laufwerk bereitgestellt werden.

Ein betriebsinternes Wiki ist ein offenes Autorensystem für Webseiten, das für den unternehmensinternen Wissens- und Erfahrungstransfer im Intranet am besten geeignet ist. Mitarbeiter können eigene Beiträge verfassen, ergänzen und korrigieren, was zu einer stärkeren Mitarbeiterbindung führt. Das Wiki liefert allgemeingültige und für die Zukunft relevante Informationen und kann neue Entwicklungen zeitnah dokumentieren. Zur Erstellung des Wikis benötigen Unternehmen eine Software, die die Editierbarkeit durch andere Nutzer sicherstellt. Zu empfehlen ist auch eine Einführungsveranstaltung, um die Mitarbeiter für die Mitwirkung zu begeistern.

Zusammenfassend ist die Beschäftigung mit betriebsinternen Wissenstransfers an vielen Stellen hilfreich und sollte mit den Teams und betroffenen Personen transparent besprochen werden. Das hilft nicht nur, die notwendige Motivation aufzubauen, sondern oftmals lässt sich in solchen Gesprächen auch die Methode herausfinden, auf die sich die betreffenden Mitarbeiter gerne einlassen und an der sie engagiert mitarbeiten wollen. Dabei kann es zu interessanten Mischformen des Wissenstransfers kommen. Ziel ist aber stets, dass das relevante Wissen im Unternehmen bleibt. Die Stärken der Mitarbeiter ergänzen sich nicht nur im Arbeitsalltag, sondern auch in der Wissensweitergabe optimal und fördern so die Innovationsfähigkeit. Neuen Kollegen fällt die Einarbeitung leichter und sie fühlen sich dem Unternehmen schneller verbunden. Zudem können Kosten für externe Weiterbildungsmaßnahmen eingespart werden.

In welcher Form auch immer die Wissensweitergabe stattfindet, stets handelt es sich um eine soziale Beziehung zwischen Menschen. Auch wenn die Anteile von Wissen-Geben und Wissen-Nehmen nicht immer, ja meistens eher ungleich verteilt sind, sollte die Grundhaltung, auf die es ankommt, darin bestehen, dass beide Seiten voneinander lernen können.

> **Denkanstoß**
> Welches Wissen möchten Sie gerne weitergeben? Wie möchten Sie es weitergeben? Auf was möchten Sie achten, nachdem Sie den Abschnitt oben gelesen haben?

Brücken bauen im Generationendialog: Effektiver Wissenstransfer durch gegenseitiges Verständnis und Wertschätzung

Wenn Sie Ihr Wissen an Jüngere weitergeben wollen, sollten Sie versuchen, sich auf sie einzustellen und auch ihre Sozialisierung im Hinterkopf behalten. Wissen zu vermitteln bedeutet immer auch, den anderen zumindest in einem gewissen Grade zu verstehen. Wir als Ältere sollten also wissen, wie die jüngere Generation, mit der wir im Kontakt stehen, geprägt ist, wie sie herangewachsen und in ihre soziale und/oder berufliche Rolle hineingekommen ist. Was macht jüngere Menschen aus, gerade im Unterschied zu den früheren Jahrgängen?

Zunächst, und damit muss man umgehen können, sagen sie meist recht klar ihre Meinung und beteiligen sich mit großer Selbstverständlichkeit an Diskussionen. Die Jüngeren sind oft gewohnt, für sich selbst Entscheidungen zu treffen. Oft sind sie bestrebt, eine gute Schulausbildung zu durchlaufen und eventuell auch zu studieren. Ein gewisses Maß an Selbstverwirklichung wird eingefordert, Hobbys nehmen daher einen wichtigen Raum ein. Viele sind gewohnt, gelobt und gefördert zu werden. Manche Jüngere haben nur selten erfahren, dass man auch scheitern kann und wie es sich anfühlt, wenn man sich in größerem Maße anstrengen muss. Sie wurden damit bisher weniger konfrontiert – vielleicht auch, weil wir Älteren ihnen zu viel abgenommen haben. Die Kommunikation über technische Hilfsmittel und der Umgang mit den sozialen Medien sind zur Selbstverständlichkeit geworden, und auch eine gewisse Neigung zur Selbstdarstellung durch und in den interaktiven Online-Plattformen lässt sich erkennen. Respekt verdient man sich bei den Jüngeren am ehesten durch kluges Handeln und durch Fairness. Diese verlangen sie auch im Umgang mit ihnen selbst – wer der Jugend respektlos gegenübertritt, wird selbst kaum Respekt bei ihr finden.

All dies darf nicht verallgemeinert werden; die Jüngeren sind sehr unterschiedlich und individuell. Das ist nicht anders als bei uns Älteren. Wir wollen genauso wenig, dass gewisse Eigenschaften, die unserer Generation angeheftet werden, eins zu eins auf uns übertragen werden. Und doch umreißen die eben umschriebenen Merkmale einen Rahmen, in dem viele von ihnen aufgewachsen sind. Daher sollten wir Älteren, wenn wir mit Jüngeren zusammenarbeiten und ihnen Wissen weitergeben wollen, einige Punkte beachten. Wollen wir es genauer wissen, können wir ja auch einfach die Jüngeren zu diesen Punkten befragen und uns so ein besseres Bild von ihnen machen.

Wichtig wird es so oder so sein, stets Sinn und Zweck von Arbeitsaufträgen zu erklären. Die Kommunikation sollte wertschätzend sein, da wir nur so auch unsererseits Wertschätzung erwarten dürfen. Eine Wissensvermittlung mit erhobenem Zeigefinger wird wenig Erfolg haben, und sie ist auch unangebracht, wenn wir bedenken, dass letztlich beide Seiten voneinander lernen können. Packen Jüngere manche Dinge anders an, sollten wir das akzeptieren – wichtig ist ja das Ziel, das erreicht werden soll, weniger der Weg, der dabei gegangen wird. Den Jungen muss aufgezeigt werden, dass sie mit ihren Bemühungen zum Erfolg des Ganzen beitragen. Es gilt also, sie einzubinden. Einzelgespräche sind eine Form, in der sich Vertrauen und Offenheit miteinander verknüpfen lassen. Zugleich sollten wir berücksichtigen, dass Jüngere manchmal mehr Wert auf persönliche Entfaltung legen als auf die berufliche Karriere. Doch es gibt auch Möglichkeiten einer individuellen Förderung, die für die Wissensweitergabe im Beruf genutzt werden können, so zum Beispiel Sprachkurse, Online-Seminare oder Coaching.

Wichtig ist bei alldem, dass Ältere und Jüngere den gemeinsamen Erfolg wahrnehmen können. Die Weitergabe von Wissen vollzieht sich in einem Kontext persönlicher Beziehungen, wobei es von großer Bedeutung ist, den Anderen stets als Individuum zu betrachten. Dies umfasst die Bereitschaft, Wertschätzung zu zeigen – etwa durch gelegentliches Lob – und dabei gleichzeitig Authentizität zu wahren. Aktives Zuhören und die ernsthafte Berücksichtigung der Bedürfnisse und Perspektiven des „Wissenspartners" sind essenziell. Dabei ist auch auf Anzeichen psychischer Überforderung zu achten; werden sie bemerkt, sind sie ernst zu nehmen und dürfen nicht ignoriert werden.

Wenn Ältere von den Jüngeren lernen
Es wurde bereits gesagt: Lernen ist eine dauerhafte Angelegenheit und bleibt auch im Alter oder im späten Berufsleben relevant. Das gilt auch im Rahmen der Wissensweitergabe, denn diese erfolgt nicht einseitig. Das Stichwort hierzu lautet das bereits genannte Reverse Mentoring (vgl. Murphy 2012). Es bedeutet, dass die Lernhierarchie nicht starr ist, sondern auch immer wieder umgekehrt wird – dass also (auch) die Alten von den Jungen lernen, sich von ihnen anleiten lassen. Offensichtlich wird das vor allem da, wo sich der Berufserfahrene vom Jüngeren in die Welt medialer Vernetzung einführen lässt, die ja längst in den Beruf hineinspielt. Fachliche Kompetenz

ergibt sich nicht einfach mit dem Alter. Ältere sind, anders gesagt, nicht automatisch fachkompetenter als Jüngere. Die digitalen Medien dürften hier nicht das einzige, gewiss aber das augenfälligste und allgemeinste Beispiel sein. Hier dürfen und sollten sich Ältere von den Jüngeren durchaus schulen lassen. Und keine Sorge: Es gibt noch genug Wissen, dass Ältere wiederum an Jüngere vermitteln können.

Hier zeigt sich, dass Wissenstransfer und Generationenmanagement ineinander übergehen. Generationenmanagement ist wiederum ein Teil des Diversity-Managements. Ziel ist es, in der Organisation Bedingungen zu schaffen, dass alle Mitarbeiter gleich welchen Alters fähig sind, ihre Stärken einzusetzen und konstruktiv zu ergänzen. Eine Unternehmenskultur, die nicht mitarbeiterorientiert ist, droht genau dies zu verhindern. Ebenso können Stereotype und Vorurteile über andere Generationen im betrieblichen Alltag einem produktiven Wissenstransfer im Wege stehen. Unterschiedliche Bedürfnisse der Generationen können zu Generationskonflikten führen. Konflikte bergen aber auch Chancen, wenn man sie anspricht und gemeinsam zu lösen versucht, anstatt sie auszufechten. Es braucht den Austausch, der, wenn er gelingt, wieder ein wechselseitiges Lernen ermöglicht. Hinschauen, Nachfragen, Begleiten, Verstehen und Vermitteln sind wichtig. Ein wertschätzender offener Dialog sorgt über alle Hierarchien hinweg für eine gute Feedbackkultur und ein besseres Miteinander von Mitarbeitern und Führungskräften.

Verständnis und ein gutes Miteinander können und sollten auch unabhängig vom Wissenstransfer angeboten werden. In meinen hierfür konzipierten Generationen-Workshops zeigt sich immer wieder, dass es nicht hauptsächlich darum geht, ein Bewusstsein für die Andersartigkeit der einzelnen Generationen zu schaffen, sondern dass es besonders wichtig ist, die Gemeinsamkeiten zu erkennen. In diesen Workshops setzen wir uns gezielt mit den verschiedenen Generationen und ihren Anforderungen an die Arbeitswelt auseinander. Sind alle Generationen vertreten, läuft dies meist sehr interaktiv und dynamisch ab. So wird ein gegenseitiges Verständnis geschaffen, und die Teilnehmer zeigen Interesse an den unterschiedlichen Werten und Bedürfnissen und öffnen sich ihnen. Probleme, die im Wissenstransfer womöglich auftreten, werden dann nicht pauschalisierend auf die jeweilige Generation übertragen, sondern individuell und im Einzelfall betrachtet, um konstruktiv nach Lösungen zu suchen.

Generell sollte es sich also um ein wechselseitiges Lernen handeln. Gegenstand dieses Lernens ist nicht allein das Fachwissen, sondern ebenso das, was Organisationen auch im Berufsleben ausmacht, also soziale, emotionale und psychologische Aspekte. Warum sollte es nicht auch in den späten Berufsjahren aufschlussreich sein, beispielsweise etwas über die Arbeitsmotivation einer jüngeren Kollegin zu erfahren, und zwar nicht nur, um sie, sondern auch, um uns selbst besser zu verstehen? In solchen Gesprächen erfahren wir ja immer wieder auch viel über unsere eigene Haltung und Denkweise. Und vielleicht können wir uns das eine oder andere von den Jüngeren abgucken und zum Vorbild nehmen.

Grundhaltung für Wissens- und Erfahrungstransfer
Damit die Weitergabe von Wissen – ob nun Sach- oder Erfahrungswissen, es wird ohnehin meist beides sein – funktioniert, hängt, so viel dürfte deutlich geworden sein, von einer gewissen Haltung dem Lernenden gegenüber ab. Grundlegend ist der Wunsch, Wissen an Jüngere zu vermitteln. Er stellt sich in der späten Berufsphase meist von alleine ein und wird zumindest dann relevant, wenn wir uns daran machen, die letzten Berufsjahre oder auch -monate zu gestalten. Wichtig ist das Bewusstsein, dass es einen Wissenstransfer braucht, also das eigene Wissen auch für andere, für die Jungen von Bedeutung ist. Zugleich müssen wir uns aber auch im Klaren darüber sein, dass unser Wissen nicht absolut ist. Wissen in der modernen Welt im Allgemeinen und im Berufsleben im Besonderen ist einem steten Wandel unterworfen. Auch wir als Ältere sind daher immer wieder gefordert, unser Wissen auf seine Aktualität hin zu überprüfen. Wir müssen offen sein für ein lebenslanges Lernen – nichts anderes verlangen wir ja auch von den Jungen. Dann verstehen wir auch, dass beide Seiten etwas voneinander lernen können, dann nimmt unsere Kommunikation wertschätzende Formen an, und es ist kein grundsätzliches Problem, wenn die Jüngeren es anders machen als wir Älteren. Wir verdienen Respekt für unser Wissen und die Bereitschaft, es weiterzugeben, aber die Weisheit haben wir nicht gepachtet.

Kommt nun ein jüngerer Mitarbeiter, vielleicht schon der künftige Nachfolger, und packt die Sache anders an, wird man zumindest innerlich geneigt sein, Einspruch einzulegen. Ob es sinnvoll ist, das dann auch zu tun, hängt davon ab, ob tatsächlich ein Schaden entstehen kann, sei es hinsichtlich der Aufgabe, für die Firma oder für den Betroffenen. Bewusst machen sollten wir uns in solchen Situationen aber, dass der Impuls, dem Vorgehen des Jüngeren zu widersprechen, auch damit zu tun haben kann, dass es – verständlicherweise – schwerfällt, loszulassen. Vielleicht haben wir auch das Gefühl, dass unser auf langer Erfahrung basierendes Wissen zu wenig Wertschätzung erfährt.

Loslassen müssen wir aber – wenn nicht jetzt, dann spätestens mit dem Übergang in den Ruhestand. Insofern bedeutet Loslassen auch zu einem guten Stück zu akzeptieren, dass es unsere Nachfolger anders machen, als wir selbst es getan haben. Und auch wenn es uns nicht der beste Weg zu sein scheint, sollten und müssen wir die Jüngeren, die ja unweigerlich nachrücken, ihre eigenen Erfahrungen sammeln lassen. Das heißt ja nicht, dass wir keinen Einfluss mehr haben, dass wir gleichermaßen spurlos verschwinden. Zu bedeutsam ist die Wissensweitergabe. Sie ist jetzt eine unserer wesentlichen Aufgaben.

Der Wissenstransfer muss gestaltet werden. Warum das wichtig ist für alle Beteiligten und wie das aussehen kann, haben wir bereits oben gesehen. Packen beide Seiten es richtig an, können sie voneinander lernen. Dann fragt der Jüngere den Älteren automatisch, welche Erfahrungen er gemacht hat, um das so vermittelte Wissen in welcher Form auch immer für seine Aufgabe zu nutzen. Bei einem gelingenden Wissenstransfer achtet aber auch der Ältere auf den Jüngeren und weiß, dass er von ihm lernen kann, gerade weil der es vielleicht ganz anders macht. Der Ältere berücksichtigt in einem guten Wissenstransfer die aktuellen und vielleicht auch schon die zukünftigen, unmittelbar bevorstehenden Umstände. Er versteht und akzeptiert, dass die Rahmenbedingungen heute anders sind als früher und die jüngeren es vielleicht deshalb anders machen müssen.

Ganz ohne Reibungen oder Unsicherheiten, ja vielleicht sogar Konflikten wird es sicherlich nicht immer vonstattengehen. Umso mehr können wir, wenn wir die Wissensvermittlung und damit verbunden ja auch die Nachfolgeplanung ernst nehmen, uns helfen lassen. Standardlösungen gibt es nicht, aber im Literaturverzeichnis zu diesem Kapitel finden sich hilfreiche Titel. Es kann zudem sinnvoll sein, Wissensmanagement-Stammtische zu besuchen oder externe Beraterinnen und Berater mit einzubeziehen. Erfolgt die Weitergabe des Erfahrungswissens und der Nachfolgeplanung trotz intensiver Bemühung nicht zu Ihrer Zufriedenheit (z. B. aufgrund mangelnder Auswahl eines geeigneten Nachfolgers), gilt es, mit der oftmals belastenden Situation umzugehen. Hilfreich ist es, in solchen Fällen, vielleicht aber auch generell systematisch an die Sache heranzugehen.

Systematisierung des Wissens- und Erfahrungstransfers
Klappt etwas im betrieblichen Ablauf nicht, wird rasch der Vorwurf mangelnder Kompetenz laut. Oft zeigt sich aber eher, dass etwas nicht richtig gelernt oder, was nicht weniger häufig der Fall ist, ja eng damit zusammenhängt, nicht richtig vermittelt worden ist. Die Frage ist dann, welche Voraussetzungen hätten vorliegen müssen, damit das Wissen angemessen aufgenommen, gelernt, angeeignet und umgesetzt worden wäre. Sowohl für das Unternehmen als auch für einzelne Betroffene wird das Ganze dringlich, wenn es sich um erfolgskritisches Wissen handelt. Verschwindet ein solches

Wissen, wenn langjährige Mitarbeiter in den Ruhestand gehen, ist innerbetrieblich offensichtlich etwas falsch gelaufen. Anders gesagt: Der Wissenstransfer in einem Betrieb geschieht nicht einfach von allein. Er sollte organisiert, strukturiert und gezielt begleitet werden. Die Unternehmen müssen ihn als wichtige Aufgabe erkennen und entsprechend gestalten.

Implizites Wissen, das heißt, auf Erfahrung basierendes Wissen, lässt sich nicht einfach abrufen. Dafür sind Bereitschaft, Motivation und eine emotionale Verbindung zum Geschehen erforderlich, die über eine bloße sachliche Beteiligung hinausgeht. Dieses Wissen ist oft nur in den Köpfen der Wissensträger verankert und nicht schriftlich dokumentiert. Umso dringlicher ist ein erfolgreicher Transfer des erfolgskritischen Wissens von erfahrenen Mitarbeitern zu den weniger erfahrenen, oft jüngeren Mitarbeitern. Aber wie wir gesehen haben, ist die Wissensweitergabe nicht nur eine bloße Notwendigkeit für die Unternehmen, sondern eine persönliche Anforderung an und auch ein persönliches Bedürfnis von älteren Arbeitnehmern, die allmählich ihr Ausscheiden aus dem Berufsleben ins Auge fassen.

Allerdings stößt eine Weitergabe des Wissens manchmal auf Schwierigkeiten. So erfolgt der Wissenstransfer im Betriebsalltag oft gar nicht oder nur unstrukturiert. Gründe sind die mangelnde Zeit im Tagesgeschäft, aber auch, dass die Notwendigkeit eines Wissenstransfers zu spät erkannt wird. Weiter kann es daran liegen, dass erfolgsrelevante Wissensbereiche nicht systematisch erkannt oder voneinander abgegrenzt werden. Ohnehin ist die Wissensweitergabe selbst weder systematisiert noch institutionalisiert, das heißt schlicht nicht organisiert. Dadurch aber fühlen sich sowohl Wissensgeber als auch Wissensnehmer, sofern sich diese Rollen überhaupt eindeutig zuweisen lassen, nicht selten überfordert.

Standardlösungen gibt es bei alldem nicht. Wie lassen sich die Schwierigkeiten dennoch überwinden? Voraussetzungen sind die oben beschriebene persönliche Haltung und ein gemeinsames Verständnis von Sinn und Zweck des Transfers. Selbst- und Mitverantwortung sind wichtige Schlüsselkompetenzen. Erweisen sich persönliche Befindlichkeiten als schwierig, ist es umso dringlicher, die dadurch aufgeworfenen Schwierigkeiten mit einer gewissen Systematisierung zu durchbrechen. Es kann zudem hilfreich sein, den ins Stocken geratenen oder noch gar nicht begonnenen Wissenstransfer von einer externen Fachkraft moderieren zu lassen. Oft lassen sich dadurch Probleme aufdecken und einer konstruktiven Lösung zuführen. Eine Systematisierung des Wissenstransfers mit dem Ziel, ihn erfolgreich zu gestalten, erfolgt in mehreren Schritten:

1. Zunächst gilt es, das Wissen im Unternehmen bzw. in der betreffenden Abteilung zu identifizieren. Welches erfolgskritische Wissen gibt es also? Welche Mitarbeiter besitzen es? Lassen sich diese Fragen beantworten, können Wissenslandkarten erstellt werden (das entspricht den oben schon erwähnten unternehmensinternen Verzeichnissen). Dabei geht es auch um eine Klärung, welches Wissen intern beschafft werden kann. Welche „informellen" Netzwerke bestehen und welche Mitarbeiter gehören ihnen an? Welches Wissen muss hingegen extern erworben werden?
2. Um Wissen im Unternehmen halten zu können, muss klar sein, wer in naher Zukunft in den Ruhestand wechselt und ob der oder die Betreffende über erfolgskritisches Wissen verfügt. Umgekehrt ist aber auch zu klären, wer das Wissen gegenwärtig oder in Zukunft benötigt. Hierbei kann schon geklärt werden, ob zudem eine neutrale Begleitung (Moderation) für den Wissenstransfer hilfreich und sinnvoll ist.
3. Im nächsten Schritt ist darauf zu achten, inwiefern das betreffende Wissen gespeichert bzw. in welcher Form es geteilt und abgerufen werden kann. Es ist ratsam, auf bereits bestehende Systeme zurückzugreifen, mit denen die Mitarbeiter vertraut sind, um die Effizienz zu steigern. Gleichzeitig ist die Aufbereitung und effiziente Nutzbarmachung organisationalen Wissens von großer Bedeutung. Es ist essentiell, dass dieses Wissen leicht zugänglich gemacht wird. Dies umfasst die Einrichtung von Zugriffsrechten auf Datenbanken, die Implementierung von unternehmenseigenen Suchmaschinen und die Organisation von Workshops oder regelmäßigen Wissensaustauschtreffen. Es ist notwendig, nützliche Verzeichnisse oder Wissensdatenbanken zu identifizieren, die möglicherweise bereits existieren. Die Bedeutung verschiedener Ressourcen, wie unternehmensinterne „Gelbe Seiten", Wikis oder häufig gestellte Fragen (FAQs), sollte nicht übersehen werden. Zugleich gilt es, den Pflegeaufwand dieser Ressourcen zu erkennen und nicht zu unterschätzen. Die Wichtigkeit dieser Datenbanken muss den Mitarbeitern kontinuierlich vor Augen geführt werden, um ihre aktive Teilnahme zu fördern, da ihr Engagement für den Erfolg unerlässlich ist. Dabei kann eine Motivation zur Beteiligung nicht immer als selbstverständlich vorausgesetzt werden.
4. Zudem geht es darum, den Wissenstransfer persönlich zu begleiten. In einer Erstanalyse sollten sich Führungskräfte und gegebenenfalls Vertreter aus dem Personalbereich einen Überblick über die personelle Situation verschaffen, also über die derzeitigen und die erwünschten zukünftigen Wissensträger, aber auch über die Art und Weise des Wissens, das transfe-

riert werden muss, über mögliche Hindernisse und sinnvolle Formen des Transfers sowie über die bereits oben erwähnte Frage, ob eine Moderation hilfreich oder gar erforderlich ist. Mögliche Formen für eine Wissensweitergabe sind die bereits genannten altersgemischten Teams, Lerntandems oder das Mentoring, bei dem eine erfahrene Fachkraft einen unerfahrenen Mitarbeiter fachlich und persönlich betreut.

5. Nach der Erstanalyse werden mit dem Wissensgeber und dem Wissensnehmer jeweils Einzelgespräche geführt. Es gilt, die jeweilige Akzeptanz, den Willen und die Motivation zum Wissenstransfer sowie die kommunikativen Fähigkeiten und die zeitlichen Ressourcen zu klären. Mit Blick auf den *Wissensgeber* kann die Erstellung eines Wissensbaums (Hertling 2013) erfolgen. Er versinnbildlicht nicht nur das Lebenswerk des Wissensgebers, das damit Anerkennung findet, sondern hilft, den weiteren Transferprozess zu strukturieren. Im Gespräch mit dem Wissensgeber wird zudem nicht nur das vorhandene und vermittelbare Wissen eruiert, sondern auch, welches Wissen benötigt wird und möglicherweise noch nicht, auch nicht durch die erfahrene Kraft, gegeben ist. Deren Motivation kann im Gespräch ebenso herausgearbeitet werden wie die Rahmenbedingungen, die aus ihrer Sicht für die Wissensweitergabe erforderlich oder hilfreich sind. Wichtig ist, dem Wissensgeber deutlich zu machen, dass er im Transferprozess Hilfe und Unterstützung finden kann, um seiner Aufgabe gerecht zu werden und Schwierigkeiten, die beim Transfer unter Umständen auftreten, zu beseitigen. Das Einzelgespräch mit dem *Wissensnehmer* zielt darauf, Klarheit über seine Situation zu schaffen und seine Interessen und Lernwünsche offenzulegen. Zu fragen ist, welche zeitlichen Freiräume er überhaupt hat, Wissen von einem älteren Kollegen zu erwerben, und welche Lernform ihm am ehesten entgegenkommt. Auch hier gilt es, die Motivation vorab zu prüfen und mögliche Hindernisse frühzeitig zu erkennen. Gegebenenfalls kann ein Moderator schon im Vorfeld vermittelnd wirksam werden, um den folgenden Transferprozess erfolgreich zu gestalten.

6. Nach den Einzelgesprächen müssen beide Seiten des Wissenstransfers zusammengeführt werden. Dies dient allein schon dem Zweck, die beiden Seiten der Wissensweitergabe miteinander bekannt zu machen oder, wenn die entsprechenden Personen bereits in der Vergangenheit zusammengearbeitet haben, auf die gemeinsame Aufgabe vorzubereiten. Bei einer geringen Bereitschaft kann durch entsprechende Informationen und Hinweise zudem eine Sensibilisierung für die Relevanz der Wissensweitergabe erfolgen. Wichtig ist, für die ersten Gespräche Zeit und Geduld aufzubringen und dann kontinuierlich eine Kultur des Wissensaustausches zu fördern.

Als eine wesentliche Voraussetzung kann Vertrauen gelten, für das ein entsprechendes Umfeld geschaffen werden muss. Davon abgesehen lässt sich bei dieser Gelegenheit der organisatorische Ablauf festlegen und ein Transferplan erstellen. Auch eine Priorisierung der Wissensinhalte kann vorgenommen und ein höheres Bewusstsein für den Prozess und seine Notwendigkeit erzielt werden.

7. Schließlich ist der Wissenstransfer in der Praxis umzusetzen und für eine Nachbereitung zu sorgen. Nach den Einführungsgesprächen und dem Zusammenbringen von Wissensgeber und Wissensnehmer treffen sich beide in der folgenden Zeit in regelmäßigen Abständen. Dabei werden systematisch Themen im Rahmen des Transfers „abgearbeitet". Ziel ist die Wissensaneignung durch den Wissensnehmer, wobei der Prozess gerade deshalb anspruchsvoll, aber auch so vielversprechend ist, weil es ja nicht nur um die Weitergabe von Fachwissen, sondern auch von Erfahrungswissen geht. Ist der Transfer abgeschlossen, sollte im Sinne einer Nachbereitung ein Treffen zwischen den beiden Parteien des Prozesses sowie der Führungskraft und ggf. dem Moderator stattfinden. Hier wird nicht nur der Erfolg bewertet, sondern auch geklärt, ob der Prozess weitergeführt werden muss, um den Transfer abzuschließen oder zu verbessern, oder ob es genügt, wenn der Wissensgeber in Zukunft für punktuelle Nachfragen zur Verfügung steht. Das Nachbereitungstreffen bietet zudem die Möglichkeit, dem älteren Mitarbeiter zu danken und den Transfer als wichtige späte Etappe in seinem Berufsleben vor dem Ruhestand hervorzuheben. Der Erfolg des Wissenstransfers sollte für Geber und Nehmer ein positives Bild aufzeigen.

3.2 Lernen und Erfahrung sammeln – auch in späten Jahren

Erfahrungswissen ist eine feine Sache, es zu besitzen ein gutes Gefühl. Aber klar ist auch, dass dieses Wissen darauf basiert, dass wir etwas gelernt haben – und hoffentlich immer weiter lernen. So wird auch berufliche Weiterbildung immer wichtiger. Um in Zeiten von Globalisierung und Digitalisierung mithalten zu können, werden wir alle lebenslang lernen, Qualifikationen immer wieder auffrischen, vielleicht sogar einen neuen Beruf erlernen müssen.

Erfahrung schöpft sich aber nun gerade nicht in dem, was einem durch formales Lernen zugekommen ist. Sprechen wir von Erfahrungswissen, so meint dies nicht einfach die Summe nachgewiesener Qualifikationen auf dem (beruflichen) Bildungsweg, wenngleich es auch diese umfasst. Verfügen Ältere über einen Erfahrungsschatz, den sie im späten Berufsleben an die Jüngeren weitergeben können und auch weitergeben sollten, so basiert dieser ja gerade nicht allein darauf, was früher einmal während der Ausbildung und dann allenfalls noch in weiteren Schulungen gelernt wurde. Es ist gerade die Erfahrung, die sich aus der langjährigen Anwendung des Gelernten ergibt, auf die es hier ankommt. Und doch darf dies nicht dazu führen, die Bedeutung des Lernens als gering einzuschätzen. Vielleicht muss der Begriff des Lernens weiter gefasst werden, denn Lernen ist kein einmaliger Akt, der irgendwann einmal begonnen und abgeschlossen wird. Lernen erfolgt nicht nur, wenn man die Schulbank drückt. In der Ausstellung „Ey Alter" war zu lesen: „Unser Gehirn bleibt das ganze Leben lang lernfähig – vorausgesetzt, wir stehen nicht still!"

Lernen im späten Berufsleben, ist das wirklich noch notwendig? Steht das nicht im Widerspruch zu dem, was bereits über die Relevanz der Weitergabe des eigenen Wissens an Jüngere gesagt wurde? Solche Abwehrreflexe dürfen uns nicht täuschen: Wir müssen uns nicht nur Gedanken darüber machen, wie „Schüler" besser lernen können und was sie brauchen, sondern ebenso, wie es um das Lernen von uns Älteren steht.

Ob jung oder alt, eine gute Lernumgebung ist notwendig. Sie wird vor allem von Menschen gemacht. Wollen Organisationen, dass auch ihre Älteren gerne lernen, müssen sie an vielen Stellen ansetzen. Fragen wie „Warum soll ich das lernen?", „Wie kann ich das lernen?" sollten für jeden Einzelnen in den Blick genommen werden. Das Gießkannenprinzip funktioniert gerade bei den Älteren nicht mehr. Sind sie durch fehlende Transparenz, Zeitdruck oder nicht passende Lernmethoden demotiviert, ist es bei ihnen besonders schwierig. Mit Blick auf ihre fortgeschrittene Berufsphase wird schnell eingewandt, dass das zu Lernende ja nicht mehr gebraucht werde, oder es wird infrage gestellt, dass es zu etwas gut sei. Das ist vor allem deshalb problematisch, weil wir wissen, dass geistiges Training, wie es das Lernen unabhängig vom Inhalt mit sich bringt, gerade für uns Ältere wichtig ist. Wie der Körper braucht auch das Gehirn ein gewisses Training und sollte immer wieder auch mal ins Schwitzen kommen.

Unternehmen, Organisationen und Führungskräfte, aber auch jeder Einzelne ist gefordert, sich für das Lernen zu engagieren. Je mehr man über den eigenen Lerntyp weiß, desto eher kann auch das selbstgesteuerte Lernen gelingen. Es ist wichtig, Lernen täglich in das berufliche und private Leben zu integrieren. In einer Welt, in der Wissen sich schnell ändert, ist die individuelle Motivation entscheidend. Besonders für Berufstätige in späteren Jahren bietet dies die Chance, ihr Gehirn zu fördern und Potenziale zu entdecken, die auch über das Berufsleben hinaus wichtig sind und auch für die Zeit im Ruhestand von Bedeutung sein werden.

Regelmäßig ist die Aufregung groß, wenn eine neue PISA-Studie für Schulkinder rauskommt. Es werden zahlreiche Überlegungen angestellt, wie es zu den teils schlechten Ergebnissen kommt und was man dagegen tun könnte. Vieles zielt in Richtung der institutionellen Arrangements, aber auch das Lernen, seine Methoden und Inhalte werden in den Blick genommen. Lässt sich davon auch etwas für die Älteren nutzbar machen? Sie stehen für gewöhnlich nicht im Mittelpunkt, wenn es Diskussionen um das Lernen als gesellschaftliche Herausforderung geht. Dabei wissen wir, dass wir die Älteren brauchen. Wir brauchen sie nicht nur in den Betrieben und Organisationen, in denen Fachkräftemangel herrscht, sondern auch als Ruheständler und zur Unterstützung der älter werdenden Gesellschaft, in der die Jüngeren allein nicht alles werden stemmen können. (Siehe Abschn. 9.5).

Eine der wichtigsten und effektivsten Arten des Lernens ist übrigens das Gespräch mit anderen Menschen. In ihm lernen wir unterschiedliche Perspektiven und Ansichten kennen. Dies erweitert unser Verständnis und fördert kritisches Denken. Auch das unmittelbare Feedback zu unseren Ideen und Ansichten kann uns helfen, unsere Meinungen und Kenntnisse zu verfeinern. Wenn wir mit anderen über ein Thema sprechen, stellen wir Fragen, legen unsere Ansichten dar und diskutieren. All dies ist aktives Lernen, das eine größere Wirkung zeigt als das passive Lernen. Im Gespräch müssen wir unsere Gedanken formulieren und sie erklären, was uns zwingt, genauer nachzudenken und ein Thema, eine Frage besser zu verstehen. Als soziale Wesen lernen wir Menschen somit insgesamt besser, wenn dies im sozialen Kontext geschieht. Gespräche bieten diesen sozialen Rahmen. Diskussionsrunden, Gruppenarbeit und Mentoring fördern daher das Lernen deutlich.

Wir tun also gut daran, uns mit dem Thema Bildung und lebenslanges Lernen im Alter zu beschäftigen. Jeder Einzelne sollte sich fragen, wann, wo und wie er am liebsten und am besten lernt. Schließlich wird es auch von der Lernbereitschaft und der Lernmotivation abhängen, inwiefern jemand bereit ist, sein Wissen an andere weiterzugeben. Wer dem Lernen gegenüber offen ist und auch selbst noch nicht damit abgeschlossen hat, wird sein Wissen mit größerer Freude teilen, weil er weiß, dass er selbst auch immer wieder neues Wissen erfahren kann.

Spaß am Lernen

Ein großartiges Gefühl: Da gibt es etwas, das mich wirklich interessiert. Ich beschäftige mich mit neuen Inhalten, gewinne neue Erkenntnisse, die mich faszinieren, die ich in die Praxis übertragen kann, die mir neue Welten eröffnen. Lernen eröffnet neue Horizonte, und es kann ungemein spannend sein. Es ist nicht nur so, dass einem etwas entgeht, wenn man für das Lernen nicht offen ist. Die Psychologinnen Cornelia und Lisa Juliane Schneider schreiben in ihrem sehr gut aufbereiteten Buch „Reife Leistung", es sei geradezu ein Risiko, nichts Neues zu lernen. Wer gar keine Lernbereitschaft aufzubringen vermag, nirgendwo und in keiner Hinsicht, der gefährdet letztlich auch das, was er bereits zu haben glaubt – das, was er bisher in seinem Leben gelernt und erarbeitet hat.

Vielleicht möchten Sie etwas Neues lernen, sind jedoch noch etwas zögerlich und befürchten, dass es auf schnödes Büffeln hinausläuft, das man aus früheren Schulzeiten kennt und das man damals schon nicht mochte? Das muss es aber nicht. Lernen kann Spaß machen. Als Generation, die noch dem Frontalunterricht ausgesetzt war, haben wir allerdings oftmals wenig Vorstellung davon, wie bunt und lustvoll das Lernen sein kann. Es hat viele Gesichter, ganz so, wie ja auch das Wissen viele Quellen hat. Mit etwas Fantasie oder Anregungen von außen lässt sich das auch schnell umsetzen.

Und weil jetzt nicht mehr die Lehrerin vorn an der Tafel der Inbegriff des Lernens ist, können Sie sich die Lernumgebung ganz individuell gestalten. Lernen lässt sich natürlich weiterhin am Schreibtisch, mit dem Tablet kann man aber auch aufs Sofa wandern. Um über das, was Sie bislang erfahren haben, weiter nachzudenken, können Sie auch raus in die Natur – vielleicht gelingt es Ihnen gerade hier, gut zu sortieren, was an Neuem hinzugekommen ist und wo Sie weiter ansetzen möchten. Auch das Gespräch mit einem guten Bekannten kann weiterhelfen, wenn er offen für das Thema ist, mit dem Sie sich beschäftigen; andere Perspektiven können immer aufschlussreich sein.

Es gibt also ganz unterschiedliche Orte, an denen sich lernen lässt, und auch der Personenkreis ist nicht fest abgesteckt, mit denen sich Lerngelegenheiten ergeben. Ebenso weit ist das Feld möglicher Lerngegenstände. Um vom Berufsumfeld wegzukommen und den näher rückenden Ruhestand ins Auge zu fassen: Ein Nachbar von mir hat sich im ersten Jahr seines neuen Rentnerdaseins dem Wissensgebiet des Imkerns zugewendet. Mit großer Begeisterung lernt und hilft er einer Imkerin in unserer Stadt. Wenn man seinen Erzählungen lauscht, fühlt man, dass hier Faszination und Wissendurst ineinander übergehen.

Lernen – eine individuelle Angelegenheit

Sollten Sie sich für weiteres Lernen entschlossen haben, denken Sie zunächst ungezwungen darüber nach, wie Sie das neue Wissensgebiet, auf dem Sie lernen wollen, in Ihren Alltag bringen können. Vielleicht stöbern Sie erst mal im Internet und schauen, was sich an Interessantem finden lässt. Schreiben Sie ein paar Stichpunkte auf, die Sie interessieren und die Ihnen bei ihrer noch ganz offenen Suche auffallen. Das eröffnet dann weitere Schritte, die Sie gehen können, um sich einen Lerngegenstand zu erschließen. Es ist auch nicht schlimm, wenn man eine Richtung eingeschlagen hat, die man dann abbricht. Leicht lässt sich wieder an einem früheren Punkt anknüpfen – die vielfältige Lernlandschaft ermöglicht viele Wege. Das bedeutet nicht, wahllos über das Lerngebiet zu wandern, sondern sich dem Ziel so zu nähern, wie es den eigenen Interessen und Möglichkeiten entspricht. Ob privat oder im betrieblichen Rahmen, wir können uns auf das Lernen und interessante Inhalte entsprechend vorbereiten.

Geht es darum, den neuen Stoff im Gedächtnis zu behalten und sicher abrufen zu können, vielleicht weil eine Prüfung ansteht oder Sie einen Vortrag halten und auf Fragen vorbereitet sein müssen, dann malen und schreiben Sie die wichtigsten Lerninhalte auf, hängen die Blätter in Ihrem Wohnzimmer an die Wand und spazieren immer wieder einmal daran vorbei. Das sollte zumindest dem visuellen Lerntyp zugutekommen. Lassen Sie sich immer wieder von dem so Erarbeiteten faszinieren und prägen es sich ein. Sie können zu jedem Wissensinhalt eine hübsche Karte anfertigen, sie neben das betreffende Blatt oder den jeweiligen Abschnitt hängen und so als Sinnbild für das Wissensgebiet nutzen.

Jeder von uns lernt anders. Wie ist das bei Ihnen? Geht es am besten, wenn sie den Lernstoff direkt vor Augen haben, in Schrift und Bild, vielleicht auch ein paar Diagramme? Oder benötigen Sie den direkten Praxisbezug? Geht Ihr Lernen eher über das Gehör? Die zahlreichen technischen Möglichkeiten, die uns heute zur Verfügung stehen, kommen diesen unterschiedlichsten Vorlieben oder Anforderungen entgegen. Ich selbst spreche mir oftmals den Inhalt, den ich verinnerlichen möchte, oder einen Vortrag, den ich vorzubereiten habe, als Sprachmemo auf mein Smartphone. So kann ich es abhören, wann immer ich Lust und Zeit dazu habe, ob beim Zähneputzen, bei der Hausarbeit oder während einer Zug- oder Autofahrt.

Ganz wichtig sind auch die Pausen. Niemand kann ununterbrochen lernen, und es hilft, bewusst die Gedankenwelt auch immer wieder einmal zu verlassen, egal, wie spannend sie ist, und sich anderen Dingen zu widmen. Sich eine halbe Stunde an der frischen Luft zu bewegen unterstützt dabei, mit neuem Schwung wieder an die Sache heranzugehen. Lernen hängt so auch mit einer gewissen Achtsamkeit im Alltag zusammen. Nur so verlieren wir den Spaß am Lernen nicht.

Ist Lernen somit wichtig, ja im Grunde unverzichtbar, so liegt es an einem selbst, einen geeigneten Weg zu finden, um sich Inhalte anzueignen, die man selbst gewählt hat oder die aus irgendwelchen Gründen gelernt werden müssen. Spätestens wenn man die Schulbank verlassen hat, ist es nicht mehr der Lehrer oder die Lehrerin, die einem vorgibt, was man genau wie zu tun hat. Nun gilt es, selbst Entscheidungen zu treffen (auch ein guter Schulunterricht sucht heute längst dafür gute Voraussetzungen zu schaffen). Lernen fällt in den Bereich der Selbstverantwortung, weil es letztlich unumgänglich ist, dass man selbst das eigene Lernen steuert. Auch wenn es hin und wieder im Berufsleben oder danach Vorgaben und Strukturen geben wird, liegt es an einem selbst, Entscheidungen zu treffen, was wie gelernt und eingeprägt werden kann.

Erforderlich ist dazu, zum Lernen motiviert zu sein oder eine solche Motivation aufbauen und immer wieder erneuern zu können. Es gibt ganz unterschiedliche Lerntypen und daher auch verschiedene Lernstrategien. Oft ist es hilfreich, nicht nur eine von ihnen anzuwenden, sondern sie miteinander zu kombinieren. Haben Sie im späten Berufsleben, dann vor allem aber im Ruhestand, wenn Sie sich ganz aus eigener Entscheidung einem Thema zuwenden, beim Lernen einen deutlich geringeren Druck, eröffnen sich umso mehr Möglichkeiten. Diese Freiheiten umzusetzen, verlangt natürlich wiederum, sich Klarheit zu verschaffen und sich bestimmten Fragen zu stellen, die man nun selbst beantworten kann – und darf. Mehr zum Lernen im Ruhestand finden Sie in Abschn. 7.2.1.

> **Denkanstoß**
>
> Wenn Sie im späten Berufsleben stehen, sich aber auch schon Gedanken über den Ruhestand machen, stellen Sie sich folgende grundlegenden Fragen: Was möchte ich noch lernen? Was interessiert mich in meinem Arbeitsgebiet? Und was könnte mich bereits jetzt, vor allem aber später im Ruhestand ganz unabhängig von meinem Beruf interessieren? Wodurch kann ich mein Gehirn fit halten?

Wie umgehen mit der Informationsflut?
Lernen bedeutet natürlich nicht, dass wir ungefiltert alle News dieser Welt auf uns einstürmen lassen. In einer Zeit, in der Nachrichten 24 h am Tag abrufbar sind, müssen wir uns immer wieder überlegen, was wir wann und wie in uns aufnehmen wollen. Rolf Dobelli beschreibt in seinem Buch „Die

Kunst des digitalen Lebens – Wie Sie auf News verzichten und die Informationsflut meistern" eindrücklich, wie man auf die ständig auf einen einströmenden Schlagzeilen und Neuigkeiten verzichten kann, und erklärt auch, warum man das tun sollte. In seiner Kindheit gehörten News „wie Ovomaltine zum Frühstück". 1966 geboren, schildert er, wie er in den neunziger Jahren – das Internet kam auf – nun endlich News aus aller Welt kostenlos beziehen, aber auch teilen und weiterleiten konnte. Und er tendierte dazu, so viel wie möglich in sich aufzunehmen, so viel wie möglich zu lesen. Er durfte nichts verpassen. „Ich fühlte mich voll am Puls der Zeit, war begeistert, berauscht, betrunken. Es war wie Alkohol".

Zwei Fragen führten ihn dazu festzustellen, dass News heimtückisch sind: Verstehst du die Welt nun besser? Und: Triffst du nun bessere Entscheidungen? „Die Antwort war in beiden Fällen: Nein." Und doch gab es weiterhin die nicht nachlassende Faszination für „das überwältigende, grelle News-Gewitter", obwohl es ihn nervös machte. Seine Aufmerksamkeit und Konzentration ließen nach. Mit der Zeit reduzierte er die zahlreichen Newsletter, zu denen er sich im Internet angemeldet hatte, und stellt heute fest: „News sind für den Geist, was Zucker für den Körper ist".

Dobelli formuliert vier Thesen, um das Problem auf den Punkt zu bringen: Erstens nimmt die News-Flut exponentiell zu. Zweitens umgeben die News uns immer und überall. Drittens verstehen die Algorithmen uns immer besser – ohne dass uns das bewusst sein muss. Und viertens: Die News lösen sich zunehmend von der Wahrheit ab. Letzteres hat damit zu tun, dass über die Algorithmen mehr und mehr das Innere des Lesers erschlossen wird. Sie werden kreativer und können mithilfe künstlicher Intelligenz Texte, Bilder und Videos ohne menschliches Zutun kreieren. Fake News gab es schon immer, nun aber werden sie zunehmend von Computern generiert und knüpfen oft an die ganz spezielle Aufmerksamkeit an, wie sie sich in der virtuellen Realität immer stärker herausbildet. Letztlich helfe, so Dobelli, nicht nur ein bewussteres Lesen, vielmehr gelte es nun, auch gezielt aus der News-Welt auszusteigen.

Und was bedeutet das für das Lernen? Es bedeutet, dass man wach sein und kritisch bleiben sollte, wenn man sich auf die Suche nach Informationen macht. Es bedeutet, dass man ein Auge darauf haben sollte, wer die Informationen zur Verfügung stellt und ob gewisse Absichten dahinterstecken könnten. Die neue Welt des Lernens ist sehr vielfältig, und das eröffnet zahlreiche Möglichkeiten. So sehr das zu begrüßen ist, sollten wir zugleich aber darauf achten, dass wir seriöse Medien nutzen. Dann kann es gelingen, aus der Informationsflut einen sinnvollen Informationsreichtum zu machen.

Lernen verlangt Offenheit
Ständige Veränderungen können durchaus anstrengend sein. Selbst wenn man sich nicht überfordert fühlt, mag man sich gelegentlich mehr Stabilität wünschen. Andererseits ist Offenheit für Neues und die Bereitschaft zu lernen entscheidend für unsere Entwicklung. Wenn wir im Alter zunehmend nur noch in unserer eigenen Welt leben und unseren Horizont nicht mehr erweitern, hat das negative Auswirkungen. Einerseits werden unsere kognitiven Fähigkeiten nicht mehr ausreichend gefordert, was den geistigen Abbau beschleunigt; andererseits isolieren wir uns mehr und mehr von der Welt um uns herum. Sowohl der Körper als auch der Geist benötigen Bewegung, um fit zu bleiben. Lernen ist im Grunde genommen kognitive Bewegung.

Warum aber sollten wir erst im Ruhestand beginnen, unseren Horizont zu erweitern? Warum nicht schon während der letzten Jahre unserer Berufstätigkeit? Wenn es die Umstände erlauben, kann unsere berufliche Laufbahn zu einem vielseitigen Labyrinth voller unerwarteter Wendungen und Möglichkeiten werden. Vielleicht entdecken wir sogar neue Talente und Leidenschaften, von denen wir bisher nichts ahnten. Offenheit wird oft als eine der wichtigsten Eigenschaften im Alter angesehen.

Falsch wäre es allerdings, gleich alles aufnehmen, alles ergreifen zu wollen. Offen zu sein meint nicht, sich selbst aus dem Blick zu verlieren. Offenheit sollte vielmehr mit Achtsamkeit einhergehen. Um sie trotz vieler beruflicher Veränderungen zu bewahren, ist es wichtig, sich bewusst Zeit für die mentale Gesundheit zu nehmen. Tägliche Achtsamkeitsübungen, wie Meditation, können dabei helfen. Flexibilität und die Bereitschaft, im Moment zu bleiben, können ebenfalls nützlich sein, um effektiv auf neue Herausforderungen zu reagieren. Offene Kommunikation und das Setzen realistischer Ziele können dabei helfen, Stress zu minimieren. Achten Sie auf Überforderungen! Indem man diese Praktiken in den Alltag integriert, kann man eine achtsame Haltung auch in Zeiten des (beruflichen) Wandels beibehalten.

Eine offene und zugleich achtsame Haltung ist der Schlüssel zu kontinuierlichem Lernen und Entwicklung. Sie schafft ein Umfeld, in dem der Austausch von Wissen und Erfahrungen nicht nur möglich, sondern auch erfüllend ist. Jeder Moment des Lernens und Lehrens bietet die Chance, unser Leben und die Welt um uns herum zu bereichern. Für Ältere ist es eine Gelegenheit, auf bestehendem Wissen aufzubauen, neue Wege zu erkunden und die Neugier am Leben zu erhalten. So können das Geben und Nehmen von Wissen zu einer Quelle der Freude und Inspiration werden.

Weiterführende Literatur

Arendt, H. (1969). *Vita activa oder vom tätigen Leben*. Piper.
Astheimer, S. (23./24. Juli 2016). Neben einem jungen Kollegen sieht man deutlich älter aus. Interview. *Frankfurter Allgemeine Sonntagszeitung, 170*, C1.
Bundesministerium für Arbeit und Soziales (2022). Rentenversicherungsbericht. BMAS. https://www.bmas.de/SharedDocs/Downloads/DE/Rente/rentenversicherungsbericht-2022.pdf?__blob=publicationFile&v=3.
Cohen, G. D. (2009). *Geistige Fitness im Alter – so bleiben Sie vital und kreativ*. Deutscher Taschenbuch Verlag.
Dalkir, K. (2020). *Knowledge management in theory and practice* (4. Aufl.). MIT Press.
Dobelli, R. (2019). *Die Kunst des digitalen Lebens – Wie Sie auf News verzichten und die Informationsflut meistern*. Piper.
Erikson, E. H. (1966). *Identität und Lebenszyklus*. Suhrkamp.
Graf, N., & Edelkraut, F. (2014). *Mentoring – Das Praxisbuch für Personalverantwortliche und Unternehmer*. Springer.
Hertling, S. (2013). Wissen im Unternehmen halten und verteilen. Leitfaden. RKW Hessen. https://www.rkw-kompetenzzentrum.de/publikationen/leitfaden/wissen-im-unternehmen-halten-und-verteilen/anhang/ausfuehrliches-beispiel-eines-wm-tools-wissensbaum/. Zugegriffen: 10. Aug. 2023.
Institut der deutschen Wirtschaft. (2012). Wissens- und Erfahrungstransfer. https://www.kofa.de/media/Publikationen/Handlungsempfehlungen/Wissens-_und_Erfahrungstransfer.pdf.
INQA. (2018). Interne Potenziale. Kompetenzen von Mitarbeiterinnen und Mitarbeitern erkennen, nutzbar machen, entfalten. http://www.interne-rekrutierung.de/wp-content/uploads/interne-potenziale-ireq_INQA-Layout.pdf.
Kruse, A. (2005). Selbstständigkeit, Selbstverantwortung, bewusst angenommene Abhängigkeit und Mitverantwortung als Kategorien einer Ethik des Alters. *Zeitschrift für Gerontologie und Geriatrie, 38*. 223–237. Springer.
Murphy, W. (2012). *Reverse Mentoring am Arbeitsplatz. Personalmanagement, 51*(4), 549–547. https://doi.org/10.1002/hrm.21489.
Schneider, C., & Schneider, J. (2017). *Reife Leistung – Souverän und gesund arbeiten in jeder Lebensphase*. Herder.
Schröder-Kunz, S. (2019a). *Generationen gut führen – Altersgerechte Arbeitsgestaltung für alle Mitarbeitergenerationen*. Springer Gabler.
Schröder-Kunz, S. (2019b). *Gutes Leben und Arbeiten in der zweiten Lebenshälfte – Frühzeitig den Weg ins Älterwerden gestalten*. Springer.
Schröder-Kunz, S. (2020). *Älterwerden in Krisenzeiten. Chancen nutzen, Risiken vermeiden*. Springer.

Shell Jugendstudie. (2019). Eine Generation meldet sich zu Wort (Zusammenfassung). https://www.shell.de/ueber-uns/shell-jugendstudie/_jcr_content/par/toptasks.stream/1570708341213/4a002dff58a7a9540cb9e83ee0a37a0ed8a0fd55/shell-youth-study-summary-2019-de.pdf.

Simonson, J., & Kortmann, L. (2022). *Bildungsbeteiligung von Menschen in der zweiten Lebenshälfte: Befunde des Deutschen Alterssurveys (DEAS) 2020/21 [DZA-Fact Sheet]*. Deutsches Zentrum für Altersfragen.

Willke, H. (2018). *Einführung in das systemische Wissensmanagement*. Carl-Auer Compact.

4

Loslassen und Abschied nehmen

Das Datum steht fest: Den Übergang in den Ruhestand vor Augen, werden wir im letzten Jahr des Berufslebens verstärkt mit Abschieden konfrontiert. Wir wissen, dass wir unseren Arbeitsplatz nur noch begrenzte Zeit aufsuchen werden, uns nur noch bis zum besagten Tag mit unserem Sachgebiet befassen werden, nur bis dahin unsere Aufgaben im Betrieb wahrnehmen und den täglichen Umgang mit Kolleginnen und Kollegen pflegen werden. Das Berufsleben als Lebensphase, die einen so großen Raum in den zurückliegenden Jahren, Jahrzehnten eingenommen hat, kommt an sein Ende. Allmählich müssen wir uns Gedanken machen, wie wir die Arbeit geordnet an unsere Nachfolger übergeben, wie wir unser Büro ausräumen, persönliche Gegenstände mitnehmen, die uns vom Betrieb überlassenen Arbeitsmittel zurückgeben …

Dieses „Loslassen" kann schwer sein. Denken wir nur an all die Aufgaben, die wir über Jahre hinweg verrichtet haben, die uns sinnvoll erschienen sind und die ein Stück weit zu uns selbst gehören. Haben wir nicht das alles verinnerlicht und wissen genau, wie es geht? Loslassen meint somit auch die alte Zeit. Der Abschied sollte aber nie nur ein Blick zurück sein, so wichtig dieser auch ist. Nein, auch das Neue kann nun bestaunt werden. Das Lernen selbst, das ja nie aufhört, nie aufhören sollte, verlangt, gewisse Dinge loszulassen. Auf den Abschied sollte man sich vorbereiten; man sollte nicht die Augen vor ihm verschließen, um dann plötzlich vor ihm zu stehen. Grundsätzlich sollte man sich früh genug fragen, ob man verabschiedet wird oder ob man sich verabschiedet. Das ist ein Unterschied. Zugegeben, es wird oft eine Mischung aus beiden sein, aber man sollte sich Gedanken machen, wo man nicht besser den Schwerpunkt haben und wie man das entsprechend gestalten möchte.

Um den Abschied stellen sich damit viele Fragen. Ist Abschied einfach nur das Überschreiten der Regelaltersgrenze? Wollen wir aufhören zu arbeiten oder wurden wir im Laufe unseres Lebens auf dieses Datum hin orientiert? Womit hängt es zusammen, dass manche rasch in ein Loch fallen, kaum sind sie im Ruhestand? Und warum ist es wichtig, den letzten Jahren und Tagen und dann auch dem Abschied selbst eine positive Facette zu geben? Es hängt mit dem Rückblick zusammen, den wir im Ruhestand auf unser Berufsleben werfen. Stellt sich dabei ein Gefühl der Zufriedenheit ein, darf das in seinem Einfluss auf unsere Lebensqualität nicht unterschätzt werden. Doch wie kann dieser positive Blick gelingen?

Damit lässt sich schon erahnen: Der Akt des Abschiednehmens bedeutet nicht zwangsläufig, dass nichts von Bedeutung zurückbleibt. Auch wenn wir nicht länger die Räumlichkeiten unseres früheren Arbeitgebers aufsuchen, keinen täglichen Austausch und keine Zusammenarbeit mit unseren Kolleginnen und Kollegen mehr haben und nicht mehr aktiv an Projekten mitwirken, bleibt das Erfahrene doch unauslöschlich in unseren Gedanken und Erfahrungsempfindungen als integraler Bestandteil unserer Identität erhalten. Umso wichtiger kann es sein, die letzten Jahre und den Abschied in den Blick zu nehmen und zu gestalten.

4.1 Verabschiedet werden?

Abschiede sind Teil unseres Lebens. Wie oft haben wir uns von jemandem verabschiedet, wie oft verabschiedeten andere sich von uns? Und doch: Mancher Abschied fällt schwer. Bei vielen ist das definitiv mit dem Beruf so: „Wenn ich an den Abschied denke, ist das für mich mit *Ende, Schluss, Aus und Vorbei* verbunden. Und wie so oft im Leben ist auch dieser Abschied vom Berufsleben von außen bestimmt. Da hat irgendwann mal jemand festgelegt, dass man mit 65 in Rente gehen soll. Bald heißt es mit 67 Jahren. Den Gedanken, dass man es selbst bestimmen könnte, fände ich verlockend. Für manche wäre es bestimmt früher, für andere später. Und das *Wie* würde sich dann vielleicht auch ändern. Es wäre kein abruptes Ende mehr, sondern ein Übergang. Ausgleiten, wie man so schön sagt."

In diesen Worten steckt viel Wahres. Das Rentenalter wird jedoch, basierend auf dem Geburtsjahr, vom Gesetzgeber festgelegt. Dabei trägt jeder Mensch verschiedene Arten von Alter in sich, von denen das kalendarische Alter möglicherweise das am wenigsten aussagekräftige ist. Obwohl es aus gesellschaftspolitischer Sicht und im Hinblick auf Renten gute Gründe gibt, sich am kalendarischen Alter zu orientieren, könnte es für ältere Arbeitnehmer, Führungskräfte und Organisationen interessant sein, das Renteneintrittsalter gedanklich auszuklammern und sich stattdessen ausschließlich auf die Möglichkeiten, Fähigkeiten, Werte und Bedürfnisse des Betreffenden zu konzentrieren. Dies könnte einen interessanten neuen Blickwinkel eröffnen und zu völlig neuen Diskussionen und Perspektiven führen. Fasst man hingegen nur das kalendarische Alter ins Auge, werden berufstätige Menschen in einem bestimmten Alter einfach verabschiedet. Sie, aber auch die Organisationen bestimmen dann nicht selbst darüber, wann sie gehen. Niemand macht sich weitere Gedanken darüber, ob es auch andere, durchaus wünschenswerte Möglichkeiten gäbe, niemand ist gefordert, den Blick auf den Einzelnen zu werfen und neue, kreative und sinnvolle Konzepte für den Übergang zu schaffen. Aber wäre nicht gerade das sinnvoll? Zugegeben, es hört sich erst einmal anstrengend an und es kann durchaus einen erhöhten organisatorischen Aufwand bedeuten. Und doch könnte es ein wichtiger Weg hin zur mitarbeiterorientierten Führung sein, die dem Fachkräftemangel gegensteuert, aber auch den Berufstätigen hilft. Mit dem Flexirentengesetz wurden im Jahr 2017 neue Möglichkeiten für den Übergang vom Arbeitsleben in die Rente geschaffen; Beschäftigte können seitdem ihren Renteneintritt in Abstimmung mit ihrem Arbeitgeber flexibler gestalten. Erste Auswertungen zeigen, dass dies bislang insgesamt nur verhalten genutzt wird. Hier sollte weiter angesetzt werden.

Vielleicht werden sich die Regelungen für den Ruhestand eines Tages tatsächlich so ändern, dass es mehr Flexibilität gibt und damit auch mehr Wahlfreiheit besteht. In vielen Fällen dürfte dies für alle Beteiligten – für das Unternehmen, für den älteren Arbeitnehmer und vielleicht sogar für die Rentenkassen – von Vorteil sein. Bis dahin wird sich aber noch oft das Gefühl einstellen, dass man letztendlich nicht ganz selbstbestimmt aus dem Berufs- und Erwerbsleben scheidet. Natürlich kann man auch im Ruhestand aktiv sein; wie wichtig das ist, werden wir später noch sehen. Aber das wird bei den wenigsten, für die das Rentnerdasein subjektiv gesehen zu früh kommt, etwas an dem Gefühl ändern, die Sache nicht selbst in der Hand zu haben. Im Grunde schreiten sie nicht bewusst vom Beruf in den Ruhestand, sondern sehen sich mehr oder weniger sanft aufs Altenteil geschoben.

Manche sehnen sich nach dem Ruhestand, freuen sich auf ihn und erblicken in ihm eine Art Befreiung, anderen ist es unheimlich oder sie empfinden die Aussicht, aus dem Berufsleben zu scheiden, als Verlust. Den Kopf in den Sand stecken ist dabei keine Lösung. Um sich dem näher rückenden „Ereignis" nicht hilflos ausgesetzt zu sehen, sollten wir uns bereits einige

Zeit, am besten schon ein, zwei Jahre davor, intensiv mit der Frage des Abschiednehmens befassen. Dann gelingt es, diesem Schritt auch Positives abzugewinnen und ihn zumindest in einem gewissen Maße nach den eigenen Vorstellungen zu gestalten. Lässt man sich nur verabschieden, ohne selbst Abschied zu nehmen, ist das Ganze bestenfalls zwiespältig: „Wenn ich nur das Wort ‚Abschied' höre, wird es mir schon schwer ums Herz. Ist es nicht leichter, da kein großes Thema draus zu machen? Das bringt doch nichts, wenn am Schluss alle nur traurig sind oder, noch schlimmer, so tun als ob. Dann vielleicht noch irgendwelche Höflichkeitsfloskeln. Das brauche ich wirklich nicht." Man mag das nachvollziehen, aber es hilft nichts: Irgendeinen Abschied gibt es, und sei es ein stillschweigender. Es ist besser, man setzt sich selbst damit auseinander, bevor es so weit ist.

4.2 Abschied nehmen

Warum möchten Sie aufhören zu arbeiten? Weil es Ihr Geburtsdatum vorschreibt? Weil Sie körperlich so schwer arbeiten, dass es nicht mehr geht? Weil Sie dem Druck und Stress auf Dauer nicht mehr standhalten? Weil Sie mehr selbstbestimmte Zeit möchten? Weil Sie nicht mehr motiviert sind? Weil Ihre Arbeit seit Jahren zur Routine geworden ist und Sie langweilt? Weil neue Aufgaben außerhalb des Berufs auf Sie warten?

Fragen wir uns also, warum der Abschied wichtig sein könnte. Zum einen ist er die Voraussetzung, um etwas Neues anfangen zu können. Abschied bedeutet aber auch, etwas abzuschließen. Abschied ist eine Gelegenheit, sich das Schöne noch einmal bewusst zu machen; nicht umsonst hat er meist etwas Wehmütiges an sich. Und speziell der Abschied aus dem Berufsleben hilft zu verstehen, dass der Beruf Teil unseres Lebens war – ein wichtiger Teil – und dies auch weiterhin sein wird, und zwar als Teil unserer Identität, den man uns, Ruhestand hin oder her, nicht nehmen kann.

Abschied nehmen heißt loslassen. Es handelt sich dabei um einen bewussten Vorgang. Wer bewusst loslässt, wird nicht einfach verabschiedet. Damit sei nicht gesagt, dass es sich dabei um eine einfache Angelegenheit handelt. Loslassen fällt schwer – wie oft haben wir das in unserem Leben schon erfahren. Wir müssen uns klarmachen, dass der Umstand, dass wir etwas bewusst loslassen, nicht bedeutet, dass wir es geringschätzen oder dass es an Wert für uns verliert. Loslassen ist Kopfsache. Es geht darum, den Verlust zu erkennen, vielleicht zu bedauern, aber doch zu akzeptieren. Loslassen hat meist etwas mit Traurigkeit zu tun, der gerade dadurch bewusst Raum gegeben wird, dass wir selbst den Abschied in die Hand nehmen und gestalten.

Solch ein Abschiednehmen kann dann zugleich verhindern, dass uns das Schwere überwältigt.

Loslassen heißt daher, nicht in der Situation zu verharren. Es geht mit dem Bewusstsein einher, dass man Gefühle beeinflussen kann. Entwickelt sich eine Bereitschaft, loszulassen, wenn es erforderlich ist, hat das oft mit der Einsicht zu tun, dass Leben Veränderung ist. Mehr noch kann diese Veränderung durch das Loslassen gestaltet werden. Es bedeutet, etwas zurückzulassen und dadurch etwas Neues beginnen zu können. Nicht umsonst sagte Hesse in seinem Gedicht „Stufen": „Bereit zum Abschied sein und Neubeginne ... und jedem Anfang wohnt ein Zauber inne ..." Loslassen ist manchmal die Chance, Freiheit, Energie und Lebensfreude zurückzugewinnen und sich dadurch Erleichterung zu verschaffen. Das, was wir loslassen, geht dabei auch nicht gänzlich verloren, es wird ja nicht unsichtbar, sondern bleibt in der (leiblichen) Erinnerung, bleibt ein Teil von uns, wie bewusst oder unbewusst auch immer.

Wenn wir all dies bedenken, wird uns klar, dass wir nicht einfach aus dem Berufsleben entlassen werden sollten, gleichsam ganz ohne eigenes Zutun. Ist die Zeit da, sollten wir vielmehr selbst Abschied nehmen, denn dies bewahrt uns davor, das Heft aus der Hand zu geben. So beeinflussen wir, wie der Übergang in den Ruhestand verläuft, aber auch, welche Bedeutung das Berufsleben weiterhin für uns und unsere Identität haben wird. Und tatsächlich gibt es einige Möglichkeiten, den eigenen Abschied bewusst und sinnvoll zu gestalten.

Denkanstoß

Bevor Sie sich aus dem Berufsleben verabschieden, machen Sie sich am besten ein paar Gedanken zu folgenden Fragen:

- Von wem und was muss ich mich verabschieden?
- Für was bin ich dankbar? Wem bin ich dankbar?
- An was oder wen werde ich wahrscheinlich besonders gerne zurückdenken?
- Wie möchte ich den Abschied von der Abteilung oder einzelnen Menschen gestalten?
- Gibt es jemanden, von dem ich mich ganz besonders verabschieden möchte? Was könnten angemessene Worte sein?

Abschied hat mit Loslassen zu tun. Was aber soll denn losgelassen werden, von was müssen Sie sich lösen? Das können zum Beispiel sein:

- Aufgaben, Projekte, spannende Aufträge
- Kollegen
- Status (Berufstätiger, Geldverdiener, Führungsposition ...)

- Führungsaufgaben
- Büro und Arbeitsplatz

Möchten Sie die oben aufgeführten Stichworte aufgreifen und einmal für Ihre persönliche Situation ausformulieren? Es kann hilfreich sein, ein Bewusstsein dafür zu schaffen.

4.3 Den Abschied gestalten

Was ist ein gutes Ende? Ist das gut, was war, oder das, was kommt? Geht es darum, loszulassen, oder darum, neu zu beginnen?

In unserem Leben gibt es viele Enden und Neuanfänge. Tag für Tag reiht sich Ende an Ende, und da es meist um Alltägliches geht, denken wir gar nicht mehr darüber nach. Im Grunde müssten wir Meister im Beenden und Neuanfangen sein. Doch davon sind wir weit entfernt, wenn es um etwas Neues, Großes geht. Um ein Ende, das wir nicht gewohnt sind, das wir so noch nie erlebt haben und für das unsere bewährten Muster und Bewältigungsstrategien nicht passen. Natürlich hätten wir dann gerne auch hier eine Lösung parat, eine, die sich unmittelbar anwenden ließe und das Problem beseitigen würde. Aber so funktioniert es nicht. Ganz im Gegenteil: Die Veränderung, die unserem gewohnten Muster nicht entspricht, ist ein Prozess, den wir Schritt für Schritt durchlaufen – mal mit besseren, mal mit schlechteren Gefühlen.

Es gibt nur wenige Studien zum Ende und zum Beenden. Eigentlich erstaunlich, gehört es doch zum Leben und wird auch das Leben eines jeden selbst ein Ende haben. Eine der wenigen, die sich ausdrücklich mit dem „guten Ende" beschäftigt, ist die Motivationspsychologin Bettina Schwörer. Ihr zufolge macht ein gutes Ende aus, dass ein positives Gefühl besteht, dass das Bedauern gering und der Übergang in die nächste Phase frei von Altlasten ist. Wer hingegen kein gutes Ende erlebt hat, verharrt oft in der Vergangenheit und tut sich mit dem Neuanfang schwer. Wichtig ist, dass das Ende Bewusstsein und Aufmerksamkeit braucht, um wirklich gelingen zu können. Es geht gewissermaßen um Vollständigkeit oder Voll-Endung; nicht umsonst streben die meisten von uns danach, reinen Tisch zu machen. Die anderen drohen hingegen in einer Zeitschleife hängen zu bleiben und über das Geschehen nicht hinwegzukommen.

Fulbert Steffensky (2019) bezieht sich auf den Begriff des Abdankens. „Abdanken ist ein schönes altes Wort. Es heißt, sich mit Dank verabschieden; sich selber und die eigene Weise den anderen nicht als Diktat hinterlassen; nicht erwarten, dass sie uns ähnlich sind. Abdanken heißt, mit Schmerz und in Heiterkeit zuzugeben, dass unsere Kinder und Kindeskinder ihre eigenen Wege gehen, so wie wir sie früher gegangen sind". Man könnte auch sagen: Abdanken ist ein souveräner Akt. Vielleicht gibt uns das, was er hier beschreibt, wichtige Hinweise, wie wir unseren Abschied selbst gestalten können.

Manche haben schon recht klare Vorstellungen von ihrem Abschied aus dem Berufsleben. Vielleicht haben sie bereits Abschiedsfeste von Kollegen erlebt und ein Gefühl dafür bekommen, wie man es machen oder eben auch nicht machen sollte: „Ich habe da schon so einige Ideen, was mir zum Abschied gefallen könnte. Bei einer Kollegin war das letztens ein richtig nettes Fest. Sie hat auch einiges selbst in die Hand genommen. Vielleicht mach ich das auch einmal." Auch wenn diese Aussage einer meiner Schulungsteilnehmerinnen zunächst nur die äußere Form betrifft, ist das, was hier angedeutet wird, sicherlich nicht ohne positive Wirkung auf den inneren Vollzug des Abschiednehmens. Immerhin ist diese Form das Ergebnis und sichtbarer Ausdruck einer Gestaltung, um die es ja geht.

Was bereitet uns denn nun eigentlich Probleme, wenn wir uns daran machen, unseren Abschied zu gestalten? Viele wollen einfach nicht im Mittelpunkt stehen. Manche kommen nicht davon los, den Abschied als eine Botschaft aufzufassen, dass man nun nicht mehr gebraucht werde. Manchen fällt es nicht leicht, trotz vergangener Frusterlebnisse den Abschied mit einer positiven Stimmung zu verbinden. Manchen gelingt es einfach nicht, die Abschiedsfeier als Gelegenheit wahrzunehmen, innezuhalten und mit einer gewissen Dankbarkeit zurückzublicken, selbst wenn ihnen daran gelegen wäre. Fällt es jemandem aus welchen Gründen auch immer schwer, eine Abschieds*feier* in die Tat um zu setzten oder zu „bestehen", sollte der Vorgesetzte zumindest unter vier Augen eine Würdigung vornehmen. Denn auch für die, denen der Abschied schwerfällt, darf er nicht einfach sang- und klanglos geschehen – wahrscheinlich wären sie später doch enttäuscht, so ganz ohne Worte aus dem Beruf, aus dem Unternehmen geschieden zu sein.

Wie auch immer, es sind viele Formen denkbar. Beide Seiten – derjenige, der in den Ruhestand geht, aber auch all die Kolleginnen und Kollegen, die bleiben – sind aufgefordert, sich Gedanken zu machen. Vielleicht lassen sich Fotografien mit schönen Momenten im Team oder lustigen Arbeitssituationen anfertigen, vielleicht ist eine kleine Rede angemessen, in der man, möchte man selbst nicht so sehr im Mittelpunkt stehen, auf den Wert und die Freude an der (Zusammen)Arbeit eingehen kann. Eine gute Idee könnte es auch sein, Partner und Kinder einzuladen; grundsätzlich sollte man aber die zur Feier bitten, deren Anwesenheit einem wichtig ist, und jene, die nicht kommen können, bei einer kleinen Nachfeier, etwa nach Feierabend, treffen. Manchen hilft es auch, wenn sie den Abschied selbst finanzieren, auch wenn das Unternehmen von sich aus Mittel bereitstellen würde.

Das alles betrifft die Form. Das ist nicht unwichtig, aber eben auch nicht alles. Abschied nehmen hat nicht nur mit dem letzten Tag zu tun, wenngleich dieser den Gehalt des Ganzen zum Ausdruck bringen sollte. Wichtig ist etwa, dass man seinen Nachfolger anerkennt – wie es natürlich umgekehrt wichtig ist, dass der Nachfolger dem Vorgänger, der nun in den Ruhestand wechselt, seinerseits Anerkennung zum Ausdruck bringt. Dafür ist ein gewisser Rahmen im Sinne einer kleinen Abschiedsfeier eben doch oft das Richtige. Wichtig ist es für manche oft auch, dass der Kontakt zu Kollegen nicht abrupt abgebrochen wird. Da, wo Freundschaften entstanden sind, werden wohl ganz von alleine weitere Begegnungen stattfinden. Vom unmittelbaren Abschiednehmen abgesehen handelt es sich um einen Prozess, der über den letzten Arbeitstag weit hinausgeht. Und auch dieser Prozess will gestaltet werden.

Wir sollten uns in dieser Situation der widersprüchlichen Gefühle bewusst sein, denen wir ausgesetzt sind – ob wir nun die letzten Geschäftsgänge erledigen, das letzte Projekt abschließen, die Routinearbeiten ein letztes Mal verrichten, den Arbeitsplatz peu à peu aufräumen oder mehr oder weniger nahestehende Kollegen besuchen, um sich in Ruhe von ihnen zu verabschieden. Auch wenn nicht noch Stress entstehen sollte, können die letzten Tage von Aktivitäten gefüllt sein. Und dennoch werden sich leicht Gefühle wie Wehmut, Dankbarkeit und Freude, aber auch Zweifel einstellen. Wir sollten uns daher schon im Vorfeld mit der Frage auseinandersetzen, was für uns ein *guter* Ausstieg aus dem Berufsleben bedeutet. Vielleicht möchten wir vor allem unser Wissen und unsere Erfahrungen weitergeben (was freilich nicht nur am letzten Tag und auch nicht in der letzten Woche geschehen kann). Oder es ist uns wichtig, die guten Momente unseres Berufslebens noch einmal bewusst zu machen, indem wir uns fragen, wofür wir besonders dankbar sind. Vielleicht legen wir großen Wert darauf, unsere Bürounterlagen strukturiert und ordentlich weiterzugeben. Es könnte sinnvoll sein, dass wir uns gezielt unserem Nachfolger widmen und ihn daher bitten, uns in einem bestimmten Zeitraum zu begleiten und die Abläufe, die in seinen künftigen Aufgabenbereich fallen werden, eingehend kennenzulernen. Oder wir ziehen uns jetzt schon Schritt für Schritt aus gewissen Arbeitsbereichen zurück und machen unserem Nachfolger Platz, damit er bis zu unserem endgültigen Abschied noch etwas Zeit hat, sich zu orientieren. Oft ist es auch angebracht, langjährige Kunden, zu denen man regelmäßigen Kontakt hatte, direkt über das bevorstehende eigene Ausscheiden zu infor-

4 Loslassen und Abschied nehmen

mieren und auch schon auf den Nachfolger, sofern er bekannt ist, hinzuweisen oder ihn vorzustellen.

Manchmal sind die letzten Jahre des Berufslebens von einer zunehmenden Unzufriedenheit überschattet. Vielleicht wurde bereits mit dem Vorgesetzten gesprochen, wenn man der Ansicht war, dass es nicht gut läuft, aber es hat sich, so zumindest der Eindruck, nichts geändert. Das kann dazu führen, dass man möglichst schnell aus dem Arbeitsleben ausscheiden will, weil es mit zu viel Frust verbunden ist, dem gegenüber man selbst hilflos zu sein glaubt. Menschen, denen es so ergeht, haben dann vielleicht weniger ein Problem damit, loszulassen, ja wollen gar das Ganze möglichst bald und möglichst weit von sich schmeißen. Ein Abschiednehmen, wie es oben beschrieben wurde, dürfte dann oft gar nicht erst in den Sinn kommen. Aber auch in diesem Fall ist es nachteilig, wenn wir uns gar keine Gedanken darüber machen.

Ist das verbleibende Arbeitsleben, ob es nun noch ein paar Wochen oder doch Monate, vielleicht noch ein, zwei Jahre sein werden, weitgehend von Enttäuschung geprägt und wird es als Belastung empfunden, so wird es schwierig, die eigene Arbeit später einmal im Ruhestand rückblickend als gute Arbeit wahrzunehmen. Umso wichtiger ist es, die so genannte Work-Life-Balance auch gegen Ende des Berufslebens nicht aus den Augen zu verlieren, ja vielmehr hier gerade verstärkt ins Auge zu fassen. Unabänderliches im Beruf sollte, soweit es geht, erduldet werden, dabei aber ein gewisser Ausgleich oder eine mentale Stärkung anderswo erfolgen. Vielleicht ändert sich die Situation auch wieder. Deshalb sollte man sich nicht allzu früh innerlich verabschieden, sondern aufmerksam bleiben und Gelegenheiten nutzen, um eine Änderung der schwierigen Lage herbeizuführen. Wichtig ist es, dabei über ausreichende Kraftquellen zu verfügen. Die aber ergeben sich nicht zuletzt aus dem privaten Ausgleich, den man sich neben dem Arbeitsleben sucht.

Eine positive Haltung ist wichtig. Der Feierabend ist dann nicht der Zeitpunkt, an dem ein stressiger Arbeitstag endet, der einen ausgepowert zurücklässt, sondern der Beginn jener Zeit, in der man sich einer erfüllenden Tätigkeit widmet, etwa indem man sich eine Tasse Tee kocht und ein gutes Buch in die Hand nimmt oder sich die Walkingschuhe schnürt und in den Wald geht. Nicht das Klagen über die vergangenen acht Stunden, sondern die Hingabe an das, was nun kommt, ist es, woraus wir später wieder wertvolle Kraft schöpfen können. Wir müssen mit unseren Ressourcen gut umgehen, sie pflegen und so zu einer guten Balance gelangen – im (späten) Berufsleben nicht anders wie auch später, im Ruhestand selbst, worauf ich in den folgenden Kapiteln noch genauer eingehen werde. Gelingt es, so wird uns der Frust, der uns vielleicht im späten Arbeitsleben befällt, weniger stark treffen. Und dann ist hoffentlich auch rechtzeitig Raum und Zeit, uns, wenn der Ruhestand näher rückt, mit der nötigen Gelassenheit mit unserem Abschiednehmen zu beschäftigen, ohne etwas zu überstürzen.

Ein älterer Berufstätiger sagte mir einmal, er wolle keine Altlasten in den Ruhestand mitnehmen. Das ist gut auf den Punkt gebracht. Es bedeutet ja nicht, dass man nichts mitnehmen möchte; das wäre auch Unsinn. Aber Belastendes sollte man nicht mitschleppen. Umso wichtiger ist es, Dinge früh genug zu klären, auch für sich selbst. Es ist ja im ganzen Berufsleben sinnvoll, die Verhältnisse zu Kollegen, Mitarbeitern, Vorgesetzten oder auch Kunden so zu gestalten, dass ein gutes Zusammenarbeiten möglich ist und möglich bleibt. Nicht weniger sollte in der späten Berufsphase vor dem Ruhestand darauf geachtet werden, dass die Kommunikation und das Verhältnis gegenüber den anderen so beschaffen ist, dass keine schweren Konflikte bestehen bleiben. Denn genau dies wäre eine Belastung für den noch jungen Ruhestand und dafür, sich mit einer gewissen Zufriedenheit aus dem Berufsleben zu verabschieden.

Das oben dargestellte zeigt, dass der Abschied sowohl emotionale und praktische Aspekte beinhaltet, mit denen wir uns auseinandersetzen sollten. Es handelt sich um einen Prozess, der sowohl das Herz als auch den Verstand betrifft, und der uns vor Augen führt, wie wichtig es ist, Abschiede bewusst zu gestalten. Das Ende eines Lebensabschnitts, sei es im Beruf oder im persönlichen Umfeld, ist nicht nur ein Ende, sondern auch ein Anfang. Ein Anfang, der neue Möglichkeiten und Horizonte eröffnet.

So bildet der bewusste Abschied aus dem Berufsleben eine wichtige Grundlage, um sich umfassend und mit Vorfreude auf die kommenden Jahre im Ruhestand vorzubereiten – eine Phase, die, richtig angegangen, ebenso bereichernd und dynamisch sein kann wie jede andere zuvor.

Weiterführende Literatur

Alekandrowicz, P., Fasang, A., Schömann, K., & Staudinger, U. M. (2010). Die Bedeutung der Arbeit beim vorzeitigen Ausscheiden aus dem Arbeitsleben. *Zeitschrift für Gerontologie und Geriatrie*, 5(2010), 324–329.

Bundesanstalt für Arbeitsschutz und Arbeitsmedizin (BAuA). (2020). Stressreport Deutschland 2019. Psychische Anforderungen, Ressourcen und Befinden. 1. Auflage 2020. Dortmund/Berlin/Dresden. https://www.baua.de/DE/Angebote/Publikationen/Berichte/Stressreport-2019.pdf?__blob=publicationFile&v=3.

Bundesministerium für Arbeit und Soziales. (2022). *Evaluierung der Flexirente Untersuchung zu Inanspruchnahme Wirksamkeit und bürokratischen Belastungen der Maßnahmen des Flexirentengesetzes.*.

Börsch-Supan, A., Hanemann, F., Beach, B., Halimi, D., Harding, S., van der Waal, M., Watanabe, D., & Staudinger, U. M. (2023). Older adults' integration in the labour market: a global view. Ageing & Society. Cambridge: Cambridge University Press.

Fuchs, Th. (2010). Leibgedächtnis und Lebensgeschichte. *Focusing Journal.* https://koerper-bewusstsein-muenster.de/wp-content/uploads/2019/05/Thomas_Fuchs.pdf. Zugegriffen: 30. Aug. 2023.

Hesse, H. (1941). Stufen. https://www.lyrikline.org/de/gedichte/stufen-5494.

Kriebel, R. (2015). Wunsch nach längerer Lebensarbeitszeit oder nach vorzeitigem Ruhestand: Optionen im Alter? *Psychotherapie im Alter 2015, 12*(3), 341–355. Psychotherapie im Alter Nr. 47: Arbeit, herausgegeben von Bertram von der Stein und Astrid Riehl-Emde. 12. Jahrgang, Nr. 47, 2015, Heft 3. Psychosozial-Verlag.

Kruse, A. (2005). Selbstständigkeit, Selbstverantwortung, bewusst angenommene Abhängigkeit und Mitverantwortung als Kategorien einer Ethik des Alters. Zeitschrift für Gerontologie und Geriatrie 38. 223–237. Springer.

Mergenthaler, A. et al. (BIB). Vom Ruhestand zu (Un-)Ruheständen- Ergebnisse der Studie „Transitions and Old Age Potential" (TOP) von 2013 bis 2019. https://www.bib.bund.de/Publikation/2020/pdf/Vom-Ruhestand-zu-Un-Ruhestaenden.pdf;jsessionid=66F47E58F06CA655BA4543AD3E9C51C4.intranet662?__blob=publicationFile&v=2. Zugegriffen: 30. Aug. 2023.

Schröder-Kunz, S. (2019a). *Generationen gut führen – Altersgerechte Arbeitsgestaltung für alle Mitarbeitergenerationen.* Springer Gabler.

Schröder-Kunz, S. (2019b). *Gutes Leben und Arbeiten in der zweiten Lebenshälfte – Frühzeitig den Weg ins Älterwerden gestalten.* Springer.

Steffensky, F. (2019). *Fragmente der Hoffnung.* Radius.

Von Thadden, E. (2022). Knapp und gut. Weniger ist mehr: So lautet seit Langem die Kritik am Überfluss. Für ein gutes Leben braucht es nicht viel. Jetzt bekommt es die Gesellschaft wirklich mit der Knappheit zu tun. *Die Zeit Ausgabe,* Nr. 31/2022. S. 42.

5

Die Lebensphase „Ruhestand" vorbereiten – Eine demografische Notwendigkeit

Viele Menschen planen ihre Zeit im Ruhestand. Sie stellen verschiedene Überlegungen an, wie sie ihren Alltag gestalten oder welche Reisen sie nun unternehmen möchten. Andere wiederum planen bewusst gar nichts und wollen sich lieber erst einmal treiben lassen. Beides kann Sinn machen, und wie jemand die Sache angeht, wird viel damit zu tun haben, wie er sein Berufsleben verbracht hat und was ihm guttut.

Vorbereitung bedeutet aber mehr als eine solche Planung konkreter Vorhaben. Es geht darum, Ruhe und Unruhe in ihrem Verhältnis bereits im Vorfeld zu erwägen, damit wir, sind wir erst einmal im Ruhestand angekommen, weder in Lethargie noch in Daueraktivität verfallen. Hier hilft ein Blick auf die *neuen* Alten: Wir haben nicht nur andere Möglichkeiten als unsere Eltern oder Großeltern, wir leben auch in einer anderen Zeit als damals. Die Herausforderungen sind heute anders. Insofern macht es wenig Sinn, sich den Ruhestand der eigenen Eltern bei der Vorbereitung vor Augen zu halten. Und möglicherweise sollten sich Männer anders vorbereiten als Frauen – hierauf gehe ich weiter unten noch ein. Es wird um die innere Haltung gehen, und es geht auch um eine realistische Betrachtung der persönlichen Möglichkeiten und der gesellschaftlichen Gegebenheiten. Eine Rolle wird sicherlich spielen, wie der Ruhestand in der Zeit, in der wir leben, im Allgemeinen gesehen wird. Es gibt viele Facetten des Neuen, das da kommt, und sie wollen alle mehr oder weniger beachtet werden.

Grundsätzlich ist es gut, sich Gewinne und Verluste bewusst zu machen. Das schützt vor überhöhten Erwartungen. Bei allem, was wir planen und vorhaben, sollten wir mit einem Bewusstsein für ein förderliches, ja gesundes Verhältnis von Ruhe und Aktivität in die neue Lebenszeit gehen. Natürlich lässt sich nun so frei wie nie zuvor die eigene Zeit, der eigene Alltag gestalten. Nicht selten droht da aber die Gefahr, sich mit Aktivitäten zu überfrachten. Das Wort Ruhe-Stand sollte immer auch eines bedeuten: Ich nehme mir Zeit und die nötige Ruhe, um mich mit meinem Leben, mit allem, was ich bin und erfahren habe, zu entdecken und zu entwickeln. Und in diesem Entdecken will ich auch bereit sein für das Älterwerden und die neuen Erfahrungen im späten Leben.

5.1 Planung und Vorbereitung des Ruhestands

Es gibt ganz unterschiedliche Weisen, an den Ruhestand heranzugehen. So konnte ich auch schon Folgendes hören: „Also ich möchte nichts planen, wenn es um den Ruhestand geht. Ich will auch keine Ziele haben. Davon hatte ich im Arbeitsleben genug. Jetzt lass ich mich lieber treiben. Jeder Tag darf kommen wie er will." Das können viele zunächst einmal spontan nachvollziehen. Ruhestand – das heißt, erst einmal ausschlafen, wo man bisher immer aufgestanden und zur Arbeit gegangen ist; sich ins Sofa sinken lassen und gemütlich die Zeitung lesen; schon vormittags die Gartenarbeit verrichten, die man sonst erst am Abend oder auch am Samstag in Angriff nehmen konnte; all dies aber freilich immer nur, wenn man Lust hat. Vielen erscheint das als die erste der Freiheiten, die der Ruhestand verspricht.

Die neue Lebensphase so zu beginnen, ist nicht verkehrt. Aber wahrscheinlich werden nur ganz wenige sich gar keine Gedanken im Vorfeld darüber machen, was sie nun, nach dem Berufsleben, alles unternehmen wollen. Viele planen dann doch, manche schon früh. Wenn wir planen, dann planen wir konkrete Aktivitäten. Wir könnten im Ruhestand doch eigentlich das und das und das tun ... Eine gute Vorbereitung erschöpft sich jedoch nicht darin. Sie ist umfassender, und sie betrifft nicht nur Tagesabläufe, konkrete Hobbys oder irgendwelche Projekte. Es geht auch um die innere Haltung. Gemeint ist das Bewusstsein dafür, was sich ändert und was *ich* ändere. Vorbereiten heißt in diesem Sinne, die Entwicklungsnotwendigkeit zu sehen, die Gewinne und Verluste zu betrachten und dabei auch die eigene Person ins Auge zu fassen. Wer will ich sein, wenn ich nicht mehr arbeite? Wer will ich sein in meiner Beziehung, in meiner Wohnung, mit meinen Hobbys, im Umgang mit meinen Verlusten, in den gesellschaftlichen Veränderungen ...?

Ob und wie wir unseren Ruhestand vorbereiten und planen, hängt sicherlich auch von unserer Persönlichkeit und Prägung ab. Kann ich mir vorstellen, welche Auswirkungen mein heutiges Verhalten auf später hat? Will ich heute gesund leben, auch deshalb, weil ich so fit wie möglich in den Ruhestand gehen will? Will ich heute schon so handeln, dass es mir in der Zukunft möglichst gut geht, auch wenn das an manchen Stellen Anstrengung oder Verzicht mit sich bringt? Das kann bedeuten, sich gesund zu ernähren, Sport und Bewegung in den Tagesablauf einzuplanen, finanzielle Rücklagen zu bilden, Kontakte zu pflegen oder Aufgaben zu suchen, die einen im positiven Sinne fordern. In manchen Bereichen fällt uns das vielleicht leichter, in anderen schwerer. Dabei wird es sicherlich auch um ein gesundes Maß gehen. Es wird kaum der richtige Weg sein, im „Jetzt" alles zurückzustellen, um sämtliche Früchte im Morgen zu ernten. Und ebenso ist es verkehrt, nur heute zu leben, ohne dabei auch nur irgendwelche zukünftigen Dinge im Blick zu haben. Eine gesunde Mischung ist hier zu finden: Schon heute muss ich das Leben genießen können, aber ich darf dabei nicht die Grundlagen zerstören, die mir ein zufriedenes Leben morgen ermöglichen.

Wie sieht der richtige Weg nun aus? Das kann uns wohl kaum jemand sagen, und ebenso wenig, wie und in welchem Maße wir uns genau vorbereiten sollten. Wir sind gefordert, immer wieder auf uns selbst zu schauen und zu überlegen, ob unser Leben zu sehr von Arbeit oder eigener Bedürfnisbefriedigung, von Selbstkasteiung oder Zügellosigkeit geprägt ist. Der Vergleich mit anderen hilft da meist wenig, sind doch Bedürfnisse wie Fähigkeiten und Ressourcen recht unterschiedlich. Auf gewisse Grundlagen sollten wir aber doch achten, etwa was Gesundheit und das Wissen um sie betrifft, denn dies gilt, natürlich mit den jeweils individuellen Besonderheiten, für alle gleichermaßen.

Ob es nun Pläne gibt und wie detailliert oder weitreichend sie auch sein mögen – eine Vorbereitung auf den Ruhestand ist durchaus wichtig. Immer wieder begegne ich Menschen, die sich gar nicht in ihr Rentnerdasein einfinden können, weil sie im Grunde keine Vorstellung davon haben, welche Chancen sich eröffnen. Manche sehen im Ausscheiden aus dem Berufsleben einen unwiederbringlichen und nicht kompensierbaren Verlust. Dass das zu Frust führt, leuchtet ein. Mit etwas Vorbereitung wäre es aber vielleicht nicht so gekommen. Damit ist nicht gemeint, dass eine umfassende strategische Planung erfolgen, alles bis ins Kleinste im Voraus festgelegt werden muss. Gemeint ist, dass gewisse Prozesse als solche grundsätzlich akzeptiert und ins Auge gefasst werden. Vorbereitung hilft, falsche Erwartungen zu vermeiden, etwa indem Gewinne und Verluste bewusst gemacht werden. Sie kann aber auch davor bewahren, in eine phlegmatische Erwartungslosigkeit zu verfallen.

Wichtig ist, rechtzeitig mit der Vorbereitung zu beginnen. Das sollte durchaus schon zwei, drei Jahre vor dem Übergang in Angriff genommen werden. Im besten Fall handelt es sich um eine lebenslange vorausschauende Haltung, die sich mit allen Lebensphasen beschäftigt. Denn es braucht Zeit, sich über seine Fähigkeiten und Wünsche im Klaren zu werden, und auch, die dafür günstigen Bedingungen zu erkennen und auch möglichst herbeizuführen. Sich auf den Ruhestand vorbereiten heißt auch, nicht bis ganz zum Schluss ganz eng in den Beruf eingebunden zu sein. Stattdessen sollten wir uns von ihm lösen, allmählich, prozesshaft und nicht abrupt. Wichtig ist auch hier schon das Neue in den Blick zu nehmen und mit ihm umgehen zu können. Wem dies gelingt, der weiß eher, in welche Richtung die eigenen Bemühungen zu gehen haben. Dass der Ruhestand und seine Modalitäten ein gesellschaftlich heiß debattiertes Thema sind, sollte nicht davon abhalten, sich damit auseinanderzusetzen. Ohnehin werden die meisten nicht darum herumkommen, sich mit den finanziellen Veränderungen und damit verbundenen Fragen zu beschäftigen.

Im Folgenden geht es zunächst um die demografische Herausforderung und die finanzielle Belastung im Zusammenhang mit dem Rentensystem und der demografischen Entwicklung. Vor dem Ruhestand wird oft eine gewisse Unruhe aufkommen. Hier ist es hilfreich, die verschiedenen Facetten des Neuen zu erkunden und sich wie bereits angesprochen sowohl der möglichen Gewinne als auch der Verluste bewusst zu werden. Das Sortieren und Planen neuer Aktivitäten sowie ein gewisser Mut und Vertrauen in den eigenen Weg können dazu beitragen, dass wir wieder gelassener werden. Zudem ist es wichtig, die „neuen Alten" zu betrachten, die in den Ruhestand eintreten, und ihre Bedürfnisse und Verantwortungen bei der Planung zu berücksichtigen. Je besser wir uns selbst kennen, desto besser können wir auf diese Bedürfnisse eingehen. Dabei werden Vergangenheit, Gegenwart und Zukunft in den Blick genommen. Es geht also weniger darum, detaillierte Pläne zu schmieden, sondern um eine bewusste grundlegende Planung des Ruhestands und die Notwendigkeit, dabei die verschiedenen Aspekte und Chancen dieser Lebensphase zu berücksichtigen. Das Kapitel möchte dazu ermutigen, sich mit dem Sinn des Ruhestands auseinanderzusetzen und eine gute Basis für die bevorstehende Phase des Lebens zu schaffen.

5.2 Demografische Atemnot und finanzielle Engpässe

Rentensystem und demografische Entwicklung
Im Kontext des Rentensystems und der demografischen Entwicklung nehmen Individuen beim Übergang vom Berufsleben in den Ruhestand unterschiedliche Rollen ein: Bislang Beitragszahler, werden sie nun zu Rentenempfängern. Das in Deutschland vorherrschende Umlagesystem finanziert die Renten aktueller Ruheständler durch die Beiträge der gegenwärtig Erwerbstätigen. Dieses Modell, eingeführt in den Anfangsjahren der Bundesrepublik, basierte auf der Annahme eines demografischen Aufschwungs, der einen stetigen Zuwachs an Bevölkerung und Arbeitskräften versprach. Die aktuelle demografische Entwicklung zeigt jedoch einen gegenläufigen Trend: Es gibt immer mehr Ältere im Verhältnis zu den Jüngeren und damit auch immer mehr Rentenbezieher als Beitragszahler. Das wirft Fragen hinsichtlich der Nachhaltigkeit dieses Systems auf.

Die Finanzierungsmechanismen der Rentenversicherung stehen angesichts dessen unter erheblichem Druck. Aktuell geht die sogenannte Babyboomer-Generation in den Ruhestand, während nachfolgende Generationen mit geringeren Geburtenraten die Renten finanzieren müssen. Dies führt zu Diskussionen über die Stabilität und Gerechtigkeit des Umlagesystems und die Notwendigkeit von Reformen.

Verschiedene Lösungsansätze werden diskutiert, um das Rentensystem an die veränderten demografischen Gegebenheiten anzupassen. Dazu gehören Gesetzesentwürfe zur Stabilisierung des Rentenniveaus und die Einführung eines sogenannten Generationenkapitals, das durch Anlage staatlicher Mittel am Kapitalmarkt unterstützt werden soll. Des Weiteren wird über Möglichkeiten wie eine teilweise Privatisierung der Altersvorsorge, die Förderung privater Vorsorgemaßnahmen und die Anhebung des Renteneintrittsalters nachgedacht.

Wie sinnvoll diese angedachten Maßnahmen sind, darüber wird gestritten, und auch die Frage der sozialen Gerechtigkeit führt zu Kontroversen. Die Herausforderungen des demografischen Wandels und die Auswirkungen auf das Rentensystem sind komplex und erfordern einen umfassenden Ansatz, der verschiedene Aspekte wie Einwanderungspolitik, Förderung der Erwerbstätigkeit und soziale Gerechtigkeit berücksichtigt. Die Diskussionen zeigen, dass das Thema Rente nicht nur ein finanzielles, sondern auch ein gesellschaftspolitisches ist, das Fragen der Generationengerechtigkeit und des sozialen Zusammenhalts berührt.

Es ist deutlich, dass individuelle Vorbereitung und ein Bewusstsein für die eigenen Rentenansprüche wichtig sind, um sich auf den Ruhestand einzustellen. Gleichzeitig bedarf es politischer und gesellschaftlicher Anstrengungen, um eine faire und nachhaltige Lösung für die zukünftige Rentenfinanzierung zu finden, die den Bedürfnissen aller Generationen gerecht wird.

> **Denkanstoß**
>
> Wie sicher fühlen Sie sich, wenn Sie an Ihre finanzielle Situation im Ruhestand denken? Können Sie sich, wenn es knapp wird, vorstellen, unter gewissen Bedingungen noch länger zu arbeiten oder einer neuen, interessanten Arbeit nachzugehen? Falls das Geld bei Ihnen weniger eine Rolle spielt: Möchten Sie allein aus der Freude zur Arbeit weiter tätig sein? Können Sie sich vorstellen, andere Menschen in weniger günstigen Situationen zu unterstützen? Was würde Ihnen Freude bereiten? Inwieweit könnte das für Sie eine Bereicherung sein?

Die Schwierigkeiten mit dem Rentensystem können sich bei den einzelnen Personen ganz unterschiedlich auswirken, sehr viele aber werden von ihnen berührt werden. Zum einen erschweren sie deutlich die Planbarkeit der späten Lebensphase. Es wird nicht selten der Fall sein, dass die Möglichkeiten von „Altersprojekten" schon aus finanziellen Gründen eingeschränkt sind. Davon abgesehen aber kann und sollte die Alterssicherung allein keineswegs die Antwort auf die Frage geben, wie wir im Alter leben sollen und wollen. Es mögen sich daraus Grenzen ergeben, und für viele sind sie wahrscheinlich auch empfindlich zu spüren. Aber doch wird sich dies im Einzelfall sehr unterscheiden – und sollte daher nicht daran hindern, ja vielmehr dazu motivieren, sich auf den Ruhestand vorzubereiten. Wird es Sinn machen, in geringerem Maße weiterzuarbeiten oder eine neue Tätigkeit zu suchen, soweit dies möglich und gewünscht ist? Gibt es familiäre Verpflichtungen, gibt es bereits jetzt Aspekte der Pflege, ob bei sich selbst oder beim Partner? Wo gibt es Raum für Engagement, und wo lassen sich Spielräume für einen selbst schaffen? Eines darf man bei alledem nicht vergessen: Es geht um den Übergang in eine neue Lebensphase, die eben nicht nur Altbekanntes oder schon seit Längerem Erwogenes, sondern naturgemäß viel Neues bringen kann – und hoffentlich bringen wird.

5.3 Die Unruhe vor dem Ruhestand

Was ist Ruhe? Und was hat das mit dem Ruhestand zu tun? Wie oft wünschen wir uns im Arbeitsleben Ruhe – aber was bedeutet das eigentlich? In unserer schnelllebigen Zeit, in der wir mit unzähligen Reizen gleichzeitig konfrontiert werden, ist die erste Antwort zunächst oftmals: einfach abschalten. Oder sich auf eine Sache konzentrieren können, ohne Druck von außen. Einfach mal nichts tun! Ausreichend schlafen! In meinen Seminaren gibt es weitere Gedanken dazu: Ruhe bedeute, die Stille zu erleben. Träumen zu dürfen. Nur den Wind zu hören und offen zu sein für den eigenen Zustand.

> **Denkanstoß**
>
> Was denken Sie, wenn Sie diese Einschätzungen zur Ruhe lesen? Was würden Sie ergänzen? Vielleicht wollen Sie sich eine Prioritätenliste für Ihre persönliche Ruhe im Ruhestand anfertigen? Was können Sie in ihrem Alltag umsetzen? Welche kleinen Rituale helfen möglicherweise? Worauf können Sie vielleicht jetzt schon achten? Denn denken Sie daran: Ruhe ist auch im Berufsleben wichtig.

Ruhestand verspricht Ruhe. Aber haben Sie schon einmal mit einer Freundin oder einem Bekannten gesprochen, bei denen der Renteneintritt bevorstand, und dabei bemerkt, dass die Zeit vor dem Ruhestand von ausgeprägter Unruhe geprägt zu sein scheint? Manche wirken da fahrig, unsicher, vielleicht gar getrieben. Ist die eine voller Tatendrang, kann der andere eher einen bedrückten Eindruck machen. Dabei geht es nicht nur um den Abschied und was nun noch alles erledigt werden muss, um sich guten Gewissens endgültig von seinem Arbeitsplatz verabschieden zu können. Es geht auch um dieses Neuland, das da bald betreten wird. Und dann diese Fragen, die einem ständig gestellt werden: Freust du dich schon? Du hast es gut! Was machst du dann eigentlich den ganzen Tag?

Unabhängig davon, ob diese Fragen einem vorgesetzt werden oder ob man sie sich nicht ohnehin selbst schon stellt: Die Zeit vor dem Ruhestand kann im wahrsten Sinne des Wortes Stress bedeuten. Sich diese Unruhe einzugestehen, kann ein erster Schritt in die richtige Richtung sein. Was aber können wir tun, um von der äußeren und inneren Unruhe nicht allzu sehr belastet zu werden?

Dem, was von außen an uns herangetragen wird, den neugierigen Fragen, den flapsigen Bemerkungen, dem echten oder gespielten Neid oder dem bemitleidenden Bedauern können wir womöglich begegnen, indem wir uns ein Stück weit wappnen. Machen wir uns bewusst, dass das Thema der freien Zeit auch die meisten anderen Menschen beschäftigt. In ihren Bemerkungen deutet sich vielleicht schon die eigene Unsicherheit an, die sich auch bei ihnen einstellen wird, wenn der Ruhestand erst einmal näher rückt. Weil wir nicht so recht zu antworten wissen, müssen die Fragen ja nicht unsinnig sein. Am besten ist es, sich nicht nerven zu lassen und vielleicht sogar aufmerksam zu registrieren, ob sich nicht wichtige Hinweise darin verbergen.

Tatsächlich ist die Unruhe vor dem Übergang in den Ruhestand ja keine primär äußere Angelegenheit. Sie spielt sich vielmehr bei uns, in unserem Inneren ab. Was wird da an Neuem kommen? Und wie werde ich es bewältigen, wie werde ich damit umgehen? Überhaupt: Was wird alles kommen? Kann ich es mir wirklich schon vorstellen? Eigentlich muss ich ja nur nicht mehr arbeiten gehen, was soll sich sonst schon ändern! Andererseits geht so viel verloren. Arbeitsgebiete, Kollegen, das Büro etc. Ich habe mir so viel vorgenommen, aber wird das alles klappen? Oft herrscht weniger Zweifel darüber, was kommen wird, sondern eher daran, wie es sein wird. Ein nicht geringer Teil des äußeren Rahmens ändert sich, wenn der Beruf wegfällt – wie wird dann der neue Alltag aussehen?

Noch aber sind wir nicht im Ruhestand, und wir haben noch ein paar Monate, Wochen, vielleicht ein halbes oder ganzes Jahr, bis wir in Rente gehen. Und doch, auch da macht sich schon manchmal Unruhe breit. Es dürfte sich für manche eigenartig anfühlen, zu einem bestimmten Termin mit ihrer Arbeit einfach aufzuhören, ihren Arbeitsplatz zurückzulassen, bis dahin aber noch ganz in den alten Gleisen zu fahren. Dabei merken wir rasch, dass es doch einiges vorzubereiten gilt. Das meint nicht nur die Angelegenheiten im Personalbüro. Wir wollen unseren Job bis zum Ende gut machen. Wir wollen nicht ausscheiden und das Gefühl haben, die sind froh, dass man geht. Hier besteht die Gefahr, dass man die Ansprüche an sich selbst am Ende seines Berufslebens noch einmal nach oben schraubt, vielleicht auch bei Veränderungen unbedingt bis zum letzten Tag noch voll mithalten möchte. Dadurch könnte gerade in der Zeit vor dem Ruhestand mehr Arbeitsstress entstehen.

Sinnvoll ist es, sich klarzumachen, dass man nun nicht noch einmal über die Maßen beschleunigen muss; der Ruhestand ist kein Ziel, in das man mit größtmöglicher Geschwindigkeit rauschen sollte – es gilt nicht, irgendjemanden abzuhängen. Nein, vielmehr sollte vermieden werden, dass in der Übergangszeit der Arbeitsstress einen noch einmal an die Wand drückt. Man möchte seine Arbeit weiterhin bis zum Schluss gewissenhaft ausführen, man möchte seinen Arbeitsplatz ordentlich hinterlassen. Dagegen spricht nichts. Aber man sollte sich nicht bis zum letzten Tag daran festklammern. Wichtig ist es in der Phase vor dem Ruhestand, sich nicht zu überfordern und nichts Unmögliches von sich zu erwarten. Es ist eine Phase, in der wir unser Wissen, unsere Erfahrungen weitergeben sollen an die, die unsere Arbeit übernehmen werden, in der wir uns aber auch sagen müssen, dass andere vieles anders machen werden, und das ist auch in Ordnung so. Es sollte sicherlich keine Phase der verstärkten Konkurrenz sein, sondern vielmehr der Kooperation.

Bekanntlich hilft ja das Annehmen von Gefühlen, um dann auf dieser Basis konstruktiv handeln zu können. Dazu müssen wir uns erst einmal bewusst machen, warum es da ausgerechnet vor dem Ruhestand und in der Vorbereitung auf ihn zu Unruhe kommt.

> **Denkanstoß**
>
> Was beschäftigt Sie im Hinblick auf Ihren bevorstehenden Abschied? Sind Sie unsicher, was mit dem Ruhestand auf Sie zukommt? Oder beunruhigt Sie eher, wie Sie die letzte Zeit im Beruf gestalten möchten? Versuchen Sie, eine gute Kombination aus bewusster Vorbereitung und einer Bereitschaft und Offenheit für Neues zu finden. Und denken Sie auch bei Ihrer verbleibenden Arbeitszeit an ein ausgewogenes Verhältnis zwischen Engagement und Loslassen.

Die Vielfalt möglicher Aktivitäten in den Blick nehmen
Manche wirken sehr dynamisch bis ans Ende ihres Berufslebens. Das klingt dann etwa so: „Wenn jemand so viel wie ich gearbeitet hat, immer Power, Power, und das auch so mochte, dann muss man sich frühzeitig was suchen, wo man wieder aktiv sein kann. Da geht es um meine körperliche und geistige Bewegung, aber auch um die sozialen Kontakte." Besteht nun also wie beschrieben eher ein unruhiges Gefühl, wenn der Ruhestand näher rückt, ist es empfehlenswert, ein bisschen zu planen. Was könnte mir gefallen? Wie möchte ich mein Leben neu füllen? Was bedeutet ein gutes Maß? Und welche Möglichkeiten sind überhaupt in meinem Umfeld gegeben? Im Grunde geht es um wichtige Lebensbereiche in der nachberuflichen Phase: um körperliche, mentale, soziale Aspekte, denn die bieten Sinn. In den Kap. 7 bis Kap. 9 finden sich hierzu viele Beispiele und Denkanstöße.

Wir können uns in Vorbereitung auf den Ruhestand viele Fragen stellen, die für sich nicht immer direkt mit ihm zu tun haben, aber ihn doch in ihrem Zusammenhang betreffen. Da ist zum einen das Physische: Was möchte ich für meinen Körper tun? Wie finde ich ausreichend Bewegung? Was passt zu mir? Wo kann und will ich jetzt mehr Zeit für körperliche Aktivitäten einplanen? Vielleicht können Sie regelmäßig eine halbe Stunde (Ausdauer-)Sport einplanen und dabei auch noch gelenkschonende Sportarten auswählen. Achten Sie auch auf die anschließende Erholung. Der physische Aspekt geht aber noch weiter. Vielleicht wollen sie jetzt vermehrt auf Ihre Ernährung achten oder sich mehr ihrem älter werdenden Körper zuwenden?

Wichtig ist freilich auch der mentale Bereich. Überlegen Sie sich also, was Sie für Ihren Kopf tun möchten. Gerade dann, wenn berufliche Aufgaben und das, was damit zusammenhängt, wegfallen, sollten Sie darauf achten, den Kopf nicht zu vernachlässigen. Lassen Sie täglich Ihren „Geist ins Schwitzen kommen" (Cohen 2009). Möchten Sie vielleicht etwas ganz Neues lernen? Gibt es Aufgaben und Hobbys, bei denen der Geist gefragt ist? Vielleicht möchten Sie Nachhilfe geben, eine Sprache lernen, Schach spielen, an einem Literaturkreis teilnehmen oder tanzen – auch das Erlernen einer neuen Schrittfolge fordert den Geist. Das gute alte Rätselheft ist eine und sicherlich keine schlechte Möglichkeit, es gibt aber noch so viele andere.

Nicht nur der Körper braucht somit eine förderliche, ausgewogene Nahrung, auch beim Kopf ist das der Fall. In sozialen Kontakten ist sie ganz automatisch gegeben; zeigen Sie daher Interesse an Begegnungen (z. B. mit der jüngeren Generation) und suchen Sie immer wieder qualifizierte Gespräche und Diskussionen. Was möchten Sie für Ihre Beziehungen tun? Wie können Sie neue Kontakte knüpfen? Wie möchten Sie Freude in Ihre engeren Beziehungen bringen? So vieles lässt sich gemeinsam unternehmen: kochen, Karten spielen, Ausflüge unternehmen, eine Veranstaltung besuchen oder auch etwas Neues ausprobieren. Pflegen Sie Ihre sozialen Kontakte? Kommen Sie mit Freunden, Bekannten, Verwandten regelmäßig zusammen, tauschen sich mit ihnen aus, gratulieren Sie ihnen zum Geburtstag? Suchen Sie immer wieder nach interessanten Gesprächsthemen, die über den Small-Talk hinausgehen und etwas „Tiefgang" erfordern? Versetzen Sie sich in die Lage von anderen Menschen? Pflegen Sie Offenheit und Interesse? Wissen Sie, dass Empathiefähigkeit und mitverantwortliches Verhalten erlernbar sind? Akzeptieren Sie die Stärken und Schwächen Ihrer Mitmenschen? Pflegen Sie eine gute Kommunikation, hören Sie beispielsweise zu? Können Sie auch freundlich „Nein" sagen?

Im Ruhestand haben Sie Zeit für bereits bestehende oder neue Aufgaben. Was möchten Sie tun? Wo können Sie Ihre Fähigkeiten leben? An wen können Sie Ihre Erfahrungen weitergeben? Welche Ideen haben Sie? Gibt es etwas, das Sie in der Wohnung oder im Garten umgestalten möchten?

Kümmern Sie sich um Angehörige, zum Beispiel um Enkel oder ältere Verwandte? Möchten Sie sich früher oder später freiwillig engagieren? Möglichkeiten gibt es viele, gerade im sozialen, ökologischen oder kulturellen Bereich. Halten Sie also jetzt schon die Augen offen, lesen Sie aufmerksam die Tageszeitung in ihrer Stadt oder dem Landkreis. Was wird in Ihrem Umfeld angeboten?

Zugegeben, das sind eine Menge Fragen, und sie sind nicht immer leicht zu beantworten. Deshalb ist es sinnvoll, sich noch während des Berufslebens Zeit dafür zu nehmen. Fällt Ihnen das schwer, möchten Sie ein Stück weit begleitet werden und Anregungen erhalten? Dann suchen Sie sich doch einen Coach oder einen Kurs. Hier finden Sie die Zeit und den Rahmen, sich genau damit zu beschäftigen und Anregungen zu erhalten. Im Gespräch entwickeln sich oftmals ganz neue Ideen, und zudem kann die Beschäftigung damit im Vorfeld zu mehr innerer Ruhe führen. Es ist einfach ein gutes Gefühl, wenn wir das eine oder andere schon bedacht haben und uns gut vorbereitet fühlen. In den folgenden Kapiteln finden Sie viele Anregungen zu den genannten Fragen.

5.4 Die vielen Facetten des Neuen

In den Ruhestand treten heißt nicht einfach nur, mit dem Arbeiten aufhören. Die Sache ist komplexer. Von den allgemeingesellschaftlichen Herausforderungen und der unterschiedlichen persönlichen Betroffenheit durch die Schwierigkeiten bei der Finanzierung des Rentensystems abgesehen, gibt es, wie bereits angedeutet, viele wichtige Aspekte, die den Übergang in den Ruhestand betreffen. Es gibt also auch vieles zu beachten, soll dieser Übergang mit einer guten Vorbereitung gelingen. Die persönliche Lebenssituation spielt eine maßgebliche Rolle: Wie stehe ich finanziell da, wie geht es mir in physischer und psychischer Hinsicht? Habe ich Familie, einen Partner, hochbetagte Eltern, Enkel, Freundinnen und Freunde? Gibt es Aufgaben oder Hobbys, die ich fortführen möchte, oder stehen neue an? Welche Einstellung habe ich zum Ruhestand, zum Älterwerden?

Wir bringen also einiges mit. Grundsätzlich müssen wir das als unsere Ressourcenausstattung ansehen, die es bei der Vorbereitung zu bedenken gilt. Wir sollten uns also fragen: Mit was ist mein Rucksack gefüllt? Und welche Wege gibt es? Die können direkt, vielleicht steil, aber auch gemütlich und eher langgezogen sein. Welchen möchte ich beschreiten?

Gewiss wird manche eine Unruhe vor dem Ruhestand befallen. Da herrscht Unsicherheit, wie es werden, ob alles „klappen" wird. In der persönlichen Situation helfen da nackte Zahlen eher wenig. Laut Befragungen immerhin scheinen die meisten mit ihrer Ankunft im Ruhestand ganz zufrieden zu sein. Eine seltene Ausnahme sind jene, die unzufrieden sind, aber nicht – sie sollen ein Fünftel, ein Viertel oder vielleicht gar ein Drittel ausmachen. Ob solche Zahlen verlässlich sind, mag dahinstehen. Offensichtlich aber wird die Vorfreude mancher enttäuscht. Da scheint es im Vorfeld Fehleinschätzungen zu geben, und manche wünschen sich, wenn auch von den Bedingungen und der Arbeitszeit her angepasst, wieder ihr altes Arbeitsleben zurück. Der Übergang in den Ruhestand kann also ganz unterschiedlich aussehen, und auch die Erwartungen in der Phase, in der die Vorbereitung irgendwie stattfinden sollte, können sehr verschieden sein. Etwa so:

Stellen Sie sich vor, Sie begegnen einer Kollegin, die in wenigen Wochen oder Monaten in Rente gehen wird. Glaubhaft versichert sie Ihnen: „Ich freue mich riesig auf den Ruhestand: Endlich habe ich mehr Freizeit und kann selbst entscheiden, wie der Tag ausschaut. Und ich kann endlich ausschlafen. Was ich mache, das ist meine freie Entscheidung. Insgesamt habe ich mehr Freiheiten und viel weniger Stress. Ich muss auch nicht mehr so lange sitzen. Endlich kann ich meine Kontakte besser pflegen. Allein auch die Zeit, die ich nun für Familie, Kinder und Freunde habe! Ich kann in den Urlaub fahren, wann ich will und wie lange ich will. Ich kann, so oft ich will, Sport treiben, lesen oder ins Kino gehen. Ich habe mehr Zeit für Haus und Garten. Überhaupt kann ich viel kreativer sein. Ich bin viel flexibler und unabhängig, wenn ich endlich im Ruhestand bin. Ich bin sozusagen ein Freizeitmillionär! Ich brauche keine Uhr mehr und kann in den verschiedensten Situationen alles in Ruhe auf mich wirken lassen, beim Spaziergang mich einfach ins Gras legen. Es gibt keine Termine, die ich nicht selbst gesetzt habe – ab sofort gilt ‚können' und nicht ‚müssen'!" Wird das dann noch alles mit einem überzeugend strahlenden Lachen vorgebracht – wer würde da nicht neidisch werden?

Dann hören Sie von einer anderen Person ähnlichen Alters: „Ich habe Angst vor dem Ruhestand. Ich habe nette Arbeitskollegen – die werde ich verlieren, und es ist nicht so, dass wir privat engeren Kontakt hätten. Wenn ich nicht mehr arbeiten gehe, habe ich keine Tagesstruktur. Aber das tut den Menschen doch letztlich gut, aufstehen und zur Arbeit zu müssen. Fällt das weg, werde ich dann nicht automatisch träge und antriebslos? Wird da nicht die Gesundheit leiden? Im Beruf habe ich Anerkennung bekommen. Wir haben immer wieder gemeinsame Erfolge gefeiert, haben uns ausgetauscht; wir haben uns gut verstanden und viel miteinander gelacht. Da gab es Hilfsbereitschaft, und den Kontakt zu den Jüngeren habe ich genossen. Der Erfahrungsaustausch war immer wieder bereichernd. Aber auch die Arbeit selbst hat mir Freude bereitet. Es tat gut, diszipliniert an eine Sache ranzugehen. Das wurde dann ja auch immer anerkannt. Wie, von wem werde ich im Ruhestand Anerkennung bekommen? Mein Selbstwertgefühl, so fürchte ich, wird den Bach runtergehen. Und dann dieses spannende Thema, an dem ich gerade dran bin, das werde ich abbrechen müssen. Was werden die Kollegen damit machen? Sie werden es sicherlich gut machen, aber es wird nichts mehr mit mir zu tun haben. Irgendwann steht die Sache, und ich bin nicht mehr dabei. Das Ganze geht mir zu schnell; das wird ein richtiger Knall werden, von einem Tag auf den anderen. Und dann wird es ziemlich ruhig werden, zu ruhig: kein Arbeitshandy mehr, keine Mails, niemand fragt etwas … Was soll ich nur mit der ganzen Freizeit anfangen? Im Bett versauern? Was, wenn ich abends nicht mehr müde bin, weil ich mich nicht ausgepowert habe? Mir wird die Tagesstruktur fehlen, die Kantine und vieles mehr. Und dann mit einem Mal plötzlich den ganzen Tag zu Hause – werden mein Partner und ich uns nicht schon am ersten Tag gewaltig auf die Nerven gehen?"

Wer von beiden hat recht? Wer schätzt die Lage richtig ein? Die Antwort liegt auf der Hand: Beide haben recht – und beide haben unrecht. Sie malen schwarz-weiß – dabei gibt es die Welt schon immer in Farbe. Es gibt Gewinne und Verluste. Sowohl die einen als auch die anderen in den Blick zu nehmen ist wichtig. Der Ruhestand sollte nicht blauäugig verherrlicht und glorifiziert werden, ebenso wenig stimmt aber das düstere Bild, dass mit dem Berufsleben nahezu alles verloren geht, was Halt gibt. Keines der beiden Szenarios hilft weiter.

Je mehr wir uns bewusst sind, dass es positive und negative Seiten gibt, desto besser können wir unseren Ruhestand gestalten. Wir sollten also ein differenziertes Bild vom Ruhestand gewinnen, die unterschiedlichen Seiten in den Blick nehmen – die Schwierigkeiten, aber auch gerade die Chancen. Machen Sie sich bewusst: In Ihrer Selbstverantwortung können Sie, mit Blick auf Ihren Ruhestand, viel für die einzelnen Aspekte tun. Und in Ihrer Mitverantwortung können Sie im Kreis der Familie, der Bekannten und Kollegen gemeinsam versuchen, zu realistischen Einschätzungen zu gelangen. Wenn Sie glauben, hier schon einen klareren Blick zu haben, können Sie Ihr Wissen zum Ruhestand als Chance anderen zugutekommen lassen und deren Gestaltungsbereitschaft unterstützen.

Die beiden oben einander gegenübergestellten, diametral entgegengesetzten Einschätzungen zum bevorstehenden Ruhestand waren zugegeben etwas zugespitzt. Und doch lassen sie gewisse Tendenzen erkennen – nur dass die nicht selten in ein und derselben Person auftreten. Meine Erfahrung mit Ruheständlern zeigt, dass sich die meisten Menschen zunächst recht gut in die neue Lebensphase einfinden. Sie haben an vielen Stellen weniger Stress oder Ärger. Die neue Freiheit und das selbstbestimmte Leben werden positiv aufgenommen. Allerdings erlebe ich bei vielen, dass sie sich verändern. Manchmal zeigt sich das recht deutlich, wenn das ersichtliche Getriebensein im Beruf allmählich in eine gewisse Antriebslosigkeit übergeht. Der Wunsch, jetzt nur noch Schönes und für sich Gutes zu tun, kann dazu führen, dass man zu viel um sich selbst kreist. Dadurch entsteht eine gewisse Unruhe, obwohl im Grunde gar nicht viel getan wird.

Hat man sich vorher mit seinem Beruf und mit verschiedenen Aufgaben identifiziert, geht es jetzt um gesellige Treffen, kulturelle Veranstaltungen und um das Reisen. In vielen Gesprächen konnte ich feststellen, dass hier zwar nicht geklagt wird, denn man führt ja das Leben, das man sich gewünscht hat. Und doch zeigt sich oftmals eine gewisse Orientierungslosigkeit. Irgendwie scheint vielen der Sinn zu fehlen, scheinen sie die Richtung verloren zu haben. An was es mangelt, ist, dass man mit Begeisterung etwas schafft, ist das Gefühl, bei anderen etwas zu bewirken oder Gehör zu finden. Das betrifft ganz besonders Menschen, die körperlich und geistig fit sind und womöglich schon früher in den Ruhestand gehen. Manche Unternehmen bieten immer noch attraktive Altersteilzeitangebote an, die es ermöglichen, früher aus dem Berufsleben auszuscheiden, ohne allzu große finanzielle Einbußen zu haben. Ein Gesprächspartner berichtete mir einmal, wie gut die Beratung im Hinblick auf die finanzielle Situation sei und dass es sich dabei um verlockende Angebote handle, die oftmals zu einem einseitigen Blick verleiten. Was dann aber im Ruhestand ansteht, wer man als Ruheständler ist, das findet zu wenig Beachtung. Ein Bewusstsein davon erlange man erst, wenn die Erwerbsarbeit wegfalle.

Von hundert (oder oft auch mehr) auf null, das macht einigen dann doch irgendwie zu schaffen. Möglicherweise dauert es ein paar Tage oder Wochen – am Anfang mag es sich anfühlen wie Urlaub –, aber irgendwann haben manche frisch gebackene Ruheständler das Gefühl, dass es keine Aufgabe mehr für sie gibt. Natürlich kann man erst einmal eine schöne Reise machen; vielleicht ist es auch Frühling oder Sommer und man kann draußen viel unternehmen. Aber irgendwann sind die geplanten Reiseziele bereist und die kleineren Aufgaben erledigt. Es steht nichts „Besonderes" mehr an. Manche Menschen nehmen sich dann als weniger aktiv wahr, als sie es noch im Berufsleben waren, und was zuvor noch als erstrebenswert galt, wird nun als Trägheit empfunden. Das kann bis hin zu einer Sinnkrise gehen. Gesprochen wird darüber eher nicht, soll doch nicht der Eindruck entstehen, das, unter Umständen sogar vorzeitige, Ausscheiden aus dem Beruf werfe Probleme auf und man bekomme das eigene, jetzt doch freie Leben nicht recht in den Griff. Was hat man doch die letzten Jahre im Beruf geklagt, freudig in die Zukunft geblickt und das auch immer den anderen kundgetan. Dass das Ganze nun nicht so einfach ist, mag man sich ja schon selbst nicht offen eingestehen, umso weniger dann aber den anderen. Wer will schon zugeben, dass einem gewissermaßen der Sinn und das Engagement und die Begeisterung für eine Sache fehlen, um die einen die anderen doch beneiden.

Macht man sich diese Situation bewusst, sieht man, dass das nicht nur wenige Einzelfälle sind, sondern bei vielen, wenn auch vielleicht in unterschiedlichem Maße, auftritt. Ist das so, kann es aber auch nicht nur als ganz persönliches Problem der Betroffenen angesehen werden, mit dem sie selbst zurande kommen müssen. Nicht nur der oder die Einzelne, auch das Unternehmen und die Personalabteilungen sind in ihrer langfristigen Verantwortung für die Mitarbeiter aufgefordert, hier Möglichkeiten und Gefahren differenziert in den Blick zu nehmen. Aber auch darüber hinaus muss seitens der Gesellschaft mehr dafür getan werden, dass ein neues Bewusstsein für den Übergang in den Ruhestand entsteht und nicht der Bevölkerungsteil der Ruheständler, der zahlenmäßig wächst, zunehmend frustriert ist. Schon aufgrund der gesellschaftlichen Herausforderungen können wir insgesamt nicht auf das Potenzial und die Ressourcen der Menschen verzichten, die aus dem Berufsleben scheiden und eine neue Phase beginnen.

Strukturelle Veränderungen gab es in den letzten Jahren und wird es auch in Zukunft geben. Das System der sozialen Sicherung wird sich ändern, zugleich der Bedarf an Pflege und Betreuung steigen. Überhaupt wird ehrenamtliches Engagement in welcher Form auch immer an Bedeutung gewinnen, Netzwerke werden sich bilden und wichtige Aufgaben aus der Gesellschaft heraus in Angriff genommen werden. Zur Vorbereitung auf den Ruhestand wird es also auch gehören, sich mit der Dringlichkeit von sozialem Engagement zu beschäftigen. Es gibt eben nicht nur viele bunte Möglichkeiten, die den eigenen Bedürfnissen entsprechen, sondern auch die Chance, dem eigenen Leben Sinn zu geben und somit nicht in die Trägheitsfalle zu tappen. Und der Beitrag, um den es hier geht, ist kein Tropfen auf dem heißen Stein, sondern ein Tropfen, der Kreise ziehen kann. Wir benötigen eine neue Kultur des Helfens und Sich-Engagierens. Gerade Ruheständler können hier als Vorbilder wirken (und tun es ja bereits häufig). Dass sie dabei nicht nur etwas für andere, sondern auch für sich selbst, für ihre eigene Gesundheit und ein Leben mit Sinn tun, ist vielleicht der schönste Nebeneffekt.

Gewinne und Verluste bewusst machen

Der Übergang in den Ruhestand ist also weder der Einbruch einer Katastrophe und finalen Krise, noch ist es der Eingang ins Paradies. Vielmehr birgt er beides: gewisse Schwierigkeiten, aber auch viele und einmalige Chancen. Ob der Ruhestand nun als Gewinn oder als Verlust empfunden wird, hat weitreichende Folgen. Wirkt er entlastend, stellt er also einen Gewinn dar, hat dies oft positive Auswirkungen auf die Gesundheit; im gegenteiligen Fall wird er zur Belastung, was durchaus zur Verschlechterung der Gesundheit beitragen kann (Wurm et al. 2009).

Umso wichtiger ist die Vorbereitung. Hat man sich bereits im Vorfeld Gedanken gemacht, lassen sich die Veränderungen besser einordnen und vor allem auch positiv gestalten. Gewinne und Verluste sind in der Regel mit Emotionen verbunden. Die Verluste zu verstehen und anzunehmen, ist ein wichtiger Punkt zur Bewältigung des Übertritts in den Ruhestand. Sich gleichzeitig der neuen Freiheit bewusst zu werden und sie dann in Selbst- und Mitverantwortung (vgl. Abschn. 2.4) zu gestalten, ist ein ebenso wichtiger Schritt zur positiven Bewältigung. Der Mensch entwickelt sich in dieser Ambivalenz der Empfindungen – Trauer über Verluste und Freude über Gewinne – weiter und kann gestärkt aus dem Prozess hervorgehen.

Sich Klarheit zu verschaffen, hilft also. Was kann ein Gewinn sein, der sich mit dem Ruhestand eröffnet? Ein Gewinn ist es wohl für die meisten, etwas aus freier Selbstbestimmung und damit freiwillig zu tun. Weniger Stress und Druck sorgen für mehr Ruhe und Genuss. Es bleibt mehr Zeit: für soziale Kontakte, die Familie, für die eigene Lieblingsbeschäftigung, für die Entdeckung neuer Interessen und vielleicht noch schlummernder Talente. Jetzt endlich kann man seine privaten Fähigkeiten ausbauen, Liegengebliebenes aufarbeiten, sich stärker um den Verein kümmern oder ein neues Ehrenamt ergreifen – und generell ganz neue Seiten im Leben entdecken und erschließen.

Demgegenüber stehen mögliche Verluste. Sie sollte man nicht verdrängen, sondern sich fragen, ob sie im eigenen Fall auftreten könnten. Der berufliche Kontakt zu netten Kolleginnen und Kollegen geht verloren und kann vielleicht nicht im Privaten fortgesetzt werden. Man scheidet aus einem gut funktionierenden Team aus, spannende Projekte und interessante Aufgaben muss man zurücklassen. Anerkennung und Erfolg werden nicht mehr über die berufliche Tätigkeit erlangt, und es sind nun nicht mehr die beruflichen Herausforderungen, die einen geistig fordern und im Kopf fit halten. Wer sich bislang stark über den Beruf definiert hat, kann in eine gewisse Identitätskrise rutschen und hat leicht das Gefühl, nicht mehr gebraucht zu werden. Die Tagesstruktur ist nicht mehr vorgegeben; auch lässt sie sich, war sie bislang beruflich geprägt, nicht einfach ersetzen. Rasch fehlen Regelmäßigkeiten und gewohnte Abläufe, man vermisst möglicherweise Aufgaben und merkt, dass der Beruf auch von Sorgen ablenken konnte. Manchen bereitet zudem Schwierigkeiten, sich nun plötzlich ganz auf den eigenen häuslichen Rahmen zurückgeworfen zu fühlen, was zu Spannungen in der Partnerschaft führen kann.

Wichtig ist, dass beides in den Blick genommen wird: Der Blick auf die Chancen darf nicht eine einigermaßen realistische Einschätzung möglicher Verluste verhindern. Umgekehrt dürfen Letztere nicht das Bild so dominieren, dass Chancen gar nicht mehr erkannt werden.

> **Denkanstoß**
>
> Wie können Sie das, was Sie beim Austritt aus dem Berufsleben verlieren, auf einem anderen Weg wiederbekommen? Welche Ideen und Wünsche haben Sie? Behalten Sie beides im Blick, während Sie dieses Buch lesen, und suchen Sie nach Lösungsmöglichkeiten, die zu Ihnen passen.

Noch eine Facette: Die neuen Alten und die Geschlechterunterschiede

Die Vorbereitung auf den Ruhestand erfordert einen besonderen Fokus, insofern sich die heutigen Ruheständler von denen vor 30 Jahren unterscheiden und auch in Zukunft anders sein werden. Die verschiedenen Generationen müssen differenziert betrachtet, Pauschalisierungen vermieden werden. Allerdings sind die Babyboomer oft mit den Werten des „Besser, weiter, schneller, höher …" aufgewachsen. Werden sie sich darauf einstellen können, dass es in der neuen, der späten Lebensphase eher um Bescheidenheit, Genügsamkeit und Dankbarkeit geht? Werden sie sich als weniger wertvoll empfinden, wenn sie nicht mehr die gleiche Leistung wie früher bringen können?

Die Gruppe ist heterogen, und sicherlich werden die neuen Alten unterschiedliche Lösungen finden. Dennoch ist es wichtig, dass sie sich frühzeitig mit diesen Themen auseinandersetzen und konstruktiv und produktiv damit umgehen. Auch die jüngere Generation kann dabei unterstützen und sich bereits jetzt mit diesen Fragen beschäftigen, da sie es ist, die sich in Zukunft in vielem um die ältere Generation kümmern wird. Einiges spricht dafür, dass wir Babyboomer großes Glück haben angesichts der Werte der neuen Jungen, die häufig im sozialen Bereich verankert sind. Es bleibt spannend zu sehen, wie sich die Dinge entwickeln werden. In Abschn. 7.1 werde ich darauf eingehen, wie wichtig es ist, das Altern als etwas Natürliches zu betrachten. Es bietet die Möglichkeit, die Höhen und Tiefen des Lebens zu kennen, und es hat viel mit Akzeptanz zu tun.

Oft hört man, es gebe Unterschiede zwischen den Geschlechtern, wenn es um die Vorbereitung auf und den Umgang mit dem Ruhestand geht. Männer, so heißt es bisweilen, hätten hier mehr Schwierigkeiten, wüssten nichts mit sich anzufangen und würden am Ende ihren Frauen gewaltig auf die Nerven gehen, ganz so, wie Loriot es in „Pappa ante portas" eindrücklich gezeigt hat. Nun gibt es wohl keine pauschale Antwort auf diese Frage. Im Allgemeinen ist die Vorbereitung auf den Ruhestand nicht geschlechtsspezifisch. Dennoch sollten wir uns die Sozialisierung und Biografie von Männern und Frauen in einer Generation ansehen. Zwar wurden die Babyboomer längst von der Frauenbewegung geprägt, es finden sich aber immer noch gewisse herkömmliche Rollenmuster bei ihnen. Auch die Männer dieser Generation haben oft recht einseitig für das Berufsleben gelebt. Dadurch fällt es ihnen häufig schwerer, sich in den Ruhestand einzufinden. Ähnliches höre ich in meinen Workshops aber auch von Frauen, beispielsweise solchen, die alleinstehend sind, durchgehend erwerbstätig waren und ihr Berufsleben in all den Jahren als wichtige Sinnquelle wahrgenommen haben.

Hinzu kommt, dass viele Männer dieser Generation weniger dazu erzogen wurden, sich Hilfe zu holen. Da kann das Ausscheiden aus dem Beruf für manchen zu einer großen Herausforderung werden. Manche haben ihre private Zeit bisher mit Renovierungs- und Gartenarbeit verbracht und weniger soziale Kontakte gepflegt. Auch mit dem Älterwerden haben sie sich oft nicht beschäftigt, es vielleicht sogar (unbewusst) verdrängt. Das Gefühl, nicht mehr gebraucht zu werden, die Angst vor zunehmenden körperlichen Gebrechen, fehlender Lebenssinn sowie der Verlust von beruflichen Beziehungen können zu echten Lebenskrisen führen. Problematisch kann auch sein, wenn sie sich nun ganz auf die Ehefrau fokussieren und alles gemeinsam machen möchten. Wer hier Tendenzen erkennen lässt, sollte sich frühzeitig damit auseinanderzusetzen. Ein Ehrenamt kann helfen, ebenso die Suche nach Möglichkeiten, sich für andere nützlich zu machen. In meinen Seminaren für (zukünftige) Ruheständler melden sich häufig Männer an, die nicht nur daran interessiert sind, was sie als Rentner tun können, sondern auch daran, wie sie ihre Partnerschaft gestalten können. Manche alte Muster müssen über Bord geschmissen werden, damit die Beziehung nicht in eine Krise gerät.

Psychologen empfehlen männlichen Führungskräften bisweilen, sich nicht erst nach dem Ausscheiden aus ihrer Position neue Aufgaben zu suchen. Sie sollten sich bewusst machen, dass das Loslassen und Übergeben an jüngere Kollegen Zeit braucht. Es ist ratsam, frühzeitig – etwa drei Jahre vor dem Ausscheiden – an dieser Haltung zu arbeiten und Geduld mit sich selbst zu haben, da langjährige Muster in uns oft nicht leicht aufzulösen sind. Für Männer, die sich sehr stark mit ihrem Beruf identifizieren, kann es hilfreich sein, in den letzten Jahren in Teilzeit zu arbeiten. Allerdings ist nicht jeder Beruf und jedes Arbeitsfeld dazu geeignet. Daher sind Institutionen und Unternehmen gefordert, kreative Lösungen und Angebote zu gestalten.

Die Rollenbilder von Mann und Frau sind längst infrage gestellt, wirken aber dennoch. Das muss nicht, kann sich aber beim Übergang in den Ruhestand bemerkbar machen – gerade bei den neuen Alten, die der Babyboomer-Generation entstammen. Schwierigkeiten, die sich daraus ergeben könnten, sollen frühzeitig in den Blick genommen werden. Wie sich die Jüngeren mit ihrer Prägung, aber einer ebenso ausgeprägten Heterogenität in dieser Hinsicht einst verhalten werden, ist eine spannende Frage, die sich erst dann beantworten lässt, wenn sie selbst in die späte Lebensphase eintreten.

5.5 Sinnsuche im Übergang zum Ruhestand: Was war? Was ist? Was kommt?

Die Sinnfrage kann als wichtige Facette der Vorbereitung auf den Ruhestand gesehen werden. Sinn ist ein wichtiger Aspekt des menschlichen Lebens und Handelns. Er kann die Richtung weisen, Halt geben; er erlaubt es, sich selbst als Person in den Zusammenhang der Welt einzuordnen und in ihr seinen Platz zu finden. Sinn ist, was unser tägliches Leben aufrechterhält, auch ohne dass wir uns dessen stets voll bewusst sind. Fehlt er, wird der Alltag zu einem hohlen Gefüge, man funktioniert dann bestenfalls, kann ihn aber nicht wirklich mit Leben füllen.

Sinn wird teils von außen vorgegeben oder auch übernommen. Oft ist das im Berufsleben der Fall, wo die konkreten Aufgaben in einem größeren Zusammenhang stehen (siehe Abschn. 2.2). Kann man diesen Sinn für sich selbst erschließen, ihn also nicht nur als äußerlichen Auftrag übernehmen, wird dies erhebliche Auswirkungen darauf haben, wie wir unser Berufsleben erleben. Aber auch darüber hinaus besteht für ein gelingendes Leben gewissermaßen die Notwendigkeit, stets Sinn mit der eigenen Person in Zusammenhang zu bringen. Das bedeutet, dass wir immer wieder gefordert sind, uns selbst Sinn anzueignen und ihn auch im Rahmen des Möglichen zu gestalten. Mit Blick auf den Ruhestand bedeutet Sinn dann gerade, die Suche nach ihm als eigene Aufgabe zu verstehen. Viele, die sich jahre- oder jahrzehntelang in berufliche Zusammenhänge eingefügt haben, mag dies vielleicht unvorbereitet treffen. Aber es ist eine große Chance für unser ganz persönliches Leben; wir müssen sie erkennen, verstehen und dann entsprechend gestalten. Weil das keine leichte Aufgabe ist, ja manchem schwerfallen wird, können und sollten wir uns schon zum Ende des Berufsleben Gedanken darüber machen, was uns bislang Sinn gegeben hat, was sich daran vielleicht ändern wird (oder auch nicht) und in welchen Bereichen wir uns möglicherweise neuen Sinn erschließen können.

> **Denkanstoß**
>
> Die Vorbereitung auf den Ruhestand und die spätere Lebensphase ist eine Chance, sich die eigenen Wünsche und Werte bewusst zu machen. Dadurch können Sie Sinn erleben. Überlegen Sie sich, was Sie in der frühen und was in der späten Phase des Alters erreicht haben möchten. Überdenken Sie die eigene Entwicklung, die die Grundlage für die Gestaltung ihrer persönlichen Biografie bildet. Anregungen hierzu finden Sie beispielsweise in Kap. 7.

Wenn die Zeit wie im Fluge vergeht
Es gibt ja den verbreiteten Spruch, dass Rentner keine Zeit haben. Kaum sind sie im Ruhestand, wirken sie geschäftig, und möchte man sich mit ihnen verabreden, fällt es schwer, einen Termin zu finden. Wahrscheinlich ist dieses Bild übertrieben, und es wird ja meist auch augenzwinkernd verbreitet. Und doch: Im Ruhestand scheint die Zeit allzu rasch zu vergehen. Die Wochen, Monate, bald vielleicht schon Jahre fliegen für manche gerade so dahin. Wie kann das sein, obwohl wir doch nun mehr Zeit haben, nicht mehr täglich viele Stunden arbeiten müssen?

Für dieses Phänomen, oft als „Zeitfliegen" bezeichnet, gibt es verschiedene Erklärungsansätze. Einer besagt, dass das subjektive Zeitgefühl eng mit der Menge an neuen Erfahrungen und Informationen verbunden ist, die wir verarbeiten. Sind wir jung, erleben wir viele neue Dinge und lernen ständig etwas dazu. Da wir viele Ereignisse und Eindrücke in kurzer Zeit haben, erscheint uns die Zeit langsamer. Im Alter hingegen verfügen die meisten Menschen bereits über eine Fülle an Erfahrungen und haben viele Routinen entwickelt. Der Alltag kann sich wiederholen, und es gibt möglicherweise weniger neue Eindrücke und aufregende Ereignisse. Dadurch vergeht die Zeit subjektiv schneller, fehlen doch „markante" Ereignisse, an die wir uns später erinnern können.

Die Zeitwahrnehmung hängt aber stark von individuellen Unterschieden ab. Einige Menschen mögen tatsächlich das Gefühl haben, dass die Zeit im Alter schneller vergeht, andere hingegen nicht. Auch darf nicht vergessen werden, dass es sich um eine subjektive Wahrnehmung handelt: Physikalisch gesehen werden die Minuten, Stunden, Tage nicht länger oder kürzer, wie die Zeit jedoch wahrgenommen wird, hängt von unterschiedlichen Faktoren ab, darunter die biologische Uhr, die emotionalen Zustände und die individuellen Erfahrungen eines Menschen. Ausschlaggebend ist die psychische Wahrnehmung, aber auch, ob es um die gerade erlebte Zeit geht oder jene, auf die wir zurückblicken: Bei Tätigkeiten, die uns Spaß machen, die uns fesseln, vergeht die Zeit sehr rasch – ganz anders, als wenn uns langweilig ist und die Minuten nur so kriechen und mit jedem Blick auf die Uhr noch langsamer werden. Rückblickend betrachtet erscheint uns dann aber die im Fluge vergangene Zeit als ausgefüllte Zeit und damit als lange Zeitspanne. Das Empfinden der Dauer von Zeit unterscheidet sich also erheblich, je nachdem, ob wir sie gerade durchleben oder ob wir sie im Rückblick ins Auge fassen.

Das macht dann aber auch einen Unterschied für das Zeiterleben im Alter. Zum einen speichert das Gehirn älterer Menschen Bilder langsamer ab als in jungen Jahren, und es dauert auch länger, sie zu verarbeiten. Für einen jungen Menschen sind die Erlebniseindrücke viel intensiver und reichhaltiger; es wird mehr aufgenommen, womit rückblickend auch die betreffende Zeitspanne, weil mehr „in ihr steckt", länger erscheint. Zum anderen hat man im Alter schon viel mehr erlebt; es hat sich eine gewisse Routine ausgebildet, und es muss vom Gehirn weniger aufgenommen und verarbeitet werden. Ist es allgemein so, dass einem die Zeit, die man währenddessen als langweilig empfunden hat, rückblickend kurz vor kommt, weil sie weniger mit Erinnerungen angereichert ist, so geschieht das im Alter und so auch im Ruhestand häufig in einem noch größeren Maße.

Heißt das also, man muss seine Zeit mit Erlebnissen und Erfahrungen vollpacken, wie es nur geht? Das aber würde in Stress ausarten, und es wäre für einen ausgeglichenen, erfüllten Ruhestand sicherlich nicht förderlicher als das Gegenteil, nämlich gar nichts zu tun. Wie ich unten noch zeigen werde, geht es gerade darum eine Balance zu finden (Abschn. 6.2). Vor allem aber ergibt sich ein erfülltes Erleben keineswegs aus einem unablässigen Strom von immer Neuem. Viel reichhaltiger ist oft, an bereits bekannte Dinge mit einer neuen Haltung, einer neuen Offenheit heranzugehen, dies auf neue Weise zu sehen, jenes auf neue Weise zu tun, und sei es nur im Detail. Etwas pathetisch könnte man sagen: Reichtum liegt nicht in der Anzahl der Dinge, sondern in ihrem inneren Gehalt.

Tief in der Lebensmitte

In der Zeit vor dem Ruhestand, die auch als Zeit der Vorbereitung auf die späte Lebensphase genutzt werden soll, kommt es oftmals zu etwas, das ich als das Tief der Lebensmitte bezeichnen möchte. Damit meine ich die melancholische Stimmung des persönlichen Hinterfragens. So berichtete mir Frau L. von einer „Phase", die sie so bisher noch nicht an sich gekannt habe. Das habe sich gut und schwer zugleich angefühlt. Die bisherige Leichtigkeit sei neuem Nachdenken gewichen, die wie selbstverständliche, geradezu gedankenlose Zukunftszuversicht einem realistischen, manchmal auch resignierten Blick. Die Kinder waren längst groß und selbstständig, der berufliche Weg weitgehend abgeschlossen, dazu noch dieses oder jenes Zwicken im Körper – das Altern zeigte sich an vielen Dingen, die nun die Aufmerksamkeit auf sich zogen. Sie empfand das Leben mehr als früher als vergänglich, und dabei stellte sich eine gewisse Melancholie ein.

An diesem Beispiel wird deutlich, dass die Vorbereitung auf den Ruhestand nicht nur etwas mit dem Ausscheiden aus dem Beruf, mit dem Wegfall des bisherigen Berufsalltags zu tun hat, sondern durchaus umfassender mit einer späteren Lebensphase, die mehr als nur das Erwerbsleben betrifft. Genau dies gilt es sich bewusst zu machen: Auf der einen Seite wird nun (endlich) Zeit sein, um sich noch manch einen Wunsch zu erfüllen, auf der anderen Seite wird nun auch jene Zeit kommen, in der wir uns von manchem verabschieden müssen. Eine gewisse Nachdenklichkeit, ja vielleicht sogar Melancholie ist da durchaus nachvollziehbar.

Studien zeigen aber auch, dass nach einem solchen Tief später meist auch wieder ein Hoch kommt. Das Zufriedenheitsparadoxon des Alters, das die Entwicklungspsychologie uns aufzeigt, besteht darin, dass wir im Älterwerden trotz Abbau und Verlusten durchaus in der Lage sind, auch wieder schöne Zeiten zu genießen, und dass sich durchaus Lebensqualität wieder einstellt – vielleicht gerade deshalb, weil wir wie Frau L. durch das Tief gegangen sind und die Erwartungen ein Stück weit angepasst haben. Es entspricht ja auch zunächst nicht gerade unseren Erwartungen, dass Menschen im Alter zufriedener mit ihrem Leben sind als in jüngeren Jahren – immerhin müssen sich Personen im Alter von 70 Jahren und mehr meist mit der ein oder anderen chronischen Erkrankung abfinden. Die größte Lebenszufriedenheit zeigt sich übrigens laut verschiedenen Studien in der Altersgruppe der 65- bis 74-Jährigen. In diesen zehn Jahren ist der Arbeitsstress vorbei und die Last körperlicher und geistiger Altersgebrechen ist noch nicht eingetreten.

Es gibt verschiedene Gründe, warum viele Menschen mit zunehmendem Alter zufriedener werden. Mit steigender Lebenserfahrung wächst die Fähigkeit, die Herausforderungen des Lebens zueinander in Beziehung zu setzen und zu akzeptieren. Die Fähigkeit zur Selbstregulation ist hier zentral, was bedeutet, dass man sich an neue Bedingungen anpassen und Veränderungen positiv interpretieren kann. Trotz vieler Verluste – denken wir zum Beispiel an den Tod nahestehender Menschen oder körperliche Einschränkungen – bleibt das Bedürfnis nach Kontrolle über das eigene Leben bestehen. Dies kann bedeuten, dass lang gehegte Ziele aufgegeben oder an die aktuellen Möglichkeiten angepasst und neue Ziele definiert werden müssen. Selbst manche Hundertjährige haben durchaus noch erreichbare Ziele, zum Beispiel die Geburt eines Urenkelkindes zu erleben. Sie schaffen es oftmals auch, selbst aus Verlusten etwas Positives zu ziehen und beispielsweise ihre Pflegebedürftigkeit nicht nur als Abhängigkeit, sondern auch als Möglichkeit zu sehen, regelmäßig mit ihrer Familie, aber auch sonst vielleicht mit jüngeren Menschen etwa vom Pflegedienst, in Kontakt zu kommen.

> **Denkanstoß**
>
> Haben Sie auch manchmal diese ambivalenten Gefühle in sich: Auf der einen Seite freuen Sie sich auf mehr Zeit und Selbstbestimmung im Ruhestand, auf der anderen Seite wissen Sie, dass Ihnen jetzt immer weniger Zeit bleibt und Sie lernen müssen, mit gewissen Einschränkungen und Verlusten zu leben. Sind Sie bereit, beides ins Auge zu fassen und dabei einen realistischen Blick zu wahren? Ist dieser Blick für Sie vielleicht sogar eine Form der Vorbereitung, um Ihre Erwartungen „zu erden"?

Unsicherheit und Mut
Der konstruktive Umgang mit Verlusten und Veränderungen kann im Vorfeld gestärkt werden. Die psychische Widerstandskraft (Resilienz) ist seit einigen Jahren ein Forschungsfeld, das zeigt, dass wir mit kleinen Schritten und Übungen optimistischer werden können oder an unsere Selbstwirksamkeit glauben können. Mehr hierzu finden Sie in Kap. 10. Zum Umgang mit möglichen Verlusten gehört auch, sich in der Vorbereitung auf den Ruhestand klarzumachen, dass es hier darum gehen wird, dieses oder jenes einfach auszuprobieren. Das bedeutet, sich bewusst zu sein, dass das ein oder andere dann aber auch zu hinterfragen und vielleicht zu verwerfen ist. Das klingt anstrengend, ist aber letztlich das, was man Freiheit nennt.

Hier und da werden Sie Mut brauchen – und das ist auch gut so. Davon haben Sie vielleicht gerade jetzt in der späteren Lebensphasen einigen gesammelt. „Was kann ich schon verlieren?", hat sich Herr S. gefragt und willigte ein, mit seiner Frau einen Tanzkurs zu besuchen. Tanzen fand er immer nur bei anderen schön, er selbst hatte ja, wie er glaubte, zwei linke Füße. Anfangs sträubte er sich, fragte sich dann aber, vor was er zurückscheute. War er etwa zu alt? Hatte er Angst, sich lächerlich zu machen? Seiner Frau auf die Füße treten? Auf das ließ sie sich ja ganz von selbst ein, und auch wenn es wirklich mal vorkam, hatte er Spaß (wie sie auch), entdeckte das Tanzen ganz neu für sich und beließ es nicht bei der Probestunde.

An diesem Beispiel zeigt sich schön, wie wichtig es ist, sich eine gewisse Offenheit für verschiedenste Aktivitäten oder alte Träume aus der Jugend zu bewahren. Für vieles ist man eben noch nicht zu alt. Und genau solche Dinge können, wenn man einen gewissen realistischen Blick nicht beiseiteläasst, im Ruhestand Freude bereiten. Jetzt endlich haben wir Zeit dafür, die Dinge mit einer guten Portion Erfahrung auf dem Buckel ganz neu anzugehen. Unsicherheit gibt es das ganze Leben hindurch, aber mit der neuen Reife des Alters kann doch noch einiges gelingen. Und gelingt es nicht, bleibt immerhin eine Erfahrung.

Es ist gut, wenn wir das eine oder andere kritisch hinterfragen. Wir werden dabei zum Nachdenken angeregt, und so können konstruktive Lösungen entstehen. Allerdings sollten wir uns davor hüten, die Ängste ins Zentrum zu rücken und nur ihnen nachzugehen. Neben die kritische sollte stets eine mutige Stimme treten, die dazu auffordert, es einfach auszuprobieren, und davor warnt, sonst vielleicht später die verpasste Chance bedauern zu müssen. Was auch immer unsere Zweifel sein mögen, sollten wir doch, wenn wir an die Gestaltung des Ruhestands denken und Lust zu etwas verspüren, uns die Offenheit bewahren und uns schon frühzeitig darauf vorbereiten: Drängt sich der innere Kritiker und Zweifler in den Vordergrund, können wir ihm den Mutmacher zur Seite stellen.

> **Denkanstoß**
>
> Wann haben Sie in ihrem Leben schon einmal an etwas gezweifelt und es dann doch ausprobiert? Was hat Ihnen damals Mut gemacht?
> An welcher Stelle haben Sie in Ihrem Leben immer wieder kleinere oder größere Erfolge? Denken Sie doch einmal an den gestrigen Tag. Welche kleinen Erfolge gab es dort? Ein gutes Gespräch, in dem Sie Ihre Meinung verständlich machen konnten? Ein Sport oder Bewegungsprogramm, bei dem Sie Ihr Ziel erreicht haben? Eine Aufgabe, die Sie am Schreibtisch zu Ihrer eigenen Zufriedenheit erfüllt haben? Der Tisch, den Sie am Abend schön gedeckt und an dem Sie dann ein leckeres Mahl eingenommen haben?

Indem wir uns die vielen kleinen Erfolge in unserem Leben immer wieder bewusst machen, stärken wir unser Selbstbewusstsein. Genau dieses Selbstbewusstsein benötigen wir, wenn wir etwas Neues ausprobieren wollen. Achten Sie also schon jetzt, im späten Berufsleben, darauf, was ihre kleinen Erfolge sind, und halten Sie sich vor Augen: Erfolge werden Sie auch in der Zeit nach dem Berufsleben haben können.

Was wird meine Heimat sein?
Im Ruhestand wird es auch darum gehen, wo wir beheimatet sind, wo wir uns wohl fühlen und was uns guttut. Warum also nicht schon einmal im Vorfeld über unsere Heimat nachdenken? Der Begriff der Heimat wird immer wieder diskutiert. Vielfach geht es dabei schlicht um einen Raum, zu dem wir als Menschen in Beziehung stehen. Dabei muss es nicht unbedingt der Ort sein, an dem wir geboren wurden, es kann auch einer sein, an dem wir uns geborgen fühlen und unsere Werte leben können. Heimat hat nach Gerhard Handschuh vier Dimensionen: eine räumliche, eine zeitliche, eine soziale und eine kulturelle. Es ist also der Ort, an dem wir Sicherheit und Verlässlichkeit finden und der uns vertraut ist. Einen solchen Ort zu haben kann auch gerade in der späten Lebensphase sinnvoll sein.

Bei all unseren Interessen und Wünschen für den Ruhestand sollten wir frühzeitig überlegen, wie wir diesen Raum immer wieder finden können. Ihn zu pflegen und zu beschützen, kann ein wichtiger Aspekt für das Wohlbefinden in der zweiten Lebenshälfte sein. Als Gegensatz zur Fremdheit, der wir in unserem Leben sicherlich auch immer wieder begegnen, eröffnet er uns die Chance, uns auch stets ins Vertraute zurückzuziehen. Wir können beispielsweise die Wohnung, in der wir leben, als solch einen Raum begreifen. Ihn in unserem Sinne schön zu machen und neben allen außerhäuslichen Aktivitäten immer wieder aufzusuchen und zu genießen, daran sollten wir denken, wenn wir in den Ruhestand gehen.

Allgemein gesprochen ist Heimat das, wo wir zu Hause sind, wo wir verwurzelt sind oder sagen, das gehört zu uns. Man spürt die Herkunft immer wieder – auch und nach dem Trubel des Berufslebens vielleicht gerade im Alter. Da kann Gutes und weniger Gutes dabei sein. Sich sein Alter bewusst zu machen und die Heimat in all ihrer schillernden Pracht zu betrachten, kann helfen, sich selbst noch einmal zu beheimateten und darin auch Ruhe zu finden.

Wir dürfen das aber auch etwas profaner ausdrücken: Die Gestaltung der eigenen vier Wände in ein wohnliches Heim ist auch deshalb wichtig, weil wir im Ruhestand immer mehr Zeit zu Hause verbringen werden. Das wird spätestens dann der Fall sein, wenn wir nicht mehr so aktiv sind oder in unserer Mobilität eingeschränkt werden. Wir sollten uns daher früh genug damit beschäftigen, wie wir unsere Lebensthemen, das, was uns über all die Jahre so wichtig war, im eigenen Zuhause wiederfinden können. Vielleicht ist es sinnvoll, kleine Inseln für Gewohnheiten zu schaffen und die eigenen Räumlichkeiten, wenn möglich, nach den unterschiedlichen Bedürfnissen zu strukturieren, ob es dabei nun um Begegnungen oder Rückzug, um Bewegung oder Ruhe, um Genießen oder Arbeit geht.

> **Denkanstoß**
>
> Was bedeutet für Sie Gemütlichkeit? Ein bequemer Sessel, stimmungsvolles Licht, eine warme Atmosphäre? Haben Sie einmal mit Ihren Freunden darüber gesprochen? Wie können und wollen Sie es sich gemeinsam gemütlich machen?

Nicht vergessen werden darf dabei freilich, dass nur wenige Menschen in einer altersentsprechenden Wohnung leben. Nicht umsonst wird von grauer Wohnungsnot der Rentner gesprochen: Nicht der Wohnraum selbst fehlt, er ist aber für ihre Situation nicht wirklich angemessen. In meiner Sprechstunde für Hochbetagte erzählen mir Menschen immer wieder, dass sie sich auch deshalb einsam fühlen, weil sie durch ihre körperlichen Gebrechen ihre Wohnung, die im ersten oder in einem höheren Stock liegt und zu der es keinen Fahrstuhl gibt, nicht mehr verlassen können. Zudem sehen sich viele Rentner mit steigenden Mietpreisen konfrontiert; dies dürfte noch schlimmer werden, wenn die geburtenstarken Jahrgänge in Rente gehen und mehr barrierefreie Wohnungen benötigt werden. Unsere Politiker, aber auch jeder Einzelne sollte sich mit dieser Thematik beschäftigen und darauf achten, wie er als Nachbar oder freiwillig Engagierter oder Familienmitglied helfen kann.

Sinn und Dasein
Nachdem wir ins Loch gefallen und wieder herausgekommen sind, nachdem wir einen Ort der inneren und äußeren Vertrautheit gefunden haben, den wir vielleicht Heimat nennen, nachdem wir die Leere überwunden und uns für Neues geöffnet, dem Hinterfragenden den Mutmacher zur Seite gestellt haben, werden wir feststellen, dass uns bei all dem geholfen hat, einen Sinn zu haben. Dabei kann es zunächst einmal verunsichern, die Sinnfrage zu stellen. Oft stellt sie sich selbst gerade dann, wenn wir in einer Krise stecken und nicht recht wissen, wie wir da wieder herauskommen. Wie schaffen wir es, mit Sinn die Leere zu füllen?

Vielleicht versuchen wir es einfach einmal mit einem ruhigen, offenen, gar nicht zielgerichteten, neugierigen Beobachten. Einmal saß ich mit einem Freund am Meer, und wir sprachen über Sinnfragen des Lebens. Eine Möwe setzte sich ein paar Meter von uns entfernt auf den Steg, streckte ihren Kopf zur Sonne, schaute auf das Wasser, putzte sich das Gefieder, schaute auf uns, wieder auf das Wasser und dann in die Ferne. Weiter tat sie nichts; ihr Dasein schien für sie allein Grund genug. Sie stellte keine Fragen, wie wir es gerade taten, sie beobachtend: Machte das, was die Möwe gerade tat, Sinn?

Machte ihr Leben Sinn? Wer konnte das beantworten? Und wer mochte es bezweifeln? Wir kamen zu dem Entschluss, dass es wahrscheinlich schlicht Sinn macht, ein Vogel zu sein, ein Grashalm zu sein, ein Mensch zu sein. Und wir stimmten darin überein, dass wir bei all diesen ungeklärten Fragen einfach mal ein Stück weit vertrauen müssen, ganz ohne Antworten zu finden und im Bewusstsein, nicht allmächtig zu sein. Ganz ohne Druck hier zu sitzen und den hübschen Vogel und die Oberfläche des Wassers zu betrachten machte es uns leicht, diese Gedanken und Gefühle in sich ruhen zu lassen und in unserem Inneren ein großes Ja zu formulieren. Gleichzeitig wussten wir, dass es an einem anderen Ort, in die Hektik des Alltags, vielleicht auch in Konflikte mit lieben Menschen verstrickt, nicht so leicht sein würde, diese Fragen zu beantworten. Aber das tat der Ruhe, in der wir uns fanden, keinen Abbruch.

Weiterführende Literatur

Alekandrowicz, P., Fasang, A., Schömann, K., & Staudinger, U. M. (2010). Die Bedeutung der Arbeit beim vorzeitigen Ausscheiden aus dem Arbeitsleben. *Zeitschrift für Gerontologie und Geriatrie, 5*(2010), 324–329.

Backes G. M., & Clemens, W. (2021). Grenzgänge zwischen Erwerbsarbeit und Ruhestand. *Zeitschrift für Gerontologie und Geriatrie, 54,* 727–728.

BAGSO Bundesarbeitsgemeinschaft der Seniorenorganisationen. (2019). Berufsende in Sicht ?! Annäherung an eine neue Lebensphase bagso Ratgeber. Bonn. https://www.bagso.de/fileadmin/user_upload/bagso/06_Veroeffentlichungen/2019/BAGSO_Ratgeber_Berufsende_in_Sicht_barrierefrei.pdf.

Brenke, K. (2013). Immer mehr Menschen im Rentenalter sind berufstätig. *DIW Wochenbericht, 6,* 3–12.

Bude, H. (2024). *Abschied von den Boomern.* Hanser.

Bundesanstalt für Arbeitsschutz und Arbeitsmedizin (BAuA). (2020). Stressreport Deutschland 2019. Psychische Anforderungen, Ressourcen und Befinden. 1. Aufl. Dortmund/Berlin/Dresden. https://www.baua.de/DE/Angebote/Publikationen/Berichte/Stressreport-2019.pdf?__blob=publicationFile&v=3.

Cohen, G. D. (2009). *Geistige Fitness im Alter – so bleiben Sie vital und kreativ.* Deutscher Taschenbuch Verlag.

De Beauvoir, S. (2000). *Das Alter.* Rowohlt.

Ehrlich, U., Minkus, L., & Hess, M. (2020). Einkommensrisiko Pflege? Der Zusammenhang von familiärer Pflege und Lohn. *Zeitschrift für Gerontologie und Geriatrie, 53*(1), 22–28.

Friedrich, K. (2005). Ältere Menschen – biographische Ein- und Ausgrenzungen im Lebensverlauf. *Berichte zur deutschen Landeskunde, 79*(2/3), 341–352.

Friedrich, K. (2021). *Sozialgeographie des Alterns*. Franz Steiner Verlag.

Hammer, E. (2010). *Das Beste kommt noch: Männer im Unruhestand*. Herder.

Handschuh, G. (1990). Brauchtum – Zwischen Veränderung und Tradition, In: Bundeszentrale für politische Bildung (Hrsg.): *Heimat. Analysen, Themen, Perspektiven. Schriftenreihe der Bundeszentrale für politische Bildung*, Bd. 294/1), S. 635.

Hermann, M.-L. (2023). *War das schon alles? Babyboomer jenseits der Lebensmitte*. Psychosozial-Verlag.

Kruse, A. (2005). Selbstständigkeit, Selbstverantwortung, bewusst angenommene Abhängigkeit und Mitverantwortung als Kategorien einer Ethik des Alters. *Z Gerontol Geriat, 38*, 223–237.

Mergenthaler, A. et al. (BIB). Vom Ruhestand zu (Un-)Ruheständen- Ergebnisse der Studie „Transitions and Old Age Potential" (TOP) von 2013 bis 2019. https://www.bib.bund.de/Publikation/2020/pdf/Vom-Ruhestand-zu-Un-Ruhestaenden.pdf;jsessionid=66F47E58F06CA655BA4543AD3E9C51C4.intranet662?__blob=publicationFile&v=2. Zugegriffen: 30. Aug. 2023.

Schröder-Kunz, S. (2019a). *Generationen gut führen – Altersgerechte Arbeitsgestaltung für alle Mitarbeitergenerationen*. Springer Gabler.

Schröder-Kunz, S. (2019b). *Gutes Leben und Arbeiten in der zweiten Lebenshälfte – Frühzeitig den Weg ins Älterwerden gestalten*. Springer.

Schröder-Kunz, S. (2020). *Älterwerden in Krisenzeiten. Chancen nutzen, Risiken vermeiden*. Springer.

Tesch-Römer, C., Wahl, H.-W., Rattan, S., & Ayalon, L. (2021). *Successful Aging: Ambition and Ambivalence*. Oxford University Press.

Vaillant, G. E., & Mukamal, K. (2001). Successful aging. American Journal of Psychiatry, 158(6), 839–847.

6

Die besondere erste Zeit im Ruhestand

Wir haben unseren Abschied gestaltet, haben den letzten Arbeitstag vielleicht mit einem mulmigen, vielleicht mit einem freudigen Gefühl durchlebt und finden uns nun trotz aller Vorbereitung, trotz aller Gedanken und unserer mentalen Auseinandersetzung mehr oder weniger von einem Tag auf den anderen im Ruhestand. Einmal ist der Schritt getan, hat man zum letzten Mal seinen Arbeitsplatz verlassen. Jetzt beginnt das Neue.

Zunächst einmal geht es darum, im neuen Lebensabschnitt anzukommen. Das bedeutet auch, eine neue Balance zu finden. Es ist eine Zeit des Entdeckens, oft bei aller Spannung, ja gar Aufgeregtheit eine Phase der Ruhe und des Nichtstuns. Jetzt geht es aber auch darum, eine Achtsamkeit für das eigene Leben zu entwickeln. Der berufliche Rhythmus fällt weg. Wir genießen die neue Freiheit, fühlen uns aber auch ein wenig merkwürdig, weil die alten, Jahrzehnte lang gepflegten Gewohnheiten des beruflichen Alltags nun nicht mehr gelten. Es ist anders als sonst jedes Jahr, wenn der Urlaub begann. Manchen befällt da eine Unruhe. Es ist wichtig, dass diese nun nicht mit übermäßiger Geschäftigkeit überdeckt wird.

Nach dem Eintritt in den Ruhestand müssen wir uns erst einmal umschauen, uns neu sortieren und orientieren. Wir sind angekommen – was nun? Es ist nicht wie sonst, dass wir nach ein paar Wochen wieder in den Betrieb zurückkehren werden. Eine neue Lebensphase liegt vor uns, und sie kann durchaus die längste unseres Lebens sein. Was erwartet uns da? Es ist eine spannende Zeit mit faszinierenden Facetten des Alters und reichhaltigen Erfahrungen.

Wir fragen uns also, wie unser Leben in den nächsten Jahren aussehen wird. Wie wird es sein, wenn wir bereits einige Jahre im Ruhestand hinter uns haben? Welche Erfahrungen werden wir dann gemacht haben? Wird der Wegfall des Arbeitsalltags immer noch zu spüren sein oder wird uns das wie eine lange zurückliegende Epoche vorkommen, an die wir Erinnerungen haben, die aber längst nicht mehr in unser Leben hineinspielt? Wir werden Veränderungen an uns feststellen, sei es in unserem körperlichen und geistigen Zustand, in unseren sozialen Kontakten oder in der Gesellschaft, in der wir leben, und wir werden wissen, dass noch weitere kommen werden. Manche Gewohnheiten haben sich dann im Rückblick geändert, andere werden es noch tun. Vielleicht wird sich das Alter unabhängig vom Ruhestand auch schon bemerkbar gemacht haben; zumindest werden wir wissen, dass das früher oder später der Fall sein wird.

Doch jetzt stehen wir am Anfang, noch nicht an einem Punkt, von dem aus wir bereits auf gewisse Erfahrungen mit dem Ruhestand zurückblicken. Wir haben noch alles – all das, was diese späte Lebensphase betrifft – vor uns. Diese erste Zeit ist ganz wichtig. Sie ist etwas Besonderes, vielleicht Aufregendes, ein sich ankündigendes Dauerhaftes. Nicht alle, womöglich sogar die wenigsten werden mit völliger Ruhe und Gelassenheit in den Ruhestand treten. Wir haben nun unseren wohlverdienten Freiraum. Freiheit und Verantwortung gehen nun auf besondere Weise Hand in Hand. Haben wir uns unsere Offenheit bewahrt, ja sie vielleicht überhaupt erst in breitem Maße erschlossen, kann sie nun zu einer Tugend unseres Älterwerdens werden und uns lebendiger machen. Das Alter wird dann keine fragwürdige Faszination mehr sein. Spannend ist jetzt, wie wir als frisch gebackene Ruheständler diese lange Lebensphase gestalten werden.

6.1 Ruhestand im Wandel

Heutzutage ist der Ruhestand als eine eigene Lebensphase fest etabliert. Ohnehin wird Alter als eigenständige Lebensphase in der Regel mit dem arbeitsfreien, durch Rentenbezug finanzierten Ruhestand eng verbunden angesehen. Dabei hat sich zwischen der Bismarck'schen Invaliditäts- und Altersversicherung von 1888 und dem Drei-Säulen-Modell (Gesetzliche Rentenversicherung, Betriebliche Altersvorsorge, Private Altersvorsorge) im wiedervereinigten Deutschland dieser Teil der Sozialversicherung immer wieder verändert. Anfangs handelte es sich um eine Absicherung durch eine Alters- und Invaliditätsversicherung. Da der Rentenanspruch an sich erst mit 70 Jahren bestand, gingen viele über die Invaliditätsversicherung in den

Ruhestand, weil sie einfach nicht mehr arbeiten konnten. Diese Form der Alterssicherung erreichte aber ohnehin bei Weitem nicht alle, die Renten waren sehr niedrig, und angesichts der im Vergleich zu heute deutlich geringeren Lebenserwartung kamen viele nicht oder nicht lange in den Genuss dieser Leistung. Zu größeren Änderungen bei der institutionalisierten Alterssicherung kam es dann erst nach dem Zweiten Weltkrieg. Mit der Rentenreform stieg die Zahl derer, die von dieser Form der institutionalisierten Alterssicherung erfasst wurden, wie auch die Höhe der Renten. Mit gleichzeitig steigender Lebenserwartung wurde der Ruhestand so zu einer Lebensphase, die die Einzelnen durchaus für sich erwarten und auch entsprechend planen konnten.

Seither ist es weiter zu einigen Rentenreformen gekommen, die zusammen mit der demografischen und der gesamten sozioökonomischen Entwicklung zu deutlichen Änderungen geführt haben. Die Altersgrenze wurde gesetzlich erhöht. Ohnehin ist das Lebensalter, in dem in den Ruhestand gewechselt wird, angestiegen, da ein früherer Ausstieg aus dem Berufsleben in den letzten Jahrzehnten erheblich erschwert wurde und mit finanziellen Nachteilen verbunden ist. Zusammen mit der besseren Gesundheit älterer Menschen und den oft weniger körperlich belastenden Jobs hat sich zudem der Erwerbstätigenanteil im Rentenalter erhöht. Zwar ist nur ein Teil davon finanziell motiviert, die weiter steigende Zunahme hat jedoch durchaus mit der wachsenden Altersarmut oder zumindest den relativen Einkommensverlusten beim Übergang in den Ruhestand zu tun. Eine Rolle spielen aber auch ein veränderter Arbeitsmarkt sowie die insgesamt bessere Gesundheit und Bildung der heutigen Älteren.

Insgesamt hat der Ruhestand heute ein ganz anderes Gesicht als noch vor 30 Jahren. Nicht nur, weil er für die meisten Menschen länger dauert und nicht selten, zwanzig, dreißig, manchmal (bei einem frühen Übertritt) sogar vierzig Jahre dauert. Nein, es gibt auch ganz neue Möglichkeiten in der heutigen Gesellschaft: Angebote rund um körperliche und geistige Tätigkeiten, soziale Kontakte und Aufgaben, auf die wir Lust haben und die wir zeitlich unseren Bedürfnissen anpassen können. Zugleich kann nun der Blick mehr auf uns selbst gerichtet werden, auf unser Leben, das, das hinter uns liegt, und das, das noch vor uns liegt. Der Ruhestand ist längst nicht mehr nur ein Anhang, sondern eine zu gestaltende ganz eigene Lebensphase.

Und noch ein Unterschied ist gravierend: Die neuen Ruheständler werden so sehr gebraucht wie nie zuvor. In einer Gesellschaft, die immer mehr Ältere hat, bieten die „silbernen Jahre" nicht nur viele Möglichkeiten, sondern bringen auch eine Menge Verantwortung mit sich. Das gilt gerade auch mit Blick auf die jüngere Generation. Eines ist auf jeden Fall sicher: Die nachberufliche Lebensphase war noch nie so spannend wie heute, und die neuen Alten kommen.

Ruhe in einer unruhigen Zeit?
Pandemie, Klimakrise, Terrorismus, ungerechte Ressourcenverteilung über den Globus hinweg, Flüchtlingsströme, politische Führer, die den Weltfrieden bedrohen … Wir leben in einer unruhigen Zeit. Auch wenn wir alle wissen, dass eine dauerhafte, sich nicht verändernde Ordnung niemals da war und sich nie einstellen wird, scheint doch vieles in den vergangenen Jahren regelrecht aus den Fugen geraten zu sein. Die Älteren von uns wissen, dass nach dem Zweiten Weltkrieg in Europa eine lange Friedensperiode einsetzte – länger als je zuvor in unserer Geschichte. Da kommt nach all den Jahren, in denen wir uns gesellschaftlich deutlich weiterentwickelt haben, in denen wir das Thema Vielfalt und soziales Miteinander mehr als je zuvor in den Schulen und Bildungsbereichen gefördert haben, leicht eine große Traurigkeit, vielleicht sogar Schwermut auf angesichts der aktuellen Entwicklungen. Stehen uns deutliche Rückschritte bevor? Werden wir uns in den nächsten Jahren und Jahrzehnten auf Ereignisse einstellen müssen, die den Frieden und die durch ihn ermöglichte Ruhe Vergangenheit werden lassen? Die Geschwindigkeit, mit der sich diese Veränderungen vollziehen, ist erschreckend. Wie werden unsere Kinder und Enkelkinder in dieser Welt leben? Wie all die anderen Menschen, die zu einem großen Teil unseren Wohlstand gar nicht kennen, aber schon viel unmittelbarer von schwerwiegenden Entwicklungen betroffen sind? Denken wir an die Auswirkungen des Klimawandels, an die vielen kleinen und nicht mehr so kleinen Kriege …

Ruhe! Ich wünsche mir Ruhe. Die Versuchung ist groß, die Nachrichten auszuschalten und zu ignorieren, was um uns herum geschieht. Wir möchten doch einfach nur Ruhe finden. Und doch können wir uns nicht aus dem Weltgeschehen herausnehmen – nicht wir als (reiche westliche) Gesellschaft und nicht wir als Individuen, die in diese Gesellschaft eingebunden sind. Jeder von uns hat verschiedene Möglichkeiten und Ressourcen, um, und sei es nur ein kleines Stück, zu helfen. Eine kleine Spende in Krisenregionen kann für einen Menschen, der dort unter schweren Umständen lebt, viel bedeuten. Darüber hinaus aber müssen wir uns selbst immer wieder kritisch hinterfragen mit unserem Lebensstil und unserem Luxus, den wir, seit vielen Jahren gewohnt, letztlich oftmals nur zulasten anderer pflegen können. Es ist nicht leicht und doch unsere Aufgabe, nachhaltige Wege zu finden – im sozialen wie im Umweltbereich, in unserem Land und im globalen Zusammenhang. Und weil das nicht einfach ist, weil wir uns gerade als Einzelne dabei rasch überfordert fühlen, will sich die Ruhe weiter nicht einstellen.

Was wird aus dem „wohlverdienten" Ruhestand in Krisenzeiten? Nun wird plötzlich nicht nur darüber gesprochen, ob die Rente reicht, sondern auch darüber, wie niedrig die Temperatur in den Räumen sein kann, in denen man sitzt. Es geht um Verzicht, und nun nicht mehr nur im Sinne einer Transformation, die angesichts des Klimawandels ansteht, über deren Gestaltung aber noch gestritten wird, nein, jetzt auch unmittelbar, bereits hier und heute. Auf was können wir verzichten und wie gehen wir damit um, wenn die späte Lebensphase von schweren Zeiten geprägt ist?

Von der „hässlichen Unfreiwilligkeit" spricht Elisabeth von Thadden in einem Artikel in der Zeit vom 28.07.2022 (Nr. 31/2022). Damit kommt gut zum Ausdruck, wie es uns anmutet, wenn uns nun Knappheiten bedrängen, wie wir sie seit vielen Jahrzehnten mit ihrem insgesamt doch steten Wohlstandswachstum nicht mehr kannten und die wir uns, obwohl wir angesichts des Klimawandels seit Jahren davon sprechen, nicht selbst, freiwillig auferlegen. Dabei ist im „Familiengedächtnis" noch sehr gut präsent, was Krieg, Tod, Hunger, Flucht und Entbehrung bedeuten. Im Grunde ist das, was wir als Normalität sehen und nun so empfindlich bedroht wird, historisch neu. Von Thadden zeigt das gut mit Beispielen des früheren Lebensstandards. Viele der heutigen Selbstverständlichkeiten bestehen erst seit einigen Jahrzehnten, manche erst seit Jahren, und trotzdem erscheint es uns nur schwer vorstellbar, darauf verzichten zu müssen. Neben den unmittelbaren Folgen geht es aber gerade auch darum, dass Knappheit unfrei macht. Was sich daraus an Konsequenzen ergibt, gründet nicht auf unserer eigenen Entscheidung. Dabei wird oft übersehen, wie von Thadden betont, dass solide staatliche und gesellschaftliche Institutionen durchaus für eine gewisse Stabilität sorgen und so einen Spielraum für das eigene Handeln schaffen. Allerdings fliegt nun der „Deal mit der Behaglichkeit" auf. Haben wir uns zu sehr eingerichtet? Aber ist, wie die Philosophin Agnes Heller sagt, Unzufriedenheit nicht ohnehin ein wesentliches Merkmal moderner Gesellschaften?

Welche spezifischen Zusammenhänge gibt es nun mit dem Alter? Wie wir wissen, ist Altersarmut immer mehr ein Thema. Beunruhigende Sorgen beherrschen nicht selten die Lebensphase, die ihrem Namen nach doch ein Ruhestand sein soll. Angesichts des Ukrainekriegs und seiner Folgen sind von den drastisch gestiegenen Kosten nicht zuletzt viele Ältere schwer getroffen, besonders dann, wenn keine Rücklagen bestehen. Aber auch mental erschüttern die veränderte Lage, das schreckliche Geschehen sie nicht selten zutiefst. In meinen Beratungen und Begleitungen wird das immer wieder deutlich. Bei manchen Hochbetagten kommen noch einmal die schlimmen Erinnerungen an den Zweiten Weltkrieg und seine Folgen hoch, sie erkennen sich in dem Schmerz der Ereignisse wieder. Schwere Erschütterungen erleiden aber auch, gerade bei den jungen Alten, die Überzeugungen, die sich in einem ganzen Leben herausgebildet und als stabil, als dauerhaftes Ergebnis einer Entwicklung gegolten haben. Lösen sich friedenspolitische und antimilitärische Standpunkte, so wohlbegründet sie waren, nun in Luft auf? Oder bleiben sie, wenn auch verändert, erhalten? Das sind keineswegs nur Fragen junger Menschen, sondern sie betreffen gerade auch Leute, die vor oder gerade erst im Ruhestand sind, sind es doch nicht selten ihre Überzeugungen, die sich nun herausgefordert sehen. Auch damit müssen wir uns, zusätzlich zu unserer Hilflosigkeit, zu unserer Trauer und Wut, auseinandersetzen. Mit der Ruhe scheint es da erst einmal dahin zu sein.

Schon länger ist ein weiteres, großes Problem im Bewusstsein: der Klimawandel. Wir wissen um die Veränderungen, die schweren Schäden, die dadurch entstehen werden, ja jetzt schon sich zeigen. Wir wissen auch um die Ursachen, ebenso um die Dringlichkeit, endlich die erforderlichen Maßnahmen zu ergreifen. Aber auch hier fühlen wir uns als Einzelne weitgehend hilflos. Hier kommt gerade der Aspekt der Nachkommenschaft ins Spiel, die Frage, welches Erbe wir den zukünftigen Generationen hinterlassen. Die Verantwortung, die wir hier haben, wird kaum jemand abstreiten. Ein Umdenken und ein entsprechendes Handeln sind unverzichtbar. Unbequemlichkeiten, wir wissen es, sind unverzichtbar.

Zunächst ist es daher wichtig, unsere psychische Widerstandskraft – Stichwort Resilienz – zu stärken. Das geschieht natürlich gerade nicht dadurch, dass wir die Augen verschließen vor dem, was um uns herum geschieht. Wir können und dürfen uns im Ruhestand nicht in Sicherheit wiegen, wir dürfen auch nicht die Verantwortung von uns weisen. Wir müssen aber eine gewisse Stabilität finden. Dazu ist es erforderlich, die Aufmerksamkeit auf sich selbst zu richten. So muss ich erstens akzeptieren, dass der Klimawandel nur aufzuhalten ist, wenn alle mithelfen. Das bedeutet, dass ich selbst auch auf das eine oder andere verzichte. Zweitens ist es wichtig, dass ich im Wissen über mein langes Leben und mich selbst mir zutraue, den Verzicht gestalten und auch aushalten zu können. Drittens braucht es eine neue Achtsamkeit im eigenen Leben. Ich muss mir selbst immer wieder bewusst machen, welche Auswirkungen mein eigener Ressourcenverbrauch hat und wo ich ihn vielleicht einschränken kann. Viertens aber gilt es, in dieser Achtsamkeit und Neuorientierung positiv zu bleiben. Ich darf mich nicht von der Größe des Problems, das ja ein globales ist, schrecken lassen. Natürlich rettet kein einzelner Mensch durch sein Verhalten das Klima. Aber jeder kann und sollte seinen Beitrag leisten, denn nur so könnte es gelingen. Es braucht einen optimistischen Blick, und er ist ja berechtigt: Die Welt wird, so klein im Ganzen gesehen mein Beitrag sein mag, dadurch ein Stück weit besser. Wir müssen uns bewusst machen: Das Glas ist halb voll und nicht halb leer.

Der Ruhestand ist, das machen diese Ausführungen deutlich, keine Lebensphase, die neben oder gar außerhalb der Gesellschaft stattfindet. Im Gegenteil: Die Älteren werden, wie ich hoffentlich zeigen konnte, gebraucht. Sie haben eine Verantwortung, die sie mit dem Ausscheiden aus dem Berufsleben nicht ablegen. Sie haben aber auch das Recht voller Teilhabe. Der Ruhestand ist, auch in gesellschaftlicher Hinsicht, eine vollgültige Lebensphase, wenngleich natürlich – wie jede andere auch – mit ihren Besonderheiten. Er will gestaltet werden. Dabei hat er viele Aspekte, an denen wir ansetzen sollten, wenn wir nach einer sinnvollen Vorbereitung den Schritt getan haben und uns nun im Ruhestand wiederfinden.

6.2 Die erste Zeit des Ruhestands

Es ist geschafft, die wichtigsten Unterlagen im Büro wurden übergeben, die Abschiedsfeier ist gelungen, wir sind ein letztes Mal als Berufstätiger aus dem Gebäude gegangen, das über viele Jahre unser Arbeitsplatz war. Körperlich oder materiell liegt das Berufsleben hinter uns. Aber mental? Viele Gewohnheiten und Rituale werden noch in uns schlummern. Das sogenannte „Leibgedächtnis" wird uns immer wieder an den alten Rhythmus erinnern. Morgens wachen wir auf und denken vielleicht zunächst daran, dass wir uns sputen müssen, um rechtzeitig zur Arbeit zu kommen. Abends wollen wir noch unsere Kleider für den nächsten Tag rauslegen, damit wir am Morgen ein paar Minuten länger im Bett bleiben können. Die Stimme der Kollegin oder des Kollegen, mit der ich eng zusammengearbeitet habe, ist noch in meinem Kopf, und ich denke, jeden Augenblick ruft sie an, um mir Neuigkeiten vom gemeinsamen Projekt zu erzählen. Die Pflanze im Gang vor meinem Arbeitsplatz, der wir uns über die Jahre hinweg mit regelmäßigem Gießen und Düngen angenommen hatten, ist auf einmal vor meinen Augen, und ich frage mich, ob sich Frau Müller wirklich darum kümmert, so wie sie es versprochen hat.

Die ersten Monate, vielleicht sogar Jahre in der neuen Lebensphase des aktiven Ruhestands sind gewissermaßen nochmals eine Phase der Vorbereitung. Denn alles, was wir uns zuvor ausgemalt haben, alles, was umzusetzen wir uns vorgenommen haben, wird nun Realität – oder auch nicht. Wir können feststellen, ob unsere Erwartungen sich erfüllen, ob wir uns darin wohlfühlen oder ob es anders ist als ursprünglich gedacht. Letztlich bleibt das, was wir uns während des Arbeitslebens überlegt haben, was wir tun können, nur eine Hypothese. Die Vorstellung davon, wie es sein wird, wenn man nicht mehr arbeitet, kann weit von dem entfernt sein, wie es dann ist. Das Denken mit der Realität abzugleichen, ist letztlich nichts anderes als ein Ausprobieren. Manche unserer Erwartungen werden enttäuscht werden. Auch wenn in der Literatur und in diesem Buch empfohlen wird, etwa drei Jahre vor dem Berufsleben mit der Vorbereitung für den Ruhestand zu beginnen, gelingt das oftmals nur zum Teil und erfolgt nur beiläufig; oftmals kommen so nur kleine Gedankenbilder heraus, kein größerer oder gar umfassender Plan. Zwar haben wir oben gesehen, wie wichtig es ist, dies in Angriff zu nehmen, aber die Dichte des Arbeitslebens lässt oftmals keine Kraft, um zusätzlich Neues bereits auszuprobieren oder großartig und solide zu planen.

Umso wichtiger ist schließlich die Anfangszeit im Ruhestand. Für viele ist es ohnehin erst einmal wichtig, sich zu erholen, Körper und Geist ausruhen zu lassen. Erstaunlich ist übrigens, dass es über die erste Phase des nachberuflichen Lebens bisher wenige Studien gibt. Und doch ist die Frage wichtig, wie es den Menschen in dieser ersten Zeit geht.

Geprägt wird sie zum Teil davon, wie die anderen nun mit uns umgehen. Wir dürfen damit rechnen, immer wieder auf den eben begonnenen Ruhestand angesprochen zu werden: „Was machst du denn jetzt den ganzen Tag?" Das mag nun wirklich interessiert oder einfach nur situationsangemessener Smalltalk sein, und doch können viele, die eben dabei sind, sich im noch jungen Rentnerdasein einzurichten, kaum anders, als eine gewisse Skepsis herauszuhören. Es ist gar nicht so leicht, souverän darauf zu reagieren. „Was sage ich? Muss ich mich schämen, weil ich nun kein wertvolles Etikett mehr trage? Schweige ich? Lüge ich und versuche ein Hobby von mir als etwas Hochwertiges zu verkaufen?" Diese Frage stellte sich eine Frau, die eben aus dem Arbeitsleben geschieden war. Sie hatte sich entschlossen, zu sich selbst zu stehen, die – vielleicht nur eingebildete Skepsis – auszuhalten. Und tatsächlich ist sie mit sich im Reinen: Sie spürt, dass ihr Körper und ihr Geist nun endlich zur Ruhe kommen, dass es guttut, so wie es ist. Sie ist dankbar und freut sich über all das, was körperlich und geistig noch geht. Mehr und mehr hat sie sich an diese Fragen von Außenstehenden gewöhnt und ist manchmal sogar ein bisschen neugierig, welche Vorstellungen Menschen, die ihr begegnen, vom Ruhestand haben.

Die Selbstbewertung spielt hier eine Rolle: Fühle ich mich stark? Fühle ich mich schwach? Der alte Leistungsgedanke rührt sich vielleicht und verbreitet schlechte Stimmung: Ich bin nicht mehr stark, nicht mehr interessant, weil ich (beruflich) nichts Spektakuläres, Interessantes oder Wichtiges mache. Manche empfinden sich als untätig, was den einen zu schaffen macht, während andere ganz gut damit zurechtkommen, es genießen und sich dabei interessiert selbst beobachten – eben neue Erfahrungen machen. Vielsagend ist es schon, wenn mit Mitte sechzig Ruhe als etwas Ungewohntes erlebt wird, sei es nun etwas Angenehmes oder Unangenehmes.

Aber es gibt natürlich auch neben dem nunmehr zurückliegenden Beruf tatsächliche oder mögliche Veränderungen, die man nun ins Auge fasst und die beunruhigen, sprich einen um jene Ruhe bringen, die man sich doch im Grunde erhofft. Das kann Sorge um die eigene Gesundheit sein – keineswegs alle sind körperlich fit, wenn sie in den Ruhestand wechseln – oder auch die Angst um den ebenfalls älter werdenden Partner. Der neue Lebensabschnitt hat noch keine feste Struktur, die Halt gäbe, und das kann verunsichern. Andererseits eröffnet sich ein neuer Raum für Aufmerksamkeit, etwa wenn man nun an sich selbst Dinge beobachten kann, gewisse Veränderungen, die im stressigen Berufsleben nicht aufgefallen sind. Kann man dabei wieder zu etwas Ruhe gelangen, hilft dies, sich stärker auf seine Selbstverantwortung hin zu orientieren und sich selbst Gutes zu tun.

Die Gedanken und Gefühle rund um den Eintritt in den Ruhestand sind oftmals ambivalent. Nachdem wir – noch mitten im Berufsleben – gehofft hatten, dass der Ruhestand uns eines Tages die ersehnte Freiheit bringt, zeigt sich bei vielen ein gewisses Unbehagen, wenn ihnen der Übergang bevorsteht. Jetzt wird es ernst. Wird das Leben wirklich so, wie ich es mir wünsche? Wäre es nicht doch schön, noch ein paar Jahre zu arbeiten? In den ersten Tagen überwiegen bei den meisten Menschen die positiven Gefühle: Niemand treibt mich an, keine Pflichten, kein Ärger. Ich kann machen, was ich will. Wird die neu gewonnene Freiheit zur Gewohnheit, stellt sich nicht selten eine gewisse Ernüchterung ein. Das sogenannte Loch kann tiefer sein, wenn man schlechter vorbereitet ist. Für viele sind Status und Macht verloren; Langeweile, das Gefühl von Nutzlosigkeit, gar Depressionen können auftreten. Aber auch Langeweile kann eine Chance sein. Aus ihr heraus kann Offenheit für Neues entstehen. Was tut mir gut, was will ich? Mehr und mehr wird der Ruhestand ohne überhöhte Erwartungen und dafür mit mehr Realismus eingeschätzt. Hier und da erhalten wir Anregungen durch andere, aber letztlich muss jeder für sich seinen eigenen Weg finden und dabei ein Gleichgewicht anstreben, das ihm guttut.

Vieles ist nun vorhersehbarer geworden, da wir weniger von anderen abhängig sind und uns keiner vorschreibt, was wir tun oder lassen sollen. Natürlich gilt es auch immer wieder Kompromisse, sei es in der Partnerschaft oder unter Freunden, zu finden. Das gilt erst recht, wenn sich für uns neue Verpflichtungen etwa in der Familie ergeben (z. B. Enkel, Einschränkungen beim Partner).

Doch letztlich haben wir jetzt mehr als je zuvor die Möglichkeit, unser eigenes Leben zu gestalten und zu bestimmen. Und genau hier finden viele Ruheständler doch noch eine große Zufriedenheit in dieser späten Lebensphase.

Die Balance im neuen Lebensabschnitt
Als Gerontologin mag ich das Wort Ruhestand. Es erinnert uns daran, dass wir nun in einer Lebensphase sind, in der es auch Ruhe und Müßiggang braucht. Dabei wird es immer wieder darum gehen, ein gutes Maß an Flexibilität einerseits und Ritualen andererseits zu finden. So kann es sinnvoll sein, regelmäßig abends um 18.00 Uhr gemeinsam zu essen, um sich, wenn man in einer Partnerschaft lebt, wenigstens einmal am Tag zu begegnen und auszutauschen. Andererseits erleben wir manchmal ältere Menschen in ihrem Alltag als starr und unflexibel. Äußern sie einerseits das Bedürfnis nach sozialen Kontakten, haben sie andererseits manchmal einen festen Tagesplan, von dem sie nur ungern abweichen. Das macht die Gestaltung des Miteinanders oder auch des eigenen Alltags oftmals schwierig. Wenn wir uns durch Rituale selbst im Wege stehen, kann das Älterwerden zu einer erstarrten Lebensweise führen. Wir sollten also gute Rituale finden und dennoch die Flexibilität im Blick behalten.

Eine ähnliche Zweiseitigkeit zeigt sich darin, wie die Theologin Margot Käßmann jüngst über die Stille geschrieben hat. Einerseits sei sie ängstigend und könne erstarren lassen; das entspricht Einsamkeit und Isolation. Andererseits schaffe sie erst den Raum, nachzudenken, Lösungen zu suchen und einen Ausgleich zu finden. So wie Stille in der lauten Welt wichtig ist, so ist es Ruhe im umtriebigen Alltag. Sie möchten mehr Ruhe in Ihr Leben bringen? Sie möchten dem Ruhestand etwas von seiner Wortbedeutung abgewinnen? Dann wird es oftmals darum gehen, sich zu fokussieren und so zu mehr Achtsamkeit zu kommen. Wie kann das gelingen? Vielleicht dadurch, dass Sie immer wieder einmal die Augen schließen, um das, was Sie gerade tun, konzentrierter erfahren zu können. Ich meine natürlich nicht das Autofahren, sondern etwa den Moment, wenn Sie eine Tasse Tee trinken oder im Garten sitzen und einem zwitschernden Vogel lauschen. Blenden Sie so für einen Moment die optischen Wahrnehmungen aus, können Sie sich besser auf die anderen konzentrieren. Zeitweise die Augen zu schließen, kann auch den Blick schärfen, wenn wir sie wieder öffnen und etwa den Vogel, den wir eben intensiver gehört haben, nun auch näher fokussieren. Jetzt gelingt die Wahrnehmung dieses kleinen Kerls, der da auf dem Ast umherhüpft und den Schnabel in die Luft streckt, viel konzentrierter und das Schauen ist viel intensiver.

Im Vergleich zu früher haben wir heute – nicht nur im Ruhestand – erhebliche Zeitkapazitäten. Im Berufsleben, ja im Alltagsstress mag uns das gar nicht so erscheinen. Aber wie Nils Minkmar (2018) richtig schreibt, erfordern viele Dinge des täglichen Lebens, etwa die Beschaffung von Kleidung oder Nahrung, heute nur noch einen geringen Zeitaufwand. Tatsächlich verfügen wir über eine hohe Zeitsouveränität – auch wenn das unserem Empfinden widersprechen mag. Und im Ruhestand erhöht sich diese Souveränität noch einmal. Allerdings gibt es auch viel mehr Angebote und Möglichkeiten der Alltagsgestaltung. Hier muss man aufpassen, dass die Freiheit nicht unmittelbar wieder verloren geht, indem man glaubt, gleich alles umsetzen zu müssen. Würden wir das versuchen, wäre es dahin mit der Ruhe. Nein, wir brauchen eine Balance, wir müssen das rechte Maß finden: körperlich, psychisch und sozial. Darauf werde ich noch ausführlich eingehen.

Es geht auf der einen Seite darum, diese Lebensphase mit Ruhe und einem gewissen Müßiggang zu gestalten, wozu wir nun die Freiheit haben. Gleichzeitig wissen wir, dass viele Menschen mit guter Gesundheit aus dem Berufsleben scheiden und besonders zwischen 60 und 80 ihr Leben bunt gestalten wollen. Es soll nicht nur interessant und spannend bleiben, auch geht es nicht allein darum, sich alte, bislang unerfüllte oder zurückgestellte Wünsche zu erfüllen, sondern viele frisch gebackene Ruheständler wollen etwas für ihre körperliche und geistige Fitness tun. Entsprechende Herausforderungen können für ein langes „junges" Alter sorgen. Dabei geht es nicht darum, einem Jugendwahn hinterherzulaufen, sondern um Wohlbefinden und Lebensqualität. Es gilt, eine Form der Vitalität beizubehalten, die auch die eigene Selbstständigkeit fördert.

Wenn Sie sich entscheiden, die nachberufliche Lebensphase lebendig und interessant zu gestalten, dann haben Sie heute mehr Möglichkeiten als je zuvor. Der erste Weg, um sie sich erschließen und sie nutzen zu können, ist die innere Haltung. Ersetzen Sie graue, trübsinnige Gedanken so gut es geht durch positive Worte und Bilder, die Energie hervorrufen. Dankbarkeitsübungen können bei einer optimistischen Stimmung helfen (vgl. Abschn. 10.5). Das Leben kann bunter und schöner werden, wenn wir es mit Tat und Wort entsprechend gestalten. Das zeigen uns auch Menschen mit körperlichen Einschränkungen immer wieder.

Bei all den Dingen, für die es nun eine Balance zu finden gilt, ob im physischen, psychischen oder sozialen Bereich, wird es also ganz besonders um unsere innere Haltung gehen. Das betrifft beispielsweise auch Fragen des Verzichts. Ein bewussterer Umgang mit unserem Wohlstand, der ja im Vergleich zu anderen Ländern und Gesellschaften – machen wir uns nichts vor – insgesamt sehr groß ist, legt also nahe, auch das ein oder andere Mal zu verzichten, manches nicht immer als selbstverständlich anzusehen. Ja, manches nehmen wir in seiner Selbstverständlichkeit gar nicht mehr wahr, solange es nicht fehlt. Wir können üben die vielen Annehmlichkeiten zu erkennen, auf die man nicht immer Anspruch erheben kann und sollte. Der bewusste Umgang mit dem Smartphone beispielsweise stößt bei vielen Menschen auf wachsendes Interesse. Es geht um den Wunsch, sich einzuschränken und einen besseren Überblick darüber zu haben, wie „süchtig" man tatsächlich schon ist. Forscher warnen immer wieder davor, dass die komplexen Technologien uns emotional überfordern. Immer neue Updates, Bestätigungen mit einem Like, mit einem Klick, all das kann für eine Ausschüttung von Glückshormonen sorgen, gleichzeitig aber zu einer Abhängigkeit, zu langfristiger Abstumpfung oder sogar zu Niedergeschlagenheit führen. Kleine, einfache Tricks können helfen, bewusster mit den Dingen umzugehen. So können Sie sich beispielsweise eine Box basteln, in die Sie das Smartphone hineinlegen, wenn Sie eine digitale Auszeit benötigen – und digitale Auszeiten sollte sich jeder von uns verordnen. Menschen mit anderen lästigen Gewohnheiten können dort etwa auch Süßigkeiten, Zigaretten oder anderes für eine bestimmte Zeit wegsperren. Wir müssen kreativ werden, wenn es um ein Konsumverhalten geht, das uns kurzfristig befriedigt, aber langfristig unglücklich macht und über das wir die Kontrolle erlangen wollen. Übernehmen wir hier mehr Verantwortung, gelangen wir zu mehr Freiheit. Und dazu sind wir auch im Ruhestand aufgefordert.

Einfach ist das nicht. Über all die Jahre hinweg gab es viele Dinge, die für uns selbstverständlich waren: das Auto, der Fernseher, die große Auswahl im Supermarkt, der Arzttermin, die arbeitsamen Handwerker, der Pflegedienst etc. Und meist wollen wir all diese Produkte und Dienstleistungen so schnell und so günstig wie möglich. Oft vergessen wir dabei, dass vieles nicht selbstverständlich ist und seinen Preis hat. Wenn wir uns selbst einmal mit etwas Distanz beobachten, werden wir vielleicht feststellen, dass wir in gewisser Weise ein Stück weit undankbar sind. Dabei wissen wir doch aus den Erzählungen unsere Eltern und Großeltern, dass es all diese Dinge in früherer Zeit nicht gab, dass sie zumindest nicht selbstverständlich waren, dass man sich mit weniger bescheiden musste … Machen wir uns das bewusst, können wir an unserer Anspruchshaltung arbeiten und all den Luxus, den wir in unserem Alltag von morgens bis abends erleben, als Geschenk ansehen und nicht als etwas, das uns tagtäglich in den Schoß fällt und nicht weiter gewürdigt werden muss. Jammern wir nicht oft auf hohem Niveau? Haben wir das erst einmal erkannt, können wir ein wenig von unserer fordernden Haltung abrücken und all die Annehmlichkeiten als solche wahrnehmen.

Ohnehin wird uns der demografische Wandel (vgl. Abschn. 5.2) hier wohl selbst einiges abverlangen. Er geht mit einem Fachkräftemangel einher, was sich an manchen Stellen auch in der Verfügbarkeit von Produkten oder Dienstleistungen bemerkbar machen wird, wenn es dies nicht heute bereits tut – denken wir nur an die Facharzttermine, auf die wir im Bedarfsfall vertröstet werden. Leistungsorientierte Babyboomer werden das teilweise nur schwer verstehen können und auf Leistung und Qualität pochen, die sie all die Jahre über zu finden und zu erhalten gewohnt waren. Allein, das nützt nichts. Jeder Einzelne tut gut daran, sich die neue Situation, die sich weiter verschärfen wird, vor Augen zu halten und zu versuchen, konstruktiv damit umzugehen. Wir müssen hier und da auch einmal verzichten und lernen zu teilen. Das ist aber nicht einfach nur eine Einschränkung, die uns allen zunehmend abverlangt wird, sondern auch eine Chance. Hier eröffnet sich vielleicht der Weg hin zu einem guten Miteinander und weg von dem verwöhnten Leben, das viele von uns haben. Wir müssen uns nicht gleich mit den ärmsten Ländern vergleichen, um das zu realisieren. Meckern und schimpfen nutzt nichts. Verstehen, anpassen und in den verschiedensten Bereichen verzichten lautet die Devise. Auch das ist Teil der Balance, die wir im Ruhestand finden müssen. Hinzu kommt eine neue Verantwortung – auch wenn wir beim Übergang in den Ruhestand viele Verpflichtungen hinter uns lassen, sind wir doch gerade auch jetzt dazu aufgerufen, die Verantwortung auf uns zu nehmen, die uns aus der neuen Lebensphase im Zusammenhang mit den gesellschaftlichen Entwicklungen erwächst.

> **Denkanstoß**
>
> An welcher Stelle möchten Sie auf Ihre Balance achten? Haben Sie schon erste Ideen, was oder wer Ihnen dabei helfen kann?

Verantwortung hört nicht auf – zum Glück!
Wir sind viele. Wir werden gemeinsam alt. Wir sind leistungsorientiert, haben keine Kriege erlebt und träumen vom wohlverdienten Ruhestand mit vielen sonnigen Reisen. Sind das Klischees oder entspricht diese kurze Beschreibung tatsächlich den Babyboomern und Menschen, die wir, da sie nun im Ruhestand angekommen sind oder in den nächsten Jahren ankommen werden, die neuen Alten nennen?

Das Älterwerden ist eine besonders faszinierende Lebensphase – jenseits aller mehr oder weniger eingefahrenen Vorstellungen, die man davon hegen mag. Die Jugend ist spannend, weil immer etwas Neues kommen, Unvorhergesehenes geschehen kann und immer neue Erfahrungen gemacht werden. Das Alter ist es nicht weniger, nun aber, weil wir auf viele Jahre unterschiedlichster Erfahrungen zurückblicken, die wir in unserem Leben sammeln konnten – ein bunt gefüllter Korb an Wissen über die Welt und uns selbst. Spannend ist nun vor allem, ob und wie es uns gelingt, diese Erfahrungen zu nutzen, ob für uns selbst oder für andere. Manche bringen hier Erstaunliches zuwege und scheinen gerade jetzt im Alter aus der Fülle des Lebens zu schöpfen.

Vielleicht könnte man sagen, dass es nun darauf ankommt, das Richtige zu tun; darauf, das eigene Leben sozusagen vollkommen zu machen und damit eines Tages zu *voll*enden. Es geht um das, was für uns wahrhaftig ist und was uns erfüllt. Und hier können im wahrsten Sinne des Wortes *kreative* Leistungen erbracht werden – im weitesten Sinn. Wer sich vor dem Alter nicht verschließt, der kann sich noch einmal selbst entdecken. Dazu nun haben wir im Ruhestand Zeit – und hoffentlich auch die Muße. Mehr noch sollten wir es als eine Aufgabe ansehen, denn dadurch werden wir unserer Selbstverantwortung gerecht. Sie mahnt uns, auf unsere Bedürfnisse, Werte und Fähigkeiten zu achten. Das wirft Fragen auf: Wer bin ich? Was soll ich tun? Es geht aber auch mit dem Bewusstsein einer, dass man etwas tun und, je nachdem, ändern kann. Auch da gibt es Fragen: Was kann, was sollte ich ändern? Bin ich bereit, die Konsequenzen zu tragen? Was bedeutet das für andere? Wir müssen uns Klarheit darüber verschaffen, was wir zu akzeptieren bereit sind, womit wir unseren Frieden schließen oder was wir doch noch einmal in Angriff nehmen, vielleicht anders machen wollen. Dabei geht es auch um unsere Mitverantwortung, denn unser Handeln betrifft meist nicht nur uns selbst, sondern auch andere. Was bedeutet es für sie, wenn ich aktiv werde?

Warum tragen wir (gerade im Ruhestand neu) Verantwortung? Auf wen oder was bezieht sich meine Mitverantwortung? Stellen wir uns diese Fragen mit Blick auf das Älterwerden, so rückt vor allem die demografische Entwicklung in Deutschland in den Fokus. Sie ist dadurch gekennzeichnet, dass es – und dies in zunehmendem Maße – einerseits immer weniger Jüngere und andererseits immer mehr Ältere gibt. Die Alterung der Bevölkerung zeigt sich in zwei Entwicklungen: an der zunehmenden Zahl an Menschen im Rentenalter und an ihrem steigenden Anteil an der Gesamtbevölkerung. Die Konsequenzen, die sich daraus ergeben, betreffen, wie wir aus den Diskussionen der letzten Jahrzehnte wissen, unter anderem das gesetzliche Rentensystem. Aber auch im Gesundheitsbereich entsteht durch den wachsenden Anteil der Älteren an der Gesamtbevölkerung ein Druck, der, bezogen auf Beitragsleistungen, von der jüngeren Generation zu tragen ist. Wir wissen, welche Gegenmaßnahmen ergriffen wurden: Absenken der Rente, späteres Renteneintrittsalter und eine Teilprivatisierung der Altersvorsorge. Und wir kennen die Diskussionen, die immer wieder geführt werden, wie die Probleme weiterhin in den Griff zu bekommen sind. Hüten sollten wir uns als Gesellschaft davor, Ältere gegen Jüngere auszuspielen. Und ebenso wenig dürfen wir die Augen davor schließen, dass für manche das Rentenalter ein Armutsrisiko in sich birgt.

Die Bevölkerung wird ohne Zuwanderung schrumpfen, was für Wirtschaft und Gesellschaft erhebliche Probleme mit sich bringen würde. Beispielsweise kennen wir alle die Rede vom Fachkräftemangel oder auch vom Pflegenotstand. Wird es uns angesichts dessen gelingen, verantwortungsvoll für eine gelingende Integration von Zuwanderern in unsere Gesellschaft und damit in den Erhalt derselben zu sorgen?

Zugleich ist der Anteil der „gesunden" Lebensjahre, die man in Unabhängigkeit und Selbstständigkeit verbringt, in den letzten Jahrzehnten stark angestiegen, und er wird weiter zunehmen. Wie werden wir diese Jahre verantwortlich nutzen? Studien belegen die Vielfalt des Alters. Angesichts der geringen Aussagekraft des kalendarischen Alters, also der Anzahl der Lebensjahre, sind die herkömmlichen Altersgrenzen fragwürdig. Darauf hat auch der 6. Altenbericht hingewiesen. Werden wir verantwortlich mit der Thematik Alter umgehen und imstande sein, die Vielfalt im Alter unabhängig von Jahreszahlen zu erkennen und zu würdigen?

Die zunehmende Individualisierung hat zudem eine Vielfalt innerhalb der Generationen mit sich gebracht. Die Generationen sind in sich, aber auch mit Blick auf andere Generationen deutlich heterogener als früher. Dadurch wird auch das Verhältnis zwischen den Generationen beeinflusst. Das birgt neue Chancen, und als Ältere müssen wir uns fragen: Wie gehen wir verantwortlich auf die Jüngeren zu? Werden wir ihre andere Sozialisation und Prägung verstehen? (vgl. Abschn. 9.5)

Der demografische Wandel birgt Herausforderung und Chance für jeden Einzelnen: Werden wir älter, so sollten wir auch länger aktiv bleiben. Zugleich lässt sich bei allen positiven Änderungen und Einstellungen nicht leugnen, dass mit zunehmendem Alter die Wahrscheinlichkeit einer Erkrankung steigt. Doch was ist Krankheit? Was Gesundheit? So widersprüchlich es auf den ersten Blick scheinen mag, sind sie nicht unbedingt Gegensätze. Ein Mensch kann eine chronische Krankheit haben, aber dennoch ein hohes Maß an Gesundheit und Wohlbefinden erreichen, indem er Strategien zur Bewältigung der Krankheit entwickelt und eine gesunde Lebensweise pflegt. Andererseits kann jemand, der keine diagnostizierte Krankheit hat, möglicherweise nicht gesund sein, wenn er zum Beispiel ständigem Stress ausgesetzt ist oder einen ungesunden Lebensstil führt. Es geht also nicht darum, sich zwischen Gesundheit und Krankheit „zu entscheiden", sondern vielmehr darum, ein Gleichgewicht zwischen körperlichem, geistigem und sozialem Wohlbefinden zu suchen. (vgl. Abschn. 7.2 und Kap. 9)

Auch wenn wir im Alter länger gesund sind – und selbst dazu beitragen können –, ist doch das Risiko gegeben, eines Tages auf Hilfe oder Pflege angewiesen zu sein. Damit werden auch gesamtgesellschaftliche Fragen relevanter denn je: Wie wird die Gesellschaft mit den vielen Menschen mit Pflegebedarf umgehen? Wie werden die Jungen die große Zahl der Pflegebedürftigen bewältigen? Wie wird die Pflegesituation in den Heimen aussehen? Welche Möglichkeiten werden geschaffen, um so lange wie möglich zu Hause selbstbestimmt leben zu können? Wird es eine neue Form der Nachbarschaftshilfe oder Ähnliches geben? Wie werden die Alten in gesellschaftliches Leben integriert? Wie gehen wir mit Leid, Sterben, Tod und Trauer um (vgl. Kap. 10) ?

Viele Fragen und viele Herausforderungen – hier sind Politik und Gesellschaft gefordert! Aber auch jeder Einzelne ist betroffen und sollte sich seine Gedanken machen. Was können wir in frühen und späten Lebensjahren tun, um Kompetenz, Selbstständigkeit und Lebensqualität zu bewahren? Schlüsselaspekte sind hier die Selbst- und Mitverantwortung. Hier kommt wieder der Aspekt des lebenslangen Lernens ins Spiel. Anders gesagt: Bildung spielt eine Rolle. Gemeint ist nicht Faktenhuberei, auch nicht das Beherrschen des ein oder anderen Bildungskanons (wenngleich sich in ihnen durchaus Wertvolles und Anregendes findet). Unter Bildung verstehe ich hier weniger intellektuelle Brillanz und schon gar nicht die Pflege von Wissen als Statussymbol oder als Karrierevehikel. Vielmehr geht es um Herzens- und Gewissensbildung.

Voraussetzung dafür ist wieder die Offenheit. Sie scheint mir unverzichtbar, wenn es einen moralischen Charakter auszubilden gilt. Damit aber lassen sich die oben gestellten Fragen am besten beantworten. Bildung meint dann gerade nicht Rückzug auf Bekanntes oder das Einrichten in einer Nische. Sie hilft vielmehr, sich auf Neues einzulassen, sich in andere hineinzuversetzen, also gerade nicht sich in den Mittelpunkt zu stellen und so zwangsläufig selbst zu überschätzen. Es bedeutet, sich irritieren zu lassen und nicht gleich auf alles eine Antwort zu haben. Als Ältere verfügen wir, es klang schon mehrfach an, über einen reichen Erfahrungsschatz. Er ist wertvoll, und wir können ihn sinnvoll einsetzen. Aber wenn wir uns dessen bewusst sind, dürfen wir nicht den Fehler begehen, zu glauben, bereits alles zu wissen. Unsere Erfahrungen können uns immer wieder ein gewisses Maß an Sicherheit geben, sie dürfen uns aber nicht in falsche Sicherheit wiegen.

Vor allem sollten sie nicht zu Selbstgefälligkeit führen – die ist nicht nur unschön, sondern auch gefährlich. Bildung im Sinne einer Öffnung kann befreiend und beglückend sein.

Verantwortung müssen wir nicht zuletzt mit Blick auf unsere Familien übernehmen. Nicht nur gesellschaftlich müssen die Jüngeren es mittragen, wenn unsere Gesellschaft immer älter wird. Auch im Rahmen der Familie ist dies der Fall. So sind viele erwachsene Kinder bereit, ihren Eltern im fortgeschrittenen Alter zu helfen und dabei auch an vielen Stellen ihr eigenes Leben zurückzustecken. Die Eltern werden sozusagen – nachdem eine Zeit lang jeder für sich ein mehr oder weniger selbstständiges Leben geführt hat – wieder zum Zentrum des eigenen Lebens. Familie ist ein erstaunliches Lebenskonzept, das über Generationen im Hilfegeben funktioniert. Die geburtenstarken Jahrgänge, die jetzt zuhauf in den Ruhestand strömen, werden jedoch im Hinblick auf die Jüngeren in einer neuen Situation sein. Nicht nur werden es so viele Ältere sein wie nie zuvor, einige von ihnen haben auch keine Kinder. Falls doch, sind die manchmal über den ganzen Globus verteilt; sie sind dann nicht immer erreichbar und auch nicht vor Ort, wenn Hilfe benötigt wird. Ohnehin ist die nachfolgende Generation meist berufstätig und hat schlicht nicht die Möglichkeit, intensiv die Eltern zu betreuen. Aber wer kümmert sich dann? Nachbarn, gesetzliche Betreuer, Alltagsbegleiter, Hausärzte, Pflegeheime, ambulante Palliativ- und Hospizdienste? Nachbarschaftliche Hilfe, ein Hausarzt, der noch Hausbesuche macht, oder ein Pflegeheim, das nicht überfüllt oder auch bezahlbar ist, lassen sich nicht immer so einfach finden. Das zeigt, wir müssen reden, dringend! Vor allem müssen wir kreativer werden.

Angesichts dieser Herausforderungen sollten wir zukünftigen Alten, deren späte Lebensphase wahrscheinlich deutlich länger sein wird als die unserer Großeltern, uns fragen, was wir bereits jetzt mit Blick auf unsere eigene Verletzlichkeit im hohen Alter tun können. Wichtig ist es – und damit schließen wir wieder an den Beginn des Kapitels an –, dass wir im Alter so lange wie möglich klar denken können. Wir sollten also unseren Kopf fit halten (siehe dazu Kap. 7).

Ebenso könnte es sinnvoll sein, sich im Sinne der Selbst- und Mitverantwortung einzugestehen, wenn die körperlichen Fähigkeiten und Reflexe so nachgelassen haben, dass die Teilnahme am Straßenverkehr mit dem Auto riskanter als früher ist. Obwohl dies mit Beginn des Ruhestands die wenigsten betreffen wird, kommt doch irgendwann der Zeitpunkt, an dem ein Umstieg auf öffentliche Verkehrsmittel ratsam ist. Diese Entscheidung wird wahrscheinlich einigen von uns nicht leichtfallen. Umso wichtiger ist es, sich frühzeitig Gedanken über solche Aspekte zu machen. Dann wird es uns auch eher gelingen, die späte Lebensphase so zu gestalten, wie es uns vorschwebt und unserer Verantwortung entspricht. D. h. es wird auch darum gehen (persönliche) Veränderungen zu erkennen und gegebenenfalls darauf zu reagieren. Im Sinne unserer Selbstverantwortung und der Verantwortung gegenüber anderen kann es in dem einen oder anderen Fall wichtig sein, von dem, was bisher ungefragt als Normalität galt, Abstand zu nehmen und Alternativen zu suchen.

> **Denkanstoß**
>
> An welcher Stelle möchten Sie über Ihre Verantwortung nachdenken? Betrifft es eher die Selbst- oder die Mitverantwortung? Fragen Sie doch mal in Ihrem Bekanntenkreis zu den oben genannten Beispielen wie lebenslanges Lernen, Hilfe bei Pflegebedarf oder Auto fahren nach. Gelingt der differenzierte Blick gemeinsam besser?

Die neuen Ruheständler – die unbekannte Generation?

Wer sind eigentlich die neuen Ruheständler? Welche ältere Generation wird unsere Gesellschaft prägen? Wem werden wir da begegnen? Wie fühlen sie sich im Älterwerden? Und was ist alt? Tatsächlich gibt es darauf keine eindeutige Antwort und ganz sicher trägt der Mensch verschiedene Alter in sich. Nicht nur das Alter der Lebensjahre, sondern auch das Alter der Organe, das Alter des Bewegungsapparates oder das Alter des Gehirns. Auch mit dem Alter der Ausstrahlung werden wir immer wieder konfrontiert, wenn der Blick auf das äußere Erscheinungsbild fällt. Und nicht zu vergessen das Alter der Erfahrungen und des damit verbundenen Lebenswissens. Dabei müssen wir aber aufpassen: Nicht immer sind Ältere erfahrener als Jüngere. Das deutlichste Beispiel dürfte etwa das Wissen im technischen Bereich sein. Bei neuen Technologien, am auffälligsten im medialen Bereich, sind Jüngere oft eher „alte Hasen" als die älteren „Greenhorns". Zugleich zeigt sich hier, dass man auch im Alter noch Erfahrungen sammeln kann – wir sehen es daran, dass auch Siebzigjährige noch beginnen, sich mit Smartphone und Ähnlichem auseinanderzusetzen. Was hat es nun aber darüber hinaus mit dem neuen Älterwerden auf sich?

Salopp gesagt ist Älterwerden auch nicht mehr das, was es einmal war. Das soll nun aber keine wertende Aussage sein. Es hat sich in den letzten Jahrzehnten stark verändert und die heutigen wie wohl auch die kommenden Älteren sind nicht mehr mit dem Bild der früheren Generationen zu vergleichen. Ältere Menschen sind heutzutage in vielen Aspekten deutlich vitaler als früher. Das betrifft nicht nur die körperliche Verfassung, sondern auch das soziale und geistige Leben. Natürlich müssen sich viele im Alter mit gesundheitlichen Beeinträchtigungen oder Veränderungen auseinandersetzen. Nicht immer sind sie vermeidbar, und bei den meisten stellen sie sich früher oder später ein. Doch sie können oft auch durch eine gesunde Lebensweise und medizinische Fortschritte verzögert oder verbessert werden. Ein weiterer wichtiger Faktor, der das neue Älterwerden prägt und auf den ich schon mehrfach hingewiesen habe, ist die Heterogenität. Mit zunehmendem Alter werden wir immer unterschiedlicher, da jeder Mensch in seinem Leben unterschiedliche Erfahrungen gemacht und sich entsprechend entwickelt hat. Die Sozialisierung in der Kindheit, die Arbeitserfahrungen im Erwachsenenleben sowie das soziale Umfeld können das Leben stark beeinflussen. Deshalb ist es wichtig zu betonen, ältere Menschen nicht über einen Kamm zu scheren – *die* Alten gibt es nicht.

Die aktuelle Generation der Ruheständler hat viel größere Freiheiten und Möglichkeiten der Selbstverwirklichung als ihre Vorgängergenerationen. Die zunehmende Individualisierung der modernen Gesellschaft ist bei ihr erstmals zur vollen Entfaltung gekommen, und das zeigt sich nun auch in ihrem Rentnerdasein. Wie wir alt werden, hängt eng mit unserer Biografie zusammen, und die ist eben bei den jetzt frischen Ruheständlern und denen, die ihnen in den kommenden Jahren nachfolgen, ganz unterschiedlich. Das müssen wir uns immer wieder klarmachen, wenn wir von den Älteren sprechen. Jeder befindet sich in seiner eigenen Lebenssituation, jeder kommt aus unterschiedlichen sozialen und kulturellen Zusammenhängen. Diese Vielfalt macht das Leben spannend, fordert uns aber auch dazu auf, besser zu kommunizieren und die Welt in ihrer bunten Vielseitigkeit so wahrzunehmen, wie sie ist.

Gibt es unter den älteren Menschen eine große Diversität, zeigt sie sich sowohl in unterschiedlichen Wertesystemen und Erwartungen als auch in verschiedenen körperlichen Alterungsprozessen und damit verbundenen Möglichkeiten. Diese Vielfalt wird in hohem Maße auch gerade von der gesunden Lebensführung und den gesellschaftlichen, wirtschaftlichen und historischen Ereignissen in den Jugendjahren beeinflusst. Insbesondere bei den jungen Alten (ca. 65 bis 80 Jahre) gibt es eine Vielzahl von Lebensstilen und Bedürfnissen. Viele von ihnen möchten sich proaktiv beteiligen und beteiligt werden, sinnvolle Aufgaben übernehmen und Sozialräume mitgestalten. Dabei spielen Familie und Verwandte eine wichtige Rolle, ebenso wie der Austausch mit Gleichgesinnten. Neue Lebens- und Wohnkonzepte werden immer wichtiger, die auf die Bedürfnisse und Wünsche der jungen Alten zugeschnitten sind. Alters-WGs sollten beispielsweise Gemeinschaftsräume oder Besucherappartements bieten, damit auch Kinder mit den Enkeln jederzeit zu Besuch kommen können.

Naturverbundenheit, Umweltbewusstsein, Kultur, Kunst und intellektueller Input sind weitere wichtige Faktoren, die für viele junge Alte von Bedeutung sind. Ältere Menschen reisen aus verschiedenen Gründen gerne. Einerseits wollen sie neue Orte und Kulturen entdecken, die sie bisher nicht kennengelernt haben. Andererseits nutzen sie das Reisen, um ihren Horizont zu erweitern und neue Erfahrungen zu sammeln. Reisen kann auch eine Möglichkeit sein, um dem Alltag zu entfliehen. Nicht nur die Zeit, sondern auch die finanziellen Mittel stehen vielen Ruheständlern zur Verfügung. Doch viele von ihnen denken auch zunehmend über ihren persönlichen ökologischen Fußabdruck nach. Flugreisen werden von immer mehr Menschen kritisch gesehen. Auch Ältere sollten sich mit ihrem Reiseverhalten auseinandersetzen und versuchen, möglichst nachhaltigere Optionen zu wählen. Ohnehin wird es bei Älteren eher nicht darum gehen, um die Welt „zu jetten", sondern bewusst Ziele auszuwählen, auf die sie sich dann auch einlassen. Das lässt sich wahrscheinlich nicht immer, aber doch im ein oder andere Fall mit dem nachhaltigen Reisen in Verbindung bringen – auch für die Älteren.

Die jungen Alten sind an vielen Stellen anspruchsvoll und setzen sich reflektiert mit ihren eigenen Lebensentwürfen auseinander. Sie möchten nicht allein leben und hilfsbedürftig sein, sie wollen nicht einsam in einer vollautomatisierten Umgebung leben. Stattdessen suchen sie nach neuen Möglichkeiten und Chancen, um ihre Lebensqualität zu verbessern.

> **Denkanstoß**
>
> Was möchten Sie im jungen, aktiven Alter erleben?
>
> - Welche besonders wichtigen und guten Erlebnisse können Sie sich vorstellen? Wollen Sie z. B. eine neue Sprache lernen, mit der sie Flüchtlingskindern helfen können? Eine Hilfsorganisation in Ihrer Nachbarschaft gründen? Im Urlaub aktiv für den Umweltschutz einsetzen und beispielsweise Müll am Strand sammeln? Ein Buch schreiben, mit dem Sie andere Menschen inspirieren?
> - Wie möchten Sie körperlich dastehen und leben? Was möchten Sie realistisch körperlich erreichen? Und was können Sie jetzt schon tun, um Ihr Ziel zu erreichen?

Dann kommt aber auch noch das hohe Alter, also die Zeit ab etwa 80 oder 85 Jahren. Was möchten wir hier noch erleben, was tun im Bewusstsein, dass wir dann wahrscheinlich irgendwann nicht mehr so mobil sind? Die späte Lebensphase ist ein weiter Bereich, sie erstreckt sich oft über einen keineswegs geringen Zeitraum, umso mehr müssen Fragen auch immer wieder gestellt und neu beantwortet, müssen die Antworten je nach Lebensphase und Möglichkeiten angepasst werden. Auch hier gilt es bereits im Vorfeld sich seine Gedanken zu machen, ohne dass dabei irgendetwas durchgeplant werden müsste. Und auch hier besteht immer ein Zusammenhang mit der Gesellschaft im Allgemeinen. Utopien und Pioniergeist sind gefragt, um eine nachhaltige Veränderung in allen Bereichen des gesellschaftlichen Lebens zu bewirken. Insbesondere mit Blick auf das Alter sind die Themen Rentensicherheit, Pflegebetreuung, Alterssicherung, Gesundheitssystem, Arbeits- und Wohnungsmarkt sowie Lebensformen im Alter von großer Bedeutung. Sie beziehen sich aber eben auf eine heterogene Gruppe mit unterschiedlichen Ausgangsvoraussetzungen. Die Babyboomer haben die Chance, ihre späte Lebensphase in einer Weise zu gestalten, für die es bislang keine Vorbilder gibt. Es geht darum, sich auf die individuellen Möglichkeiten und die damit verbundenen Ambivalenzen zu konzentrieren, die naturgemäß durch die körperlichen und kognitiven Veränderungen im Alter Bedeutung erlangen können.

> **Denkanstoß**
>
> Was würden Sie sich von und für die neuen Alten wünschen? Welchen Teil können Sie möglicherweise beitragen? An welcher Stelle möchten Sie vielleicht sogar ein Pionier sein?

Unterschiede sind Teil jeder Beziehung; beim Verhältnis der Generationen zueinander wird das besonders deutlich. Generationenunterschiede zeigen sich oftmals schon im Äußeren, etwa an der Kleidung und an Redensarten, aber auch in ästhetischen Urteilen und moralischen Vorstellungen. Dies sollte aber nicht zu Generationenklischees führen oder solche verfestigen. Denn grundsätzlich gilt: Jeder Mensch ist ein Individuum und vom anderen verschieden. Generationenunterschiede mögen ins Auge fallen, oftmals sind die Unterschiede zwischen Angehörigen ein und derselben Generation aber nicht geringer, sondern manchmal sogar größer. Beim neuen Älterwerden und der gegebenen Individualisierung ist das noch viel mehr der Fall, als es das schon immer war.

Warum macht es dann aber immer noch Sinn, von einem Lebensabschnitt, vom Alter zu sprechen, wenn er doch so heterogen ist? Nun, wir sind die erste Generation, die so alt wird wie nie zuvor. Wir tun gut daran zu überlegen und zu überprüfen, wie unsere eigenen Denkmuster beschaffen sind und wie wir uns entwickeln wollen. Es macht einen Unterschied, ob man etwa Verluste betrauert und beklagt oder ob man sie versteht. Verluste gehören zum Älterwerden dazu; durch sie werden wir nicht zu Opfern. Sie sind ein Teil der Endlichkeit, die für jeden Menschen mit seiner Geburt so sicher ist wie nichts anderes.

All das wird den Babyboomern nicht leichtfallen. Die meisten von ihnen haben nicht gelernt, mit diesen Verlusten umzugehen. Ganz im Gegenteil waren stetiger Aufbau und Leistung die Devise; für fast alles wurde eine Lösung gefunden, und eine Innovation wurde an die nächste gereiht. Aber passt dieser Ansatz auch fürs Alter? Müssen wir hier nicht umdenken? Wie können wir an unserer Haltung arbeiten?

> **Denkanstoß**
> Stellen Sie bei sich auch manchmal fest, dass immer noch etwas oben drauf kommen muss? Dass keine Lücken entstehen dürfen? Dass auf keinen Fall Mangel herrschen soll? Dann suchen Sie doch hin und wieder nach Orten, wo sie mit den natürlichen Prozessen des Lebens konfrontiert werden. Ich empfehle immer wieder einen Ausflug in die Natur. Dort erfahren wir ein ständiges Kommen und Gehen. Bewegen Sie sich mit wachem Blick durch die Welt und machen Sie sich klar, dass sich ein unablässiger Auf- und Abbau in ihr vollzieht – und das ist auch gut so. Entwickeln Sie mit Blick auf die natürlichen Veränderungen ein Gefühl für die Jahreszeiten, für den wiederkehrenden Wandel von Frühling, Sommer, Herbst und Winter: Es braucht auch die dunkle, kalte, nasse Jahreszeit, damit im Frühling die Knospen und die Blumen wieder hervorkommen.

Natürliche Anpassungsfähigkeit und die Arbeit an sich selbst

Ja, das Älterwerden bringt neue Anforderungen mit sich. Wir müssen uns daher zunehmend an die neuen Gegebenheiten anpassen. Hierauf gleich zu Anfang des Ruhestandes einen Blick zu werfen kann spannend sein, denn tatsächlich entwickeln wir im Älterwerden auch weiter Fähigkeiten der Anpassung. Man könnte auch sagen: Die Natur des Älterwerdens hat es gut mit uns gemeint. So spüren wir bisweilen, dass wir eine Situation, die wir im Alter von 30 Jahren noch als großen Verlust betrachtet hätten, jetzt mit 60 Jahren oder älter gut akzeptieren können. Das kann ein geliebter Sport sein, dem wir aufgrund körperlicher Beeinträchtigungen nicht mehr nachgehen können. Vielleicht haben wir zunächst weiter trainiert, uns mit Bandagen, Cremes oder Physiotherapie Hilfe verschafft und versucht, doch noch das eine oder andere in reduzierter Form zu erleben. Schließlich aber hat unsere körperliche Einschränkung verbunden mit Schmerzen dazu geführt, dass wir auch unsere innere Haltung und Einstellung veränderten. Wir möchten diese Anstrengung nicht mehr. Wir sagen, es ist genug, und werden somit genügsamer. Wir passen uns an unsere veränderten Möglichkeiten an.

Deutlich wird hier, dass sich unsere Bedürfnisse verändern. Fast leicht oder wie von selbst geschieht dieser Prozess. Dahinter steckt eine großartige menschliche Anpassungsfähigkeit. Sie ist nicht nur ein Potenzial, sondern auch ein Geschenk des Alters. Gemeint ist damit nicht allein, dass mit den Jahren körperliche Veränderungen ein anderes Verhalten erzwingen und wir durch eine Anpassung unserer Einstellung dem auf recht zwanglos-natürliche Weise Rechnung tragen. Sehen wir diese als eine wichtige Fähigkeit, die sich zu eigenen Gunsten einsetzen lässt, und machen wir uns diese Formbarkeit bewusst und fördern sie durch unsere innere Einstellung, kann ein glückliches und zufriedenes Leben und Arbeiten im Älterwerden gelingen.

Eine ältere Dame erzählte mit kürzlich: „Ich habe viel Schmerz ertragen, nur um sagen zu können, dass ich die Treppe noch bewältigen kann. Meine Autonomie und die Meinungen anderer waren mir wichtig. Ich wollte demonstrieren, dass ich noch selbstständig bin. Es dauerte eine Weile, bis ich für den Treppenlift bereit war – eine großartige Erfindung. Es ist schade, dass ich nicht früher dafür offen war. Aber der Mensch benötigt für solche Veränderungen offenbar auch Zeit. Sowas ist halt ein Prozess". Diese Aussage zeigt, wie wir als Menschen auf Veränderungen eingehen können und oftmals auch in einem längeren Prozess eingehen müssen. In Verbindung mit Selbstreflexion kann damit neue Erkenntnis, kann Lernen verbunden sein. Auch im Alter ist es also möglich, reifer zu werden.

Was bedeutet das nun für uns? Es hilft, den Blick zu weiten. Statt zu fragen, wo unsere Stärken liegen und wo wir uns wohlfühlen, können wir auch danach fragen, wann wir zuletzt etwas Neues gelernt, erkannt oder gedeutet haben. Damit reflektieren wir unsere Vergangenheit und betreten zugleich die Ebene der persönlichen Entwicklung.

Weiterführende Literatur

Bundesministerium für Familie, Senioren, Frauen und Jugend (BMFSFJ). (2010). Sechster Bericht zur Lage der älteren Generation in der Bundesrepublik Deutschland. Altersbilder in der Gesellschaft. Bonn. https://www.bmfsfj.de/bmfsfj/aktuelles/alle-meldungen/sechster-altenbericht-veroeffentlicht-altersbilder-in-der-gesellschaft-77896. Zugegriffen: 07. Sept. 2023.

Fuchs, Th. (2010). Leibgedächtnis und Lebensgeschichte. *Focusing Journal.* https://koerper-bewusstsein-muenster.de/wp-content/uploads/2019/05/Thomas_Fuchs.pdf. *Zugegriffen: 30. Aug. 2023.*

Heller, A. (2002). *The Time is Out of Joint: Shakespeare as Philosopher of History.* Rowman & Littlefield Publishers.

Käßmann, M. (2020). *Stärkende Stille.* Herder.

Körber Stiftung (2018). *Die Babyboomer gehen in Rente.* https://koerber-stiftung.de/site/assets/files/22390/2018_die_babyboomer_gehen_in_rente.pdf. Zugegriffen: 30. Aug. 2023.

Kruse, A. (2005). Selbstständigkeit, Selbstverantwortung, bewusst angenommene Abhängigkeit und Mitverantwortung als Kategorien einer Ethik des Alters. *Zeitschrift für Gerontologie und Geriatrie, 38,* 223–237.

Mergenthaler, A., Konzelmann, L., Cihlar, V., Micheel, F., & Schneider, N. F. (Hrsg.). (2020). Vom Ruhestand zu (Un-)Ruheständen. Ergebnisse der Studie „Transitions and Old Age Potential" (TOP) von 2013 bis 2019. Bundesinstitut für Bevölkerungsforschung (BiB). https://www.bib.bund.de/Publikation/2020/pdf/Vom-Ruhestand-zu-Un-Ruhestaenden.html.

Minkmar, N. (2016). *Der abgeschossene Pfeil. In: Endlich Zeit: Die Kunst im richtigen Tempo zu leben.* Hamburg: Spiegel.

Schröder-Kunz, S. (2019a). *Generationen gut führen – Altersgerechte Arbeitsgestaltung für alle Mitarbeitergenerationen.* Springer Gabler.

Schröder-Kunz, S. (2019b). *Gutes Leben und Arbeiten in der zweiten Lebenshälfte – Frühzeitig den Weg ins Älterwerden gestalten.* Springer.

Schröder-Kunz, S. (2020). *Älterwerden in Krisenzeiten. Chancen nutzen, Risiken vermeiden.* Springer.

Von Thadden, E. (2022). Knapp und gut. Weniger ist mehr: So lautet seit Langem die Kritik am Überfluss. *Für ein gutes Leben braucht es nicht viel. Jetzt bekommt es die Gesellschaft wirklich mit der Knappheit zu tun.* Die Zeit, Ausgabe Nr. 31/2022. S. 42.

7

Neu gefordert: Die richtige Nahrung für Kopf und Körper finden

In der heutigen Welt, die angesichts der technologischen Entwicklung meist als sehr schnelllebig empfunden wird, stehen wir vor neuen Herausforderungen, wenn es gilt, die richtige Nahrung für unseren Körper und Geist zu finden. Nahrung für Kopf und Körper also – wer wünscht sich das nicht im Ruhestand? Aber was ist damit eigentlich gemeint? Ich spreche hier weniger vom physischen Stoffwechselprozess – auch wenn der natürlich eine Rolle spielt, und dies nicht nur für den Körper. Es geht vielmehr um jene Elemente, die unser geistiges und emotionales Wohlbefinden nähren. Dieses Kapitel widmet sich einer solchen erweiterten Definition von Nahrung, die weit über die traditionelle Ernährung hinausgeht. Körper und Geist, beides braucht Nahrung, und die Nahrung für den Körper beschränkt sich nicht darauf, diesen als rein physische Erscheinung „am Laufen" zu halten. All das trifft dann auch nicht nur auf die berufliche „Leistungsphase" im Leben zu, sondern auch auf das späte Erwachsenenalter. Dabei kommen noch einige besondere Aspekte hinzu. Die Alterungsprozesse mit ihren Veränderungen – nicht erst im Ruhestand, dort aber ganz besonders – bringen neue Anforderungen oder andere Gewichtungen mit sich, zumindest aber verlangen sie danach, sich damit auseinanderzusetzen, was es braucht, um sich körperlich und geistig wohlzufühlen. Wir erkunden daher in diesem Kapitel, wie Bildung, Kreativität, Bewegung, Achtsamkeit als Nahrung für den Kopf und Körper dienen können, um ein gesünderes, zufriedeneres und erfüllteres Leben zu führen. Es geht aber auch darum, Überforderungen zu vermeiden oder eine gewisse Widerstandskraft aufzubauen. Es kann nicht das Ziel sein, das Altern aufzuschieben oder auszusetzen. Wichtig ist vielmehr, es im positiven Sinne zu gestalten, indem darauf geachtet wird, was Körper und Geist in dieser Lebensphase brauchen. Immer geht es um die Frage: Was tut mir gut?

Wo und wie wir solche Situationen erleben können, ist sicherlich individuell ganz verschieden. Manche von uns gehen raus in den Wald, in die Natur und lassen ihren Körper vom Wind durchpusten, oder sie strecken ihr Gesicht zur Sonne hin, genießen die hellen Strahlen in vollen Zügen und verweilen dabei ganz im Augenblick. Manche gehen ins Konzert und vergessen für einen Moment Zeit und Raum, sind nur noch in der Stimmung und Schwingung der Töne, die sie im Einklang mit sich selbst empfinden. Andere vertiefen sich in ein Buch und erleben den Fluss der eigenen Gedanken, erkennen sich darin wieder und fühlen sich körperlich und geistig rundum wohl im Begreifen der inhaltsreichen Worte. Viele von uns erleben diese glücklichen Momente, in denen Kopf und Körper Nahrung erhalten, aber auch in der Begegnung mit anderen Menschen. Das können Fremde oder auch Vertraute sein, mit denen wir uns auf besondere Weise verbunden fühlen, ob diese Beziehung nun ganz neu ist oder bereits seit Langem besteht. Vielleicht ist es das gemeinsame, geteilte Verstehen rund um eine Situation, vielleicht aber auch gerade ein konstruktives Streitgespräch, in dem wir eine Bereicherung durch den Blickwinkel des anderen erleben – unser Geist ist hellwach, der Körper positiv angespannt in dem gemeinsamen Erleben mit unserem Gegenüber.

Nehmen wir so Nahrung für Kopf und Körper auf, muss uns das keineswegs immer bewusst sein, und es muss auch keiner aktiven Handlung entspringen; oft geschieht es ganz von allein und unwillkürlich. Manche Nahrung hingegen – und sie sollten wir nicht unterschätzen – ist nur zu haben, wenn wir uns anstrengen und mühen. Dann ist es eine Herausforderung, bei der wir körperlich oder geistig ins Schwitzen kommen, bei der wir nicht aufgeben, obwohl uns eigentlich danach zumute ist. Nahrung für Kopf und Körper kann insofern sehr vielfältig sein und wird von Mensch zu Mensch unterschiedlich wahrgenommen. Jeder sollte sich allerdings Gedanken darüber machen, was das in seinem Fall bedeutet – darüber, was für ihn Nahrung ist und was er dafür tun könnte. Das wird im Laufe des Lebens nicht immer das Gleiche sein. Tatsächlich kann das Lebensalter eine große Rolle spielen, und wir können uns fragen, was in unserer jetzigen oder in der bevorstehenden Lebensphase unser Kopf und unser Körper an Nahrung braucht. Gerade grundlegende Übergänge wie der vom Berufsleben in den Ruhestand geben dazu Anlass.

Nun ist die durchschnittliche Lebenserwartung in den letzten Jahren deutlich gestiegen. Das heißt, wir werden immer älter. Bei Männern liegt die durchschnittliche Lebenserwartung knapp unter, bei Frauen etwas über achtzig. Vor gut einem halben Jahrhundert waren es noch rund zehn Jahre weniger. Neugeborene haben heute eine noch höhere Lebenserwartung. Das sind jedoch nur Durchschnittswerte. Gleichzeitig wissen wir, dass es immer mehr hundertjährige Menschen gibt. Es ist erstaunlich, mit welcher geistigen und körperlichen Fitness hundert Lebensjahre einhergehen können. Ich kenne selbst eine ältere Dame, die sich im hundertsten Lebensjahr befindet und nicht nur geistig fit, sondern auch körperlich selbständig und beweglich ist. Zudem hat sie wunderbare Hobbys wie das Dichten. Sollten wir also tatsächlich einmal 80, 90 oder sogar 100 Jahre leben, geht damit einher, dass auch gerade die Zeit, die wir im Ruhestand, also nach unserem Erwerbsleben, verbringen, zunimmt. Deshalb ist es ja auch so wichtig, sie als eigene Lebensphase zu betrachten, die wir gestalten können und auch gestalten sollten.

Gesundheit ist im ganzen Leben wichtig. Oft wird sie aber gerade im Alter als etwas besonders Wertvolles wahrgenommen. Das ist sie auch, und wir werden uns dessen mit zunehmenden Lebensjahren immer bewusster. Richtig ist, dass im Alter die gesundheitlichen Probleme tendenziell größer werden, oft auch dann erst auftauchen. Falsch allerdings ist die Vorstellung, dass die verlängerte Lebenszeit, die größer gewordene Altersphase automatisch auch eine längere Leidenszeit bedeutet. Hier schwingt immer noch die alte Vorstellung mit, dass Alter mit erheblichen Defiziten einhergeht. Dabei zeigen Studien, dass mit dem Zuwachs an Lebensjahren keineswegs auch die Jahre mehr werden, die von Krankheit und Gebrechlichkeit gekennzeichnet sind. Im Gegenteil hat gerade die beschwerdefreie Zeit im Alter im Verhältnis zu der längeren Lebenszeit stärker zugenommen. Im Durchschnitt heißt länger leben also nicht länger krank sein, sondern länger gesund sein.

Bedeutet das nun aber, dass wir, wenn wir ans Alter denken (oder uns bereits in dieser Lebensphase befinden), uns keine Gedanken um unsere Gesundheit zu machen brauchen? So ist es nun nicht. Insbesondere der gesündere Lebensstil im Vergleich zu vor vier oder fünf Jahrzehnten hat doch bewirkt, dass Alter nicht mit Krankheit gleichgesetzt werden kann. Das bedeutet also, dass wir gerade mit Blick auf die Jahre im Ruhestand uns um unsere Gesundheit kümmern sollten. Je gesünder wir sind, umso eher wird es uns gelingen, den Ruhestand in unserem Sinne zu gestalten.

Vergessen dürfen wir bei diesen doch recht positiven Aussichten nicht, dass der Körper mit den Jahren eben doch Alterserscheinungen zeigt. Eigentlich beginnt dies schon weit vor dem Ruhestand, aber oft wird es erst dann spürbar. Die Reparatur von Zellschäden dauert länger, die Umsetzung von Energie ist nicht mehr so effizient wie früher, insgesamt ist die Regenerationsfähigkeit des menschlichen Körpers im Alter zunehmend eingeschränkt. Das bringt es mit sich, dass gerade im Alter dann doch Krankheiten verstärkt auftreten können.

Achten wir darauf, etwas für unsere Gesundheit zu tun, so beschränken sich die positiven Wirkungen übrigens nicht auf unseren Körper. Leben wir gesund, schaffen wir nicht nur die Voraussetzungen, dass der körperliche Alterungsprozess langsamer vonstattengeht. Nein, all dies bewirkt auch, dass wir geistig nicht so rasch altern. Bewegung und Normalgewicht, so zeigen medizinische Erkenntnisse, sind beispielsweise auch für das Gehirn gut. Erinnern wir uns an die oben genannten fünf Säulen (siehe Abschn. 2.4) des gesunden Älterwerdens, so geht es hier damit zentral um die beiden ersten: Wir müssen etwas für unseren Körper, ebenso aber auch für unseren Kopf tun. Und dabei kommt die fünfte Säule gleich mit ins Spiel: die innere Haltung. Sie muss sich aus dem Bewusstsein ergeben, dass Gesundheit im Alter nicht nur wichtig, sondern auch möglich ist – und zugleich, dass sie nicht selbstverständlich ist. Einem Jugendwahn zu verfallen ist gewiss eine denkbar schlechte Lösung, wenn es gilt, die späte Lebensphase erfolgreich zu gestalten, wird sich doch mit den Jahren die ein oder andere Einschränkung zeigen. Es gibt viele Faktoren, die dazu führen können, und längst nicht alle lassen sich beeinflussen. Und doch können wir einiges für unsere Gesundheit und unser Wohlbefinden tun – sowohl für das körperliche als auch für das geistige.

7.1 Wenn Kopf und Körper altern – ganz natürlich

Ist vom Altern die Rede, geht damit meist gleich der Gedanke von einem körperlichen und geistigen Abbau einher. Altern bedeutet so gesehen, nicht mehr dieses oder jenes so wie früher tun zu können. Altern erscheint dann rasch als ein Prozess, den es aufzuhalten, möglichst weit nach hinten zu schieben gilt. Äußere Veränderungen des Körpers sind für viele Menschen – besonders für Frauen – ein Thema, das sie beunruhigt, und oft rückt es mit dem beginnenden Ruhestand noch mehr in den Blick. Dabei wird leicht übersehen, dass wir Menschen natürliche Wesen sind und ungeachtet aller Eingriffe und Hilfsmittel unsere biologische Verfasstheit die Grundlage unseres Daseins ist. Sprich: Altern ist schlicht natürlich. Es ist „von der Natur so gegeben", es liegt „in der Natur der Sache", dass wir älter werden und damit dem unterworfen sind, was das eben so mit sich bringt.

Der Prozess des Alterns zeigt sich in unterschiedlichen Bereichen. Die Beweglichkeit lässt nach, vieles betrifft aber auch die Sinnesorgane. Bei fast allen Menschen stellt sich noch vor dem vollendeten fünfzigsten Lebensjahr allmählich die Altersweitsichtigkeit ein. Das merken wir, wenn wir die Zeitung am Frühstückstisch immer weiter von uns entfernt halten müssen, und ab Mitte fünfzig wird für manchen dabei der Arm zu kurz und die Schrift für solche Abstände zu klein. Auch das Hörvermögen lässt im Alter nach; wer hat nicht ältere Menschen im Bekanntenkreis, bei denen man sich nicht sicher ist, ob sie im Gespräch alles verstehen. Ebenso sind der Geschmacks- und der Geruchssinn betroffen, auch wenn dies für andere meist weniger offenkundig ist. Bei all dem handelt es sich nur um einige Beispiele für Veränderungen im Alter, die ganz unterschiedlich, ganz individuell sein können.

Für manches gibt es Hilfsmittel, die uns über solche „Altersgebrechen" zumindest ein Stück weit hinweghelfen. Noch nie konnte der Mensch so sehr das natürliche Altern seiner Sinnesorgane und die damit verbundenen wahrgenommenen Verluste durch technische Möglichkeiten kompensieren wie heute. Meist sind wir, und das ja zu Recht, dankbar, dass uns im Alter solche Dinge zur Verfügung stehen. Gäbe es keine Lesebrille, hätte mancher von uns zunehmend Mühe, lesend am Weltgeschehen teilzunehmen oder sich in Literatur zu vertiefen. Ohne Hörgerät könnten viele nicht mehr oder zumindest nur eingeschränkt an Gesprächen teilnehmen, müssten auf das Radio verzichten und den Schauspielern im Fernsehen die Dialoge von den Lippen ablesen. Wir wären zunehmend abgeschnitten von dem, was in der Welt geschieht, ob nun in unserem unmittelbaren Umfeld oder darüber hinaus.

Allerdings führen diese so nützlichen wie willkommenen Hilfsmittel dazu, dass wir das eigene Alter weniger wahrnehmen, als dies bei früheren Generationen noch der Fall war. Wir sind weniger „gezwungen", das Alter an-, ja überhaupt richtig wahrzunehmen. Wir können ein Stück weit ignorieren, dass wir älter werden. Wo früher ein Rückzug aufgrund der natürlichen Verluste gegeben war, können wir nun, mithilfe der Technik, an vielen Stellen genau die gleiche Leistung bringen wie bisher auch. Die Beschäftigung mit unserem eigenen natürlichen Altern wird dadurch wieder und wieder im Alltag verdrängt. Damit geht, so paradox es klingen mag, ein gewisser Verlust einher: Im Grunde können wir unserer Natur des Alterns nicht mehr wie früher begegnen und neigen dazu, sie bloß als Defizit zu sehen, das es zu korrigieren, auszugleichen gilt.

Anders gesagt fallen das natürliche Altern und das Alter oftmals einem Jugendkult zum Opfer, der scheinbar immer mehr um sich greift. Wie viele von uns sind bemüht, jünger auszusehen, als sie sind. Das führt dazu, dass mancher nicht nur erfreut ist, wenn er jünger geschätzt wird, sondern auch, dass er fast schon beleidigt ist, wenn man sein tatsächliches Lebensalter errät. Der jugendliche Körper wird zur Norm, wer davon abweicht, sieht eben – Sie werden es erraten – „alt" aus. Ganze Branchen verdienen gutes Geld mit einem nun schon einige Zeit anhaltenden Trend, den man Anti-Aging nennt; der Begriff macht deutlich, dass das, gegen was man sich gefälligst zu wehren hat, eine üble Sache sein muss.

All dies führt leicht zu einer falschen Selbstwahrnehmung. Viele ältere Menschen fühlen sich jünger als ihr kalendarisches Alter und glauben auch, jünger auszusehen. Das ist nicht verkehrt, doch wenn wir in eine Krise geraten, weil jemand unser tatsächliches Alter errät, ist das bedenkenswert. Solche Selbstzweifel könnten sich positiv auswirken, wenn es nicht die Medien, die Werbung und allgemeine Trends gäbe, die uns das Altern nicht als natürlichen Prozess verstehen lassen. Stattdessen ermutigen sie uns zu ständigen Anstrengungen, um jung zu wirken. Diese Einstellung manifestiert sich nicht nur in körperlichen Fragen der Ästhetik, sondern auch in einer rastlosen Aktivität, die mehr fordert als angemessene Bewegung und die Pflege geistiger und sozialer Interessen. Es geht dann nicht um eine entspannte Stunde im Wald, sondern vielleicht sogar um Gleitschirmfliegen.

Haben wir dabei vergessen, dass Altern ein natürlicher Teil des Lebens ist? Das eigene Alter kann auch positiv mit Lebenserfahrung gleichgesetzt werden, ein wertvoller Aspekt, der gerade in den späteren Lebensjahren zum Tragen kommt. All dieser Aktivismus und diese jugendorientierte Lebenseinstellung könnten jedoch ein Zeichen dafür sein, dass man glaubt, ständig neue Erfahrungen sammeln zu müssen. Nicht ohne Grund entsteht hier der Eindruck, dass es sich um eine Form der Selbsttäuschung handeln könnte.

Natürlich heißt das nicht, dass man sein Hörgerät ausschalten und seine Lesebrille absetzen sollte. Vielmehr geht es darum, das Leben wieder als einen natürlichen Prozess zu begreifen, zu dem das Altern – das, vom Körperlichen her gesehen, ja bereits in den vor Energie strotzenden jungen Erwachsenenjahren beginnt – dazugehört. Es geht darum, sich nicht Illusionen hinzugeben, auch wenn die gesamtgesellschaftlich oftmals gehegt und gepflegt werden. Es gilt, ein „gesundes" Verhältnis zum Altern zu finden. Denn so kann es am besten gelingen.

Wenn ich mich mit Menschen über ihre verschiedenen Lebensphasen, insbesondere über ihre Jugend und ihr Alter, unterhalte, entsprechen viele Aussagen diesem interessanten Muster: In der ersten Lebenshälfte geht es darum, ins Leben einzusteigen und es zu begreifen. Unser Körper funktioniert meist reibungslos und ist leistungsfähig. Trotzdem sind wir oft unsicher, haben viele Ziele, sind uns aber nicht sicher, wie oder auf welchem

Weg wir sie erreichen können. Manchmal befürchten wir, zu scheitern. In der zweiten Lebenshälfte treten diese Unsicherheiten eher in den Hintergrund. Berufliche und familiäre Wünsche wurden entweder erfüllt oder nicht, und meistens haben wir gelernt, damit umzugehen. Vieles relativiert sich.

Jetzt erkennen wir jedoch oft in einem schmerzlichen Prozess, dass das reibungslose körperliche Funktionieren aus der Jugend nicht selbstverständlich ist. Im Gegenzug verstehen wir die tieferen Zusammenhänge des Lebens besser und fühlen uns darin eingebettet. Dankbarkeit, Demut und Zufriedenheit erlangen einen neuen Stellenwert. Wir wissen, wer wir sind, und verstehen die Welt besser.

Altern ist also zunächst einmal ein natürlicher Prozess, und das sollten wir trotz all der vielen Möglichkeiten, trotz des Reichtums, den diese Lebensphase zu bieten vermag, uns bewusst machen. Wir wissen mittlerweile viel darüber, was wir für unseren Körper im Älterwerden tun können, wissen, dass Bewegung und eine gesunde Ernährung wichtig sind. Aber wie ist eigentlich die Beziehung zu unserem Körper? Die Kunsthistorikerin Sabine Kampmann zeigt in ihrem 2021 erschienenen Buch „Bilder des Alterns – Greise Körper in Kunst und visueller Kultur" eindrücklich, dass der alte Körper in Fotografie und Kunst durchaus wichtig ist. Mal geht es um den ganzen Körper, mal um das Gesicht, in denen die Schönheit des Alterns, nicht das Alter selbst gezeigt werden soll. Sichtbar wird das Alter aber auch gerade dadurch, dass es mehr ältere Menschen in unserer Gesellschaft gibt.

Den alten Körper als nur krank oder gar vom „Verfall" bedroht zu betrachten, ist bei unserem Wissen rund um das Alter schlichtweg falsch. In einer Gesellschaft, in der Makellosigkeit fortwährend abgelichtet wird, muss er freilich irritieren. Daher halte ich Bilder von älteren Menschen und ihren Körpern gerade in unserer Gesellschaft, in der das körperliche Alter noch viel zu sehr tabuisiert wird, für besonders wichtig. Es darf dabei weder um eine Verherrlichung noch um eine Zurückweisung gehen. Vielmehr gilt es, den Blick zu weiten und so auch die späte Lebensphase in die visuellen Repräsentationen unserer Gesellschaft mit einzubeziehen. Entsprechend geht es um Aufklärung und die Bereitschaft sich mit dem Alter und all seinen verschiedenen Facetten auseinander zu setzen. In der Betrachtung des Alters begegnen wir jedoch oft unseren eigenen Ängsten. Unsere eigenen Klischees, aber auch unsere Scham werden dann deutlich. Die Veröffentlichung bzw. solche Bilder als unästhetisch abzutun, hilft nicht weiter. Vielmehr sollten wir offen sein, können wir hier Offenheit erproben. Beim Betrachten schauen wir in gewisser Weise unser eigenes Älterwerden an. Fühlen wir uns noch schön? Was bedeutet Schönheit, und können wir uns dieser Schönheit in uns nähern? Ist die liebevolle Pflege unseres Körpers ein kleiner Anfang davon? Ist es vielleicht eine gute tägliche Übung, wenn wir unser Spiegelbild, das bereits Falten trägt, anlächeln? Und warum hat meine Hand viel mehr Runzeln, als sie noch vor 30 Jahren hatte? Was hat sie in dieser Zeit alles vollbracht, gehalten, verfasst, zubereitet und berührt? Ich selbst schaue sehr gerne die Hände von hochbetagten Menschen an und stelle mir, fasziniert von dem Anblick, diese Fragen.

> **Denkanstoß**
>
> Wie sehen und erleben Sie Ihren älter werdenden Körper? Reagieren Sie spontan mit Abwehr und wollen gar nicht daran denken? Dann ist es an der Zeit, einmal die positiven Facetten zu betrachten. An welcher Stelle fühlen Sie sich in Ihrem Körper wohl? Was tut Ihrem Körper gut? In welche Farben kleiden Sie sich gerne? Mit welchem Körperbewusstsein umarmen Sie andere Menschen? Haben Sie Lachfalten, die Sie eigentlich gar nicht so übel finden?

Wie sieht es nun mit unserem Gedächtnis aus, wenn wir älter werden? Werden wir automatisch vergesslich? Wer kennt das nicht: „Wo habe ich nur meine Schlüssel hingelegt? Wie hieß noch mal der Name von diesem … ähm, was noch gleich?" Solche mentalen Aussetzer beobachten wir immer wieder bei anderen Menschen, und wir sind dann wahlweise besorgt über deren Zukunft oder beruhigt, dass es anderen ähnlich geht wie uns. In unserer schnelllebigen, informationsüberladenen und zugleich alternden Gesellschaft scheinen solche Momente alltäglich. Unser menschliches Gedächtnis ist zwar einzigartig, aber auch anfällig. Faktoren wie Müdigkeit, Ablenkung oder übermäßiger Alkoholkonsum können dazu führen, dass es uns im Stich lässt. Dennoch muss es nicht zwangsläufig abbauen: Vorausgesetzt, man pflegt einen gesunden Lebensstil, kann das Gedächtnis auch in späteren Jahren effizient arbeiten.

Es ist allerdings wahr, dass das fortgeschrittene Alter uns anfälliger für Gedächtnislücken macht. Unser Gehirn beginnt bereits ab dem 30. Lebensjahr langsam abzubauen. Obwohl es lebenslang lernen kann und somit viele Jahrzehnte auf hohem Niveau funktionieren kann, beginnen ab etwa dem 50. Lebensjahr das Denktempo und die geistigen Reserven zu schwinden. Das hat zur Folge, dass entstehende Lücken weniger gut kompensiert werden können. Gerade die Gedächtnisfunktionen, die im gesamten Gehirn verteilt und vernetzt sind, sind hiervon besonders betroffen.

Bestimmte Krankheiten können den geistigen Verfall beschleunigen. Wer dauerhafte Gedächtnisprobleme hat, die sich auch auf den Beruf und den

Alltag auswirken, sollte diese untersuchen lassen. Wird das Problem frühzeitig erkannt, kann es unter Umständen auch behoben werden – besonders bei bestimmten Stoffwechselstörungen oder Entzündungserkrankungen des Gehirns, die auch jüngere Menschen betreffen können.

Bei altersbedingten Leiden wie Bluthochdruck oder Diabetes kann es zu Durchblutungsstörungen im Gehirn kommen. Das schädigt die kleinen Blutgefäße im Inneren des Gehirns, wo hauptsächlich Nervenbahnen liegen. Chronische Durchblutungsstörungen in diesem Bereich können das Denken mühsam und langsam machen, was sich auch negativ auf das Gedächtnis auswirkt – ein Prozess, der bis zur sogenannten vaskulären Demenz führen kann.

Eine effektive Behandlung von Gefäßerkrankungen kann vor diesem Zustand schützen. Noch besser ist es jedoch, durch eine gesunde Lebensweise vorzubeugen. Britische Psychiater schätzen in einem aktuellen Bericht der Fachzeitschrift The Lancet, dass 40 % aller Demenzfälle durch das Vermeiden bestimmter Risiken verhindert werden könnten. Die Experten nennen als negative Faktoren Rauchen, übermäßigen Alkoholkonsum, Bluthochdruck, Übergewicht und Bewegungsmangel. Zugleich haben mehrere Studien gezeigt, dass körperliche Aktivität mental fit hält. Der Zusammenhang ist klar: Sport verbessert die Durchblutung des Gehirns, senkt hohen Blutdruck und hilft, übermäßige Kalorien zu verbrennen. Ebenso sind geistige Aktivitäten für die Gehirnfitness förderlich. Eine hohe Bildung scheint auch gewisse Reserven zu schaffen, mit der sich eine abnehmende Geisteskraft ausgleichen lässt.

Diese Zusammenhänge sollten wir uns bewusst machen und möglichst früh schauen, ob wir daraus etwas für den Erhalt unserer „Kopffähigkeiten" lernen können, das uns hilft, uns besser auf unser Alter vorzubereiten oder unsere späten Lebensjahre dann, wenn sie da sind, zu gestalten. Zugleich sollten wir aber nicht hinter allem eine Demenz vermuten. Richten wir unseren Fokus und unsere Konzentration auf etwas Bestimmtes, etwa im Gespräch, bei einem Projekt, beim Lesen oder in vielen anderen Dingen, dann ist es unvermeidlich, ja in gewisser Weise sogar notwendig, dass wir andere Gedanken und Informationen ausblenden, im Geist wegschieben, ignorieren. Nicht alles, was als Vergesslichkeit daherkommt, ist tatsächlich eine solche, sondern bisweilen dem geschuldet, dass wir unsere Aufmerksamkeit auf etwas anderes gerichtet haben.

Davon abgesehen hat im Laufe unseres Lebens unser Gehirn eine Vielzahl an Informationen und Erlebnissen aufgenommen und verarbeitet. Es ist nur natürlich, ja sogar gesund, dass wir hin und wieder etwas davon aus unserem „mentalen Reservelager" entfernen oder erst gar nicht richtig „einlagern".

Zugegeben, das kann gelegentlich zu unangenehmen Situationen führen, etwa wenn jemand uns etwas Persönliches und Wichtiges mitgeteilt hat – sei es eine geplante Reise oder eine bedeutende Lebensentscheidung – und wir uns später nicht daran erinnern können. Aber das ist nicht gleich ein Zeichen von geistigem Abbau, sondern oft ein Zeichen dafür, dass unser Gehirn arbeitet, sich anpasst und manchmal Platz für Neues schafft, indem es Altes loslässt.

Wir sollten also lernen, diese Art von Vergesslichkeit zu akzeptieren und nicht als Schwäche oder Fehler zu betrachten, sondern als natürlichen und notwendigen Teil des Älterwerdens. Schließlich kann auch dadurch geistiges Wachstum entstehen. Denn das „Vergessen" von überflüssigen oder weniger relevanten Informationen hilft dabei, die wirklich wichtigen Dinge in den Blick zu nehmen und unser Gehirn leistungsfähig zu halten.

> **Denkanstoß**
> Wie sehen und erleben Sie Ihre geistige Leistung im Älterwerden? Was tut ihrem Kopf gut? Wann können Sie am besten nachdenken oder konzentriert diskutieren? Wie verhalten Sie sich, wenn Sie etwas vergessen? Können Sie mit anderen Menschen, denen es ähnlich geht, positiv und konstruktiv darüber ins Gespräch kommen? Und welche Haltung zum Alter nehmen Sie dabei ein?

Zusammengefasst bedeutet das: Das Alter ist nicht etwas, das man leugnen, sondern etwas, das man gestalten sollte.

7.2 Unser Leben mit Kopf und Körper gestalten

Was es im Ruhestand ganz besonders braucht, ist Gestaltungskraft. Die neue Lebensphase bringt ja keine geringen Herausforderungen mit sich. Ob man sich ihnen nun gleich stellt, ob man das erst etwas später tut oder ob man sich gar dauerhaft ihnen zu entziehen sucht – da sind sie auf jeden Fall, wenn auch von Mensch zu Mensch unterschiedlich. Der Ruhestand verlangt daher von jeder und jedem, die in ihn eintreten, das weitere Leben selbst zu gestalten. Dazu braucht es beides: das Körperliche und das Geistige.

Älter wird man ganz von alleine – so könnte man denken und sich zurücklehnen. Andere werden panisch, weil dieses ominöse Alter so unerbittlich näher rückt, obwohl sie meinen, so gar nichts damit anfangen zu können. Beides ist wohl nicht der optimale Umgang mit dieser Lebensphase. Im ganzen Leben und zumal in jungen Jahren stellt man Überlegungen an und fällt Entscheidungen, die entscheidende Prägungen unseres Lebens darstellen – ob es nun um den Bildungsweg, die Berufswahl, das Gründen einer Familie, ein intensives soziales Engagement, den Wohnort usw. geht, all dies formt in wesentlichen Teilen unser Leben. Warum sollte das – gerade nach dem oben Gesagten – nicht auch für das Alter zutreffen? In gewisser Weise können wir auch unsere späte Lebensphase gestalten, und wir stehen im Grunde nicht mehr im gleichen Maße unter Zugzwang wie früher, haben vielleicht in manchem einen größeren Spielraum, als es in jungen Jahren der Fall war. Warum also sollten wir nicht die Chance ergreifen, die Zeit nach dem Berufsleben zu gestalten? Mit der richtigen inneren Haltung sollte uns hier einiges gelingen.

Im Grunde kommen wir doch gar nicht darum herum: Das Älterwerden ist im demografischen Wandel zur Aufgabe geworden. Leider gibt es bisher nur wenige Vorbilder für gutes Altern. Wir zukünftigen Alten stehen daher vor neuen Herausforderungen. Wenn wir sie erfolgreich bestehen, können wir vielleicht zu Vorbildern für die Jüngeren werden.

Hilfreich ist es, sich selbst grundlegende Fragen zu stellen, die das eigene Verhältnis zum Älterwerden, aber auch den Weg dahin aufzeigen können. Akzeptiere ich mich auch im Älterwerden und Alter? Oder entfremde ich mich gegenüber mir selbst? Nehme ich physische Veränderungen und einen gewissen körperlichen Abbau als naturgegeben an oder empfinde ich mich als krank? Was tue ich für meine Gesundheit und Fitness? Sehe ich meine Potenziale und nutze meine Fähigkeiten? Erkenne ich, dass ich gebraucht werde? Bringe ich mich ein und leiste meinen Beitrag, soweit es mir möglich ist? Bin ich bereit, die Endlichkeit als Teil des Lebens zu begreifen? Übe ich den dankbaren Blick zurück, kann ich Frieden mit den guten und schweren Seiten in meinem Leben schließen?

Es mag abgedroschen klingen, aber im Grunde geht es im Älterwerden oder auch im Blick auf das näher rückende Alter um die Frage, wer wir sind. Anders formuliert ergibt sich hieraus eine fundamentale und damit vielleicht die wichtigste Aufgabe unseres Lebens. Wir müssen in unserem Älterwerden bei uns sein. Wir dürfen uns nicht verlieren. *Wir* sind es, die älter werden, und *wir* sind es, die dieses Älterwerden gestalten. Unsere innere Haltung ist daher zentral. Es geht nicht einfach darum, sich gewisse Dinge für sein Alter zu wünschen. Es geht darum, einen Willen zu entwickeln, der es einem erlaubt, selbst darauf hinzuwirken, dass diese Wünsche so weit wie möglich realisiert werden.

Welch großen Raum der Lebensbereich „Kopf" im Ruhestand einnimmt, wird oft unterschätzt. Dabei ist es gerade unsere geistige Fitness, sind es unsere innere Haltung und unsere Gefühle, die uns dazu befähigen, den Ruhestand positiv zu gestalten. Viele nehmen sich vor, nach dem Übergang in die Rente mehr Sport zu treiben oder sich regelmäßig zu bewegen. Zu Recht: Wer rastet, der rostet bekanntermaßen. Aber auch unser Kopf muss regelmäßig trainiert werden, um fit und gesund zu bleiben. Dabei verhält es sich ganz ähnlich wie beim Körper: Der Kopf will weder dauerhaft über- noch unterfordert sein. Es gilt, mental in Bewegung zu bleiben, dabei aber Erschöpfung ebenso zu vermeiden wie Lethargie.

Die Beweglichkeit unseres Geistes ist ein weites Feld. Es geht nicht nur um Gehirn- und Gedächtnisleistung, sondern auch um die Pflege unserer Psyche. Wichtig ist und bleibt unsere innere Einstellung zum Leben – und damit auch zum Älterwerden. Die Entwicklung hört nie auf (siehe Abschn. 3.2 und 7.2.1). Das gilt auch für den Bereich des Mentalen.

Zunächst mag sich das eher nach Anstrengung anhören. Muss ich nun nach einem festen Zeitplan vormittags Kreuzworträtsel lösen und nachmittags Chinesisch lernen? Eigentlich wollte ich doch im Ruhestand, wie der Begriff verspricht, ein bisschen mehr Ruhe haben. Ich kann Sie beruhigen: Es geht nicht darum, im Geist dauerhaft unter Strom zu stehen, kognitive Höchstleistungen zu vollbringen oder brav Aufgabenpakete abzuarbeiten, um die Gehirnmuskeln zu trainieren. Wichtig ist es, ein grundlegendes Interesse und eine Offenheit gegenüber den Veränderungen, die rund um unser Leben geschehen, zu wahren. Pflegen wir eine solche Offenheit, lassen wir uns von den Dingen, denen wir begegnen, anregen und setzen wir uns mit ihnen auseinander, ist das nichts anderes, als auch in dieser Phase zu lernen – eben lebenslang zu lernen. Ein solches Lernen betrifft dann nicht oder nicht nur diese oder jene Inhalte, sondern allgemeine Fragen, die sich auf unser Dasein in dieser Welt beziehen. Wir lernen zum Beispiel, wie wir mit Veränderungen (mehr hierzu in Abschn. 7.2.2) in der Gesellschaft des langen Lebens umgehen, oder auch, wie wir die Jugend unterstützen können. Wir lernen uns selbst immer besser kennen, erhalten immer wieder neue Aufschlüsse. Lernen ist wesentlicher Bestandteil der geistigen Gesundheit.

Für all dies benötigen wir im Ruhestand ein gesundes Maß an Aktivität und Ruhe. Doch wie kann die Ruhe aussehen? Gerade die Menschen, die immer wieder zur Aktivität neigen, sollten sich zwingen, auch einmal Lange-Weile zu ertragen, ja sich darin zu üben. Blicken Sie doch einfach nur einmal ein paar Minuten (oder auch länger) aus dem Fenster. Oder lehnen Sie sich auf dem Sofa zurück, schließen Sie die Augen und lassen ihre Gedanken treiben. Dösen Sie draußen im Sonnenschein ein wenig vor sich hin. Das Nichtstun sollte besser gepflegt werden – gerade im Ruhestand. Aktiv zu bleiben ist zwar wichtig. Aber im Ruhestand sollte doch etwas weniger Betriebsamkeit an den Tag gelegt werden.

Auch das Ausmisten kann im Ruhestand wichtig sein. Wir haben meist mehr Dinge, als wir brauchen. Es wird im Alter darum gehen, mehr und mehr von ihnen loszulassen. Gut, wenn wir einzelne Gegenstände noch mal in die Hand nehmen und Erinnerungen aufkommen lassen. Im digitalen Zeitalter können wir vieles auch per Foto festhalten und uns so immer wieder in Erinnerung rufen. Das ist gerade dann wichtig, wenn man sich nur schwer trennt. Um dieses Trennen kommen wir aber meist nicht herum – spätestens dann, wenn wir in eine kleinere Wohnung ziehen. Mag es so durch die Umstände auch aufgezwungen erscheinen, können wir doch, indem wir das ein oder andere aufgeben und von uns lassen, ein Stück weit zu mehr Einfachheit kommen. Denn es stimmt ja: Wohlbefinden ergibt sich meist eher durch Einfachheit. Wer weniger hat, hat mit weniger umzugehen, muss weniger aufräumen, muss sich weniger Gedanken machen ... Weniger ist mehr – das ist seit vielen Jahren ein kluger Satz. Gerade im Ruhestand sollte man ihn sich bewusst machen und vielleicht die entsprechenden Konsequenzen ziehen.

Ein Weiteres kommt hinzu: Das, was man nicht mehr braucht, kann man verschenken und weitergeben. Tun wir das, kreisen wir nicht mehr nur um uns selbst, sondern erfahren, wie bereichernd das Leben sein kann, wenn man gibt. Generativität, der Wunsch, etwas zu hinterlassen, ist eine wichtige und wertvolle Aufgabe im Älterwerden. In jungen Jahren, als junger Mensch möchte man sammeln: Wissen, Partys, möglichst viele Freunde, die erste Wohnung ... Dann, wenn wir die Mitte des Lebens erreicht haben, haben wir mehr und mehr die Möglichkeit, all das, was wir erhalten haben, Stück für Stück zurückzugeben. Machen wir uns nichts vor: Vieles werden wir nicht mehr brauchen, während es anderen gute Dienste leisten kann.

7.2.1 Herausforderungen, die gut tun

Lernen als Kräftigung von Kopf und Geist
Dass unser Gehirn im Laufe des Lebens altert, steht außer Frage. Jenseits des 50. Lebensjahrs spüren die meisten von uns, dass die Gehirnprozesse langsamer ablaufen. Das liegt unter anderem daran, dass Nervenzellen im älteren Gehirn absterben. Tatsache ist aber auch, dass der Verlust zum Teil ausgeglichen werden kann. Grund hierfür ist, dass bei Erwachsenen im Hippocampus neue Nervenzellen gebildet werden können. Und das geschieht besonders dann, wenn wir bereit sind zu lernen. Interessant ist, dass die neu ent-

standenen Neuronen dann besonders gut geschützt sind, wenn krankhafte Abbauprozesse das alternde Gehirn massiv schädigen. Ältere Gehirne haben so ihre eigenen Stärken, und dies gerade in den Bereichen, in denen sie lebenslang trainiert worden sind.

Lernen können wir auf vielfache Weise. Und wir können es lebenslang. Inzwischen ist allgemein bekannt, dass das Lernen nicht mit dem Schulabgang endet. In gewisser Weise lernen wir ständig. Die Rede vom lebenslangen Lernen mag manchmal wie eine Drohung klingen, verweist aber nur auf grundlegende Möglichkeiten, die es zu nutzen gilt. Tatsächlich ist es auch nie zu spät, mit dem Lernen anzufangen. Mancher Abbau ist zwar nicht mehr rückgängig zu machen, aber zum Glück ist das Lernen vielfältig. Es ermöglicht Entwicklungsschritte in ganz unterschiedlichen Formen und in den unterschiedlichsten Bereichen. Lernen als Entwicklung kann immer stattfinden, und sei es im Kleinsten. Daher sollten Sie sich die Frage stellen: In welchen Bereichen wollen Sie noch etwas dazulernen? Wollen Sie eine Fortbildung machen, vielleicht auch ein Studium aufnehmen? Der Fächerkanon ist breit, und es geht nicht (unbedingt) mehr darum, etwas zu lernen, was dem Broterwerb dient. Wollen Sie vielleicht die Psychologie des Menschen verstehen und das Wissen für das eigene Leben und Miteinander nutzen? Gerade Letzteres ist oftmals eine große Herausforderung.

Lernen können wir nicht nur, wenn wir brütend vor Büchern sitzen oder uns mit Karteikarten plagen. Das Lernen vollzieht sich vielmehr ganz besonders in unseren sozialen Beziehungen. Wenn wir uns auf den anderen einlassen und beweglich bleiben, sind das beste Voraussetzungen. Je bequemer wir hingegen sind, je mehr wir in unserer eigenen Gedankenwelt verharren und je widerwilliger wir uns auf Neues einlassen, desto unbeweglicher wird auch unser Gehirn. Es lohnt sich also, wenn wir uns bemühen, positiv und offen auf andere zuzugehen und uns immer wieder überlegen, was wir von ihnen lernen können. Die geistige Fitness kann auch trainiert werden, indem wir Neues ausprobieren. Und indem wir dies tun, wird unser Interesse an Veränderungen gefördert. Versuchen Sie doch mal ein neues Gericht und schmecken Sie das Neue. Schon in kleinen Dingen lassen sich so Erfahrungen machen, die den Horizont erweitern und die Bereitschaft für Neues erhöhen, die Neugierde befördern. Sprich: Mit dem Lernen steigt die Motivation, damit fortzufahren.

Das bedeutet nun nicht, dass es keinen Rückzug und keine Ruhe mehr geben darf. Im Gegenteil, beides kann, ja muss gepflegt werden und soll als wertvoller Ausgleich ins eigene Leben einfließen. Denn unser Gehirn braucht eben beides: Bewegung und Ruhe. So ist gerade auch der Schlaf von Bedeutung. Körper und Geist brauchen regelmäßig eine gewisse Zeit, um sich zu erholen und zu regenerieren. Schlaf ist wichtig, und wir sollten nicht nachlässig damit umgehen. Wenn wir schlafen, kann unser Gehirn Abfallprodukte abtransportieren. Dadurch findet ein Ausgleich des Energiehaushalts von Neuronen und eine Regulation des Salzhaushalts statt. Wer einen schlechten Schlaf hat, weiß oft um die Defizite, die damit verbunden sind.

Das Alter ist eine Entwicklungsphase mit besonderen Herausforderungen für unser Gehirn. Sind wir noch im Beruf, sollten wir daher die Angebote unseres Arbeitgebers nutzen, um zu lernen. Das kann in den unterschiedlichsten Bereichen sein. Je länger ein Gehirn gefordert wird, desto leistungsfähiger bleibt es. Aber mehr noch: Wir können auch die altersbedingten kognitiven Besonderheiten nutzen. Dies geschieht im späten Berufsleben vor allem dann, wenn wir unser Erfahrungswissen an die jüngere Generation weitergeben. Die Jungen sind in ihrer Auffassungsgabe oftmals schneller und verfügen zudem über neues Wissen auch gerade in Bereichen, die den Älteren unter Umständen Mühe bereiten. Was sie noch nicht haben, ist das erfahrungsgesättigte Wissen. Indem wir Ältere es an sie weitergeben, lernen wir selbst wieder – von den Jungen, aber auch gerade von der sozialen Beziehung, in der dieser Austausch erfolgt. Denn auch hier gilt es, weiter offenzubleiben.

Was möchten Sie also im Ruhestand für Ihren Kopf tun? Welche Ideen haben Sie? Es gibt unzählige Möglichkeiten. Frage ich die Teilnehmer meiner Seminare, so erhalte ich ganz unterschiedliche Antworten. Lesen wird häufig genannt, steht nun doch endlich genug Zeit zur Verfügung, sich ausgiebig in literarische Werke oder in Sachbücher zu vertiefen. Manche denken auch daran, sich einem Literaturkreis anzuschließen, um über das Gelesene eingehend zu diskutieren. Andere wollen ihr Gehirn mit Spielen fit halten, sei dies nun Skat, Bridge oder der Klassiker der Strategiespiele, Schach. Oder es geht darum, sich nun im Ruhestand etwas ganz Neuem zuzuwenden, eine Sprache zu lernen oder auch ein Studium zu beginnen, ohne dass der frühere Beruf eine Rolle spielen muss. Im Ruhestand hat man auch die Möglichkeit, sich im musischen Bereich zu erproben, ob man nun ein Instrument lernt, sich einem Chor anschließt oder daran macht, in einem Laientheater seine Talente zu erkunden.

Mentale Fitness kann aber auch geübt werden, indem man an sein früheres Berufsleben anknüpft, sei es als Wirtschaftspate oder in Form einer Dozententätigkeit – dies wäre eine Verlängerung der Weitergabe des Wissens im späten Berufsleben. Aber davon abgesehen ist auch eine Unterrichts- oder Nachhilfetätigkeit denkbar, die nicht unbedingt an den früheren beruflichen Bereich geknüpft ist. Ebenso sind politisches Engagement oder ein Nebenberuf Gelegenheiten, geistig rege zu bleiben.

Für den Kopf kann man auch im ganz Alltäglichen etwas tun. Viele freuen sich darauf, im Ruhestand mit ausreichender Muße am heimischen Herd neue Rezepte auszuprobieren oder sonst wie kreativ zu experimentieren. Überhaupt ist die Ernährung wichtig, auf sie sollte auch gerade im Alter geachtet werden. Brainfood wie Obst und Gemüse, Hülsenfrüchte und Getreide oder auch Fisch sollten nicht nur bei den Schulkindern weit oben auf dem Speisezettel stehen. Auch körperliche Bewegung ist für unseren Kopf wichtig – ihr wird von vielen eine große Bedeutung für den (kommenden) Ruhestand zugesprochen. Warum nicht einen Tanzkurs absolvieren? Schon eine Stunde tanzen pro Woche ist gerade bei Älteren für die Aufmerksamkeit, die Gedächtnisleistung und die Reaktionsfähigkeit förderlich. Überhaupt hilft Sport, und auch für Ältere gibt es ein vielfältiges Angebot – zumindest in den Städten.

Für das Gedächtnistraining gibt es Kurse und inzwischen auch Apps, und auch das Planen und Organisieren etwa von Reisen, Feierlichkeiten oder Vereinsfesten hilft, geistig rege zu bleiben. Für Entspannung und Ausgleich des Kopfes sorgen schließlich Übungen, die sich dem Geistigen bzw. Seelischen zuwenden. Hier wird oft auf Meditation verwiesen; hilfreich sind auch Achtsamkeitskurse, um einen ausgewogenen Umgang mit sich selbst und mit anderen zu lernen. Dazu gehört es, auch nach geistiger Anstrengung auf eine ausreichende Regeneration zu achten. Ruhe, Stille und Müßiggang, vielleicht auch Sport oder ein Spaziergang im stillen Wald helfen dabei, dass die mentalen Kraftquellen sich nicht erschöpfen, sondern von neuem zur Verfügung stehen.

> **Denkanstoß**
>
> Was ist Ihre Schule des Lebens? Welchen Lehrern begegnen Sie Tag für Tag? Achten Sie einmal einen Tag lang auf Ihre Gespräche mit anderen Menschen: Was konnten Sie durch die Begegnung lernen? Wenn Sie Ihre Achtsamkeit im Hinblick auf das Lernen im Alter stärken möchten, können Sie auch ein kleines Tagebuch oder Heft anlegen, in das Sie am Tagesende Notizen zu Ihren neuen Erfahrungen und dem Gelernten eintragen.

Aber kann man das denn, sein ganzes Leben lang lernen? Und ist das nicht sehr mühselig, wie man ja schon damals bemerkte, als man die Schule verließ oder die Berufsausbildung erfolgreich hinter sich gebracht hatte? Nun, das Lernen und die hirnorganischen Vorgänge unterscheiden sich zwischen Kindern und Erwachsenen durchaus. Das heißt aber nicht, dass Erwachsene nicht mehr lernen können. Wollen sie es gezielt tun – und das gilt auch für Ältere im Ruhestand –, brauchen sie andere Lernmethoden. So muss man sich klarmachen, dass man meist nicht mehr für andere, für Prüfungen oder eine Qualifikationsstufe lernt. Nun ist Eigenmotivation gefragt. Auch bekommt man keinen Lernplan mehr vorgesetzt – er will selbst entwickelt sein. Das betrifft Inhalte, Verknüpfungen wie auch die zeitliche Struktur des Lernens. Gut ist es, an bestehendes Wissen und eigene Erfahrungen anzudocken; es darf nicht darum gehen, einfach so zu pauken, wie man es noch aus der Schule kennt. Geprüft wird man in der Regel auch nicht, die Erfolge im Lernfortschritt muss man daher selbst feststellen und entsprechend feiern. Und weil man doch oft rasch vergisst – sind wir ehrlich, das gab es auch schon früher in der Schule –, heißt es: mehrfach wiederholen. Lässt es sich dann auch noch praktisch anwenden, umso besser.

Bewegung, damit der Körper fit bleibt
Nach all den Überlegungen zum Kopf darf der Körper nicht vergessen werden – schon allein, weil beide ja in einer Wechselbeziehung stehen. Anders gesagt beeinflusst die körperliche Gesundheit den mentalen Zustand. Welche körperlichen Herausforderungen tun unserem Körper nun im Älterwerden gut? Und auf was sollten wir ganz generell achten? Denken wir nur an Bewegung und Ernährung? Zu diesen Themen finden sich vielfältige Ratgeber.

Bewegung, Bewegung, Bewegung ... ein für viele Menschen nervtötender Aufruf ab 50plus. „Und im Ruhestand hast du endlich Zeit dafür!" Wohlmeinende Ratschläge preisen die tollsten Fitnessprogramme an, das schlechte Gewissen steigt. Neben den vielen sportbegeisterten Menschen gibt es eben auch die, denen Bewegung wenig Freude bereitet. Und das nicht immer nur wegen der Anstrengung, sondern auch wegen der Schmerzen, die dabei gefühlt werden. Im Alter wird dieser Aspekt größeren Raum einnehmen als in jüngeren Jahren. Wir sind ja ohnehin schon zu einer meist sitzenden Gesellschaft geworden; im Ruhestand wird das nun nicht unbedingt weniger werden.

Freilich deutet sich da ein Kreislauf an: Wer sich wenig bewegt, wird auch eher an nachteiligen körperlichen Folgen dieses Bewegungsmangels leiden. Das reicht von Verspannungen und muskulären Verhärtungen bis hin zu Problemen mit der Wirbelsäule, vor allem der Bandscheibenvorfall wird gefürchtet. Verwiesen wird aber darauf, dass es oft gerade eher die Faszien sind. Bei diesen handelt es sich um Bindegewebskomponenten, die den ganzen Körper wie ein Netzwerk durchziehen und, nicht mehr richtig gefordert, verkleben, verfilzen und sich verdrehen. Daher empfiehlt sich ein spezielles Faszientraining für Senioren. Physiotherapeuten helfen hier weiter; aber auch im Internet findet man erste Anregungen. Durch ein solches Training verbessert sich die Beweglichkeit und werden die Schmerzen gemindert. Man sollte früh genug damit beginnen und es auch regelmäßig ausüben, da das Fasziengewebe sich zwar nur langsam verändert, dies dann aber bei kontinuierlichem Training von Dauer sein kann.

Ebenso wichtig ist ein angemessenes Ausdauertraining. Experten betonen schon lange, dass gerade das für die körperliche Fitness im Alter besonders relevant ist. Wie es um die eigene Ausdauer bestellt ist, merkt man, wenn man Treppen steigt und außer Puste gerät – insbesondere mit zunehmenden Jahren. Allerdings sollte man beim steigenden Training moderat vorgehen und nicht innerhalb von nur zwei Wochen einen Halbmarathon anstreben. Das richtige Maß will gefunden werden. Die Regelmäßigkeit ist dabei wichtiger als das einzelne Pensum, das man erfüllt. Gerade im Alter sollte man den eigenen Körper nicht unter-, aber eben auch nicht überfordern. Ein paar Mal in der Woche zügig spazieren gehen ist oft sinnvoller, als sich die Leistung von Zwanzigjährigen zum Vorbild zu nehmen.

Daneben ist auch das Krafttraining sehr wichtig. Mit den Jahren baut man muskulär ab und merkt das dann, wenn man Mühe hat, schwere Gegenstände zu heben, die einem einst keine Probleme bereitet haben. Auch hier gilt freilich, sich nicht zu übernehmen, um nicht bei einer zu großen oder falschen Belastung gerade das Gegenteil zu bewirken. Allein das regelmäßige Krafttraining mit dem eigenen Körpergewicht kann sehr sinnvoll sein.

Bei der körperlichen Fitness geht es darum die Funktionsfähigkeit des Körpers möglichst lange zu erhalten und dadurch auch die Lebensqualität und Selbstständigkeit im höheren Alter zu bewahren. So verringert sich beispielsweise die Sturzgefahr, da ein gewisses körperliches Training nicht nur Ausdauer und Kraft, sondern auch die Koordination verbessert.

Wie viel braucht es nun aber? Und wie soll sich das zusammensetzen? Dazu finden sich unterschiedliche Empfehlungen. Einer zufolge sollen 60 % des Trainings auf die Ausdauer, 30 % auf die Beweglichkeit und 10 % auf die Kraft entfallen. Dreimal in der Woche eine dreiviertel Stunde Ausdauertraining ist empfehlenswert. Ein solches Training hilft natürlich auch schon beim Muskelaufbau; zusätzliches Krafttraining sollte nicht zu belastend, das jeweilige Gewicht nicht zu hoch sein. Gut ist auch, einfache Gymnastikübungen zu machen – es muss nicht immer gleich der Weg ins Studio sein. Grundsätzlich ist es sinnvoll, im Alter zumal dann, wenn man erst mit dem Sport anfängt, dies vorher mit dem Arzt abzusprechen, um auch Grenzen zu kennen, die nicht überschritten werden sollten, etwa bei der Herzfrequenz.

Neben solchen gezielten Trainingseinheiten lassen sich aber auch gerade im Alltag kleine Übungen einbauen. Vor allem sollte man darauf achten, nicht aus Bequemlichkeit und ohne Not inaktiv zu werden. Warum, wenn die Zeit nicht drängt, nicht doch lieber die Treppe als den Aufzug nehmen? Warum nicht den Einkauf im Supermarkt mit einem kleinen Spaziergang verbinden. Oder einfach mal das Fahrrad nehmen? Und auch die mehrstündige Wanderung ist unverkennbar ein körperliches Training, auch wenn man dabei keine Kilometer abhechelt, sondern die Landschaft genießt und an Aussichtspunkten verweilt. Es finden sich viele weitere Hobbys, die körperliche Aktivität mit Vergnügen kombinieren und dabei auch den Kopf mit einbeziehen. Tanzen, wir sahen es bereits, zählt beispielsweise dazu.

Wer körperlich aktiv ist, so haben Studien gezeigt, ist zufriedener und hat ein höheres Wohlbefinden. Wenn keine spezifischen Krankheiten oder Beeinträchtigungen vorliegen, dürfte Bewegung eine höhere Wirkung haben als manche Medikamente – gerade auch bei Älteren. Sie wirkt Stoffwechsel- und Herz-Kreislauf-Erkrankungen vor oder mildert diese. Nicht zuletzt wird auch die Gehirndurchblutung gefördert, was sich auf die geistige Leistungsfähigkeit auswirkt.

Neben einem solchen körperlichen Training braucht es immer wieder Ruhe- und Erholungsphasen. Das gilt generell, vor allem aber im Alter. Die Anstrengung soll kein Dauerzustand sein, jeder Anspannung sollte auch eine Entspannung folgen. Schlaf etwa ist ganz wichtig – auch wenn man gemeinhin im Alter weniger braucht, sollte man darauf achten, dass es immer ausreichend ist.

Wer krank war oder eine Verletzung hatte und mit dem körperlichen Trainingsprogramm wieder beginnen möchte, muss behutsam vorgehen. Zugleich sollte man sich nicht von Schwierigkeiten oder Rückschlägen entmutigen lassen, sondern versuchen sich selbst zu motivieren, um die nötige Disziplin aufzubringen. Die körperlichen Funktionen wieder herzustellen bedeutet ja stets auch, sich ein Stück Selbstständigkeit zu sichern. Selbst wenn man es nicht ganz schaffen sollte, ist es den Versuch allemal wert.

Jetzt im Ruhestand ist Zeit, sich auf positive Weise mit sich selbst zu beschäftigen. Den eigenen Körper wieder zu spüren, ihm Gutes zu tun, ihm Freude zu bereiten und damit auch unsere Lebensqualität zu steigern – die Wege hierzu sind vielfältig. Das gibt uns dann oftmals auch die Ruhe und Stabilität, mit all den Veränderungen umzugehen, die der Ruhestand und die späte Lebensphase noch so mit sich bringen.

Gesunde Ernährung – die Grundlage für unsere psychophysischen Funktionen

Trainieren wir unseren Kopf, indem wir unseren Geist beanspruchen und lernen, und befördern wir unsere körperliche Verfassung durch ein entsprechendes Übungsprogramm, das auf Ausdauer, aber auch auf Muskeltätigkeit und Koordinationsfähigkeit zielt, so brauchen wir zudem eine regelmäßige Zufuhr bestimmter Stoffe, die all diese körperlichen und auch geistigen Prozesse unterstützen. Die richtige Ernährung ist wichtig – nicht nur für Hochleistungssportler (die haben da oft ganz eigene Bedürfnisse), sondern für jeden Menschen und auch gerade für die Älteren unter ihnen.

Wir müssen darauf achten, dass wir uns mit unserer Nahrung die richtigen Nährstoffe in ausreichender und ausgewogener Menge zuführen. Daher ist es wichtig, dass wir uns auch mit diesen Fragen auseinandersetzen und unsere Mahlzeiten hieran orientieren. Das meint nun nicht, sich strikt an einen starren Ernährungsplan zu halten, der auf Optimierung der körperlichen Funktionen zielt. Essen und Trinken haben durchaus mit Genuss zu tun, und dieser sollte nie ganz verschwinden, im Gegenteil. Es heißt aber, sich doch manches bewusst zu machen und den lieben Gewohnheiten nicht immer ungeschmälert nachzukommen. Wahrscheinlich wissen die meisten, dass wir etwas mehr Gemüse und weniger Fleisch essen sollten. Und vielen ist auch klar, dass es gut wäre, mehr Wasser zu trinken – gerade die aufgenommene Flüssigkeitsmenge liegt bei Älteren nicht selten unter dem, was als ausreichend angesehen wird. Dass es mit der Umsetzung solchen Wissens hapert, ist nun meist keine Frage des Alters; den Jüngeren geht es da oft nicht anders. Aber in der späteren Lebensphase kommen doch einige spezifische Dinge hinzu. Da man sich beim Übergang in den Ruhestand ohnehin mit einigem auseinandersetzen muss, ist es sinnvoll, sich auch über die Ernährung Gedanken zu machen.

Oft geht es um Vitamine, die in unzureichender Menge aufgenommen werden. Bei etwa der Hälfte der über 65-Jährigen findet sich zu wenig Vitamin D im Blut, bei einem Viertel zu wenig Vitamin B12. Fehlen Vitamine und Mineralstoffe, kann dies zu Beschwerden in den Knochen, den Organen oder den Augen, aber auch im Herz-Kreislauf-System führen. Der Mangel hängt oft mit veränderten Essgewohnheiten zusammen, etwa mit kleineren Mahlzeiten, da sich im Alter das Sättigungsgefühl schneller einstellt. Bei Vitamin B12 kann sich das vielfach auswirken und zeigt sich etwa an Müdigkeit und Erschöpfung, Konzentrationsschwächen oder auch geistig-psychischen Störungen, aber auch an körperlichen Symptomen; laut Studien kann ein solcher Mangel auch Alzheimer in seiner Entwicklung beschleunigen. Bei Vitamin C wissen wir, dass es das Immunsystem stärkt, es unterstützt aber auch die Wundheilung und vermindert das Risiko von Infektionen und chronischen Krankheiten. Allein dadurch wird ersichtlich, dass es gerade auch im Alter wichtig ist. Vitamin D wiederum erhalten wir über die Sonneneinstrahlung. Gehen Ältere weniger an die frische Luft, etwa weil sie körperlich eingeschränkt sind oder ihr Tagesablauf das nicht mehr so häufig mit sich bringt, droht auch hier eine Unterversorgung. Das zeigt sich dann eventuell in Knochenschmerzen, Muskelschwäche, Müdigkeit und Abgeschlagenheit, aber auch Nervosität oder einem schlechten Schlaf. Besteht hier oder bei einem der anderen Vitamine ein Verdacht, sollte das beim Hausarzt abgeklärt werden.

Auch Mineralstoffe werden gerade von Älteren oft unzureichend aufgenommen. Hier ist Flüssigkeit wichtig. Mit zunehmendem Alter nimmt aber das Durstgefühl ab. Umso mehr sollte man sich immer wieder bewusst machen, wie wichtig diese Dinge sind, auch wenn sich die nachteiligen Folgen nicht gleich einstellen. Auf eine ausreichende Flüssigkeitszufuhr sollte man stets achten, und dies ist etwas, was durchaus in der eigenen Verantwortung liegt. Hilfreiche Tipps zum Thema gesunde Ernährung finden sich auf der Homepage der Deutschen Gesellschaft für Ernährung. Die Ernährungsempfehlungen wurden für Deutschland überarbeitet. Neu ist, dass sie neben der Empfehlung zu einer gesunden Ernährung gleichzeitig auch Aspekte wie Nachhaltigkeit, Umweltbelastung sowie die in Deutschland üblichen Verzehrgewohnheiten berücksichtigen.

7.2.2 Vom Umgang mit Veränderungen

Veränderungen anzunehmen, sie zu akzeptieren, sich ihnen anzupassen oder mit ihnen umzugehen, das ist nicht immer leicht. Doch gerade unsere gegenwärtige Zeit bringt viele Veränderungen mit sich, und dies in immer rasanterem Tempo. Menschen, die kurz vor dem Ruhestand stehen und so einen Blick zurück auf die letzten Jahrzehnte werfen können, werden mir hier sicher zustimmen. Dabei möchten wir doch vieles am liebsten festhalten – im Grunde all das, was uns im Laufe unseres Lebens vertraut geworden ist. Unsere Stadt, unsere Nachbarschaft, unseren Arbeitsplatz, den Supermarkt um die Ecke … und plötzlich ist sie da: die Veränderung. Plötzlich sehen die Dinge anders aus, ist es nicht mehr oder zumindest nicht mehr ganz so, wie wir es gewohnt sind und, wenn auch nicht immer bewusst, lieb gewonnen haben. Dann bemerken wir, wie wir uns innerlich sträuben, wie wir uns wehren gegen die Veränderung. Es war doch immer gut so, so soll es bitteschön auch bleiben. Was macht es für einen Sinn, wenn es anders wird?

Selbst das Älterwerden hat sich verändert: Die vielen neuen und sich immer wieder neu einstellenden Dinge, mit denen wir unweigerlich konfrontiert werden, verlangt von allen gleich welchen Alters, flexibel zu bleiben und Veränderungen zuzulassen. Wer kennt dies nicht aus seinem Berufsleben oder aus seinem Alltag. Dabei sind wir zunehmend aufgefordert, Veränderungen nicht nur aus unserer ganz persönlichen Perspektive zu betrachten, sondern ihre Bedeutung für das große Ganze zu berücksichtigen. Der Übergang in den Ruhestand ist nicht der eine späte Schritt, nach dem dann alles so bleibt, wie es ist. Wir klinken uns nicht aus dem Leben mit all seinem Wandel aus, sondern sind weiter mitten in ihm. Das Ausscheiden aus dem Berufsleben bedeutet nicht, dass wir nun nichts mehr mit den Veränderungen, die es in allen Bereichen gibt, zu tun haben.

Wir brauchen uns aber auch nicht zu fürchten bei der Aussicht, dass die Dinge auch weiterhin nicht einfach so bleiben, wie sie sind, sondern sich in vielfältiger Weise weiterentwickeln. Offenheit und Interesse für Neues sind, wie schon mehrfach deutlich wurde, auch gerade im Alter und beim Übergang in den Ruhestand wichtig. Es sind Eigenschaften, die das eigene Älterwerden stützen und bereichern können. Aber mehr noch: Oftmals kann Altes mit Neuem verbunden werden. Trotz der Änderung ist dann Kontinuität gegeben, und im Grunde können wir sie ja auch oft spüren, selbst wenn wir zunächst nur an das denken, was neu und uns vielleicht fremd ist.

Gerade im Ruhestand, wenn wir nicht mehr im Arbeitsleben stehen und über die berufliche Tätigkeit zwangsläufig mit aktuellen Entwicklungen in Berührung sind, kann es dazu kommen, dass wir immer mehr um uns selbst kreisen. Das ist eine Gefahr für den Einzelnen, aber auch für unsere älter werdende Gesellschaft. Denn machen wir uns nichts vor: Das Alte bewahren, kann etwas sehr Wertvolles sein, es kann aber auch äußerst destruktiv sein, wenn es zum Selbstzweck verkommt, um nur ja das drohende Neue, das Ungewohnte, noch Unbekannte zu vermeiden. Und es geht fehl, wenn gerade jüngere Menschen dadurch vermehrt eingeschränkt werden, weil die Alten bestimmen. Auch vor diesem Hintergrund ist im demografischen Wandel jeder der Älteren und sind besonders die Ruheständler aufgefordert, offen und interessiert zu bleiben. Das bedeutet keineswegs, Neues stets unkritisch zu bejahen, aber doch, sich zu informieren und zu vermeiden, es sich vornehmlich in den eigenen Gewohnheiten bequem zu machen. Wir sahen oben schon, dass eingefahrene Muster bisweilen nur vermeintlich Sicherheit geben und vielmehr den Blick trüben.

> **Denkanstoß**
>
> Kämpfen Sie manchmal mit den vielen Veränderungen in unserer Gesellschaft und Ihrem persönlichen Alltag? Dann sollten Sie sich folgende Fragen stellen: Was bedeutet die Veränderung für mich? Was bedeutet die Veränderung für andere? Warum wird sie angestrebt? Was bezwecken diejenigen, die die Veränderung vorantreiben? Was hat mir am Alten so gut gefallen und warum fällt es mir so schwer, die Veränderung zu akzeptieren? Was kann ich mir bewahren?

> Denken Sie einmal darüber nach, wo Sie in ihrem Leben flexibel waren und was das bedeutet hat – für Sie, Ihre Entwicklung, aber vielleicht auch für andere. Waren Verluste damit verbunden, hat es Gewinne gebracht? Und dann fragen Sie weiter: Wo können Sie heute in Ihrem Leben flexibel bleiben? Beim Sitzplatz in der Gymnastikrunde, bei der offenen Haltung gegenüber einem neuen Nachbarn, beim Essengehen, wenn Sie einmal nicht Ihr Lieblingsrestaurant, sondern eine neue Gaststätte ansteuern?

Rituale können gut sein. Kinder brauchen Rituale, aber gewiss auch wir Älteren. Sie geben Halt und Sicherheit, bieten Verlässlichkeit. Sind sie aber erstarrt, sind sie zum Selbstzweck geworden oder haben sie sich zu störenden Mustern entwickelt und entsprechen nichts weiter als unflexiblen Verhaltensweisen, ist das nicht gut – weder für uns noch für unsere Umwelt. Dann schränken sie oftmals nicht nur die eigene Entwicklung ein, sondern erschweren zudem das Miteinander mit anderen. Flexibilität im Älterwerden zu üben, ist daher gewiss keine leichte, aber doch ganz wichtige Angelegenheit. Wir müssen uns Flexibilität bewahren, ja vielleicht auch ganz neu erschließen, sie ausweiten. Offenheit ist geradezu eine Tugend des Alters. Sie ist mit Blick auf die sich immer rascher verändernde Welt, aber auch auf die jüngere Generation von großer Bedeutung. Sie ist mit entscheidend dafür, ob die Generationensolidarität gelingt. Nur wenn wir die Jungen mit ihren Wünschen im Blick haben und ihnen mit unserer eigenen Flexibilität begegnen, kann das gute Miteinander zwischen Alt und Jung bestehen.

Gelingt es, eine solche Haltung einzunehmen, haben zumindest die meisten Veränderungen nichts Furchteinflößendes mehr an sich. Der Übergang in den Ruhestand bietet eine einmalige Gelegenheit, sich in diesem Sinne neu zu orientieren. Wie gesagt geht es nicht darum, alles Alte von sich zu stoßen. Vielmehr gilt es, das Alte mit dem Neuen sinnvoll und in einer für einen persönlich, aber auch für die Gesellschaft zuträglichen Weise zu verbinden. Das bedeutet, dass die Offenheit zu einer Grundhaltung wird und man entsprechend wahrnimmt, was in der heutigen Zeit wichtig ist. So können wir beispielsweise die Digitalität nicht mehr zurücknehmen, aber wir können sie gestalten, wir können entscheiden, wie wir mit ihr umgehen. Es bedeutet, das eigene Erfahrungswissen mit den Jüngeren zu teilen und zugleich von deren Wissen zu lernen. Schon mit Blick auf die späte Berufsphase haben wir oben gesehen, dass die Weitergabe von Wissen keineswegs einseitig erfolgen soll oder auch nur kann – was aber dort seinen festen Ort hat, sollte es auch im Ruhestand haben. Es bedeutet, sich für Neues zu interessierten, offen im Austausch zu sein, eine zuhörende Haltung gegenüber anderen zu pflegen und keine Scheu vor Unbekanntem zu haben. Es bedeutet, sich der auch ganz persönlichen Veränderungen im eigenen Älterwerden bewusst zu sein, sie anzunehmen und zu gestalten.

Damit verbunden ist eine anhaltende Bereitschaft zu lernen – Offenheit gegenüber Veränderungen und neuen Entwicklungen und lebenslanges Lernen ergänzen sich nicht nur, sondern können nur gemeinsam auftreten. Und wie essenziel Lernen für den Kopf ist, haben wir bereits gesehen. Wichtig ist, dass man stets auch die eigene Rolle in dieser Entwicklung reflektiert – dann wird klarer, was man selbst verändern möchte, in welchem Tempo das geschehen soll und wo man nicht mitmachen will; dann fällt es leichter, auch einmal Stopp zu sagen. Ältere, denen das gelingt, strahlen oft eine wahrhaftige Lebendigkeit aus. So – und nur so – kann das Alte sich im Neuen bewähren.

7.2.3 Wenn es zu viel wird: Auch im Ruhestand kann weniger mehr sein

In all den Jahren des Erwerbslebens konnte ich mich nicht erholen, nie wirklich regenerieren. Jetzt im Ruhestand wird das doch endlich möglich sein! So denken viele. Ist es so weit, stellt sich das doch etwas schwieriger dar. Wir wollen ja nicht einfach herumsitzen; jetzt haben wir die Zeit, all das zu tun, was wir schon immer tun wollten, mangels Zeit aber nicht tun konnten. Jetzt müssen wir endlich die vielen Möglichkeiten ergreifen, müssen dies tun, das erledigen. Und heißt es nicht – so auch oben in diesem Buch –, dass wir offen sein müssen? Jetzt also haben wir endlich die Zeit, diese spannende Welt mit all ihren vielen Möglichkeiten zu erfahren und zu erleben – worauf also warten?

Schnell bemerken die meisten Ruheständler dann aber, dass die Dauerverfügbarkeit von Konzerten, Ausstellungen, interessanten Vorträgen, Büchern etc. oftmals zu viel des Guten und trotz der vielen frei verfügbaren Zeit gar nicht zu bewältigen ist. Man müsste noch …, man könnte doch …, so sagt man mehr zu sich als zu den anderen. Das zeigt, dass hier ein schlechtes Gewissen aufkommen kann. Im Grunde sind wir überfordert: Wir haben die Qual der Wahl. Hinzu kommt, dass dann, wenn die Auswahl größer und der Zugang leichter wird, bisweilen die Lust daran schwindet, sich mit dieser Vielfalt der Angebote zu beschäftigen. Manche empfinden es geradezu als Arbeit – was kann und soll man nicht alles mitnehmen, jetzt, wo man doch Zeit hat! Hast du diese Ausstellung schon gesehen? Hast du schon das neue Buch gelesen? Und schon stellen sich Zweifel ein, ob man nun zu den neuen Rentnern gehört, die viel Zeit haben und doch nicht wirklich was auf die Reihe bringen. Dabei ist es oft keine Frage der Organisation. Es liegt daran, dass es, wenn man nicht aufpasst, zu viel wird. Auch wer seinen Terminkalender penibel und sorgfältig führt, sollte darauf achten, sich nicht mit Terminen zuzuschütten.

Es gibt aber auch Menschen, die sehr genügsam ihren Ruhestand gestalten: eine einfache Tätigkeit, Nachbarschaftshilfe, Kuchen backen und kleine Spaziergänge unternehmen. Sehnen wir uns nicht alle manchmal nach so einem einfachen, überschaubaren Leben? Manche entscheiden sich irgendwann ganz bewusst, auf die vielen Events, die möglich sind, zu verzichten. Sie entscheiden sich ganz konkret für zwei oder drei Interessengebiete oder auch nur für ein Thema, das sie dann aber auch in seiner Tiefe angehen möchten. Qualität vor Quantität heißt das Motto.

Um dem Diktat des Vielen zu entgehen, sollten wir uns fragen: Was bereitet mir wirklich Freude? Was tut mir gut? Und eines muss klar sein: Das, was wir tun, sollten wir gerade im Alter für uns tun. Gemeint ist damit keine egoistische Haltung, sondern das Bewusstsein dafür, dass das, was wir nun mit einer größeren Selbstbestimmung tun, immer mit uns selbst zu tun hat. Mit anderen Worten: Wir müssen in unserem Handeln auch gerade im Ruhestand unserer Selbstverantwortung gerecht werden. Etwas mit Begeisterung angehen, sich ergreifen lassen, vielleicht sogar Leidenschaft zeigen, das bringt uns auch in unserer Entwicklung weiter. Hier können wir in die Tiefe gehen und im besten Sinne lernen.

Verlieren wir uns in unserem neu gewonnenen Freiraum hingegen im Vielen, kann es rasch dazu kommen, dass wir von einem Extrem ins andere geraten. Tatsächlich ist es aber wichtig, die Balance zu halten. Nicht weniger als in anderen Lebensphasen müssen Ruheständler darauf achten, einen Ausgleich zu schaffen für alles, was zu sehr in eine Richtung geht und dann die Dinge aus dem Gleichgewicht zu bringen droht. Hier kommt die alte Tugend des Maßhaltens ins Spiel. Sie weiß, dass auch des Guten zu viel sein kann. Was für größere Zusammenhänge wie Ökosysteme gilt, hat auch für das Leben des Einzelnen Relevanz. Daher muss jeder darauf achten, das für ihn richtige Maß zu finden. Es ist ja wie beim körperlichen Training – ohne Erholung, ohne Regeneration geht das nicht. Ebenso wenig wie der Profisportler sollten wir uns im Ruhestand einer Dauerbelastung aussetzen. Der Körper braucht grundsätzlich und gerade auch im Training Phasen der Regeneration. Das ist aber insgesamt für das Leben und die Aktivitäten im Ruhestand nicht anders.

Merken wir also, dass alles viel zu viel wird, dann gehen wir einen Schritt zurück, bremsen uns selbst und überlegen, wo wir verzichten können. Jetzt, wo wir die Zeit dafür haben, können wir nach unserem Bauchgefühl eine gute Entscheidung für uns selbst treffen. Von ihr wird letztlich auch unser

Umfeld profitieren, da wir besser gelaunt, freier und nicht so gestresst durchs Leben gehen.

> **Denkanstoß**
> Befinden Sie sich bereits im Ruhestand und erleben an vielen Stellen einen Freizeitstress? Was möchten Sie dagegen tun? Mit wem können Sie darüber sprechen? Welche Änderungen wären womöglich sinnvoll? Vielleicht machen Sie sich hierzu ein paar Notizen und treffen erste Entscheidungen, was Sie weglassen möchten? Wer ist davon betroffen? Erklären Sie, was Sie damit bezwecken, sodass Ihr Gegenüber die neue Situation nicht persönlich nimmt.

7.2.4 Wenn die Psyche leidet – mentale Gesundheit und Resilienz

In unserer modernen Zivilisation hat die Medizin erstaunliche Fortschritte gemacht. Viele physische Erkrankungen können heute geheilt, zumindest aber erheblich gelindert werden. Zugleich scheinen psychische Leiden immer mehr in den Vordergrund zu rücken. So wird berichtet, dass Depressionen auf dem Vormarsch sind. Laut Weltgesundheitsorganisation werden affektive Störungen, also psychische Erkrankungen, die mit der Stimmung der Menschen zu tun haben, schon bald an zweiter Stelle der Volkskrankheiten stehen. Die Betroffenen fühlen sich niedergeschlagen, haben einen verminderten Antrieb und ein erhöhtes Risiko für Herz-Kreislauf-Erkrankungen. Die statistische Zunahme psychischer Störungen mag mit einem veränderten Diagnoseverhalten, wahrscheinlich auch mit ihrer Enttabuisierung zusammenhängen. Früher wurden seelische Leiden stärker verdrängt, da sie gemeinhin als stigmatisierend empfunden wurden. Aber auch wenn dies in Rechnung gestellt wird, ist doch unverkennbar, dass wir uns in zunehmendem Maße mit den Fragen auseinandersetzen, die durch die genannte Entwicklung aufgeworfen werden. Jüngst hat nun auch zusätzlich die Corona-Krise bei vielen Menschen zu psychischen Belastungen und Erkrankungen geführt – sicherlich oft eine Folge der starken Verunsicherung, der sozialen Isolierung, der Hilflosigkeit, in die sich viele versetzt sahen.

Eine erhöhte Anfälligkeit für psychische Krankheitsbilder zeigt sich über alle Lebensalter hinweg. Die Auswirkungen sind oft nicht nur im Privaten, sondern auch in der Arbeitswelt zu spüren. Sie manifestieren sich in einem verminderten Leistungsvermögen einzelner Beschäftigter, in einer über längere Zeiträume dauernden Arbeitsunfähigkeit und häufig auch in einer Frühverrentung. In nicht geringem Maße sind die Älteren davon betroffen.

Auch gerade der Übergang in den Ruhestand ist oft eine einschneidende Phase, in der es neuer Orientierung bedarf. Manche mögen ihn als Erleichterung, andere aber als Belastung empfinden (vgl. Abschn. 5.5). Daher ist es sinnvoll, für eine grundlegende Stärkung der Psyche zu sorgen. Es gibt viele Faktoren und ebenso viele Möglichkeiten, hier Einfluss zu nehmen.

Den Kopf fit zu halten ist beispielsweise ein wichtiger Faktor dafür. Gehirntraining hat nachweislich einen positiven Einfluss. Es stärkt nicht nur kognitive Fähigkeiten wie Aufmerksamkeit, Arbeitsgedächtnis und die gesamte kognitive Leistung, sondern hebt auch die Stimmung. Menschen, die geistig aktiv sind und regelmäßig verschiedene Formen geistigen Trainings betreiben, sind beispielsweise weniger anfällig für Niedergeschlagenheit. Das Gehirn profitiert von einer vielfältigen Stimulation, die körperliche Aktivität, soziale Interaktion, das Erlernen neuer Fähigkeiten und andere Formen geistiger Herausforderungen einschließt. Einzelaktivitäten wie Sudoku bieten allein keinen umfassenden Schutz vor neurodegenerativen Erkrankungen. Ein gesunder Lebensstil, der auch Ernährung, Bewegung und soziale Kontakte berücksichtigt, ist in dieser Hinsicht effektiver. Insgesamt verbessert geistige Aktivität die Fähigkeit, den Alltag zu bewältigen, und diese Kompetenz ist auch nach dem Ende des Berufslebens von großer Bedeutung.

Es gibt also gute Gründe, sich früh genug darüber zu informieren, wie man das eigene Gehirn trainieren kann. Ob dazu eine der zahlreichen Veröffentlichungen gelesen, ein Kurs besucht oder eine App installiert wird, um mit ihr zu arbeiten, ist zweitrangig – am besten richten Sie sich danach, welche Form Ihnen am meisten zusagt. Geeignet sind alle Übungen, um die Konzentration zu stärken, die Merkfähigkeit zu verbessern und die Denkgeschwindigkeit zu erhöhen. Aber auch darüber hinaus lässt sich im Alltag viel dafür tun, indem man soziale Kontakte pflegt, anspruchsvolle Artikel liest oder sonst einer Tätigkeit nachgeht, die gewisse geistige Anstrengungen verlangt. Ein aktiver Kopf hilft auf alle Fälle dabei, der Psyche eine gewisse Stabilität zu geben, um den Belastungen, die sich im Leben unvermeidlich einstellen, möglichst gut begegnen zu können.

Natürlich hängt die mentale Gesundheit nicht nur von unserer geistigen Fitness ab, die wir auf vielfältige Art trainieren können. Genetik und Biologie spielen eine Rolle, ebenso traumatische Ereignisse, chronischer Stress, einschließlich Arbeitsstress, oder finanzieller Druck. Auch Umweltfaktoren und viele andere Aspekte können sich hier auswirken. Wichtig ist es daher, bei Verdacht auf eine psychische Erkrankung einen Arzt oder einen Psychotherapeuten aufzusuchen. Je früher die Diagnose und Behandlung erfolgen, desto eher lässt sich an den Beeinträchtigungen arbeiten. Dabei kann die Ursache einer psychischen Erkrankung bei jeder Person anders sein – ganz so, wie jede Person einzigartig ist.

7.2.5 Sich gegen Belastungen wappnen und mit ihnen umgehen

Wenn es um Belastungen und deren Bewältigung geht, ist in letzter Zeit sehr viel von Resilienz die Rede. Was meint dieser Begriff? Resilienz beschreibt die psychische Widerstandskraft. Sie macht Menschen stark gegen Stress und Belastungen – in Abschn. 10.5 werde ich noch ausführlich darauf zu sprechen kommen. Dabei geht es gerade nicht um Abwehrkraft im Sinne einer undurchlässigen Mauer, die man um sich errichtet, um letztlich in einer Isolation zu landen, die selbst zum Problem wird. Nein, psychische Widerstandskraft ermöglicht es einem Menschen, Krisen als Chancen zu begreifen. Wichtig ist eine positive Lebenseinstellung, denn sie stärkt, indem sie einen gelassenen und selbstsicheren Umgang mit Veränderungen ermöglicht.

Resilienzforscherinnen und -forscher sind davon überzeugt, dass diese Eigenschaft nicht angeboren ist. Wir kommen nicht als mehr oder weniger widerstandsfähig auf die Welt. Resilienz ist kein Schicksal, sondern kann ein gutes Stück weit erlernt werden. Gewiss sind die frühen, prägenden Jahre hier wichtig. Aber auch im höheren Erwachsenenalter lässt sie sich durchaus verbessern und ausbauen. Es ist also sinnvoll, sich in der Phase des Übergangs in den Ruhestand mit der Frage zu befassen, wie man die eigene Resilienz stärken kann. Inzwischen gibt es auch verschiedene Hilfsangebote, die dabei unterstützen. Hier ein paar erste Tipps, wie Sie selbst an Ihrer Resilienz arbeiten können:

Erkennen Sie die Einflussmöglichkeiten, die Sie haben Die meisten Dinge stehen nie ein für alle Mal fest. Das Gegebene kann sich auch wieder ändern. Manchmal geschieht dies durch Zufall, oft aber können Sie selbst persönlich Einfluss darauf nehmen. Fragen Sie sich also, was Sie konkret dafür tun können, damit sich eine Situation, die unangenehm und belastend ist, ändert. Dazu kann es auch gehören, die traurigen oder schweren Gefühle, die mit der Belastung zusammenhängen, zu akzeptieren und anzunehmen. Oftmals wird es leichter, wenn man sich die Zeit für sie nimmt und sie nicht nur verdrängt. Sie auch einmal „raus zulassen" verhindert, dass sie sich anstauen, um später mit größerem Druck hochzukommen.

Üben und pflegen Sie Dankbarkeit Denken Sie vor dem Schlafengehen an drei positive Ereignisse des Tages. Das können Kleinigkeiten sein, wie eine freundliche Begegnung oder eine schöne Blume, die Sie bewusst wahrgenommen haben. Die vielen kleinen Freuden stärken unsere Widerstandskraft gegenüber dem, was uns Leid verursacht, und sorgen dafür, dass es uns nicht überwältigt und erstarren lässt.

Akzeptieren Sie das Gegebene Schimpfen, Jammern und Klagen verbessert die Situation in der Regel nicht. Gehen Sie anders vor und suchen Sie, wenn möglich, gezielt nach Vorteilen: Welchen Nutzen haben Sie davon, wenn Sie beispielsweise eine unangenehme Aufgabe akzeptieren? Selbst dann, wenn sich nicht gleich eine Antwort finden lässt, gehen Sie so viel gelassener an die Sache heran. Oder Sie malen sich aus, wie es noch schlimmer kommen könnte. Das macht es einfacher, Ihre jetzige Lage zu akzeptieren, aber auch, konstruktiv das Beste aus ihr zu machen.

Bleiben Sie optimistisch Überprüfen Sie in den jeweiligen Situationen, ob Ihr Glas nicht eher halb voll als halb leer ist. Suchen und sehen Sie die Fülle in Ihrem Leben sowie Ihre persönliche Kraft.

Verändern Sie Glaubenssätze, die Ihren Handlungsspielraum einschränken Wenn Sie sich bereits am frühen Morgen mit einem innerlichen Seufzen sagen: „Heute Abend werde ich schon wieder keine Zeit für mich haben", dann wird dies Ihren Tag kaum besser machen. Hilfreicher ist es, wenn Sie sich selbst sagen: „Ich werde mir trotz des vollen Terminkalenders ein paar Minuten Zeit für mich nehmen und diese ganz für mich genießen."

Wertschätzen Sie sich selbst Die Unzufriedenheit mit einer Situation wird oft zu einer Unzufriedenheit mit sich selbst. Hier hilft es, die eigene Position mit anderen Augen zu sehen. Anstatt zu klagen: „Schon wieder hat man mir ein Aufgabe aufgebrummt. Ich kann einfach nicht Nein sagen", sollten Sie sich sagen: „Ich werde gebraucht. Und damit es nicht zu viel wird, übe ich zukünftig das freundliche Nein."

Schauen Sie auf Ihre bisherigen Erfolge Denken Sie an frühere Situationen, in denen Sie ein positives Ergebnis erzielt haben. Machen Sie sich bewusst, dass Sie selbst den guten Ausgang bewirkt haben. Üben Sie sich darin, Ihren Fähigkeiten zu vertrauen.

Pflegen Sie Ihr soziales Netzwerk Seien Sie freundlich, hilfsbereit und aufmerksam. Gehen Sie respektvoll mit anderen Menschen um. Geben Sie authentisch Lob und Anerkennung. Benötigen Sie dann auch einmal selbst

Hilfe, wissen Sie: Sie sind nicht allein. Und gerade das Bewusstsein, nicht als Einzelkämpfer dazustehen, stärkt die psychische Widerstandsfähigkeit.

7.2.6 Stress und positives Denken

Die Belastungen, denen wir uns ausgesetzt sehen und denen wir mit einer gut ausgebauten Resilienz begegnen können, haben häufig mit Stress zu tun. Stress ist ein „als unangenehm empfundener Zustand, der von der Person als bedrohlich, kritisch, wichtig und unausweichlich erlebt wird. Er entsteht besonders dann, wenn die Person einschätzt, dass sie ihre Aufgaben nicht bewältigen kann" (Joiko et al. 2010). Aber Stress ist nicht gleich Stress. Heute unterscheidet man zwei Arten: Eustress und Distress. Der eine ist Ansporn und fügt der Gesundheit keinen Schaden zu, der andere macht hingegen krank. Diese Differenzierung ist wichtig, um mit Stress umgehen zu können. Die Resilienz soll dabei helfen, den einen vom anderen zu trennen und den Einfluss des schädlichen Stresses zu begrenzen. Wichtig ist daher: Nehmen Sie Distress ernst und suchen Sie immer wieder nach Möglichkeiten zur Stressbewältigung. Dazu können Übungen zur Verbesserung des Selbstmanagements ebenso dienen wie Yoga-, Entspannungs- und Achtsamkeitsübungen. Viele Kurse lassen sich in unterschiedlicher medialer Form zu Rate ziehen, ob als Buch, auf CD oder online.

Wer kennt es nicht von älteren Bekannten, die den Übergang in den Ruhestand vollzogen haben, nun aber nur mit Mühe noch Termine frei haben und darüber klagen, gar keine Zeit zu haben? Ein gewisses Augenzwinkern ist stets dabei, wenn dieses „Rentnerklischee" auf den Tisch kommt (vor allem die Jüngeren, die noch im Berufsleben stehen, wissen manchmal nicht, ob sie lachen oder sich ärgern sollen). Und doch sollte man das Ganze nicht einfach abtun, sondern ernst nehmen. Wenn Sie betroffen sind und in Ihrem Ruhestand über Freizeitstress klagen, fragen Sie sich: Was ist von all den Dingen, die ich tue oder tun möchte, wirklich belastend und hat negativen Einfluss auf meine Lebensqualität? Und was ist positiver Stress, was sind eher Herausforderungen, die letztlich auch gesund für mich sind? Im Ruhestand haben wir so sehr wie nie zuvor die Chance, unser Freizeitverhalten kritisch zu hinterfragen und es ganz selbstbestimmt zu verändern, wenn wir uns von ihm getrieben fühlen. Zu was wir uns auch entschließen, so sollten wir uns doch stets bewusst machen, dass es unsere freie Entscheidung ist. Ist uns das klar, dann haben wir auch eine positive Haltung zu dem, was wir tun. Vielleicht werden wir gerade darin zu einem Vorbild für die Jüngeren.

Apropos positive Haltung: Man hat schon oft und seit Langem davon sprechen hören, und doch ist es nicht nur ein Klischee, eine abgestandene Redewendung, wenn auf die Kraft des positiven Denkens verwiesen wird. Es geht ja dabei nicht um Scheuklappen, mit denen man sich vor den unangenehmen Dingen schützen will. Es geht auch nicht um Blauäugigkeit, sondern um einen gesunden Optimismus. „Think positive!" – gelingt das, dann lässt sich besser mit Stress umgehen, dann lauert nicht die Depression hinter jeder Ecke der unübersichtlichen Gegenwart. In den Jahren der Pandemie war das oft schwer, die Aussichten erschienen immer wieder recht düster. Aber in einen lähmenden Pessimismus zu verfallen, hilft nicht weiter. Gerade dann, wenn man auf der Suche nach Auswegen ist, ist es kontraproduktiv, immer nur das Schlimmste anzunehmen, den ungünstigsten Verlauf ins Auge zu fassen. Lösungen ergeben sich nur, wenn sich auch Positives erwarten lässt.

Nun kann man sich nicht einfach dafür entscheiden, optimistisch oder pessimistisch zu sein; es ist keine Frage der bloßen, augenblicklichen Willkür. Ebenso wenig ist es trotz all der unterschiedlichen Charaktere und Vererbungen einem ein für alle Mal in die Wiege gelegt. Positives Denken lässt sich wohl nicht lernen wie eine Fremdsprache, aber es lässt sich wahrscheinlich doch fördern. Man kann es nicht erzwingen, aber sich doch darin üben, eine Sichtweise einzunehmen, die sich diesem Denken eher und auch in unterschiedlichen Situationen öffnet. Viel hat das mit dem Selbstbild zu tun. Es hängt aber auch mit dem eigenen Verhalten zusammen. Insofern lässt sich Optimismus im Sinne einer Haltung in gewisser Weise üben. Das geschieht vor allem dadurch, dass wir uns selbst als Person, aber auch unseren Mitmenschen und unserer Umwelt positiv begegnen, also offen sind, nicht missmutig und misstrauisch. Pflegen wir ein solches Verhältnis zu uns und den anderen, wird dies auch unser Denken positiv beeinflussen – und zu einem positiven Denken werden lassen. Mit einem solchen können wir viel besser mit Stress und Sorgen umgehen. Das Geheimnis lautet also: „Think and be positive." Weitere Fähigkeiten der Resilienz finden Sie in Abschn. 10.5.

Quälende Gedankenkarusselle stoppen
Im Ruhestand haben wir endlich mehr Zeit für uns selbst und unsere Gedanken. Es kann ein wunderbares Gefühl sein, sich mit verschiedenen Themen und Ideen in Ruhe gedanklich auseinanderzusetzen und sie zu reflektieren. Eine hochbetagte Frau sagte mir kürzlich, dass ihre „Gedankenspaziergänge" sie ausfüllten, und ich kann das sehr gut nachvollziehen. Andererseits kennen wir auch alle das Gefühl von immer wiederkehrenden Gedanken und Sorgen, die uns quälen und belasten können. Wir sprechen dann von

Gedankenkarussellen, die sich ständig im Kreise drehen und die wir gerne ausschalten würden.

Als Menschen sind wir Gedankenwesen. Täglich gehen uns Tausende von Gedanken durch den Kopf, und meist bereitet uns das keine Schwierigkeiten. Gedankenkarusselle sind jedoch automatische und sich aufdrängende Gedanken, die wir einfach nicht loswerden können. Das kann von Sorgen und Grübeln bis hin zu Zwangsgedanken reichen und uns sogar daran hindern, einzuschlafen. Wir sind unkonzentriert, gereizt, ärgern uns oder werden sogar ängstlich. Wenn wir uns jedoch bewusst machen, was in unserem Kopf vorgeht, können wir beginnen, unsere Gedankenkarusselle zu stoppen und sie in kleinen Schritten abzubauen.

Hier gibt es verschiedene Ansätze. Wichtig ist es zunächst einmal, diese im Kopf kreisenden Gedanken festzumachen, sie zu fassen zu bekommen. Wir können uns bewusst machen, welche Gedanken uns belasten, indem wir sie aufschreiben oder laut aussprechen. Wir können uns dann darauf konzentrieren, was im Moment wirklich wichtig ist, um das von den unnötigen Gedanken abzugrenzen. Einerseits ist es wichtig, unsere Gedanken zu akzeptieren, denn sie sind ja da und können nicht einfach aus unserem Kopf herausgeschnitten werden. Andererseits können wir aber lernen, uns nicht von ihnen vereinnahmen zu lassen. Machen wir uns bewusst, dass das eigentliche Problem oft die negativen Bewertungen selbst sind, können wir sie im Geiste beispielsweise in eine imaginäre Wolke packen und weiterziehen lassen.

Manchmal ist es auch sinnvoll, sich abzulenken. Ein Bewegungssport wie Tischtennis oder Jonglieren kann uns helfen, uns auf etwas anderes zu konzentrieren. Singen oder ein schönes Gedicht aufsagen kann ebenfalls beruhigend wirken. Und wenn all das nicht hilft, können wir uns einfach selbst mit einem lauten „Stopp" Einhalt gebieten und uns sagen, dass wir jetzt etwas anderes machen werden. Ein Geheimrezept, Gedankenkarusselle anzuhalten und abzustellen, gibt es nicht, denn jeder Mensch ist anders. Versuchen Sie mit einer gewissen Leichtigkeit an die Sache heranzugehen, und probieren Sie verschiedene Methoden aus.

Reden kann helfen

Oftmals tragen wir schwere Gefühle und Gedanken mit uns herum, die uns belasten und uns daran hindern, unser Leben in vollen Zügen zu genießen. In einer solchen Lage kann es eine enorme Entlastung sein, wenn wir uns jemandem anvertrauen und mit ihm unsere Gedanken und Gefühle teilen. Egal ob es um berufliche oder private Themen geht, ein Einzelgespräch mit einem vertrauten Menschen oder auch mit einem Coach oder in einer Psychotherapie kann uns dabei helfen, Klarheit zu erlangen und mögliche Lösungen zu finden.

Es ist bemerkenswert, wie Reden häufig eine heilende Wirkung auf uns hat. In der Vergangenheit gab es viele Menschen, die über ihre traumatischen Erlebnisse im Zweiten Weltkrieg geschwiegen haben. Doch dieses Nachkriegsschweigen hat bei vielen dazu geführt, dass sie nicht in der Lage waren, ihre Erlebnisse zu verarbeiten und zu bewältigen. Oftmals kommt dann gerade im Alter das Verdrängte wieder hoch. Durch Gespräche, in denen wir unsere Gedanken mit anderen teilen, können wir unsere Erlebnisse besser verarbeiten und uns von der Last der Vergangenheit befreien.

Es gibt viele Möglichkeiten, Gefühle, die uns schwer sind, zu verarbeiten. So kann man, um sich symbolisch und emotional von ihnen zu trennen, das Erlebte und Gefühlte in einem Tagebuch niederschreiben. Jeder Mensch hat seine eigene Art und Weise, mit seinen Emotionen umzugehen. Doch Reden ist das, was besonders oft hilft und nachhaltig wirkt. Es unterstützt uns nicht nur darin, unsere Gedanken zu ordnen, sondern auch dabei, uns selbst besser kennenzulernen.

Im Gespräch etwa mit einem Coach geht es allein um die Gedanken und Gefühle des einen Menschen, der Hilfe sucht. Das ist sonst in der Kommunikation mit anderen selten der Fall und schon daher positiv und ein großer Unterschied zu einem Gespräch mit einem guten Freund, der auch seine Sicht, seine privaten Erlebnisse zum Thema oder Emotionen immer wieder mit einfließen lässt. Im Coaching lassen sich zudem nicht nur konkrete Schwierigkeiten ansprechen, sondern auch allgemeine Lebensfragen wie die nach Glück und dem Sinn im Leben. Gerade in der zweiten Lebenshälfte kommen solche Fragen verstärkt auf. Um über sie nachzudenken, braucht es Zeit und Raum.

Beim Coaching geht es um individuelle und lösungsorientierte Begleitungen. Ein Einzelcoaching kann uns dabei helfen, eigene Ressourcen für den Veränderungsprozess zu aktivieren. Es ist ein zielorientierter Prozess, in dem wir unsere Themen reflektieren und uns persönlich und professionell weiterentwickeln können. Dabei geht es oft um Veränderungen von Verhaltensweisen, um Strategien, Fähigkeiten, Werte, Überzeugungen und Ziele bis hin zu Fragen der Identität. Sinnvoll ist möglicherweise auch ein spezielles Resilienzcoaching, in dem es darum geht, die eigene psychische Widerstandsfähigkeit zu entdecken und zu stärken. In Zeiten von Herausforderungen und Lebenskrisen ist es besonders wichtig, auf unsere Ressourcen zurückzugreifen und eigene Strategien zu entwickeln, um resilienter zu leben. In Abschn. 10.5 werde ich sechs Fähigkeiten der Resilienz vorstellen, die es uns erlauben, sicherer durch schwierige Zeiten zu navigieren. Ein entsprechendes Coaching kann uns in die Lage versetzen, unsere Fähigkeit zur psychischen Widerstandskraft oder Resilienz zu aktivieren, schneller wieder ins Gleichgewicht zu kommen und häufiger ein Gefühl des Wohlbefindens zu erreichen.

7.2.7 Sucht, die das Alter verdirbt

Beim Eintritt in den Ruhestand haben wir einiges hinter uns – oft viele Berufsjahre, aber auch die Jahre der Familie, einige Jahrzehnte von nicht selten großer Betriebsamkeit, oft auch Stress und Belastungen. Daher freuen wir uns auf die kommenden Jahre, erhoffen uns etwas mehr Entspannung. Früher gab's das eher selten, etwa bei einem Glas Wein nach Feierabend, beim Bier mit Kollegen. Jetzt können wir uns ja, sollten wir Lust darauf verspüren, schon zum Mittagessen ein kleines Gläschen genehmigen…

Alkohol, aber auch andere Drogen sind in unserer modernen Gesellschaft recht verbreitet, ja alltäglich. Oft wird Alkohol als Kulturgut angesehen, ist zumindest in das ein oder andere Brauchtum eingefügt und spielt generell in vielen Bereichen unserer Gesellschaft eine keineswegs kleine Rolle. Andere Drogen, ob illegal oder legal, denken wir an Medikamente, werden eher hinter mehr oder weniger vorgehaltener Hand konsumiert. Tabletten schlucken wir meist heimlich, mit dem gefüllten Glas hingegen stoßen wir an. Ein Problem wird bei Letzterem meist nicht gesehen, sofern alles in Maßen geschieht. Aber ist das so?

Laut der Barmer Krankenkasse waren Ende 2021 1,1 Mio. Menschen in Deutschland alkoholabhängig. Die Dunkelziffer dürfte hoch sein. Sucht ist also durchaus ein Problem, und zwar kein kleines. Von Medikamenten abgesehen, die je nachdem auch Suchtpotenzial aufweisen, wird es bei älteren Menschen, also auch solchen, die sich im Ruhestand befinden oder dabei sind, in diesen überzutreten, eher der Alkohol sein. Und Alkoholkonsum ist ja nicht geächtet – wer nicht abstinent ist, wird deshalb nicht gleich von der Gesellschaft ausgestoßen.

Sucht bedeutet einen Verlust der Selbstkontrolle. Das Verlangen lässt sich nicht wirklich kontrollieren, es stellt sich immer wieder ein und beherrscht das innere Erleben des Menschen immer mehr, bis es alles andere nahezu verdrängt. Die Kräfte des Verstandes fügen sich diesem Verlangen; es ist so stark, dass es uns nicht gelingt, ihm längere Zeit nicht zu folgen. Sucht gilt daher als Krankheit – nicht nur die körperlichen Auswirkungen des entsprechenden Konsums sind Gegenstand der medizinischen und psychologischen Behandlung, sondern auch die Sucht selbst. In Deutschland ist Alkoholsucht am weitesten verbreitet, weit vor allen anderen Formen der Sucht. Sie hat psychische wie körperliche Schäden zur Folge und kostet die Volkswirtschaft jährlich wohl an die 40 Mrd. Euro.

Die nachteiligen Auswirkungen des Alkoholkonsums machen sich – von den kurzfristigen „Ausfällen" abgesehen, die manche unter „schlechtem Benehmen" einzuordnen bereit sind – oft erst nach Jahren und besonders im Alter bemerkbar. Sie tun dies noch mehr, wenn der Konsum im Alter anhält oder sich gar verstetigt. Allgemein zeigt sich das an einem erhöhten Risiko für Herz-Kreislauf-Erkrankungen oder Krebs, wie Studien längst erwiesen haben und wie wir seit vielen Jahren wissen. Aber auch bei der zunehmenden Demenz macht es sich bemerkbar, und ebenso nimmt es negativen Einfluss auf Diabetes, gastrointestinale Erkrankungen, Schlaflosigkeit und Depression. Dabei bleibt der problematische Alkoholkonsum bei älteren Menschen oft unbemerkt oder die Folgeerscheinungen werden nicht ausreichend diagnostiziert. Schwierig ist es auch, wenn Wechselwirkungen mit Medikamenten auftreten.

Im Ruhestand kann daher ein Alkoholproblem zur größten Gefahr werden. Es vollzieht sich ja alles schleichend – und hat man nicht schon immer im Leben mal ein Gläschen getrunken? Allerdings sind anders als noch im Berufsleben im Ruhestand weniger Grenzen gesetzt. Hinzu kommt, dass die Verdrängung des eigenen Alters und des Alterns, aber auch von Verlusten oder eine geringere Selbstverantwortung das Suchtverhalten fördern können. Depressionen können zum Trinken führen, das Trinken wiederum kann Depressionen befördern – allmählich befinden wir uns in einem Teufelskreis. Aber auch in Geselligkeit fallen die Schranken für den Alkoholkonsum leicht.

Es müssen übrigens keine Exzesse sein, schon regelmäßiges Trinken in geringeren Mengen schadet, wie medizinische Erkenntnisse deutlich machen. Entgegen hartnäckigen Mythen vom gesundheitsförderlichen täglichen Glas Wein zum Mittagessen ist also von einem Konsum, auch wenn er maßvoll erscheinen mag, in dieser Häufigkeit abzuraten. Der Ruhestand kann viele Freiräume bieten – er sollte nicht genutzt werden, um die Gelegenheiten, Alkohol zu trinken, auszuweiten. Die nachteiligen Folgen machen sich hier rascher bemerkbar, der Körper und auch der Geist verändert sich – dann aber nicht mehr, weil es die natürlichen Veränderungen sind, die mit dem Alter kommen. Das kann bis hin zu Fehlfunktionen reichen, und oft ist es zu spät, wenn man feststellt, dass man ein ernsthaftes Alkoholproblem hat.

Die positiven Wirkungen eines Verzichts auf Alkohol zeigt sich etwa in Zusammenhang mit der britischen Gesundheitskampagne „Dry January" von Alcohol Change UK. Von über 100.000 Teilnehmern berichteten zwei Drittel über besseren Schlaf und die Hälfte über Gewichtsverlust. Eine trinkfreie Zeit kann den Körper sich erholen lassen, langfristig das Krebsrisiko senken und zu einer gewissen Regeneration der kognitiven Fähigkeiten führen. Ob sich langjährige Gewohnheiten korrigieren lassen, ist unklar, zumindest aber gibt eine Trinkpause die Gelegenheit, die eigenen Trinkgewohnheiten zu beobachten und einen umfassenderen Plan für den längerfristigen Ausstieg zu entwickeln. Die Motivation kann dabei mehr umfassen als nur das Ziel, weniger zu trinken.

Aber auch Tabletten und Medikamente mit ihren ja oft erst einmal hilfreichen, angenehmen Wirkungen sind ein Problem. Ohnehin wird im Alter eine medikamentöse Behandlung häufiger der Fall sein als in jüngeren Jahren – schnell ist dann ein Gewohnheitseffekt da. Ob Schmerzmittel oder Stimmungsaufheller, all das sind Stoffe, die erst einmal helfen, die ihre gewünschte Wirkung tun, an die man sich dann aber gewöhnt und die so zu Suchtproblemen führen können. Da der Konsum „stiller" und unauffälliger ist, wird seine Problematik auch weniger bemerkt.

Nicht nur für den Einzelnen werden diese Suchterscheinungen zum Problem, auch für die Gesellschaft als Ganze bringen sie Schwierigkeiten mit sich. Zwar belasten Suchtprobleme im Alter nicht mehr die Wirtschaft durch Ausfallzeiten. Aber von den auf Sucht zurückzuführenden Kranken- und Pflegekosten abgesehen, können wir es uns generell nicht leisten, angesichts des demografischen Wandels den kognitiven Abbau der Älteren durch Alkoholkonsum zu verstärken. Demenz im Alter ist ein Problem, das nicht noch zusätzlich verschärft werden sollte – die Belastung für alle wäre zu groß.

Macht man sich all das bewusst, wird deutlich, dass wir auch gerade im Ruhestand darauf achten müssen, dass aus einem gelegentlichen Genuss, gegen den nichts einzuwenden ist, keine Gewohnheit wird. Als solche nämlich droht der Alkoholkonsum genau in den Bereichen zu einem Problem zu werden, auf die wir beim Altern verstärkt achten müssen – auf Körper und Kopf.

7.2.8 Wohlgefühl und Lebensqualität

Um den Ruhestand zu einer erfüllten Lebensphase zu machen, müssen wir dafür sorgen, dass unser Alter von einer guten Lebensqualität begleitet ist. Wir müssen uns wohlfühlen, damit wir ausgeglichen sind und sich kein innerer Unruhestand ausbreitet. Lebensqualität und Wohlgefühl im Sinne eines guten Alterns meint nicht Üppigkeit im Sinne eines äußeren Konsums. Sie ergeben sich aus etwas anderem, etwa daraus, dass wir uns im Alter auf die besonders wichtigen Lebensbereiche beziehen, dass wir uns intensiv mit den Dingen beschäftigen, die Freude und Befriedigung bringen, dass wir zugleich aber unsere Aktivitäten an unseren (altersgemäßen) Gesundheitszustand anpassen, um so den Alltag zu vereinfachen. Mit Zielen, die nicht mehr erreicht werden können, müssen wir flexibel umgehen, und je nachdem müssen wir uns auch davon trennen. Verluste werden sich einstellen – das ist eine unausweichliche Folge des Alterns, die Frage ist nur, wie wir damit umgehen. Vielleicht hilft es, das aufzuschreiben, was uns im Leben Freude gemacht hat; damit lässt es sich ein Stück weit bewahren, und wir sehen eher die Fülle unseres Lebens als das, was jetzt vielleicht fehlt, was nicht mehr so einfach ist. Letztlich muss jeder für sich herausfinden, welchen Schwerpunkt er für das gute Altern setzt.

Natürlich kommt im Alter vieles von außen, das die Sache nicht leicht macht. Teils sind das große Zusammenhänge, etwa wenn der Klimawandel sich allmählich doch schon bemerkbar macht und uns etwa in der drückenden Sommerhitze das Atmen schwerer fällt. Auch darüber hinaus werden manche der Folgen gerade im Alter stärker zu spüren sein. Auf all das haben wir nur begrenzt Einfluss. Wie wir aber selbst zum Alter stehen, wie wir unser Altern nicht über uns kommen lassen, sondern es selbst in Angriff nehmen, wie wir es gestalten, darauf können wir durchaus, wenn auch vielleicht nicht immer im gewünschten Maße, einwirken. Dazu müssen wir uns zuerst einmal uns selbst zuwenden – etwas, das in den oft hektischen Jahren des Berufslebens meist zu kurz gekommen ist, für das sich nun aber Möglichkeiten ergeben. Dass dies in gewisser Weise auch gelingt, zeigt das in der Entwicklungspsychologie bekannte Wohlbefindens- und Zufriedenheitsparadox, wonach die Lebenszufriedenheit in der Altersgruppe der 65- bis 74-Jährigen am höchsten, in jenen zehn Jahren also, in denen der Arbeitsstress vorbei, die volle Last körperlicher und geistiger Altersgebrechen aber noch nicht eingetreten ist. Oben in Abschn. 5.5 bin ich bereits darauf eingegangen. Wir können uns mit uns selbst auseinandersetzen – und es hat gute Wirkungen, dies zu tun.

Selbstfreundschaft
Einem Freund wünschen wir das Beste. Wir sind für ihn da, wenn er uns braucht. Wir lachen mit ihm und erleben schöne Momente. Wir tauschen uns aus und tauchen dabei auch einmal in die tiefen Dinge des Lebens ein. Läuft es einmal nicht so gut, unterstützt der eine den anderen. Gemeinsam betrachten wir unser Dasein, machen uns unsere Gedanken, und es ist kein Problem, wenn wir einmal nicht einer Meinung sind. Wir sagen uns offen,

was wir denken und von diesem oder jenem halten, ohne dass dies unserer Freundschaft abträglich ist.

Ein solcher Freund können und sollten wir auch uns selbst sein. Im Ruhestand haben wir endlich Zeit für uns selbst. Das ist etwas sehr Kostbares, denn nun können wir uns selbst entdecken – im Älterwerden, im Rückblick auf unser berufliches Leben, im Reflektieren unserer Beziehungen und Begegnungen. Es geht nicht darum, ständig um uns selbst zu kreisen. Vielmehr geht es darum, Einsicht in uns als Person zu gewinnen, uns als Ganzes zu sehen und wahrzunehmen. Selbstverantwortung bedeutet, uns selbst mit unseren Bedürfnissen, Fähigkeiten und Werten zu kennen und in diesem Sinne zu versuchen, ein für uns gutes Leben zu führen. Wer bin ich? Was sind meine Fähigkeiten? Was sind meine Schwächen? Kann ich mich mit alldem annehmen? Woran möchte ich womöglich arbeiten?

Diesen Umgang mit sich selbst kann man durchaus erlernen. Vielen wird dies erst bewusst, wenn sie direkt darauf hingewiesen werden. In meinen Ruhestand-Coachings erlebe ich dabei oft einen Aha-Effekt. Ja, Sozialkompetenz hat, so seltsam es auch klingen mag, auch für den Umgang mit sich selbst Relevanz.

> **Denkanstoß**
>
> Wenn Sie sich in Situationen wiederfinden, die Ihnen schwierig erscheinen oder in denen Sie unschlüssig sind, dann fragen Sie sich: Was würde ich einem Freund empfehlen? Welchen Interessen sollte er nachgehen? An welcher Stelle sollte er verschnaufen, nichts tun und womöglich nur Stille genießen? Wo muss er aktiv werden, und wo kann er es ruhig und ungezwungen angehen lassen? Überlegen Sie nun, wie Sie diese Erkenntnisse auf sich selbst übertragen können.

Selbstfreundschaft bedeutet nicht, sich in Isolation zurückzuziehen. Das wäre kontraproduktiv und würde die Herausforderungen des Lebens nur vergrößern. Wir sind auf andere Menschen angewiesen. Zugleich sollten wir aber so für uns selbst sorgen, wie ein guter Freund dies auch im größten Trubel tun würde. Und wir sollten uns selbst schätzen, so wie wir einen guten Freund schätzen oder gar lieben. Einen Freund sehen wir mit seinen Stärken, und wir wertschätzen ihn trotz seiner Schwächen. Genau so sollten wir auch mit uns selbst umgehen. Gute Freunde sind nicht nur füreinander da, sie kennen sich auch ausgesprochen gut. Als wahre Freunde sind sie dem anderen gegenüber aufmerksam, was ihnen ermöglicht, Dinge zu erkennen und einzuordnen, die dem Freund vielleicht nicht bewusst sind. Das Besondere an Freundschaften liegt in der tiefen Vertrautheit und der Achtsamkeit dem anderen gegenüber, aber auch in einer gewissen Distanz, die manches sichtbar macht, was dem anderen entgeht.

Der Ruhestand ist im wahrsten Sinne des Wortes eine große Chance, innere Ruhe zu finden und eine tiefe, unverbrüchliche Freundschaft mit sich selbst zu schließen. Um das zu erreichen, müssen wir uns der Notwendigkeit und der Chancen der Selbstfreundschaft bewusstwerden und uns dafür entscheiden, daran zu arbeiten. Und dann heißt es: üben, üben, üben. Denn sich auf sich selbst zu fokussieren und das zu schätzen, was man an sich selbst mag, ist oftmals gar nicht so einfach.

Von den Gefühlen – oder mit Herz und Verstand
Gefühle sind ein wichtiger Teil unseres Alltags. Je nach Situation, in der wir uns befinden, kommen sie und gehen sie. Meist geschieht dies ganz unbewusst, und nur hier und da spüren wir es, etwa dann, wenn wir am liebsten laut klagen wollen oder wenn wir uns freuen und es uns behaglich ist. Ein Wohlgefühl oder eine Missstimmung wird empfunden, viele andere, weniger eindeutige Gefühle bleiben hingegen im Verborgenen.

Das Wissen über unsere Gefühle und welchen Einfluss sie auf unser Leben haben, ist von Bedeutung. Von Bedeutung ist auch unser Wissen, dass wir Einfluss auf unsere Gefühle haben, indem wir ihnen mehr oder weniger Raum geben können. Das ist gerade dann der Fall, wenn es um alltägliche, kleine Dinge geht. Wer hat nicht schon an sich beobachtet, dass er sich wegen einer insgesamt doch eher unwichtigen Sache den ganzen Tag über geärgert und gegrämt hat. Ebenso kommt es vor, dass wir uns wegen einer Kleinigkeit bis in den Abend hinein freuen und ganz zufrieden sind mit dem Leben. Den Weltlauf halten wir nicht auf, aber genau in diesen kleinen Dingen des Alltags können wir uns immer wieder entscheiden.

Es geht also nicht darum, im Falle eines schweren Verlusts sich einzureden, es sei nicht traurig. Es geht nicht darum, Trauer nicht zuzulassen oder Krisen zu verdrängen. Worauf ich hinauswill, ist die Gestaltung unseres Lebens und unseres Alltags in den kleinen Dingen – denn sie bestimmen nicht immer, aber in vielem und vor allem häufig unsere Gefühle und damit unsere Stimmung. Gefühle spielen in vielen, wenn nicht den meisten Bereichen des menschlichen Lebens eine Rolle. Das ist übrigens auch im Berufsleben der Fall, so sehr man sich hier um Sachlichkeit bemühen mag. Und gerade beim Übergang in den Ruhestand werden sie sich vermehrt bemerkbar machen. Denn die bevorstehende Veränderung stellt so einiges infrage (vgl. Abschn. 7.2.2).

Sind wir in unserem Leben für uns selbst verantwortlich, beinhaltet dies auch, dass wir uns unserer Gefühle bewusst werden sollten. Nur durch Reflexion und Akzeptanz können wir sie, wenn es notwendig ist, verändern und konstruktiv beeinflussen. Lernen wir, unsere Gefühle zu beobachten und zuzulassen, gibt uns das die Möglichkeit, uns nicht von ihnen überwältigen oder unbewusst lenken zu lassen. Dazu gehört auch, offen über unsere Gefühle zu sprechen. Sich über die Empfindungen aller Beteiligten auszutauschen hilft, sowohl die eigenen als auch die Gefühle der anderen besser zu verstehen.

Die Umgebung, in der man sich gerade befindet, kann dabei helfen, über unsere Gefühle zu reflektieren. Ein Aufenthalt in der Natur verringert oft die mentale Belastung; ein Spaziergang in schöner Umgebung wirkt nicht selten wie ein linderndes „Gegengift". Viele meiner Schulungsteilnehmer berichten, dass sie in der Natur erst ihren Gedanken so richtig freien Lauf lassen und zu sich selbst finden können.

Unsere Gefühle helfen uns dabei, das vergangene Leben nachzuvollziehen und die Geschehnisse einzuordnen. Oft sind sie jedoch von einer leisen Wehmut durchzogen, da sie sich auf unwiederbringliche Ereignisse beziehen. Diese Gefühle begleiten unsere Wahrnehmung und häufig auch unsere Erinnerungen. Ein gesunder Umgang mit ihnen ist entscheidend, um der Selbstverantwortung gerecht zu werden. Sie zuzulassen bedeutet, sich berühren zu lassen und den eigenen Bedürfnissen und Werten Raum, Tiefe und Intensität zu geben. Diese Einstellung geht einher mit der so wichtigen mentalen Offenheit, die es ermöglicht, sich auch im Ruhestand weiterzuentwickeln, während man bei sich selbst bleibt.

„Von den Gefühlen – oder mit Herz und Verstand" ist ein Thema, das tief in das Wesen menschlicher Erfahrungen und Entscheidungsprozesse eintaucht. Es beleuchtet den ständigen Tanz zwischen unseren Emotionen und unserem rationalen Denken, eine dynamische Beziehung, die unser Leben und unsere Handlungen maßgeblich prägt.

Die Gefühle – das Herz unseres Seins – sind mächtige Treiber unserer Existenz. Sie färben unsere Wahrnehmung der Welt, beeinflussen unsere Beziehungen und prägen unsere Entscheidungen. Emotionen wie Liebe, Freude, Trauer und Wut sind universelle Erfahrungen, die tief in der menschlichen Natur verwurzelt sind. Sie verleihen unserem Leben Farbe und Leidenschaft und treiben uns an, zu lieben, zu träumen und manchmal auch zu leiden. Emotionen sind unmittelbar und oft überwältigend, sie fordern unsere Aufmerksamkeit und Reaktion.

Doch neben dem pulsierenden Herz gibt es den Verstand – das Reich der Logik und der Vernunft. Der Verstand ermöglicht es uns, über den Moment hinaus zu denken, Konsequenzen abzuwägen und Entscheidungen zu treffen, die auf rationalen Überlegungen basieren. Er ist es, der Struktur in unser Leben bringt, der uns befähigt, Pläne zu schmieden, Ziele zu setzen und Probleme methodisch anzugehen. Der Verstand dient als Gegengewicht zu den oft stürmischen Meeren unserer Gefühle, bietet eine Perspektive, die über das unmittelbare Erleben hinausgeht.

Die Herausforderung und zugleich die Kunst des Lebens liegt darin, Herz und Verstand in Einklang zu bringen. Es geht nicht darum, Emotionen zu unterdrücken oder rationale Überlegungen zu ignorieren, sondern vielmehr darum, ein Gleichgewicht zu finden, das es uns ermöglicht, ein erfülltes und ausgewogenes Leben zu führen. In vielen Situationen verlangt das Leben von uns, dass wir auf unser Herz hören, um unsere tiefsten Wünsche und Bedürfnisse zu verstehen. In anderen Momenten erfordert es von uns, einen Schritt zurückzutreten und mit kühlem Kopf zu handeln.

Die Balance zwischen Herz und Verstand zu finden, ist ein fortlaufender Prozess, ein Tanz, der Übung und Bewusstsein erfordert. Es ist ein Weg, der uns lehrt, unsere Emotionen zu würdigen und gleichzeitig die Bedeutung rationalen Denkens anzuerkennen. Indem wir lernen, sowohl mit dem Herzen als auch mit dem Verstand zu leben und zu lieben, entdecken wir die volle Bandbreite dessen, was es bedeutet, menschlich zu sein.

7.2.9 Zeit: Vergangenheit und Erinnerungen

Endlich Ruhestand, endlich Zeit! Nicht mehr diese Hektik, die einen ständig antreibt, sondern die Muße, Dinge in Ruhe zu betrachten, zu erleben, und zwar dann, wenn wir es für richtig finden, und in dem Tempo, das uns angemessen scheint. So werden sich viele das vorstellen: Die Lebensphase nach dem Erwerbsleben ist die Phase der Zeitsouveränität. Und ja, das sollte sie auch sein. Der Ruhestand ist aber auch die – wenngleich weitgespannte – Lebensphase des Alters. Die Zeit bleibt nicht stehen, auch wenn sich der Rhythmus verändert hat. Sie fließt nur so dahin, so das Gefühl vieler im Ruhestand, sie vergeht – und schon wieder ist ein Jahr vorbei. Aber auch ein anderer Aspekt wird nun deutlich: Der weit größte Teil unserer Lebenszeit liegt hinter uns, unabhängig davon, ob wir noch ein, zwei oder drei Jahrzehnte vor uns haben.

In der späten Lebensphase wird es daher immer wieder viele Erinnerungen geben. Was haben wir erfahren, was haben wir erlebt? Das Alter ist auch dazu da, das eigene Leben zu sortieren. Was war gut, was war weniger gut, womit kann ich abschließen, womit Frieden finden?

Pascal Mercier schreibt in seinem Buch „Das Gewicht der Worte" ein Lob der Erinnerung. Erst in der Erinnerung, im Rückblick können manche

Dinge richtig gesehen werden, weil es nun möglich ist, in aller Stille sich darauf zu konzentrieren, ohne davon abgelenkt zu werden, was die damalige Situation begleitet hat. Die vielen Reize, die aufeinandertreffen, erschweren es oft, eine Sache klar für sich wahrzunehmen. In der Erinnerung ist dies anders, hier lässt sie sich in Ruhe betrachten. Für Mercier ist die „erinnerte Vergangenheit als die besonnene Gegenwart" somit auch „nicht nur Wucht des Eindrucks", nein, sie ist „Erkenntnis".

Im Alter erinnern wir uns oftmals an alte Begebenheiten aus der Kindheit. Erstaunt sind wir dann, vielleicht sogar erschrocken, dass ein Thema wieder aufblitzt. Manchmal sind es ja auch Träume, die Altes, längst Vergangenes wieder hervorholen – wir steuern die Erinnerung dann nicht, und es mag uns unheimlich erscheinen, wenn sie sich einstellen. Meist ist Erinnern aber ein bewusster Vorgang, und mir scheint es in meiner Beratungstätigkeit immer wieder, dass dabei die alten Dinge noch einmal sortiert, vielleicht aber auch nur hervorgeholt werden, um wieder die Freude von damals empfinden zu können. Unabhängig davon, ob sie für etwas anderes gut ist, ob sie einen Zweck hat, der außer ihr liegt – unsere Einstellung zu ihr kann wesentlich sein. Wenn wir uns den Erinnerungen öffnen, sie zulassen, ohne sie gleich immer zu bewerten, kann das Alter auch durch die Erinnerung seinen Wert finden.

Dies gilt umso mehr, als Studien zeigen, dass das Leben im Rückblick meist positiv bewertet wird. Das ist auf einer Seite gut, denn wer hat nicht gerne schöne Erinnerungen. Auf der anderen Seite kann es problematisch werden, wenn man die alte Zeit verherrlicht und dadurch die neue Zeit verteufelt. Die Kunst besteht nun darin, sich an den schönen Erinnerungen zu erfreuen und gleichzeitig die Veränderungen zuzulassen und vor allen Dingen den Jüngeren zuzugestehen.

> **Denkanstoß**
>
> Stellen Sie bei sich selbst oder anderen Menschen mit zunehmendem Alter fest, dass gewisse Erinnerungen wieder sehr lebendig werden? Ist es Schweres, ist es etwas Schönes? Versuchen Sie einmal, die erlebte Erinnerung nicht zu werten, sondern einfach zuzulassen, als etwas Gegebenes, Natürliches zu betrachten, das Ihnen helfen kann, das Vergangene zu sortieren. Dabei dürfen wir uns über das Schöne noch einmal freuen, das Schwere noch einmal betrauern. Im Annehmen der Gefühle kann etwas Neues entstehen und hinzukommen. Wir nehmen uns selbst an mit allem, was da ist.

Wir haben in diesem Kapitel gesehen, dass der Ruhestand einige Anforderungen mit sich bringt. Sie ergeben sich aus den Veränderungen im Alter, zu dessen Lebensphase der Ruhestand ja gehört, wie ausgedehnt er auch sein mag. Mit ihnen müssen wir umgehen, indem wir etwas für unseren Körper und unseren Kopf tun. Beides braucht Nahrung. Gestalten wir den Umgang mit beiden, dann arbeiten wir auch an und mit den Herausforderungen und Veränderungen, die das Alter mit sich bringt. Wir können dann auch einmal verzichten oder uns beschränken, können etwas für unsere mentale Gesundheit tun, Suchtverhalten meiden und dafür unser Wohlgefühl und unsere Lebensqualität steigern – all dies mit Blick zurück auf das bislang Erlebte, das vergangen ist und doch bei uns bleibt. Das klingt nach Arbeit und ist es auch in gewisser Weise – Arbeit an und mit uns selbst. Aber sie erschöpft uns nicht, im Gegenteil: Sie tut uns gut und sie hilft uns, den Ruhestand zu einer gelungenen Basis für die Lebensphase des Alters zu machen. Eine Hilfe dazu kann die folgende Liste sein.

Was Sie für Ihren Kopf in der zweiten Lebenshälfte tun können

- Vermeiden Sie eine dauerhafte Über- und Unterforderung.
- Suchen Sie sich gesunde Herausforderungen, also solche, die Sie „ins Schwitzen bringen", die aber auch zu bewältigen sind.
- Lernen Sie immer wieder etwas Neues oder vertiefen Sie das Gelernte.
- Gönnen Sie sich nach anstrengender kognitiver Arbeit Ruhe und Ausgleich.
- Finden Sie Rituale zum Abschalten.
- Denken Sie an eine gesunde Ernährung (Brain Food) und trinken Sie ausreichend Mineralwasser.
- Achten Sie auf Ihren Schlaf und eine schlaffördernde Umgebung.
- Treiben Sie Sport – gerade mit Ausdauertraining tun Sie etwas für Ihr Gehirn.
- Seien Sie in Begegnungen (z. B. mit jüngerer Generation) offen und zeigen Sie Interesse.
- Suchen Sie qualifizierte Gespräche und Diskussionen.
- Lassen Sie Gefühle zu, ohne sich zu sehr von ihnen überwältigen zu lassen.

Was Sie für Ihren Körper in der zweiten Lebenshälfte tun können

- Nehmen Sie Ihren Körper in seinen natürlichen Veränderungen an. Seien Sie dankbar für das, was er Tag für Tag leistet, und sprechen Sie im Hinblick auf das Älterwerden nicht zu viel über körperliche Gebrechen.
- Lächeln Sie Ihrem älter werdenden Spiegelbild gelegentlich auch mal zu.
- Finden Sie eine positive innere Haltung zu körperlicher Anstrengung.
- Pflegen Sie Ihren Körper im Älterwerden (indem Sie z. B. Ihre Haut mit ausreichend Nährstoffen versorgen).
- Achten Sie auf ausreichend Bewegung. Suchen Sie nach etwas, das Ihnen Freude bereitet und zu Ihnen passt. Planen Sie mehr Zeit hierfür ein.

- Bemühen Sie sich, jeden Tag rund eine halbe Stunde (Ausdauer-)Sport zu treiben (gelenkschonende Sportarten). Achten Sie auf die anschließende Erholung.
- Denken Sie an Ihre Muskeln und machen Sie Krafttraining. Das geht meist ganz gut zu Hause und ohne größere Hilfsmittel allein mit dem eigenen Körpergewicht.
- Bleiben Sie beweglich, z. B. durch Yoga oder verschiedene Dehnübungen.
- Bewegen Sie sich bei sitzenden Tätigkeiten spätestens alle 1 bis 2 h.
- Achten Sie auf eine ausgewogene Ernährung.
- Achten Sie auf Ihren Schlaf und eine schlaffördernde Umgebung.
- Verzichten Sie auf Suchtmittel.

Weiterführende Literatur

Aleman, A. (2016). *Wenn das Gehirn älter wird: Was uns ängstigt. Was wir wissen. Was wir tun können.* München: C.H. Beck.

Antonovsky, A. (1997). *Salutogenese – Zur Entmystifzierung der Gesundheit.* Deutsche Gesellschaft für Verhaltenstherapie.

BARMER Krankenkasse (2021). *BARMER-Analyse – Alkoholabhängige vor allem im Nordosten.* BARMER. Zugegriffen: 07. Sept. 2023.

Bundesministeriums für Familie, Senioren, Frauen und Jugend. (BMFSFJ). (2000). *Die zweite Lebenshälfte – Psychologische Perspektiven. Ergebnisse des Alters-Survey. Band 195 Schriftenreihe des Bundesministeriums für Familie, Senioren, Frauen und Jugend.* W. Kohlhammer.

Bundesministerium für Familie, Senioren, Frauen und Jugend. (BMFSFJ). (2010). *Sechster Bericht zur Lage der älteren Generation in der Bundesrepublik Deutschland. Altersbilder in der Gesellschaft.* Berlin: BMFSFJ.

Cohen, G. D. (2009). *Geistige Fitness im Alter – so bleiben Sie vital und kreativ.* Deutscher Taschenbuch Verlag.

De Beauvoir, S. (2000). *Das Alter.* Rowohlt.

Deutsche Hauptstelle für Suchtfragen e.V. (DHS). (o. J.). Suchtprobleme im Alter. Informationen und Praxishilfen für Fachkräfte und Ehrenamtliche im Sozial-, Gesundheits- und Bildungswesen. http://www.dhs.de/fleadmin/user_upload/pdf/ Broschueren/Suchtprobleme_im_Alter.pdf. Zugegriffen am 18.09.2020.

Deutsches Zentrum für Altersfragen. (2016). Deutscher Alterssurvey 2014. Zentrale Befunde. https://www.dza.de/fleadmin/dza/pdf/DEAS2014_Kurzfassung.pdf. Zugegriffen am 19.08.2018.

Ehret, S. (2012). Sorgende Gesellschaft – Unität der Fürsorge in der Diversität. *Wege zum Menschen, 64*(3), 272–287.

Frankl, V. E. (1987). *Ärztliche Seelsorge. Grundlagen der Logotherapie und Existenzanalyse.* Fischer.

Friedrich, K. (2021). *Sozialgeographie des Alterns.* Franz Steiner Verlag.

Froböse, I. (2023). *Muskeln – die Gesundmacher. So bleiben wir fit, schlank und mental in Balance.* Ullstein extra.
Fuchs, Th. (2010). Leibgedächtnis und Lebensgeschichte. *Focusing Journal.* https://koerper-bewusstsein-muenster.de/wp-content/uploads/2019/05/Thomas_Fuchs.pdf. Zugegriffen: 30. Aug. 2023.
Geiger, A. (2011). *Der alte König in seinem Exil.* Hanser.
Hermann, M.-L. (2023). *War das schon alles? Babyboomer jenseits der Lebensmitte verstehen lernen.* Psychosozial Verlag.
Hofer-Moser, O. (2018). *Leibtherapie – eine neue Perspektive auf Körper und Seele.* Psychosozial-Verlag.
Joiko et al. (2010). Psychische Belastung und Beanspruchung im Berufsleben. Erkennen – Gestalten. Bundesanstalt für Arbeitsschutz und Arbeitsmedizin, Dortmund. www.baua.de/de/Publikationen/Broschueren/A45.html.
Kast, V. (2013). *Lebenskrisen werden Lebenschancen: Wendepunkte des Lebens aktiv gestalten.* Herder.
Klatt, R. (2023). Rauchen, Alkohol, Sport & Co. Menschen mit diesen Gewohnheiten leben 20 Jahren länger. https://www.forschung-und-wissen.de/nachrichten/medizin/menschen-mit-diesen-gewohnheiten-leben-20-jahrenlaenger-13377860.
Kliegel, M., & Martin, M. (2010). *Psychologische Grundlagen der Gerontologie, 3. überarbeitete und (erweiterte).* Kohlhammer.
Klingenberg, H. (2003). *Lebensmutig: Vergangenes erinnern, Gegenwärtiges entdecken. Künftiges entwerfen.* Don Bosco Verlag.
Korte, M. (2014). *Jung im Kopf: Erstaunliche Einsichten der Gehirnforschung in das Älterwerden.* Pantheon.
Kruse, A. (2005). Selbstständigkeit, Selbstverantwortung, bewusst angenommene Abhängigkeit und Mitverantwortung als Kategorien einer Ethik des Alters. *Zeitschrift für Gerontologie und Geriatrie, 38,* 223–237.
Lehr, U. (1991). *Psychologie des Alterns* (7. Aufl.). Quelle & Meyer.
Leipold, B. (2012). *Lebenslanges Lernen und Bildung im Alter.* Kohlhammer.
Levy, B. (2014). *Unbewusst trainierte Altersbilder machen ft. Wirtschaftspsychologie Aktuell.* Köln: Wirtschaftspsychologie aktuell.
Mercier, P. (2020). *Das Gewicht der Worte.* Hanser Verlag.
Mergenthaler, A., Konzelmann, L., Cihlar, V., Micheel, F., & Schneider, N. F. (Hrsg.). (2020). *Vom Ruhestand zu (Un-)Ruheständen. Ergebnisse der Studie „Transitions and Old Age Potential" (TOP) von 2013 bis 2019.* Bundesinstitut für Bevölkerungsforschung (BiB), Wiesbaden. https://www.bib.bund.de/Publikation/2020/pdf/Vom-Ruhestand-zu-Un-Ruhestaenden.html.
Moore, G. (2016). *„Express-Gehirntraining: Übungen und Rätsel zur Steigerung der Denkleistung".* Wien: Tosa.
Rentsch, Thomas., & Vollmann, M. (2012). *Gutes Leben im Alter: Die philosophischen Grundlagen.* Reclam.
Roß, J. (2020). *Bildung. Eine Anleitung.* Rowohlt.

Rosenmayr, L. (2007). *Schöpferisch Altern. Eine Philosophie des Lebens* (2. Aufl.). LIT.

Schmid, W. (2018). *Selbstfreundschaft. Wie das Leben leichter wird.* Insel.

Schröder-Kunz, S. (2019b). *Gutes Leben und Arbeiten in der zweiten Lebenshälfte – Frühzeitig den Weg ins Älterwerden gestalten.* Springer.

Staudinger, U. M. (2000). Viele Gründe sprechen dagegen, und trotzdem geht es vielen Menschen gut: Das Paradox des subjektiven Wohlbefndens. *Psychologische Rundschau, 51*(4), 185–197.

Tesch-Römer, C., & Wahl, H.-W. (2017). Toward a more comprehensive concept of successful aging: Disability and care needs. *Journals of Gerontology Series B: Psychological Sciences and Social Sciences, 72*(2), 310–318.https://www.alter-hat-potenzial.ch/wp-content/uploads/altersstereotype-erkennen.pdf

Teti, A., & Höpflinger, F. (2020). Wohnen im höheren Lebensalter. In K. R. Schroeter et al. (Hrsg.), *Handbuch Soziologie des Alter(n)s..* https://doi.org/10.1007/978-3-658-24862-8_23-1. Zugegriffen: 23. Aug. 2023.

Wahl, H.-W. (2020). Altern ist Veränderung in der Zeit – Doch wo ist der Raum? *Zeitschrift für Gerontologie und Geriatrie, 53*(5), 401–404.

Westerhof, G. J., Miche, M., Brothers, A. F., Barrett, A. E., Diehl, M., Montepare, J. M., Wahl, H.-W., & Wurm, S. (2014). The influence of subjective aging on health and longevity: A meta-analysis of longitudinal data. *Psychology and Aging, 29*(4), 793–802. https://doi.org/10.1037/a0038016

Wettstein, M., & Spuling, S. M. (2019). Lebenszufriedenheit und depressive Symptome bei Frauen und Männern im Verlauf der zweiten Lebenshälfte. In C. Vogel, M. Wettstein, & C. Tesch-Römer (Hrsg.), *Frauen und Männer in der zweiten Lebenshälfte.* Springer VS.

Links

https://dryjanuary.ch/de/
https://www.dge.de/presse/meldungen/2024/gut-essen-und-trinken-dge-stellt-neue-lebensmittelbezogene-ernaehrungsempfehlungen-fuer-deutschland-vor/

8

Die Werte der Arbeit – auch im Ruhestand?

„Arbeit – endlich ist das vorbei! Davon will ich nichts mehr hören!" So stellen sich viele den Ruhestand vor. Das Leben erscheint in klar voneinander geschiedenen und in sich geschlossenen Blöcken: Hier Kindheit und Jugend, dann die lange Phase des Erwerbslebens, schließlich die ganz andere, von Arbeit unbelastete Zeit, in der man seine Rente genießt. Aber ist das wirklich so? Ist die mittlere nur von Arbeit erfüllt, nur von ihr geprägt, und spielt Arbeit davor und vor allem danach gar keine Rolle mehr? Kommen uns im Ruhestand abgesehen von den alltäglichen Verrichtungen keine Aufgaben mehr zu? Ist all das, was mit der Arbeit verbunden war, nun passé?

Solche Vorstellungen entsprechen einem überholten Bild, das nur wenig mit der Realität zu tun hat, zumindest sie nur sehr unzureichend wiedergibt. Mögen uns die Übergänge auch klar erscheinen – von Schule oder Studium ins Erwerbsleben, vom Erwerbsleben in den Ruhestand –, so ist das, was dazwischen und auch jenseits derselben liegt, keineswegs so einheitlich, wie es suggeriert wird. So gibt es immer mehr Menschen, die sich mitten im Berufsleben einem neuen Arbeitsfeld zuwenden oder eine neue Ausbildung planen. Vierzig oder fünfundvierzig Jahre im selben Beruf, gar noch im selben Betrieb, das ist heute nicht mehr die Regel. Die Erwerbsbiografien verlaufen nicht mehr so linear, wie dies früher der Fall war.

Aber auch im späten Berufsleben vollzieht sich ein Wandel. Früher schien es, als käme nach dem Berufsleben nichts mehr, das mit Erwerbstätigkeit oder einer anderen Form von Arbeit zu tun hätte. Viele waren erleichtert, vielleicht auch körperlich bedingt, das Berufsleben hinter sich zu lassen. Diese Einstellung existiert noch immer, vor allem bei Menschen, die in Arbeitsverhältnissen stecken, die nicht zufriedenstellend sind oder die in den letzten Jahren viel Kraft gekostet haben. Dennoch beobachten wir heute eine Veränderung. Wir treffen zunehmend auf Menschen, die – abgesehen von jenen, deren Rente nicht ausreicht – auch nach dem Eintritt in den Ruhestand ihre Arbeitskraft in irgendeiner Form einbringen möchten, und das nicht aus finanziellen Notwendigkeiten heraus. Diese Bereitschaft zeigt sich oft bei Personen, die einen positiven und zufriedenstellenden Abschluss ihres Berufslebens erreichen konnten. Dies unterstreicht, wie wichtig es ist, auch im Ruhestand sinnstiftende Aufgaben und eine verantwortungsvolle Tätigkeit zu haben, die zu einem selbst passt. Es gibt, wie wir noch sehen werden, zahlreiche Möglichkeiten dafür.

8.1 Warum eine Aufgabe im Ruhestand so wichtig ist

Ein ganz normaler Tag im Ruhestand?
Aber Moment – heißt Ruhestand nicht, dass wir uns nun aus dem Arbeitsleben verabschieden? Wollen wir nun nicht das Rentnerleben genießen, ohne all die Verpflichtungen, durch die wir uns in all den Jahren bedrängt sahen? Wie sehen eigentlich ganz normale Tage bei Rentnern aus? Wie laufen sie ab, wenn sich alles eingespielt hat? Wenn die wichtigsten Dinge der großen Liste, die abzuarbeiten am Anfang des Ruhestands geplant war, erledigt sind? Wenn vielleicht auch die schönen Reisen zu fernen Zielen unternommen wurden und nun zu den schönen Erinnerungen gehören? Gehen wir von einem Rentner aus, der körperlich fit ist und insofern sein Leben weitgehend frei gestalten kann. Hier sieht bei manchen der neue Wochentag so aus:

Morgens den Wecker stellen für 8:00 Uhr, Schlafmützen vielleicht um 9:00 Uhr. Frühstück und Zeitung lesen, dann Bad bis elf. Einkäufe und Erledigungen bis zwölf oder eins. Dann Mittagessen, gerne mit Bekannten, mit einem netten Plausch. Mittagsschläfchen? Wäre jetzt auch nicht schlecht. Schon ist es 16:00 Uhr. Im Winter fängt es bereits an dunkel zu werden. Wie gemütlich, wie frei, sagt man sich in der ersten Zeit. Ja, das kann und soll man genießen.

Jetzt noch mal in Ruhe die Zeitung lesen. Den ein oder anderen Handgriff im Haushalt oder auf dem Balkon. Und schon ist Zeit für das Abendessen. Tagesschau um 20:00 Uhr, der Spielfilm danach und ab ins Bett. Alternative: kulturelles Programm am Abend. Vielleicht ein Kinobesuch, ein Theaterbesuch oder eine Ausstellung. Also alles in allem ein gemütlicher, ein ruhiger Tag mit kleineren Erlebnissen.

Das klingt ein bisschen nach Ferien. Kann das zehn, zwanzig oder dreißig Jahre erfüllend sein? Für die meisten Menschen wohl kaum. Und schon beim zweiten Blick stellt sich die Frage: Wo wurde der Kopf angestrengt? An welcher Stelle der Körper? Und reicht das Mittagessen mit den Bekannten zur Pflege der sozialen Kontakte? Nett geplaudert oder doch auch anregend diskutiert? Wie ist das eigentlich, wenn man die gleichen Bekannten mit den gleichen Sorgen, den gleichen Witzen und den gleichen Themen immer wieder trifft?

„Die gehen mir mittlerweile ganz schön auf die Nerven", hat mir kürzlich eine Frau im Alter von 80 Jahren gesagt, nachdem sie bereits 20 Jahre in Rente war. „Im Nachgang hätte ich mich früher um eine Aufgabe kümmern müssen!" Nun werden sich die meisten sicherlich diese oder jene Tätigkeit suchen, etwas Sport treiben, wandern oder spazieren gehen. Aber auch wenn noch eine Trainingseinheit absolviert wird oder ein Sprachkurs oder man sich eine anspruchsvolle Lektüre vornimmt, reicht das aus? Fehlt nicht doch auch eine Aufgabe? Etwas, dass man geschaffen hat, wo man einen Erfolg erlebt, selbst für Veränderungen und Neues gesorgt hat? Ein Aufgabe, bei der man im Idealfall auf neue Menschen trifft mit ähnlichen Interessen oder spannenden kontroversen Ansichten? Bei einem meiner Kurse zum guten Älterwerden traf ich kürzlich einen 92-jährigen Mann, der in seiner Zeit als Rentner über zwei Jahrzehnte in der Politik war. Die damit verbundenen Aufgaben hatten ihm offensichtlich gut getan: Sein Geist war hellwach, seine Werte spürbar, seine Sprache dabei ruhig und sanft mit wohlgeformten Worten und ein fast schöner Kontrast zu seinem sichtlich langsamer werdenden Körper. Beides bildete für mich so etwas wie eine Harmonie der Vollendung und weisen Erfahrung.

> **Denkanstoß**
>
> Wie möchten Sie Ihren Ruhestand gestalten und welche Rolle wird eine Aufgabe in Ihrem Leben spielen? Sind Sie schon länger im Ruhestand und suchen nach einem sinngebenden Tätigkeitsfeld? Dann ist es nie zu spät anzufangen. Auch für Menschen mit körperlichen Einschränkungen gibt es Möglichkeiten. Das Feld ist in größeren Städten natürlich weiter als auf dem Land, aber auch da lässt sich vieles finden, wenn man einmal darauf achtet. Warum nicht Freunde oder Bekannte fragen, was sie Ihnen empfehlen würden. Es gibt aber auch Beratungseinrichtungen, etwa Freiwilligenzentren, die gemeinsam mit Interessenten nach Möglichkeiten suchen.

Die Arbeit in unserem Berufsleben hat einen Wert für uns und unser Leben (vgl. Abschn. 2.1). Hört das mit dem Ruhestand plötzlich auf? Das wäre nicht gut. Und so, wie wir auch im Ruhestand Aufgaben haben sollten, so sollten wir in ihnen wiederum Werte für uns erkennen, die so auch in unserem Berufsleben gegeben waren.

Fragen wir uns also schon im späten Berufsleben gerade mit Blick auf die Zeit danach, was uns unsere Arbeit gibt – und wodurch sie zu einer ‚guten‘ Arbeit wird. Ist es das geistige Training, das mit ihr verbunden ist? Oder hält sie auch körperlich fit, indem sie uns körperliche Bewegung abverlangt? Vielleicht sind es die sozialen Kontakte, die einen Wert für uns darstellen, vielleicht das Gefühl, an etwas Größerem teilzuhaben. Arbeit mag manchmal als harter Konkurrenzkampf erscheinen, sie kann aber auch für Zusammenhalt und kollektive Erfahrungen stehen. Sie könnte uns stimulieren, zu verschiedenen Dingen anregen, oder auch einfach Freude vermitteln – Tätigkeit ist oft nicht einfach nur lästig, sondern vielmehr erfüllend. Arbeit erlaubt uns, unsere individuellen Fähigkeiten zu entwickeln und anzuwenden, aber auch, unsere Erfahrung weiterzugeben und ein gemeinsames, kooperatives Arbeiten zu pflegen. Sie kann uns Erfolgserlebnisse bescheren und hält uns nicht nur in Beziehung zu den aktuellen Entwicklungen, sondern lässt uns an ihnen teilnehmen. Und manchmal besteht ihr Wert vielleicht auch einfach darin, uns von privaten Sorgen abzulenken und uns davon abzuhalten, ins Brüten um uns selbst zu geraten.

Wenn all dies zusammen oder im Einzelnen den Wert der Arbeit darstellt oder zumindest darstellen könnte, sollten wir uns fragen, was davon zu kurz kommt – und was vor allem im bevorstehenden Ruhestand wegzufallen droht. Mit welchen Aufgaben, welchen Tätigkeiten lassen sich diese Werte auch außerhalb, genauer nach dem Berufsleben, realisieren? Was können wir tun, um den ein oder anderen von ihnen zu stärken? Welchen Werten könnte welche Tätigkeit im Ruhestand sogar eher entsprechen, als dies in unserem Beruf der Fall ist? Bei alledem gilt es herauszubekommen, welche Werte uns besonders wichtig sind, um einen sinnvollen Weg zu finden, dass sie auch in der Rente nicht verloren gehen. Denn selbst wenn wir glauben, ganz gut zu gegebener Zeit auf unser Arbeitsleben verzichten zu können, selbst wenn wir es als Befreiung empfinden – ganz ohne die Werte, die mit der Arbeit zusammenhängen, werden wir nicht auskommen. Warum? Weil diese Werte im Grunde nicht auf die Erwerbsarbeit beschränkt sind, sondern sich generell auf ein aktives, soziales, selbst- und mitverantwortliches Leben beziehen.

Produktivität neu betrachtet
Wir haben jetzt in der nachberuflichen Lebensphase die Gelegenheit, Leistung und Produktivität auf besondere Art und Weise neu zu überdenken.

So können wir uns beispielsweise vornehmen, ein neues Instrument zu lernen, ohne dass damit gleich bestimmte Anforderungen oder gar Ziele gesetzt werden. Es geht uns dann nicht darum, in einer bestimmten Zeit ein Stück perfekt spielen zu können, sondern um die Freude am Spielen selbst, darum, dem selbst erzeugten Klang zu lauschen. Vielleicht sind die Finger beim Gitarrenspiel nicht mehr so flink, treffen nicht immer sauber die einzelnen Saiten, oder wir kommen nicht ganz so schnell voran, wie wir uns das anfangs gedacht haben – und doch bereitet es uns große Freude. Denn hier können wir uns ganz auf das Instrument und die Klänge, die wir ihm entlocken, einlassen. Das gelingt uns, weil wir bereit sind, Leistung neu zu definieren: Ausschlaggebend ist nicht, dass das Ergebnis perfekt ist, sondern dass wir selbstverantwortlich etwas tun und dabei Zufriedenheit empfinden.

Nun könnte man geneigt sein, das Ganze als unverbindlich anzusehen: Man macht, wie man will, hat keinen Druck, auch muss sich das Ergebnis allenfalls vor einem selbst, nicht vor anderen bewähren. Also hat es auch nichts mit Leistung (wie wir sie, nun ja, vor allem aus dem Berufsleben kennen) zu tun. Sollten wir da nicht eher von Kreativität sprechen, weniger von Produktivität? Kommt es auf die überhaupt an? Schließlich steht am Ende kein Ergebnis, das sich (vor anderen) bewähren muss.

Das allerdings wäre ein sehr enger Produktivitätsbegriff. Kreativität kommt nie ganz ohne Produktivität aus. Dass dem Dichter ganz ohne Mühe, gleich einem Windhauch, seine Verse zufliegen, ist eine doch etwas schlichte Vorstellung und dürfte mit der Realität wenig zu tun haben. Vielmehr hat Kreativität Voraussetzungen, die wiederum auf konzentriertem Arbeiten, oft auch auf Übung und einer intensiven Auseinandersetzung mit dem betreffenden Gegenstand basieren. Dann aber braucht sie auch wieder den Freiraum, um das Erarbeitete neu zu ordnen, damit Neues, eben Kreatives entsteht. Ab und zu muss sich der Dichter also doch auf die Wiese setzen und sich zurücklehnen, einfach um zu schauen, ob etwas kommt.

Denken wir so Kreativität und Produktivität zusammen, ergeben sich ganz neue Möglichkeiten, wie sie vielleicht gerade der Ruhestand eröffnet. Wenn wir in ihm aktiv werden, sind wir durchaus produktiv, wenn auch vielleicht anders, als dies in unserem Berufsleben der Fall war. Vor allem können wir Produktivität hier umfassender begreifen, als dies im betrieblichen Kontext oft der Fall ist. Sie erstreckt sich nun auf Bereiche, die allein für uns wichtig sind. Zugleich kann sie auch – unabhängig von einem beruflichen Kontext – in stärkerem Maße anderen zugutekommen. Gerade die Mitverantwortung für unsere Mitmenschen lässt sich im Sinne einer ganzheitlichen Produktivität verstehen.

Nichtstun allein reicht nicht
Viele freuen sich mit Blick auf den bevorstehenden Ruhestand darauf, nun endlich gewissen Zwängen nicht mehr ausgesetzt zu sein. Nun müssen sie nicht mehr früh am Morgen aufstehen, weil der Wecker es ihnen unerbittlich befiehlt; sie müssen sich nicht mehr durch den Stau quälen. Jetzt können sie endlich einmal ganz ihre Bedürfnisse den Tagesrhythmus bestimmen lassen, ja vielleicht von jeglichem Rhythmus absehen und sich auch einmal dem süßen Nichtstun hingeben.

Dagegen spricht überhaupt nichts. Man darf nun ruhig einmal in den Tag hineinleben. Man darf ausschlafen und muss sich keinen Kopf machen, wenn man als Letzter in der Straße die Zeitung ins Haus holt. Und doch merken viele, dass rasch seinen Reiz verliert, was so sehnlich erwartet wurde. Nichtstun ist für viele durchaus etwas Schönes; hält es an, empfinden die meisten es rasch als eintönig. Auch wenn man morgens länger schläft, beginnt irgendwann der Tag. Und so ganz ohne Aufgaben, ganz ohne eine Struktur fühlen wir uns auf Dauer auch nicht wohl.

Setzen wir uns – nun selbstbestimmt – Aufgaben, so bringt dies meist ganz von alleine eine gewisse Ordnung in unseren Tag. Und für viele ist es darüber hinaus wichtig, einen einigermaßen festen Tagesablauf zu haben. Sie wollen einen Grund haben, morgens aufzustehen. Sie wollen wissen, was es zu tun gibt, und sie wollen ihre Fähigkeiten immer wieder aufs Neue einsetzen. Bewusst wird dies gerade dann, wenn der Druck, den das Berufsleben oft mit sich bringt, nachlässt. Natürlich sollte man sich hüten, mit den Aufgaben, die man sich stellt, den gleichen oder gar noch einen größeren Druck zu erzeugen, als man bisher schon hatte. Trotzdem braucht es aber eine gewisse Aktivität, um sich selbst zu spüren, um uns unser selbst bewusst zu werden, aber auch, um unsere Beziehungen zu anderen Menschen zu pflegen.

Die psychologischen und sozialen Veränderungen, wenn wir in den Ruhestand gehen, sind vielfältig. Eine gewisse Struktur hilft uns, Klarheit über uns selbst zu erlangen, uns als aktive Menschen zu spüren. Immer nur abzuwarten, was denn kommen könnte, bringt hingegen Unsicherheit mit sich. Selbstbestimmt meint eben auch, sich selbst Aufgaben zu setzen. Daher sollten wir uns fragen, wie wir unsere Fähigkeiten entwickeln, wie wir sie ausleben können. Was bereitet uns Freude?

Der Ruhestand sollte daher kein statischer Zustand sein; er sollte nicht zu einer Erstarrung führen. Ruheständler zu sein bedeutet nicht, keine Aufgaben mehr zu haben. Ganz im Gegenteil: Jetzt können wir Aufgaben suchen, die wirklich zu uns passen, die wir mit inniger Hingabe, aber auch mit dem rechten Maß durchführen, indem wir immer wieder auch Ruhe und Freizeit erleben und uns anderen Dingen widmen können. Jetzt im Ruhestand können wir vielseitig sein – und dabei ganz entspannt bleiben.

> **Denkanstoß**
>
> Wenn Sie sich nun fragen, welchen Dingen Sie sich in Ihrem Ruhestand so widmen können, dass Sie Ihren Tag sinnvoll gestalten, ohne sich dadurch gedrängt zu fühlen, können Sie damit beginnen, auf die Dinge zu achten, die Ihnen im Berufsleben besonderen Spaß gemacht haben. Was davon könnten Sie in veränderter Form fortführen? Möchte Sie ehrenamtlich arbeiten oder wollen, müssen Sie vielleicht gar einer bezahlten Tätigkeit nachgehen? Was bedeutet es für Sie überhaupt, wenn Sie Geld für etwas bekommen? Ist die Verpflichtung dann eher unangenehm oder eine positive Herausforderung? Was lockt Sie am Freiwilligenengagement? Ist es die Freiheit, die Sie dann haben, gerade weil Sie kein Geld damit verdienen?

Aktiver Teil der Gesellschaft bleiben

Das Leben im Ruhestand stellt eine Veränderung des Lebensrhythmus dar. Es befreit uns von der Routine der Berufstätigkeit, die wir bisweilen, als sie uns noch beherrschte, beklagt haben. Fällt der Beruf weg, besteht aber bei manchen die Gefahr, dass sie sich isolieren und in Passivität verfallen. In dieser Phase kann eine Aufgabe als ein Brückenschlag zwischen Individuum und Gesellschaft dienen. Sie gibt dem Einzelnen nicht nur Gelegenheit und Anlass, weiterhin aktiv zu sein, sondern ermöglicht es ihm auch, dabei einen Beitrag zur Gesellschaft zu leisten. Aufgaben anzunehmen und sich ihnen zu widmen ist ein Ausdruck der menschlichen Fähigkeit zur Autonomie und Selbstbestimmung, in der man sich zugleich als soziales Wesen versteht.

Wir können hier an die große Philosophin Hannah Arendt anknüpfen, die hervorhebt, dass die Menschlichkeit sich vor allem in der Fähigkeit zum Handeln manifestiert. Dabei verweist sie insbesondere auf das Handeln im öffentlichen Raum. Suchen wir uns im Ruhestand eine Aufgabe, sei es das Lernen einer neuen Fertigkeit, das Engagement in einem Verein, eine ehrenamtliche Arbeit in einem anderen Bereich oder auch ein anderes persönliches Projekt, kann das als eine solche Handlung verstanden werden. Sie erlaubt es uns, weiterhin im öffentlichen Raum präsent zu sein, indem wir handeln, interagieren und kommunizieren. Wir können dadurch weiterhin eine Rolle in der Gesellschaft spielen, so klein sie uns auch scheinen mag, können Einfluss nehmen und zur kollektiven Gestaltung der Welt beitragen. Zugleich können wir, indem wir uns einer Aufgabe annehmen, unsere Individualität und Gestaltungsfähigkeit zum Ausdruck bringen, also die beiden Merkmale, die für Arendts Verständnis von Menschlichkeit und Freiheit zentral sind.

Übernehmen wir im Ruhestand eine Aufgabe, unterstreichen wir damit auch, dass unser Leben dynamisch ist, dass es in Bewegung bleibt und dass darin sich der unendliche Prozess der persönlichen und gesellschaftlichen Entwicklung vollzieht. Unsere Fähigkeit zur Teilnahme und unser Streben nach Sinn und Zweck enden nicht mit der Berufstätigkeit, sie reichen weit darüber hinaus und sind ein grundlegender und dauerhafter Teil unserer menschlichen Natur. Und gerade jetzt im Ruhestand haben wir vielleicht vermehrt die Möglichkeit, neue Aktivitäten zu entdecken, Projekte in Angriff zu nehmen und die daraus entstehenden Interaktionen zu pflegen. Jede Aufgabe, der wir uns widmen, ob sie nun groß oder klein ist, ob wir uns persönlich oder beruflich ihrer annehmen, trägt zur Gestaltung unserer sozialen Welt bei. Indem wir sie uns zu eigen machen und erfüllen, drücken wir unsere Verantwortung gegenüber der Gemeinschaft aus. Wir bestätigen damit unsere Rolle als Menschen, die ihre kollektive Realität mitgestalten. Machen wir uns das klar, so wird deutlich, welches Potenzial im Grunde im Ruhestand liegt – für den einzelnen wie für die Gesellschaft insgesamt.

Struktur und Rituale
Die meisten Städte haben mittlerweile Ehrenamtsbüros, in denen sich beraten lassen kann, wer einem freiwilligen Engagement nachgehen will. Es gibt kaum ein Interesse, das nicht durch ein Ehrenamt abgedeckt werden kann. Wichtig ist, dass hier nicht nur Mitverantwortung, sondern gerade auch Selbstverantwortung gelebt wird. Fragen Sie sich daher: Was sind meine Bedürfnisse und Fähigkeiten? Was tut mir gut? Was ist für mich letztlich eine wohltuende Pflicht? Das Schöne ist, dass Sie im Ruhestand nun die Chance haben, in sich hineinzuhören. Auf was haben Sie Lust? Gibt es noch einen Wunsch, den Sie sich erfüllen wollen? Ein Talent, das Sie fördern oder neu ausprobieren wollen? Ihre Gedanken und Ideen sollten Sie dabei auch mit Ihrem Partner oder Ihrer Partnerin besprechen. Durch eine Aufgabe kann auch das rechte Maß von Nähe und Distanz gelebt werden und insofern für die Partnerschaft gut sein.

In meinen Coachings erzählen zukünftige Ruheständler oft, dass sie viele Ideen haben und sich die Freiheit nehmen werden, hier und da etwas auszuprobieren. Da, wo wir früher durchhalten mussten, gilt heute: Probiere dich aus und wechsle, wenn es für dich nicht stimmig ist. Das bedeutet natürlich nicht, dass wir etwa in einem Freiwilligenengagement nicht auch gewisse Verpflichtungen haben. Wer etwa seine Hilfe bei einer Veranstaltung oder einer Aktion zusagt, sollte dann auch zur Stelle sein.

Eine gewisse Struktur sollte unser Tag im Ruhestand also haben. Wir müssen den Wecker nicht mehr so früh stellen wie bisher – wenn wir ihn überhaupt stellen wollen. Aber irgendwann beginnt der Tag, und wir können uns um die Dinge kümmern, die für ein gesundes Leben und Älterwerden wichtig sind. Grundsätzlich sollten wir regelmäßig etwas für Kopf und Körper tun (siehe Abschn. 7.2) – warum also nicht gleich den Morgen damit beginnen? Gymnastik und Dehnübungen im Bett erleichtern das Aufstehen und lassen, werden sie regelmäßig durchgeführt, das Gefühl erst gar nicht aufkommen, eingerostet zu sein. Vielleicht fahren Sie zuerst einmal ein wenig mit den Beinen in der Luft Fahrrad, bevor Sie aufstehen und sich überlegen, was heute ansteht und auf was Sie sich freuen. Ich kenne eine Frau, die sich jeden Morgen, wenn sie ihr Bette verlässt, kräftig zum Fenster hin streckt und dehnt und dabei still den Satz formuliert: Ich begrüße diesen Tag und alles, was da kommen mag. Damit öffnet sie sich für eine positive, selbstbewusste Stimmung, die ihr Kraft gibt für die Aufgaben, die anstehen.

Rituale sind für viele Menschen hilfreich und tun gut. Warum sollten das also nicht die kleinen, aber regelmäßigen Übungen für Kopf und Körper sein? Die sind, wie wir wissen, wichtig, wenn wir gesund bleiben wollen – ganz so, wie es auch unsere regelmäßigen sozialen Kontakte sind. Vernachlässigen wir sie, wird uns früher oder später nicht nur das schlechte Gewissen plagen, sondern es wird auch unser Wohlbefinden und unsere Lebensqualität beeinträchtigen.

Ein solches Ritual ist für viele die Zeitung am Morgen. Früher oft nur mit schnellen Blicken gestreift, weil die Arbeit rief, haben wir nun Zeit, sie endlich ausgiebig zu lesen und uns mit aktuellen Themen zu befassen. Damit tun wir dann auch gleich etwas für unseren Kopf und unsere geistige Fitness. Davon abgesehen wollen wir ohnehin wissen und verstehen, was um uns herum passiert. Dabei dürfen wir auch kritisch sein, manches hinterfragen und, am besten anhand seriöser Medien, uns eine eigene, fundierte Meinung bilden – auch dazu haben wir nun etwas mehr Zeit.

Hier kommt wieder die Offenheit ins Spiel, und vielleicht fragen wir uns: Was sorgt die Jugend? Wie können die Älteren sie unterstützen? Welche Möglichkeiten gibt es? Was kann der Einzelne von uns ganz konkret tun? Im vorangehenden Abschnitt war die Rede davon, wie wichtig es ist, sich auch weiterhin als Teil der Gesellschaft zu sehen. Ganz eigene Aufgaben können sich da auftun, die es uns ermöglichen, besser und aufgeschlossener mit unserer Umwelt in Kontakt zu stehen und doch zugleich eine eigene Meinung zu vertreten, vielleicht auch immer wieder einmal konstruktiv zu streiten. Schließlich ist auch das eine ganz praktische und wichtige Übung für unseren Kopf und im selben Moment eine gute Pflege unserer sozialen Beziehungen.

8.2 Aufgaben im Ruhestand – ein weites Feld an Möglichkeiten

Rentnerinnen und Rentner – die neuen Coaches und Betreuungskräfte
Es gibt zahllose Möglichkeiten, sich im Ruhestand eine neue Aufgabe zu erschließen. Das lässt sich durchaus mit den eigenen langjährigen Erfahrungen in Verbindung bringen. So werden manche im Ruhestand regelrecht zum Coach für Jüngere, begleiten diese bei Problemen im Berufsalltag, geben aber auch Tipps, wenn sich jemand vor einem Vorstellungsgespräch unsicher fühlt oder wenn es an Orientierung fehlt. Das kann, muss aber nicht im Rahmen des früheren Betriebs oder auch nur der gleichen Branche stattfinden. So mag es passen, beim alten Arbeitgeber noch einmal an einem Projekt mitzuarbeiten oder eine Urlaubsvertretung anzubieten; dadurch lässt sich auch die Rente etwas aufbessern. Aber das erworbene Wissen ist ja nicht auf diesen Bereich beschränkt. Vieles, was man in seinem Berufsleben erfahren hat, was man sich angeeignet hat, womit man selbst mehr oder weniger erfolgreich umgegangen ist, lässt sich an andere vermitteln, ohne dass es mit dem alten Arbeitsplatz oder auch nur der bisherigen Branche zu tun hat. Es sind ja oft nicht die fachlichen Fragen, die Schwierigkeiten bereiten, sondern allgemeinere Dinge. Hier als Vertrauensperson ein Ohr zu haben, Ansprechpartner zu sein, Hinweise zu geben und eine gewisse Stütze zu bieten, kann eine erfüllende Aufgabe sein. Der Ruhestand ist eben nicht eine ganz andere Welt, auch wenn man aus einer anderen Position heraus wirkt als früher.

Eine solche „Betreuungsarbeit" ist nicht auf den beruflichen Bereich beschränkt. In den letzten Jahren hat die Betroffenheit vom Schicksal Geflüchteter bei nicht wenigen dazu geführt, dass sie sich in diesem Bereich engagieren. Ob sprachliche Probleme, Behördenstrukturen, das Gesundheitssystem oder Schulen, bei vielen Dingen ist die Unterstützung durch Ehrenamtliche von großem Wert, wenn nicht unverzichtbar. Gerade für Ruheständler mit doch etwas mehr zeitlichen Kapazitäten bietet sich hier ein Aufgabenfeld, das sicherlich nicht einfach ist, aber doch sehr sinngebend sein kann. Offenheit und Interesse sind gewiss Voraussetzung, die Arbeit mit Flüchtlingen bietet aber sicherlich auch in hohem Maße Gelegenheit, Neues zu Lernen und den Horizont zu erweitern. Vor allem in diesem Bereich wird man auch oft mit jüngeren Menschen zu tun haben, und der eigene Erfahrungsschatz wird sich in vielerlei Hinsicht erweitern, während man umgekehrt die eigenen Erfahrungen für andere nutzbar macht. Nicht wenige empfinden die Arbeit mit Flüchtlingen als eine persönliche Bereicherung und erhalten ihrerseits Impulse, die sie selbst voranbringen.

In vielen Städten Deutschlands gibt es Initiativen und Programme, die darauf abzielen, jungen Menschen bei der Integration in den Arbeitsmarkt zu helfen oder sie beim Übergang von der Schule in den Beruf zu unterstützen. Diese Angebote richten sich besonders an Jugendliche und junge Erwachsene, die aufgrund verschiedener Herausforderungen – das kann ein Migrationshintergrund sein, ein fehlender Schulabschluss oder auch die Bedrohung durch Langzeitarbeitslosigkeit – Schwierigkeiten haben, eine Anstellung zu finden. Individuell zugeschnittene Förderprogramme bieten hier Unterstützung, die auf die spezifischen Bedürfnisse und Potenziale jedes Einzelnen eingehen mit dem Ziel einer nachhaltigen Integration in den Arbeitsmarkt.

Für eine ehrenamtliche Tätigkeit in diesen Programmen werden ganz unterschiedliche Fähigkeiten und berufliche Hintergründe gesucht. Wichtig sind Engagement, Empathie und die Bereitschaft, junge Menschen auf ihrem Weg zu begleiten und zu motivieren. Die Ehrenamtlichen können in verschiedenen Rollen tätig werden, etwa als Mentoren, die als persönliche Ansprechpartner fungieren, bei der Erstellung von Bewerbungen helfen oder Einblicke in spezifische Branchen geben. Gefragt sind vor allem soziale und interkulturelle Kompetenzen der Ehrenamtlichen, sowie ein offener und respektvoller Umgang mit Diversität.

Um zu erfahren, welche Angebote es in der eigenen Stadt oder in der Nähe gibt, lohnt sich ein Blick auf die Websites der verschiedenen Organisationen. Neben spezifischen Programmen, die auf junge Menschen mit bestimmten Hintergründen zugeschnitten sind, finden sich auch allgemeinere Initiativen, die breit gefächerte Unterstützung anbieten. Lokale Jobcenter, Sozialämter oder Bildungseinrichtungen können ebenfalls hilfreiche Anlaufstellen sein, um weitere Informationen zu Unterstützungsangeboten zu erhalten.

Zivilgesellschaftliches Engagement ist auch in einem anderen Bereich wichtig und seit vielen Jahren zentral verankert: im Naturschutz. Hier gibt es viele Möglichkeiten, sich ehrenamtlich einzubringen. Die Aufgaben sind vielfältig und können direkt mit der Umwelt, mit Pflanzen oder Tieren zu tun haben, etwa wenn Nistplätze eingerichtet werden, die Krötenwanderung begleitet oder Streuobst eingesammelt wird. Es kann sich aber auch um Organisations- und Öffentlichkeitsarbeit handeln oder es wird Jugendarbeit betrieben und pädagogische Aufgaben werden wahrgenommen. Menschen, die hier tätig sind, sprechen angesichts der Umweltsituation, ob Klimawandel oder Artensterben, zwar oft davon, ihre Arbeit sei ein Tropfen auf den heißen Stein, aber sie ist doch in hohem Maße sinnerfüllt.

All dies macht deutlich, dass es durchaus große gesellschaftliche Fragen sind, die „im Kleinen" zu einer selbstgewählten Aufgabe führen können. Pflege ist sicherlich auch dazu zu zählen. Von dem großen Bedarf, der hier besteht und sich in den kommenden Jahren weiter ausdehnen wird, ist immer wieder die Rede. Im Ruhestand und damit in einer späteren Lebensphase rückt dieses Thema ohnehin näher – auch dann, wenn man sich guter Gesundheit erfreut, ist es wahrscheinlich, dass man selbst oder als Angehöriger unmittelbar damit konfrontiert wird. Aber auch ohne bereits persönlich betroffen zu sein, sehen manche hier ein Tätigkeitsfeld. Das betrifft meist nicht die unmittelbare körperliche Pflege, sondern die darüber hinausgehende Betreuung, die nicht weniger wichtig ist, die aber in den Pflegestrukturen gerade oft untergehen. So hat mir eine Frau berichtet, dass es für sie nach dem Tod ihres Mannes eine nicht nur sinnvolle, sondern auch kraftgebende Tätigkeit war, im Pflegeheim einen Morgenkreis anzubieten und vorzulesen. Zugleich bewahrt sie sich die Freiheit, auch immer wieder einmal Verantwortung abzugeben, etwa wenn sie auf Reisen ist. Bisweilen kann eine solche Betreuungsarbeit sehr individuell sein und sich etwa auf eine bestimmte Person beziehen, auch ohne dass bereits verwandtschaftliche oder ähnliche Beziehungen bestehen. Daraus entstehen nicht selten vertraute, als bereichernd empfundene Verhältnisse, die einem selbst viel zurückgeben.

Hilfe kann auch unabhängig von einem Pflege- oder Seniorenheim etwa in Form der Nachbarschaftshilfe eine Aufgabe im Ruhestand sein. Rüstige Menschen, die vielleicht noch am Beginn ihrer späten Lebensphase stehen, können für ältere Nachbarn, die nicht mehr so mobil sind und Unterstützung benötigen, Besorgungen machen oder Einkäufe erledigen. Manchmal ist schon viel getan, wenn man mit ihrem Hund Gassi geht. Ein Engagement verlangt in solchen Fällen gar keine aufwendige Suche oder eingehende Überlegungen – solche kleineren Hilfestellungen liegen oft nahe, die Kontakte bestehen ohnehin, warum sich dies nicht zu einer überschaubaren, wertvollen Aufgabe machen? Apropos Hund: Wer tierlieb ist, kann sich auch gut im nahen Tierheim einbringen – auch dort ist man meist über Hilfe froh und kann es gut brauchen, wenn jemand von seinem Zeitbudget etwas für die Sorge um die Tiere und die Außenanlagen aufbringt.

Eine Aufgabe im eigenen Viertel ist eine super Sache – besonders für Ruheständler, die was bewegen wollen! Es geht darum, das Zusammenleben in der Nachbarschaft zu verbessern, indem man hilft, wo es gebraucht wird. Das kann alles Mögliche sein: Feste planen, den Nachbarn unter die Arme greifen oder sich bei Projekten einbringen, die das Viertel schöner machen. Hier wird Gemeinschaft im nahen Lebensumfeld gestaltet. Dieses gemeinsame Wirken im Quartier hat positive gesellschaftliche Auswirkungen. So können beispielsweise die kleinen Läden um die Ecke davon profitieren, wenn ein Viertel richtig aufblüht. Aspekte der Nachhaltigkeit, aber auch der sozialen Fairness und der lokalen Solidarität lassen sich stärken. Die Stadtverwaltung, lokale Geschäfte und soziale Einrichtungen sind oft leicht mit ins Boot zu holen. Kein Wunder, ist es doch eine gute Sache, das eigene Viertel zu einem Ort zu machen, an dem wir und die Nachbarschaft gerne leben! Ein solches Engagement kann auch gezielt auf die Älteren im Viertel wirken. So kann man sich beispielsweise als Seniorenbegleiter einbringen und mit dieser Tätigkeit im eigenen Wohngebiet vieles bewirken. Dazu gibt es übrigens Kurse, welche gleich zwei Vorteile bieten: Zum einen kann man präventiv die Herausforderungen des Alters kennenlernen. Zum anderen kann man gemeinsam mit anderen kreativ überlegen, wo und wie Hilfe benötigt wird. Die attraktiven Angebote für Senioren, kann man dann selbst sofort oder später einmal in Anspruch nehmen.

Hilfe in der Familie?
Im Ruhestand erinnert man sich vielleicht daran, dass das Berufsleben nicht immer einfach war – etwa dann, wenn man es mit dem Privat- und vor allem Familienleben unter einen Hut bringen musste. Vielleicht gibt es daher den Wunsch, seine Kinder, die als Erwachsene noch mittendrin sind im stressigen Berufsalltag, bei der ein oder anderen Sache zu unterstützen. Man muss ja nicht gleich große Verantwortung abnehmen oder sich gar einmischen – gerade hier sollte man ein gutes Gespür entwickeln und zurückhaltend sein. Aber vielleicht ist die Tochter doch ganz froh, wenn ihr jemand den Garten hin und wieder etwas pflegt, weil sie selbst nicht genug dazu kommt. Oft kann es sich dabei ja auch um Dinge handeln, die einem selbst Freude bereiten.

Vielleicht sind die Enkel noch jung und man kann jetzt die eigenen Kinder etwas entlasten, indem man sich hier etwas mehr kümmert. Nicht nur, aber doch oft mangelt es den Eltern an den zeitlichen Ressourcen, die von Anfang an erforderlich wären, um ihren Kindern immer die nötige Aufmerksamkeit zu schenken. Wenn die eigenen Kinder und deren Partner stark beruflich eingebunden sind, ist es sicherlich eine sinnvolle Aufgabe für jemandem im Ruhestand, sich bei der „Enkelarbeit" etwas intensiver einzubringen. Das sind oft Kleinigkeiten – sei es ein Mittagessen oder auch die Betreuung der Hausaufgaben, sei es, dass man die Enkel vom Kindergarten abholt oder nachmittags und am frühen Abend zum Training begleitet oder zum Musikunterricht bringt. Es gibt viele Punkte, an denen man sich als Großeltern einbringen kann. Oft ist es einfach Zeit, die man mit dem Kind verbringen kann – besondere pädagogische Fähigkeiten braucht man in der

Regel nicht, es genügt meist der gesunde Menschenverstand und eine gewisse Empathie. Das ermöglicht es auch, noch einmal Familie ganz eng zu spüren.

Die Bindung zwischen Großeltern und Enkelkindern kann eine wunderbare Erfahrung sein. Es gibt zahlreiche Möglichkeiten für gemeinsame Aktivitäten, von Ausflügen über das Feiern von Festen bis hin zu einfachen Gesprächen. Entscheidend ist immer wieder, dass wir aufmerksam zuhören. Vielleicht wohnen wir auch nah beieinander und haben das Glück, uns auch einmal spontan zu treffen, vielleicht um ein Eis zu genießen. Mehr Informationen zur Großelternschaft und Enkel- Beziehung finden Sie in Abschn. 9.3, der sich u. a. mit dem „Kontakt zu Kindern und Enkeln" befasst.

Arbeit mit Kindern – auch im Ruhestand?
Die Erziehungswissenschaft hat gezeigt, wie wichtig es für die Entwicklung von Kindern auch gerade in ihrer späteren Schullaufbahn und darüber hinaus ist, auf welche Art und Weise mit ihnen von früh an umgegangen wird. Die Bildungslaufbahn ist oft vom Elternhaus geprägt. Entscheidend scheinen weniger die materiellen Voraussetzungen – auch wenn diese natürlich eine Rolle spielen, oft gerade indirekt – und auch nicht so sehr genetische Faktoren, sondern wie intensiv der Umgang mit den Kindern ist. In Familien mit höherem Bildungsniveau werden sie meist deutlich enger begleitet – die Eltern verbringen viel Zeit mit ihnen, lesen vor, sprechen viel mit ihnen, auch wenn sie noch Kleinkinder sind, lösen gemeinsam Aufgaben, pflegen überhaupt einen kommunikativeren Umgang. Dies kann zwar zu überzogenen Verhältnissen führen – denken wir an die berühmten Helikoptereltern –, grundsätzlich aber haben Kinder, um die sich die Eltern viel kümmern, bessere Startbedingungen für ihren Bildungsweg.

Doch wir wissen auch, dass jungen Eltern oftmals die Zeit fehlt und dass ältere Menschen sich durchaus als stabile Ansprechpartner für Kinder erweisen können. Vielleicht hat man keine Enkel oder keine eigenen Kinder, oder sie wohnen weit weg, sodass sich hier gar keine Möglichkeiten ergeben. In diesem Fall kann man sich im eigenen Umfeld umsehen – in der Nachbarschaft, bei umliegenden Kindergärten, Schulen und Erziehungseinrichtungen. Auch wenn die Kinder etwas älter sind, mangelt es bisweilen an ausreichender Begleitung. Das Fachpersonal in Kindergärten und Schulen ist oft froh, wenn sich zusätzliche Hilfe anbietet. Hierbei geht es manchmal um einfache Dinge, nicht unbedingt um intensives Lernen, sondern um einfache Begleitungen, um Aufmerksamkeit und die Rolle als Ansprechpartner. Gerade die Corona-Pandemie hat gezeigt, dass unser Bildungssystem deutliche Schwächen aufweist. Diese Lücken bestehen jedoch nicht nur im Krisenfall.

Besonders in Städten gibt es viele Möglichkeiten, wie man Kindern helfen kann. Ob Freiwilligenarbeit bei Organisationen und Vereinen, ob Hausaufgabenhilfe oder die Organisation oder Mitarbeit bei Freizeitaktivitäten. Wenn Sie mit Kindern Zeit gestalten und sie unterstützen möchten, können Sie an verschiedensten Programmen teilnehmen, die gesunde Mahlzeiten anbieten, oder sogar einen Gemeinschaftsgarten starten, um Kindern den Wert gesunder Ernährung näherzubringen. Auch brauchen Kinder ein positives Vorbild in ihrem Leben. Als Mentor können Sie sie ermutigen und unterstützen, ihnen bei Herausforderungen helfen und ihnen wertvolle Lebenslektionen beibringen. Auch Kunst- und Kulturprogramme kommen infrage, kann doch Kunst eine wunderbare Möglichkeit für Kinder sein, sich auszudrücken und neue Fähigkeiten zu erlernen.

> **Denkanstoß**
>
> Wären Sie gerne Oma oder Opa, sind es aber (noch) nicht? Vielleicht können Sie sich dann vorstellen, die jüngere Generation und die Kleinsten zu unterstützen und damit nicht nur für die Generationensolidarität etwas zu tun, sondern auch eine Form von „Entwicklungsbegleitung" zu leisten. Achten Sie darauf, ob es in Ihrer Stadt oder Gemeinde ein Freiwilligenzentrum gibt, wo Sie sich über entsprechende Angebote informieren können.

Vereine, Gerichte oder Politik?
Es dürfte deutlich geworden sein: Möglichkeiten eines sinnvollen Engagements im Ruhestand, die aber auch zu einem passen, gibt es genug. Das erschöpft sich nicht in den vorstehenden Absätzen. So kann eine Betreuung nicht nur bei Senioren, sondern auch bei Menschen mit Behinderungen eine wertvolle Tätigkeit sein; Vereine sind immer froh um ehrenamtliches Engagement, und oft bietet sich hier, ob im Sport-, Musik- oder in sonstigen Vereinen, viel Gelegenheit, soziale Kontakte auch gerade zu jüngeren Menschen zu knüpfen. Auch in lokalen Umweltschutzprojekten finden sich interessante Tätigkeiten. Als Schöffe an einem Gericht erhält man ganz neue Einsichten und erfährt nicht nur vieles, sondern erfüllt eine wichtige gesellschaftliche Aufgabe. Auch in der Politik kann man aktiv werden und vielleicht – ganz ohne persönlichen Ehrgeiz – das ein oder andere oft ja auch im eigenen näheren Umfeld des Wohnorts bewirken. Ohnehin ist solches Engagement wichtig in Zeiten, in denen die Demokratie immer wieder unter Beschuss gerät. Sich politisch in einem konstruktiven Sinne einzubringen, stärkt die Demokratie – und das ist eine Angelegenheit, die uns auch im Ruhestand angeht.

Altersarmut – da kann jeder helfen
Wir leben in einer reichen Gesellschaft. Die Güter, die uns zur Verfügung stehen, haben längst jedes Ausmaß überschritten, das man sich früher auch nur hätte träumen lassen. Und doch macht sich zunehmend wieder Armut bemerkbar. Gerade auch die späte Lebensphase ist nicht selten davon betroffen. Prekäre Verhältnisse im Erwerbsleben machen sich seit einiger Zeit zunehmend in einem Phänomen bemerkbar, das Altersarmut genannt wird. Aber auch andere Aspekte, wie Pflege, können schon zu Armut im Alter führen. Denn Pflege ist teuer und kann das Ersparte schnell aufbrauchen.

Die Auseinandersetzung mit Armut ist eine gesellschaftliche Aufgabe, und sie wird immer dringlicher. Zugleich ist es etwas, bei dem jeder auch in seinem Umfeld die Augen offen halten kann. Wer selbst in unsicheren Verhältnissen lebt, sollte nicht davor zurückscheuen, sich nach geeigneter Hilfe und Unterstützung umzusehen. Oft ist Armut aber auch mit Scham verbunden, was es subjektiv erschwert, nach Angeboten zu fragen oder diese in Anspruch zu nehmen. Wem es im Ruhestand ausreichend gut geht, kann sich hier überlegen, ob und wie er sich engagiert. Ehrenamt soll dem Sozialstaat nicht dessen Aufgaben abnehmen; und doch dürfte es unverzichtbar sein, die vielfältigen Erscheinungsformen der Armut anzugehen und zumindest etwas abzumildern. Ganz viel hat ja mit Teilhabe zu tun; wer sich ehrenamtlich entsprechend engagiert, trägt dazu bei, diese Teilhabe auch für ärmere Menschen ein Stück weit zu ermöglichen.

Ehrenamt im Hospiz?
Eröffnet sich in der späten Lebensphase eine neue Perspektive, so betrifft dies auch die eigene Endlichkeit. Wer fit in den Ruhestand geht und noch viele Jahre vor sich hat, wird sich dennoch bewusst sein, dass es sich um die letzte große Lebensphase handelt. Auch wenn sich viele nicht oder nicht gleich mit der Frage nach dem Tod auseinandersetzen werden, sollte diese Thematik nicht verdrängt werden – ich bin oben schon darauf eingegangen. Eine intensive Form der Auseinandersetzung, wenngleich sicherlich nicht für jede und jeden geeignet, ist die ehrenamtliche Arbeit in einem Hospiz oder Hospizdienst. Manche kommen zu ihr, weil sie sich zunächst überhaupt mit der Frage des Todes und des Sterbens befassen wollen und dabei bemerken, dass ihr Wissen im Grunde eher gering ist. Diese Auseinandersetzung zu wagen, ist vielleicht eine gute Art und Weise, sich mit den eigenen Ängsten zu befassen.

Wer sich im Hospizbereich engagieren möchte, sollte dies aber gut vorbereiten. Dazu braucht es Zeit und Unterstützung, etwa durch einen Fortbildungskurs. Die Erfahrung freilich kommt dann erst mit der Tätigkeit selbst

– dem Begleiten todkranker Menschen. Sie wird intensiv, oft bedrückend sein, und man muss lernen, mit den eigenen Emotionen umzugehen, sie zuzulassen, aber nicht mit ihnen alleine zu bleiben. Trotz aller Schwere werden die meisten sie als bereichernd empfinden – auch wenn das Zeit braucht und erst allmählich klar wird, warum das so ist und worin die Bereicherung besteht. Dass die Hospizarbeit in unserer Gesellschaft sehr wichtig ist, wird kaum jemand bestreiten. Ohne ehrenamtliches Engagement wäre hier vieles nicht möglich; im Grunde sind Hospize ohne ein solches gar nicht denkbar. Der Gedanke, sich an eine solche Aufgabe zu wagen, wird viele beunruhigen – und doch kann es neben vielem anderen eine Möglichkeit sein, im Ruhestand eine sinnvolle Tätigkeit zu erschließen.

Ruhestand – endlich Zeit für Hobbys
All diese Aufgaben, wie sie eben beschrieben wurden, sind auf andere hin orientiert. Es handelt sich um soziale Tätigkeiten in unterschiedlichster Gestalt, denen gemeinsam ist, dass sie besonders vom Gedanken der Mitverantwortung geprägt sind. Das hindert aber nicht, dass man sich auch Tätigkeiten sucht, die eher „privaten" Charakter haben. Sinnvolle Hobbys sind auf alle Fälle etwas, das einen Platz im Ruhestandsleben haben sollte.

Das kann natürlich ganz Unterschiedliches sein. Ob man nun vermehrt Sport treiben, mehr Zeit mit dem Kochen verbringen und hier ganz neue Erfahrungen sammeln möchte oder sich an knifflige Puzzles setzt, all dies leistet einen wichtigen Beitrag, dass die freie Zeit im Ruhestand ausgefüllt wird und wir neben gezielten Übungen etwas für Kopf und Körper tun. In unserer modernen Gesellschaft sind die Angebote nahezu unüberschaubar, da findet sich gewiss für jede und jeden etwas, das seinen Möglichkeiten, aber auch seinen Interessen entspricht. Denken wir daran, was im Rahmen der VHS alles stattfindet. Überhaupt lassen sich Hobbys meist gut mit sozialen Kontakten verknüpfen, ob im Literaturkreis oder im Tischtennisverein, bei den Landfrauen oder im Tanzkurs. Aber auch im eigenen Kämmerlein kann man sich oft mehrere Stunden in der Woche eingehend mit einer Sache beschäftigen, ob es nun darum geht, etwas zu lernen (auch das Internet bietet hier zahllose Gelegenheiten mit speziellen Kursen), oder ob man sich endlich einmal daran machen will, den Eiffelturm aus Streichhölzern nachzubauen. Es ist immer wieder erstaunlich, mit welchem Eifer und welcher Disziplin sich doch manche Ruheständler regelmäßig einer Sache widmen, die sie selbst gewählt haben, die sie fasziniert und die ihrem Wochenalltag eine gewisse Struktur gibt.

Wer nach Anregungen sucht, wird vor Ort oft leicht fündig. Schauen Sie, wenn Sie sich einen Überblick verschaffen wollen, zunächst einmal in die

Tagespresse oder fragen direkt nach einem oft kommunal ausgerichteten Programm für Senioren. Inzwischen gibt es gezielte Angebote, die eine große Bandbreite an Aktivitäten aufweisen und organisieren. Das zeigt beispielsweise die Akademie 55plus Darmstadt e. V. Angeboten werden hier Tagesausflüge, Vorträge, Wanderungen, Ausstellungsbesuche, Sprach- oder Computerkurse. Man kann dabei auch selbst ehrenamtlich aktiv werden und im Rahmen des Vereins einen Kurs oder Ähnliches geben – interessante Themen sind willkommen. Ohnehin geht es hier um eine gewisse Selbstorganisation, nicht um ein einseitiges Angebot. Die Akademie versteht sich als Ort, an dem Ältere sich für Ältere einbringen, an dem ein wechselseitiges Geben und Nehmen stattfindet. Je größer der Kreis, der sich hierbei bildet, umso weitreichender ist die Palette, aus der sich schöpfen lässt. Verknüpfungen gibt es dabei auch zur lokalen Wirtschaft über Firmenbesichtigungen oder zu kommunalen Angelegenheiten etwa durch die Teilnahme am Austausch mit den Partnerstädten im europäischen Ausland. Das eröffnet manchem eine Teilhabe, die im bisherigen Berufsleben mangels Zeit nicht möglich war oder nicht in den Blick rückte.

Eine sinnerfüllte Tätigkeit kann es auch sein, sich das eigene Lebensumfeld einzurichten. Mit dem Alter verändern sich unter Umständen die Wohnbedürfnisse. Auch wenn das noch nicht eingetreten ist, kann es durchaus angebracht sein, sich hier bereits Gedanken zu machen. Könnte der altersgerechte Umbau des Badezimmers in Angriff genommen werden? Ist der bisherige Wohnraum vielleicht gar zu groß? Macht der Garten zu viel Arbeit oder bereitet er vielmehr große Freude? Macht es Sinn, weniger oder anderes anzubauen, die Zucchini-Schwemme durch eine Blumenwiese zu ersetzen? Wer handwerklich geschickt ist, findet nun auch die Zeit, all die kleineren Renovierungsarbeiten nach und nach zu erledigen, die in den letzten Jahren liegen geblieben sind. So lässt sich die Wohnung, das Haus in dem man lebt, zu einem kleinen Projekt machen. Überfordern sollte man sich dabei nicht, aber es kann sehr zufriedenstellend sein, hier gestaltend zu wirken und zugleich die kommenden Bedürfnisse, wenn man vielleicht eines Tages selbst auf altersgerechtes Wohnen angewiesen sein wird, im Auge zu haben.

Lust auf einen neuen Job?
Wahrscheinlich lesen Sie dieses Buch, weil Sie selbst in der Situation des zukünftigen Ruheständlers sind oder sich bereits im Ruhestand befinden. Haben Sie sich schon einmal Gedanken darüber gemacht, noch einmal mit einem neuen Job, in einem neuen Arbeitsfeld zu beginnen? Vielleicht auch etwas ganz Neues für sich aufzubauen?

Das geht immer mehr Menschen so, die gerade erst in den Ruhestand gewechselt haben. Sie sind nicht nur körperlich und geistig fit, sondern wissen auch, dass noch viele Jahre vor ihnen liegen. Die Aussicht, nur zu reisen, sich sportlich zu betätigen und sich mit Freunden zu treffen, scheint ihnen eher langweilig. Es sind oftmals die Menschen, die gerne arbeiten und sich mit den Werten der Arbeit identifizieren. Bei Letzteren geht es zum Beispiel darum, die eigenen Fähigkeiten gezielt einzusetzen, Erfolg zu haben oder geistige Herausforderungen zu bewältigen. Auch wenn sie nun im Ruhestand sind, wollen sie nicht darauf verzichten. Manche Menschen würden daher gerne weiterarbeiten oder mit einem neuen Job anfangen, trauen es sich aber nicht mehr zu. Sie fühlen sich fit und leistungsstark, glauben aber, dass es ihnen nicht mehr gelingen wird, sich neue Themen zu erschließen und neues Wissen zu erlernen. Dabei befinden sie sich meist im Irrtum.

Wir haben uns auf den vergangenen Seiten bereits damit beschäftigt, warum Menschen gerade auch im Alter zwischen fünfzig und siebzig hervorragende Lehrmeister bzw. Schüler sein können. Vielleicht können Sie, wenn Sie eine neue Herausforderung suchen und dabei nicht nur Hobbys im Blick haben, Ihr Wissen und Ihre Erfahrungen aus dem alten Beruf mit der neuen Tätigkeit verbinden und darauf aufbauen. Gerade in Bereichen, die von einem Fachkräftemangel geprägt sind, wie zum Beispiel im Gesundheitswesen oder im IT-Bereich, werden nicht nur die verschiedensten Ausbildungen für auch ältere Berufseinsteiger angeboten, sondern es finden sich auch viele Einsatzfelder.

In welchen Bereichen auch im Ruhestand neue Tätigkeiten in Angriff genommen werden können, ist also ganz unterschiedlich – das Feld ist breit. Ruheständler profitieren von ihrer umfangreichen Lebenserfahrung und können sich oft ungehindert engagieren, weil frühere berufliche Verpflichtungen sie nicht mehr einschränken. Manchmal bringen sie sogar eine echte Leidenschaft für ihre neuen Aufgaben mit. Ob Berater und Coach oder doch eher im Kreativbereich, indem man sein Hobby zum (späten) ‚Rentnerberuf' macht, ob als Vermieter oder Fremdenführer, ob im Naturschutz oder im sozialen Bereich – es gibt viele Möglichkeiten, nicht nur aktiv zu bleiben und dabei seinen Interessen nachzugehen, sondern auch noch die eigene Rente etwas aufzubessern.

Endlich auch einmal aufschieben dürfen?
Es ist schon verrückt: Wie waren wir überzeugt davon, im Ruhestand endlich die Dinge zu tun, die wir uns schon immer vorgenommen haben, zu denen wir aber bislang nie gekommen sind. Jetzt endlich haben wir auch

die Zeit dazu. Doch manche ahnen es bereits, und andere werden es sich vielleicht etwas später eingestehen: Das Aufschieben wird manches Mal zur schlechten Gewohnheit.

Es geht nicht darum, dass man nicht selbst entscheiden kann, was man tut. Das dürfen wir – indem wir uns Dinge vornehmen, Aufgaben stellen, einen gewissen Ablauf festlegen und auch immer wieder entspannen und nichts tun. Eine Art Trägheit stellt sich jedoch ein, wenn wir einfach nichts in Angriff nehmen oder es immer wieder hinausschieben. Eigentlich wollten wir dies und das tun, aber jetzt setzen wir uns erst einmal vor den Fernseher und lassen uns etwas berieseln – schließlich brauchen wir auch Pausen. Richtig, aber zum Problem wird es, wenn es gar keine Pausen sind, wenn wir gar nicht entspannen, weil es nichts gibt, das uns in (eine positive, anregende und eben auch produktive) Anspannung versetzt. Das süße Nichtstun wird unversehens zum sauren Alltag. Und dabei spüren wir ja, dass es Kopf und Körper und auch unseren sozialen Kontakten nicht guttut. Aber Trägheit lähmt, sie bietet selbst keine Ressourcen, um sich von ihr zu befreien.

Vielleicht haben wir schon im Berufsleben andere bewundert, die nach einem anstrengenden Berufstag immer noch aktiv waren und sich nicht nur Dinge vornahmen, sondern auch durchzogen. Wir bewundern Menschen, die voller Energie und mit vielen Ideen um uns herumwirbeln und ständig irgendetwas auf die Beine stellen. Uns scheint hingegen unsere Schaffenskraft im Stich gelassen zu haben – auch jetzt, im Ruhestand. Da gibt es noch diese Aufgaben, die wir eigentlich erledigen müssten, auf die wir jetzt gerade aber keine Lust haben. Wir finden tausend andere wichtige Dinge, um uns abzulenken, und wissen doch, dass die eigentlich gar nicht so wichtig sind. Es kann auch zu Streit in der Partnerschaft führen, wenn etwas immer nur aufgeschoben wird, der andere aber erkennt, dass es nur eine Ausrede ist, wenn man behauptet: Jetzt nicht, ich will es ja perfekt machen. Viele Gründe können ein Hindernis sein, das man sich selbst in den Weg legt.

Wen die Aufschieberitis erfasst hat, der hat viel zu tun. Denn es geht um die innere Haltung und den Blick, mit dem wir uns unserem Alltag zuwenden. Kleine Tipps können helfen, aber letztlich muss es der Betreffende wirklich wollen und ein Stück weit streng zu sich selbst sein. Vielleicht hilft es, wenn man sich zumindest vorübergehend nicht mehr darauf beruft, nun im Ruhestand ganz frei über seine Zeit verfügen zu können, sondern die anstehenden Aufgaben, das, was man sich selbstbestimmt vorgenommen hat, als eine Pflicht, ein von außen auferlegtes Muss ansieht und sich dies auch immer wieder deutlich macht. Keine Lust, morgens nach dem Aufstehen die täglichen Gymnastikübungen zu absolvieren? Dann sagen Sie sich auch während des Tages immer wieder, dass sie genau dies tun werden. In gewisser Weise können Sie sich so selbst programmieren und die Bequemlichkeit kommt am nächsten Tag nicht mehr so einfach zum Zuge.

Fällt die äußere Struktur des bisherigen Berufslebens weg, muss eben selbst eine gesetzt werden. Sie darf ja flexibler sein, der Ruhestand soll nicht zum permanenten Unruhestand werden. Aber sich gewisse Leitplanken zu setzen, ist oft hilfreich und nicht selten auch unverzichtbar. Das können klare Prioritäten in den eigenen Tätigkeiten und ihrem zeitlichen Ablauf sein, Termine, die gesetzt und dann auch möglichst eingehalten werden. Das hilft, Hemmnisse und Barrieren zu überwinden und auch die vielen Gelegenheiten zur Ablenkung auf eine gesunde Distanz zu halten. Eine gewisse Planung kann da helfen, eine Festlegung einzelner Schritte. Mit der Zeit können sich so positive Gewohnheiten ausbilden. Eine leere Betriebsamkeit soll daraus aber nicht werden, und wir sollten dabei auch immer auf uns selbst achten. Gelingt es, hier ein gutes, produktives Verhältnis zu finden, dann darf man gelegentlich auch einmal etwas aufschieben – ganz ohne schlechtes Gewissen.

Reisen oder Ehrenamt?
Fragen sich Berufstätige, was sie mit ihrer Zeit im nahen Ruhestand nun tun werden, sind es neben diesem oder jenem Hobby oft zwei Dinge, die häufig Erwähnung finden: das Reisen und das Engagement im Ehrenamt. Denn jetzt haben sie den nötigen Freiraum, um endlich einmal ausgedehnt die Welt zu erkunden. Jetzt können sie sich für Dinge einsetzen, für die ihnen nach Feierabend und einem anstrengenden Berufsalltag die Energie und Muße gefehlt hat, obwohl sie einem für sich und sein gesellschaftliches Umfeld stets wichtig erschienen sind.

Jetzt also endlich die Weltreise? Nun diesen Ort aufsuchen und jene Studienreise unternehmen? Wollten wir nicht schon immer einmal die größten oder wichtigsten Städte in Europa besuchen? Eine Safari machen? Uns von fremden Kulturen beeindrucken lassen? Tatsächlich finden viele im Ruhestand die Zeit, Reisen zu unternehmen, für die der Urlaub nicht gereicht hat (und denen vielleicht auch andere Verpflichtungen oder Interessen entgegenstanden). Warum nicht? Wir Älteren sind heute aktiv und mobil, man muss nicht gleich vom ersten Tag der Rente an behaglich im Vorgarten sitzen.

Und doch sagen viele, die in den Ruhestand gewechselt haben, dass der Drang gar nicht mehr so groß sei wie noch früher, von zu Hause wegzugehen und in die Ferne zu schweifen. Sie fühlen sich im eigenen Heim wohl, und es genügt ihnen, die nähere Umgebung zu erkunden. Es wäre falsch, das als ‚Altersbequemlichkeit' abzutun. Vielleicht sind die Bedürfnisse inzwischen anders; der Erfahrungsschatz ist auch gewachsen, so viel wird beim

Reisen gar nicht dazukommen. Ohnehin wird oft überschätzt, wie viel am Reisen wirklich eine aktive Tätigkeit ist. Natürlich kommt es auf die Art des Reisens an, aber vieles davon belässt den Reisenden doch in einer eher passiven Rolle. Auch wenn Wahrnehmung und Denken Nahrung erhalten können, wenn es in die Fremde geht; in vielem wird das Gehirn beim Reisen gerade nicht gefordert. Wer sich feste Ziele vorgenommen hat, an denen er großes Interesse hat, sollte diese durchaus in Angriff nehmen. Aber mancher wird feststellen, dass Reisen im Ruhestand nicht unbedingt den Stellenwert hat, den man ihm früher, noch ans Berufsleben gebunden, zugesprochen hat. Und von unseren gesellschaftlichen, globalen Problemen her betrachtet lässt sich ja auch nicht leugnen, dass sich der beachtliche Anstieg an Reisen in unserer Welt keineswegs vorteilhaft auf die Umwelt auswirkt. Im Sinne der Verantwortung, die wir tragen, sollten wir also bewusst reisen, keineswegs aber nur um des Reisens selbst willen.

Wer sich nach oder zwischen solchen wirklich persönlich sinnvollen und zuträglichen Reisen mit seinem Wissen, seinem reichen Erfahrungsschatz und nun auch mit den erforderlichen zeitlichen Reserven in unserer Gesellschaft einbringen will, der findet unzählige Möglichkeiten. Ältere verschwinden nicht einfach im Ruhestand, sondern sind Teil der insgesamt älteren Bevölkerung und bleiben damit auch sichtbar. Sie werden darüber hinaus auch gebraucht. Es ist wichtig, dass sie sich einbringen, etwa in Ehrenämtern. Es ist ein wichtiger Teil ihrer Selbst- und Mitverantwortung, welchen Beitrag auch immer sie leisten. Gelegenheiten gibt es zuhauf, und wir haben nun die Freiheit, dies so zu gestalten, dass es mit unseren Interessen und Vorstellungen übereinstimmt.

Ganz professionell können Ältere als Seniorexperten auftreten. Dabei bewegen sie sich vielleicht weiterhin in ihrem einstigen beruflichen Umfeld, in ihrer Branche, etwa im Rahmen von Kammern und Wirtschaftsverbänden. Darüber hinaus gibt es aber auch Möglichkeiten in den öffentlichen Verwaltungen, in sozialen und medizinischen Einrichtungen oder in Schulen und Berufsschulen. Beschränkt ist man dabei nicht einmal auf Deutschland, finden sich doch entsprechende Engagements auch auf globaler Ebene. Der Senior Experten Service (www.ses-bonn.de) kann hier Hinweise, Anregungen und Hilfe geben. Ehrenamtliche Tätigkeiten sind aber natürlich weit darüber hinaus gefragt. Das kann, wie bereits in Abschn. 8.2 gezeigt, ein politisches oder ein soziales Engagement sein; man kann Menschen im Seniorenheim besuchen oder sich für den Natur- und Umweltschutz stark machen. Wer den Rechtsstaat stützen möchte, stellt sich vielleicht als Schöffe zur Verfügung, wem die Vermittlung der heimischen Kultur am Herzen liegt, findet in vielen Vereinen oder vielleicht auch als Stadtführer etwas zu tun.

Zahllose Gelegenheiten also, um sich sinnvoll und doch zugleich im Einklang mit den eigenen Interessen und Vorlieben, aber auch damit, was einem wichtig erscheint, einzubringen. Gerade hier eröffnet sich ein weites Feld, um seine Selbst- und Mitverantwortung im Alter wirklich zu leben. Vieles spricht für ein solches im weitesten Sinne soziales Engagement. Aus ihm ergeben sich zunächst wichtige Aufgaben, die einem auch nach dem Berufsleben das Gefühl geben, weiterhin gebraucht zu werden. Man kann Erfahrungen weitergeben, lernt aber auch selbst immer wieder Neues – beides geht hier eine fruchtbare Verbindung ein, für einen selbst wie für die anderen. Das erfüllt mit Zufriedenheit, zugleich wird man der Einsicht gerecht, dass in einer immer älteren Gesellschaft die Jüngeren ja immer weniger alles alleine stemmen können. Vielleicht hat man auch das Gefühl, der Gesellschaft etwas zurückgeben zu wollen. Auf alle Fälle wird man Anerkennung finden, denn ehrenamtliches soziales Engagement ist in unserem Land sehr angesehen. Es sorgt dafür, dass man offenbleibt. Bereichern kann es auch dann, wenn bisweilen Erfahrungen damit verbunden sind, die an sich weniger angenehm oder sogar traurig sind – es war oben schon von der wichtigen Arbeit im Hospizbereich die Rede. Insgesamt ist ein Ehrenamt zudem die Möglichkeit, reichhaltige soziale Beziehungen zu knüpfen und zu pflegen. Damit beugen wir der Einsamkeit im Alter vor. Überhaupt trägt ein solches Engagement dazu bei, dass die eigene – körperliche wie geistige – Gesundheit länger erhalten bleibt.

Ob wir nun also reisen oder doch eher ein Ehrenamt ausüben – oder auch beides, denn es schließt sich ja in keiner Weise aus, sondern lässt sich bisweilen sogar miteinander verbinden –, so sollte es uns helfen, mit anderen Menschen in Kontakt zu bleiben und so immer wieder neue Erfahrungen zu sammeln. Denn beides ist wichtig für ein gelingendes und gesundes Älterwerden.

Weiterführende Literatur

Arendt, H. (1969). *Vita activa oder vom tätigen Leben.* Piper.
Arriagada, C., & Karnick, N. (2022). Motive für freiwilliges Engagement, Beendigungsgründe, Hinderungsgründe und Engagementbereitschaft. In J. Simonson, N. Kelle, C. Kausmann, & C. Tesch-Römer (Hrsg.), *Freiwilliges Engagement in Deutschland – Der Deutsche Freiwilligensurvey 2019* (S. 125–150). Springer VS.
Arriagada, C., & Simonson, J. (2021). *Freiwilliges Engagement hochaltriger Menschen: Beteiligung und Engagementbereiche. DZA-Fact Sheet.* Deutsches Zentrum für Altersfragen.

Arriagada, C., & Tesch-Römer, C. (2022). Politische Partizipation. In J. Simonson, N. Kelle, C. Kausmann, & C. Tesch-Römer (Hrsg.), *Freiwilliges Engagement in Deutschland – Der Deutsche Freiwilligensurvey 2019* (S. 263–289). Springer VS.

Beher, K., Liebig, R., & Rauschenbach, T. (2000). *Strukturwandel des Ehrenamts. Gemeinwohlorientierung im Modernisierungsprozeß*. Juventa.

Bierhoff, H.-W., & Schülken, T. (2001). Ehrenamtliches Engagement. In H.-W. Bierhoff & D. Fetchenhauer (Hrsg.), *Solidarität, Konflikt, Umwelt und Dritte Welt* (S. 183–204). Leske+Budrich.

Bünning, M. (2022). *Großeltern in Deutschland: Befunde des Deutschen Alterssurveys (DEAS) 2008-2020/21*. [DZA-Fact Sheet]. Berlin: Deutsches Zentrum für Altersfragen.

Bundesarbeitsgemeinschaft der Seniorenorganisationen (BAGSO). (2019). *Beruf in Sicht?! Annäherung an eine neue Lebensphase*. Bonn: BAGSO e.V.

Bundesministerium für Familie, Senioren, Frauen und Jugend (2021). Freiwilliges Engagement in Deutschland Zentrale. Ergebnisse des Fünften Deutschen Freiwilligensurveys (FWS 2019). https://www.bmfsfj.de/resource/blob/176836/7dffa0b4816c6c652fec8b9eff5450b6/freiwilliges-engagement-indeutschland-fuenfter-freiwilligensurvey-data.pdf.

De Beauvoir, S. (2000). *Das Alter*. Rowohlt.

Ehrlich, U., & Kelle, N. (2021). Stille Helden bei der Pflege daheim. *G+G Gesundheit und Gesellschaft, 24*(2), S. 29–33.

Erikson, E. H. (2001). *Identität und Lebenszyklus: Drei Aufsätze*. Suhrkamp.

Hagen, C., & Simonson, J. (2017). Inhaltliche Gestaltungs- und Leitungsfunktionen im freiwilligen Engagement. In J. Simonson, C. Vogel, & C. Tesch-Römer (Hrsg.), *Freiwilliges Engagement in Deutschland – Der Deutsche Freiwilligensurvey 2014* (S. 299–331). Springer VS.

Jagasia, B. (2023). Grauenpower. Ein Gastbeitrag von Ben Jagasia. Ich bin 17 – und bereit, ein soziales Pflichtjahr zu leisten. Aber nur, wenn auch Rentner dienen müssen! Eine Erwiderung auf Bernhard Schlink. Die Zeit, 14. Februar 2023. Hamburg: Zeitverlag.

Käßmann, M. (2018). *Schöne Aussichten auf die besten Jahre*. München: bene! Verlag.

Kast, V. (2013). *Lebenskrisen werden Lebenschancen: Wendepunkte des Lebens aktiv gestalten*. Herder.

Kausmann, C., & Hagen, C. (2022). Gesellschaftliche Bereiche des freiwilligen Engagements. In J. Simonson, N. Kelle, C. Kausmann, & C. Tesch-Römer (Hrsg.), *Freiwilliges Engagement in Deutschland – Der Deutsche Freiwilligensurvey 2019* (S. 95–124). Springer VS.

Kausmann, C., Simonson, J., & Hameister, N. (2022). Zielgruppen der freiwilligen Tätigkeit und Engagement für Geflüchtete. In J. Simonson, N. Kelle, C. Kausmann, & C. Tesch-Römer (Hrsg.), *Freiwilliges Engagement in Deutschland – Der Deutsche Freiwilligensurvey 2019* (S. 203–220). Springer VS.

Kausmann, C., Simonson, J., Kelle, N., & Tesch-Römer, C. (2022). Freiwilliges Engagement – Bedeutung für die Gesellschaft und die Politik. In J. Simonson, N. Kelle, C. Kausmann, & C. Tesch-Römer (Hrsg.), *Freiwilliges Engagement in Deutschland – Der Deutsche Freiwilligensurvey 2019* (S. 319–326). Springer VS.

Kelle, N., Kausmann, C., & Arriagada, C. (2022). Zeitlicher Umfang und Häufigkeit der Ausübung der freiwilligen Tätigkeit. In J. Simonson, N. Kelle, C. Kausmann, & C. Tesch-Römer (Hrsg.), *Freiwilliges Engagement in Deutschland – Der Deutsche Freiwilligensurvey 2019* (S. 167–182). Springer VS.

Kruse, A. (2005). Selbstständigkeit, Selbstverantwortung, bewusst angenommene Abhängigkeit und Mitverantwortung als Kategorien einer Ethik des Alters. *Zeitschrift für Gerontologie und Geriatrie, 38*, 223–237.

Kruse, A., & Wahl, H. W. (2010). *Zukunft Altern – Individuelle und gesellschaftliche Weichenstellungen.* Spektrum Akademischer.

Mergenthaler, A., Konzelmann, L., Cihlar, V., Micheel, F., & Schneider, N. F. (Hrsg.). (2020). Vom Ruhestand zu (Un-)Ruheständen. Ergebnisse der Studie „Transitions and Old Age Potential" (TOP) von 2013 bis 2019. Bundesinstitut für Bevölkerungsforschung (BiB), Wiesbaden. https://www.bib.bund.de/Publikation/2020/pdf/Vom-Ruhestand-zu-Un-Ruhestaenden.html.

Romeu Gordo, L., Gundert, S., Engstler, H., Vogel, C., & Simonson, J. (2022). *Erwerbsarbeit im Ruhestand hat vielfältige Gründe – nicht nur finanzielle. IAB-Kurzbericht. Aktuelle Analysen aus dem Institut für Arbeitsmarkt- und Berufsforschung.* https://doku.iab.de/kurzber/2022/kb2022-08.pdf.

Schröder-Kunz, S. (2016). *Studie „Selbstverantwortung und Mitverantwortung bei älteren Arbeitnehmern in der sich verändernden Arbeitswelt".* (nicht veröffentlicht)

Schröder-Kunz, S. (2019). *Gutes Leben und Arbeiten in der zweiten Lebenshälfte – Frühzeitig den Weg ins Älterwerden gestalten.* Springer.

Schröder-Kunz, S. (2020). *Älterwerden in Krisenzeiten. Chancen nutzen, Risiken vermeiden.* Springer.

Simonson, J. (2020). *Freiwilliges Engagement für hilfe- und pflegebedürftige Menschen im Gesundheitsbereich. DZA-Fact Sheet.* Deutsches Zentrum für Altersfragen.

Simonson, J., Bünning, M., Ehrlich, U., Kelle, N., & Weinhardt, M. (2023). DZA-Fact Sheet Aktivitäten und Potenziale älterer Menschen in Stadt und Land. Deutsches Zentrum für Altersfragen 02. Juni 2023. https://www.dza.de/fileadmin/dza/Dokumente/Fact_Sheets/Aktivit%C3%A4ten_und_Potenziale_%C3%A4lterer_Menschen_in_Stadt_und_Land_DZA-Fact_Sheet.pdf. Zugegriffen: 13. Jun. 2023.

Wehner, T., & Güntert, S. T. (2015). *Psychologie der Freiwilligenarbeit – Motivation, Gestaltung und Organisation.* Springer.

Wellensiek, S. K., & Galuska, J. (2014). *Resilienz: Kompetenz der Zukunft. Balance halten zwischen Leistung und Gesundheit.* Beltz.

9

Soziale Kontakte und Begegnungen gestalten

Zu Beginn des Ruhestands eröffnet sich ein neues Kapitel im Leben, das nicht nur Freiheit und Möglichkeiten mit sich bringt, sondern auch Herausforderungen. In dieser Phase sind soziale Kontakte besonders wertvoll und sollten aktiv gepflegt werden. Sie bieten nicht nur emotionale Unterstützung und ein Gefühl der Zugehörigkeit, sondern tragen auch dazu bei, Einsamkeit und Isolation zu vermeiden, die in dieser Lebensphase auftreten können. Durch den Austausch mit Freunden, Familie und Gleichgesinnten bleiben wir geistig aktiv, entdecken neue Interessen und halten uns – denken wir an gemeinsame Aktivitäten – auch körperlich fit. Soziale Interaktionen fördern unser Wohlbefinden, indem sie uns ermutigen, am gesellschaftlichen Leben teilzunehmen und unseren Alltag mit Sinn und Freude zu füllen. Daher ist es so wichtig, bestehende Beziehungen zu pflegen und neue Kontakte zu knüpfen, um einen erfüllten und glücklichen Ruhestand zu genießen.

Werden also zu Beginn des Ruhstands Pläne geschmiedet oder erste Entscheidungen getroffen, sollte darauf geachtet werden, dass bei den Tätigkeiten, denen man sich zuwendet, und in dem Alltag, den man sich einrichtet, stets Raum für Begegnung mit anderen Menschen besteht. Diese Kontakte sollten zudem vielfältig sein. Denn mit vielen verschiedenen Menschen zu tun zu haben, weitet den Horizont und ist so wieder „Nahrung" für den Kopf. Abgesehen davon werden meist bestehende soziale Kontakte weiter gepflegt oder gar intensiviert, etwa in der eigenen Familie und Partnerschaft, zu Enkeln und vielleicht auch zu den hochbetagten Eltern. Angesichts der Dynamiken, zu denen es bei allen Formen der Begegnung mehr oder weniger kommt, gilt es immer wieder auf die Kommunikation mit anderen zu achten und auch hier lebenslang zu lernen. Dies ist eine wichtige Voraussetzung, um die eigenen sozialen Beziehungen auch gerade in der späten Lebensphase als einen Gewinn zu empfinden.

9.1 Die Chance der Begegnung

Im Ruhestand haben wir endlich mehr Zeit für unsere sozialen Kontakte. Vielleicht möchten Sie nun altbewährte Freundschaften neu aufblühen zu lassen. Vielleicht möchten Sie aber auch neue Menschen kennenlernen. Dazu bieten sich heute mehr Möglichkeiten als je zuvor. Gelegenheiten finden sich in den verschiedensten Hobbys, den zahlreichen Kulturangeboten, in den Vereinen, aber auch in der Nachbarschaftspflege oder beim Aufbau eines Literaturkreises. Das aktive Suchen und Nutzen dieser Gelegenheiten erfordert zwar Initiative, doch der Einsatz lohnt sich meist. Durch vielfältige Begegnungen öffnen sich Türen zu neuen Welten und Erfahrungen, die unseren Horizont erweitern und das Leben im Ruhestand bereichern. Es geht darum, durch gemeinsame Erlebnisse und Interessen Teil einer Gemeinschaft zu werden. Der Schlüssel liegt darin, offen für Veränderungen zu sein und die Bereitschaft mitzubringen, sich auf neue Menschen und Situationen einzulassen. Damit unsere Begegnungen zur Chance für gelingende Beziehungen werden, kommt es auf unser Verhalten an. Beschäftigen wir uns daher zunächst etwas näher mit der guten Kommunikation als wichtige Grundlage.

Gelingende Kommunikation
Beziehungen zu pflegen bedeutet nicht nur, einen regelmäßigen Austausch zu führen und gute Begegnungen zu gestalten. Auch die Art der Kommunikation ist maßgeblich dafür verantwortlich, ob eine Beziehung gelingt und daher fortgeführt wird und wachsen kann.

Was bedeutet Kommunikation? Sie ist der Austausch von Informationen, Gedanken und Gefühlen. In allen Aspekten des menschlichen Lebens ist sie der Schlüssel zur Interaktion. Über Kommunikation lassen sich unterschiedliche Perspektiven, Ideen und Kulturen miteinander verbinden. Durch sie können wir unsere Erfahrungen teilen, können lernen und wachsen, uns gegenseitig verstehen und auf die Bedürfnisse und Gefühle des jeweils anderen reagieren. Sie umfasst nicht nur die gesprochenen Wörter, sondern auch den Tonfall, die Mimik, die sie begleitet, sowie die Körperhaltung, die man im Gespräch einnimmt. In der Kommunikation öffnen wir uns dem anderen und erhalten selbst Einblicke in sein Denken und Fühlen. Dies gelingt aber nur, wenn wir uns um sie bemühen. Gute Kommunikationstechniken lassen sich lernen und üben. Eine wichtige Grundlage ist Empathie, denn nur sie erlaubt es wirklich, dass eine fruchtbare wechselseitige Beziehung in der Kommunikation entsteht. Empathie ist übrigens nicht einfach eine Naturgabe, die man hat oder nicht hat. Sie kann erlernt und gefördert werden. Kommunikation ist also ein spannendes und weites Feld und kann ein wichtiger erster Ansatz sein, wenn wir einen gewinnbringenden Austausch mit anderen pflegen möchten.

Wollen wir nun im Ruhestand die Chance der Begegnung wirklich ergreifen, können wir uns zunächst einmal fragen: Neige ich dazu, selbst viel zu erzählen, und vernachlässigen dabei das Zuhören? Wir sollten immer wieder überprüfen, ob wir unseren Gesprächspartner auch wirklich zu Wort kommen lassen. Es macht Sinn, sich im aktiven Zuhören zu üben. Dabei lassen wir den anderen sprechen, hören ihm offen und interessiert zu. Das drücken wir mit unserer Körperhaltung aus, indem wir Blickkontakt halten und hier und da bestätigend nicken. Wir stellen interessierte Fragen und versuchen uns in unser Gegenüber hineinzuversetzen.

Richtig, das ist nicht immer einfach. Aber man kann es trainieren und dadurch zu einer gelingenden sozialen Beziehung beitragen. Denn wenn wir dem anderen interessiert zuhören, entwickeln wir tatsächlich ein Interesse an ihm, das es uns dann wiederum leichter macht, einen wirklichen, gehaltvollen Austausch zu führen. Nehmen wir dazu anfangs bewusst eine bestimmte Körperhaltung ein, ist das nicht so, als würden wir etwas vortäuschen, sondern wir schaffen damit die Voraussetzungen, um unser Interesse reifen zu lassen. Wenn wir uns in die Lage des anderen versetzen, können wir eher herausfinden, was er will, was seine Absicht ist. So können wir viel angemessener reagieren und dadurch auch für uns mehr Zufriedenheit aus der jeweiligen Begegnung ziehen. Eine empathische Grundhaltung und eine positive Einstellung sind daher wichtig. Wir sollten beim Zuhören zunächst unsere eigene Meinung zurückhalten, auch wenn sie von der des anderen abweicht. Bei Unklarheiten darf man nachfragen, und auch Pausen zum Nachdenken sind wichtig. Werden einem selbst Vorwürfe oder Kritik entgegengebracht, ist es besser, auch da die Ruhe zu bewahren und nicht unbedingt gleich zu widersprechen. Das hindert in keiner Weise daran, im Anschluss die eigene Sicht darzulegen – möglichst ruhig und sachlich, wofür man ja mit seiner eigenen Haltung gute Voraussetzungen geschaffen hat. Auch in kontroversen Gesprächen ist damit Gelegenheit gegeben, konstruktiv mit den Konflikten umzugehen.

Ein weiterer Schritt hin zu einer gelingenden Kommunikation ist es, wenn man seine eigenen Beiträge in einer Weise einbringt, die ich als mitverantwortliches Fragen bezeichnen möchte. Dazu muss man sich im Klaren sein, was einen selbst interessiert, denn nur dann gelingt es, Offenheit und ehrliches Interesse zu vermitteln. Die eigenen Fragen sollten helfen, den anderen zu verstehen, nicht, ihn zu bewerten. Wichtig ist daher, ihn mit seinen Bedürfnissen wahrzunehmen. Im mitverantwortlichen Fragen geht es nicht um eine (sensationslüsterne) Neugierde. Mit dieser Haltung und einer entsprechenden Gesprächsführung können wir den anderen darin unterstützen, Klarheit über die eigene Situation zu erlangen. In meinen Beratungen und Workshops erlebe ich immer wieder, dass nicht das Finden neuer Kontakte das Problem ist, sondern oftmals wie man sie halten kann und wie man positiv und stimmig aufeinander zugehen kann. Wir üben gemeinsam das mitverantwortliche Fragen. Um es zu erlernen benötig es etwas Ausdauer. Doch es ist möglich und oft auch für das weitere Leben und Älterwerden sehr bereichernd.

Aber auch jenseits intensiver Gespräche gibt es Möglichkeiten, unser soziales Miteinander zu pflegen und zu gestalten, damit es erfolgreich wird und zu Zufriedenheit führt. Kleinigkeiten wie ein Lächeln, ein freundliches Wort drücken Aufgeschlossenheit und Wertschätzung aus. Wir können darauf achten, immer wieder schöne Momente zu gestalten oder uns an gemeinsam Erreichtes zu erinnern. Wie wir selbst, so befinden sich auch unsere Mitmenschen in einer ständigen Entwicklung. Dies können wir wahrnehmen und zugleich den anderen mit seinen Schwächen und Stärken annehmen.

Ausgeglichene Begegnungen – auch im Ruhestand
Unsere Begegnungen sollten mit Freude und Wohlgefühl gestaltet werden. Natürlich muss auch Platz für das Traurige sein. Es tut gut, wenn wir einen Freund oder eine Freundin haben, der wir uns anvertrauen können, wenn wir uns schlecht fühlen und uns etwas bedrückt. Allerdings sollten wir den anderen nicht dazu benutzen, ihm ständig etwas vorzujammern, denn das könnte ihn überfordern – schließlich kommen auch wir an unsere Grenzen, wenn manche Personen ständig ihre Last vor uns ausbreiten und die Beziehung sich um nichts anderes mehr zu drehen scheint. Nicht alle Probleme lassen sich in sozialen Beziehungen lösen oder leichter machen, mit manchem müssen wir selbst fertigwerden. Wir müssen eine Balance finden: In einer guten Beziehung stützt man sich gegenseitig, der eine darf den anderen aber nicht zum Lasttier machen. Missbrauchen wir also unsere Freundschaften nicht, denn dies werden sie auf Dauer nicht aushalten. Nutzen wir sie für konstruktive Problemlösungen, ohne sie zu überfrachten, und hüten wir

uns vor Einseitigkeiten, dann können sie auch wachsen und lange erhalten bleiben.

Und was hat das mit dem Ruhestand zu tun? Nun, jetzt haben wir Zeit, unsere Begegnungen zu intensivieren. Ergreifen wir also diese Chance, um auch im Alter weiter reifen zu können und uns auf unserem persönlichen (Beziehungs-)Weg voranzubringen.

Begegnungen können durchaus anstrengend sein. Da fragt man sich vielleicht: Warum tue ich mir das an? Der eine redet zu viel, der andere zu wenig, und bisweilen meint man einfach nur Unsinn zu hören. Manch einer ist zu laut, einer so leise, dass man ständig nachfragen muss. Ist es da nicht leichter, im späten Lebensabschnitt, wenn uns sowieso das ein oder andere zu anstrengend wird, auch mit unseren Begegnungen etwas sparsamer umzugehen?

Meiden wir jedoch Kontakte, weil sie uns mühselig erscheinen, droht die Gefahr, dass wir mit der Zeit immer einsamer werden. Wir sollten uns den Herausforderungen, die mit ihnen einhergehen, stellen. Denn der Mensch benötigt letztlich Verbundenheit mit anderen. Er ist ein soziales Wesen, auch wenn er sich nicht immer so verhält. Die Folgen mangelnder Kontakte konnten wir in den Corona-Jahren beobachten.

Kontakte zu unseren Mitmenschen sind für unsere psychische und physische Gesundheit von Bedeutung. Sozialpsychologen sagen, dass Menschen, die in Gruppen integriert sind, eine höhere Lebenszufriedenheit aufweisen und oft mit Stress besser umgehen können. Auch die Lebensdauer von Menschen mit starken sozialen Beziehungen scheint länger zu sein. Das soziale Wesen Mensch benötigt allein aus evolutionären Gründen den anderen. Gerade bei Älteren sind die sozialen Bande ganz wichtig; bestehen diese, haben sie oft eher ein heiteres Gemüt. Mit einer Gruppe identifiziert man sich, und in der Regel erhält man von ihr auch Unterstützung. Die psychische Widerstandskraft wird gestärkt: Gemeinsam sind wir stark. Zudem sind soziale Kontakte wichtig, weil wir dadurch unsere Konfliktfähigkeit trainieren. Wenn wir eine Zeit lang wenig Kontakt haben, verlernen wir ein Stück weit, mit den Konflikten umzugehen. Kritik weisen wir dann rasch von uns, ohne uns inhaltlich mit ihr auseinanderzusetzen. Im Umgang mit anderen hingegen lernen wir – auch im Alter – immer wieder aufs Neue, Konflikten nicht aus dem Weg zu gehen, sie aber auch nicht einseitig lösen zu wollen.

Denkanstoß

In welchen Gruppen befinden Sie sich aktuell? In welchen fühlen Sie sich wohl und erhalten Unterstützung? Welche Gruppen tun Ihnen vielleicht nicht so gut? Kann in den Gruppen durch Ihr eigenes Verhalten etwas verändert wer-

> den? Wie können Sie gut kommunizieren? Wie können Sie besser zuhören? Möchten Sie einen Kurs besuchen in dem Sie beispielsweise das Aktive Zuhören üben?
>
> Falls Ihnen etwas in Ihrer Gruppe fehlt, überlegen Sie, wo Sie weitere oder neue Kontakte finden können. Welche Gruppen spiegeln Ihre Interessen wider und wo können Sie sie möglicherweise finden? Denken Sie auch an Volkshochschulkurse oder Vereine, in denen Sie mit Gleichgesinnten zusammenkommen können.

Zwischen Nähe und Weite: Die Kunst, seine sozialen Beziehungen zu gestalten

Die sozialen Kontakte im Alter zu gestalten ist ein Balanceakt zwischen Nähe und Distanz. Dabei wird diese Auswahl individuell ganz verschieden gehandhabt. Auf der einen Seite kann eine bewusste Beschränkung auf nahe Beziehungen erfolgen. Die Theorie besagt hier, dass wir, indem wir uns auf tiefe und bedeutsame Beziehungen konzentrieren, unser emotionales Wohlbefinden steigern und das Beste aus unserer verbleibenden Zeit machen. Diese Beziehungen bieten uns emotionalen Rückhalt, Verständnis und eine tiefe Verbundenheit, die für die menschliche Erfahrung essenziell sind. Auf der anderen Seite bedeutet das Streben nach Qualität in sozialen Beziehungen aber nicht zwangsläufig, dass wir lose Kontakte gleich ganz vermeiden müssten. Auch diese weniger intensiven Beziehungen, wie Bekanntschaften oder gelegentliche Gesprächspartner, haben ihren Wert. Sie können uns mit unterschiedlichen Perspektiven bereichern, soziale und kognitive Anregungen bieten und damit unsere Welt erweitern. Sie tragen zur sozialen Integration bei und können überraschende Quellen der Freude und des neuen Lernens sein.

Die Unterscheidung zwischen Nähe und Distanz ist somit eine höchst persönliche Entscheidung, die von den individuellen Bedürfnissen, Erfahrungen und dem momentanen Lebenskontext eines jeden Menschen abhängt. Einige mögen eher die Intensität enger Bindungen suchen, während andere die Vielfalt und Leichtigkeit oberflächlicherer Beziehungen schätzen. Beides hat seine Berechtigung und kann durchaus nebeneinander existieren, um ein reiches und erfülltes soziales Leben zu gestalten. Letztendlich geht es darum, ein Gleichgewicht zu finden, das unserem inneren Bedürfnis nach Zugehörigkeit, Abwechslung und persönlichem Wachstum entspricht. Die Fähigkeit, zwischen Nähe und Distanz zu differenzieren und soziale Kontakte entsprechend zu selektieren, ist eine Form der Weisheit, die das Leben im Alter bereichern kann. Es erlaubt uns, unseren sozialen Kreis so zu gestalten, dass er uns Freude, Unterstützung und Anregung bietet – ganz nach unseren persönlichen Präferenzen und Bedürfnissen.

Zwischen Alleinsein und Einsamkeit

Ein Risiko im Älterwerden ist die Einsamkeit. Das zeigt sich dann, wenn Partner, Freunde, Nachbarn sterben und wir „übrig" bleiben; wenn Kinder weit weg wohnen und ihr eigenes Leben führen; wenn wir durch körperliche Einschränkungen nicht mehr mobil genug sind, um so aktiv am gesellschaftlichen Leben teilzunehmen, wie wir dies wollen.

Manche verdrängen den Gedanken, jemanden in ihrer Nähe verlieren zu können. Es ist verständlich, wenn viele nicht daran denken wollen, dass ein ihnen nahestehender Mensch sterben könnte. Tatsächlich ist eine solche Vorstellung wie ein bleierner Mantel, der sich um uns legt. Was wir aber tun können, ist frühzeitig, Tätigkeiten und Aufgaben zu wählen, in denen wir gute soziale Kontakte finden. Wir können uns also fragen: Welche Hobbys und Kontakte kann ich jetzt schon aufbauen, die von Dauer sind und auch dann Bestand haben, wenn ich eingeschränkt bin? Was kann ich noch gemeinsam mit anderen unternehmen, wenn ich nicht mehr so mobil bin und nicht mehr überall hinkomme? Wie kann ich meinem liebgewonnenen Hobby, wie meinen Interessen nachgehen, sodass ich auf andere Weise Erfüllung finde und Menschen begegne? Und wie kann ich mein Alleinsein konstruktiv pflegen und langfristig stärken, selbst wenn ich nicht mehr so fit bin? Klappt es mit dem Gärtnern nicht mehr so wie früher, sind Zimmerpflanzen vielleicht eine Alternative, oder man besorgt sich ein Buch über die Lieblingsblumen, um es durchzublättern und schöne Erinnerungen wiederaufleben zu lassen. Sich im Voraus solche Gedanken zu machen und das liebgewonnene Hobby zu erweitern, vielleicht schon andere Zugänge ins Auge zu fassen, kann eine Erleichterung sein, denn wir haben dann das Gefühl, ein Stück weit gewappnet zu sein.

Manche Ältere fühlen sich isoliert und traurig und haben nur noch wenige soziale Beziehungen, obwohl sie sich danach sehnen. Ist das der Fall, können sie sich fragen, welche Möglichkeiten es gibt, mit anderen Kontakt zu knüpfen und an etwas Gemeinsamem mitzuwirken. Für Menschen, die nicht mehr so mobil sind und sich einsam fühlen, gibt es Besuchsdienste. Bisweilen braucht es Mut, solche Angebote anzunehmen oder sich selbst aktiv einzubringen, und dies umso mehr, je länger die Einsamkeit schon anhält. Aber es gibt viele Wege und Angebote. Sie zu erkennen und dann auch den ersten Schritt zu wagen ist oftmals nicht leicht, doch möglich. Oft wird man feststellen, dass die Scheu, die einen zunächst gehemmt hat, unnötig war, ja dass manch andere selbst wiederum nur darauf warten, bis man den ersten Schritt tut.

Allerdings muss es nicht Einsamkeit bedeuten, hin und wieder auch einmal allein zu sein. Vielleicht gibt es sogar Momente, in denen man sich gerade allein am wohlsten fühlt. So wie die Freundschaft mit anderen kann man auch Selbstfreundschaft (vgl. Abschn. 7.2.8) pflegen. Alleinsein und Einsamkeit sind nicht dasselbe, wir sollten jedoch aufpassen, dass sie nicht zusammenfallen. Das heißt, wir müssen uns bewegen, wenn wir das Gefühl haben, das Alleinsein wirkt sich nachteilig aus oder nimmt überhand. Unsere Gesellschaft hält glücklicherweise viele Angebote für die Älteren bereit. All dies kann man schon früh in den Blick nehmen, denn wenn sich erst einmal feste Muster des Alleinseins herausgebildet haben, fällt es schwerer, sie zu durchbrechen. Gleichzeitig ist die Gesellschaft gefordert an die Menschen zu denken, die aus eigener Kraft heraus, nicht mehr aus der Einsamkeit finden.

Für noch mobile Menschen gibt es im Ruhestand viele tolle Möglichkeiten, neue Kontakte zu finden. Das Ehrenamt, die Vereinstätigkeit und anderes, von dem schon die Rede war, bieten hier großartige Gelegenheiten. Vielleicht wollen Sie einen Kurs oder Workshop besuchen, um etwas Neues zu lernen oder ein altes Hobby wieder aufzunehmen. Vielleicht ist ein Sportverein oder ein Fitnessstudio das Richtige, wenn sie gleichzeitig körperlich aktiv bleiben und neue Leute kennenlernen wollen. Oder Sie unternehmen eine Reise – es gibt inzwischen viele Angebote, die sich gerade an ältere Menschen richten. Und auch die neuen Medien lassen sich nutzen – warum sollte man das der Jugend überlassen? Das Internet kann dabei helfen, neue Freunde zu finden. Spezielle Webseiten und Foren für Senioren ermöglichen es auf einfache Weise, sich mit anderen auszutauschen und neue Kontakte zu knüpfen. Lesen Sie gerne, ist ein Buchclub oder ein Literaturkreis das Richtige; hier gehen dann leicht soziale Beziehungen und geistige Regsamkeit Hand in Hand. Lokale Veranstaltungen, Feste oder Märkte schaffen Raum für zwanglose Begegnungen, die sich dann vielleicht auch darüber hinaus pflegen lassen. Vielleicht gibt es in Ihrer Nähe auch junge Geflüchtete, die schon ein wenig Deutsch sprechen und sich neben ihren Sprachkursen über zusätzliche deutschsprachige Kontakte freuen. Wenn die Chemie stimmt, kann sich hier ein beiderseitiger Nutzen ergeben.

In meinen Beratungen begegne ich immer wieder Menschen, die schüchtern sind und sich nach neuen Kontakten sehnen. Gemeinsam finden wir Wege, wie sie durch ihre Hobbys und Interessen behutsam neue Bekanntschaften knüpfen können. Gruppenaktivitäten oder Kurse sind oft ein guter Einstieg. Kleine Schritte und die Stärkung des Selbstvertrauens stehen im Vordergrund, wobei wir kommunikative Fähigkeiten wie aktives Zuhören und offene Fragen üben. Ziel ist es, durch realistische kleine Schritte und positive Erfahrungen ein erfülltes soziales Leben im Ruhestand aufzubauen, das Selbstvertrauen zu stärken und persönliche Grenzen sanft zu erweitern.

Welchen Menschen wir auch immer begegnen, denken wir daran, offen und freundlich zu sein. Zeigen wir Interesse an denen, die wir treffen, und haben wir keine Angst, ein Gespräch zu beginnen: Jedes neue Gesicht könnte der Beginn einer wertvollen Begegnung sein.

> **Denkanstoß**
>
> Wie pflegen Sie Ihre sozialen Kontakte? Sind Sie eher ein schüchterner Typ, der nicht so einfach auf andere zugehen kann? Was brauchen Sie, um mehr Mut zu bekommen und Ihre eigene Teilhabe zu unterstützen? Welches Thema würde Sie interessieren und wo könnten Sie auf Gleichgesinnte stoßen? Anregungen finden sich bei verschiedenen Einrichtungen und Institutionen für das Älterwerden.

9.2 Die Vielfalt der Menschen als Bereicherung erleben

Die Heterogenität in unserer modernen Welt ist deutlich gewachsen; ja, sie scheint ein Kennzeichen unserer Zeit zu sein. Es ist wichtig, Vielfalt nicht als Bedrohung, sondern als Bereicherung zu sehen. Sie mag Begegnungen komplizierter gestalten, bietet jedoch, bei gebotener Offenheit, unzählige Möglichkeiten. Es lohnt sich, einige dieser Gelegenheiten zu ergreifen, um soziale Beziehungen auch im Alter zu pflegen.

Wie steht es mit Ihren Begegnungen mit Menschen aus einer anderen Kultur, eines anderen Alters, eines anderen Geschlechts, kurz mit Menschen, die irgendwie anders sind als Sie? Das Leben mit Vielfalt (Diversität) ist ein Thema, das wir nicht nur in vielen Medien finden, das unsere Gesellschaft nicht nur prägt, sondern das auch ganz grundlegend als wichtiger Aspekt unseres menschlichen Zusammenlebens gesehen und gefördert werden muss. Doch welche Haltung benötigen wir hierbei? Fühlen wir uns anderen gegenüber nicht manchmal überlegen? Oder macht uns das Andere – nennen wir es einmal so – Angst? Ist diese Angst unbegründet, und wenn sie es ist, ist sie dann verwerflich? Was können wir tun, um Offenheit für „das Andere" zu üben und schließlich auch in unserem Alltag zu leben?

Eines dürfte gewiss sein: Unsere Gesellschaft ist in den letzten Jahren noch einmal deutlich vielfältiger geworden, und angesichts der allgemeinen globalen Tendenzen wie auch der Entwicklungen in Deutschland wird dies weiter anhalten. Auch die zunehmende Individualisierung, also die Möglichkeit, sich selbst in verschiedenste Richtungen zu verwirklichen, trägt hierzu bei. Wir müssen nicht mit jedem gut Freund sein, aber es wird darum gehen, dass wir verschiedene Werte, Handlungen und Lebensformen respektieren und wertschätzend anderen Menschen gegenübertreten. Wichtig dazu ist eine entsprechende Grundhaltung. Verständnis gewinnen wir ganz besonders über Kontakte. Die mögen bisweilen anstrengend sein, sie lassen sich aber grundsätzlich gestalten. Und je mehr wir über diejenigen wissen, mit denen wir in Kontakt stehen oder noch in Kontakt kommen werden, desto besser.

Schließlich verabschieden wir uns nicht aus der Gesellschaft, wenn wir in den Ruhestand gehen. Wie also mit der Vielfalt umgehen? Jeder sollte sich im Klaren sein, dass die Menschen ganz unterschiedlich sind, und jeder sollte darauf achten, offen zu bleiben. Dies betrifft gerade auch Ältere. Was denken wir heute und zukünftig über die Jüngeren, was über Migranten und ausländische Mitbürger? Auf viele werden wir eines Tages wahrscheinlich selbst angewiesen sein – denken wir nur an die Pflege. Wenn wir Hilfe von einem Menschen annehmen, kann das am besten gelingen, wenn wir uns auf ihn einlassen, ihn respektieren und wertschätzen. Angesichts des Pflegenotstands gibt es längst Überlegungen, verstärkt Menschen aus unterschiedlichen Ländern und Kulturen hier einzusetzen. Sie sind eine Bereicherung, und wir werden ihnen danken, wenn wir unmittelbar auf ihre Hilfe angewiesen sein werden. Wir zukünftigen Alten sind daher gut beraten, uns mit anderen Kulturen auseinanderzusetzen und eine innere Haltung zu entwickeln, die Vielfalt nicht nur hinnimmt, sondern begrüßt.

Hilfreich ist es, dabei nicht nur Unterschiede zu sehen, die nebeneinander bestehen und sich auch immer wieder ergänzen können, sondern auch die vielen Gemeinsamkeiten zu entdecken. Lassen wir uns darauf ein, werden wir vieles bemerken, das uns Menschen auch fremder Herkunft ganz nahe sein lässt – unabhängig von Religion, sozialer und kultureller Prägung oder Weltanschauung. Die Anerkennung von Vielfalt ist ein wichtiger Schritt hin zur Gleichbehandlung der unterschiedlichen Menschen. Eine ablehnende, diskriminierende Haltung anhand dieser oder jener Merkmale verhindert hingegen, dass die Menschen ihre Potenziale entfalten können. Wie kann das vielfältige Zusammenleben aus der Sicht des Alters gelingen? Wir sollten bei allen Beziehungen, in denen wir Vielfalt erleben, stärker auf das Gemeinsame schauen. Wir müssen uns unserer Vorurteile bewusst sein und deren Einfluss auf unsere Kontakte überprüfen. Unsere Handlungen und Worte anderen Menschen gegenüber sollten sich nicht durch Vorurteile, sondern durch Respekt und Wertschätzung auszeichnen. Jeder von uns hat Vorurteile; umso wichtiger ist es aber, sich ihrer bewusst zu werden, an ihnen zu arbeiten, sich nicht unreflektiert von ihnen leiten zu lassen. Ebenso kann es angebracht sein, andere auf deren Vorurteile hinzuweisen. Pauschalurteile sind problematisch, da dabei rasch einer ganzen Gruppe zugeschrieben wird, was oft nur auf Einzelne zutrifft. Wir sollten beim Sprechen darauf achten und versuchen, uns möglichst differenziert auszudrücken – wir, die ganz unterschiedlichen Alten.

Dass Vielfalt auch anstrengend sein kann und ganz bestimmt nicht immer einfach ist, versteht sich von selbst. Sicher ist aber auch, dass wir durch sie vieles lernen können. Nicht nur erweitert sich so unser Horizont, auch das eigene Sozialverhalten kann gefördert werden. Wenn ich mich auf andere in ihrem Anderssein einlassen muss und auch dazu bereit bin, dann bedeutet das, dass ich mich hier und da zurücknehme. Wichtig ist es, im Gespräch zu bleiben und unsere Kommunikation sinnstiftend und sozial zu führen. Wenn wir uns beispielsweise im Älterwerden mit anderen Kulturen beschäftigen und unsere Offenheit pflegen, haben wir die Chance, weise zu werden. Weisheit bedeutet, eine größere Lebenseinsicht zu gewinnen und sie mit unserer Lebenserfahrung zu verbinden. Und genau hier sehe ich für uns neue Alte ein besonders sinnvolles Tun – sinnvoll für uns selbst, sinnvoll aber auch für die Gesellschaft. Im Grunde bringen wir so ja die besten Voraussetzungen mit, dass ein reifes Miteinander gelingen kann.

> **Denkanstoß**
>
> Fragen Sie sich einmal: Welche Vorurteile beobachte ich bei mir selbst oder bei anderen über jüngere Menschen? Und welche Vorurteile habe ich gegenüber älteren Menschen? Achten Sie aber nicht ausschließlich auf die Unterschiede und fragen Sie auch: Welche Gemeinsamkeiten beobachte ich zwischen mir und den jüngeren Menschen, denen ich begegne? Und welche mit Blick auf die älteren? Und wie sieht es mit anderen Gruppen aus: mit Migranten, Männern, Frauen, Arbeitslosen etc.?

9.3 Liebe und Familie im Fokus

Partnerschaft
Das (Er-)Leben der Partnerschaft gehört in meinen Ruhestand-Seminaren immer wieder zu den größeren Fragezeichen. Oftmals werden Bedenken geäußert, wie das nun werden soll, wenn beide Partner den ganzen Tag über gemeinsam zu Hause sind. Gehen sie oder zumindest einer der beiden einem Beruf nach, so sind sie zeitweise getrennt, lebt jeder ein Stück weit sein eigenes Leben. Manche Paare sind sich dabei fremd geworden. Was weiß man wirklich noch von dem anderen? Manche wiederum freuen sich

regelrecht auf die Chance, die Beziehung neu zu gestalten und zu erweitern. Jetzt endlich kann man mehr Zeit miteinander verbringen. Jetzt endlich muss man die Gespräche am Frühstückstisch nicht vorzeitig beenden.

Manche Paare haben sehr unterschiedliche Bedürfnisse, was Nähe und Distanz angeht. Während der eine Partner sich darauf freut, mit dem anderen nun besonders viel Zeit zu verbringen, fühlt dieser sich vielleicht schon nach kurzer Zeit bedrängt und eingeengt. Auch wenn es hier Unterschiede gibt, dürfen wir nicht vergessen, dass Partnerschaft für das Wohlbefinden der meisten jungen und alten Menschen und damit fast das ganze Leben hindurch von besonderer Bedeutung ist. Je länger wir zusammenleben, unser Zuhause, dass Bett, die Familie und die Freunde miteinander teilen, das Geld miteinander verwalten, gemeinsam an einem Tisch sitzen, unseren Alltag miteinander absprechen etc., desto mehr wird der andere Teil unseres Lebens, ja Teil unserer Identität. Das trifft oft auch dann zu, wenn es nicht so gut zu klappen scheint – auch Eheleute, die häufig und immer wieder streiten, haben sich oft so sehr aneinander gewöhnt, dass sie zumindest im hohen Alter kaum noch eine Trennung wagen und weiterhin durch dick und dünn gehen.

Ganz besonders im Ruhestand nimmt die Partnerschaft einen wichtigen Stellenwert ein. Wie die Liebe und Zuneigung füreinander gelebt wird in gemeinsamen Aktivitäten, aber auch im Hinblick auf Freundschaften oder im Älterwerden, das ist in der Regel für beide Seiten eine Herausforderung. Paare, die schon lange zusammen sind, haben meist das Glück, dass sie sich in vielen Bereichen des Alltags bereits gut kennen. Sie wissen von den Vorzügen des anderen ebenso wie von seinen Fehlern und haben im Laufe der Zeit gelernt, damit umzugehen. Das macht es oft leichter, den anderen so zu nehmen, wie er bzw. sie nun einmal ist.

Manche nehmen sich vor, die eigene Partnerschaft, bei der sich eine gewisse Unzufriedenheit eingestellt hat, in ihrem Ruhestand ‚in Ordnung' zu bringen. Es ist sicherlich nicht falsch, die eigene Beziehung und das Zusammenleben zum Positiven zu verändern, es neu, besser zu gestalten (wenngleich man damit nun aber nicht gerade bis zum Ruhestand warten sollte). Allerdings bestehen hier bisweilen auch falsche Bilder. Romantische Vorstellungen von Liebe und Partnerschaft, die allein in dieser das einzige Glück sehen und alles andere als vernachlässigbar betrachten, dürften meist etwas danebenliegen. Eine wirklich vollkommene Partnerschaft gibt es wahrscheinlich nicht. Das liegt daran, dass auch sie eine soziale Beziehung ist und damit gewissen Veränderungen unterliegt. Zudem mag sie für die meisten die wichtigste Beziehung sein, sie ist aber kaum die einzige in unserem Leben. Wir suchen Heil in unserer Partnerschaft. Dabei müssen wir aber aufpassen, dass wir sie nicht überfordern. Manchmal wird es auch einfach darum gehen, eine bestimmte Situation gemeinsam auszuhalten. Das vermag dann wiederum größere Gefühle befördern, etwa das bewusste gegenseitige Vertrauen, oder das Wissen, ein eingespieltes Team zu sein, sich aufeinander verlassen zu können, den Anderen als Menschen zu schätzen etc.

Paarbeziehungen sind auch nicht einförmig. Sie können Unterschiedliches sein oder zumindest unterschiedlich ausgeprägt sein. Manche Paare sind Liebespaare, manche Ehepaare, manche Eltern ihrer gemeinsamen Kinder. Im Laufe der Zeit sind viele Paare all dies oder zumindest nicht nur das eine. Und darin spiegelt sich die Veränderung, anders gesagt vielleicht aber auch die Anreicherung unserer Beziehung wider. Die Liebesbeziehung ist vom Entdecken, von sicherlich auch erotischer Leidenschaft geprägt, die Elternschaft von gemeinsamer Verantwortung, die anhaltende Ehebeziehung von einem vertrauten Miteinander im Fluss der Zeit.

Gerade bei Letzterem, als Ehepaar, sollten wir aber auch gelegentlich die eigene Komfortzone verlassen und die stillschweigenden Arrangements, vielleicht auch die faulen Kompromisse als Anlass nehmen, die Beziehung wieder so auszurichten, dass eine wahrhafte Begegnung mit dem Partner wieder möglich ist. Oftmals ist der Partner nicht die Ursache, sondern nur der Auslöser unserer Probleme. Wenn wir bereit sind, uns damit zu beschäftigen, können wir mit unserem Partner auch neue Durchbrüche erleben. Das bedeutet eine sich vertiefende Liebe und für uns selbst eine neue Freiheit und erweiterte Kräfte. Partnerschaft heißt Anstrengung, Mühe und Üben. Wenn beide Seiten dazu bereit sind, kann eine Paarbeziehung zu einem Abenteuer werden – auch im Ruhestand.

Beziehungen wollen gestaltet werden; sie ergeben sich nicht von alleine. Das gilt auch für die Partnerschaft. Lange Liebe kann gerade auch dann erfahren werden, wenn wir sie als Arbeit, Ausdauer und Disziplin verstehen. So gesehen lässt sich die Ernte dann im Ruhestand einfahren. Mit Blick auf unseren Partner ist es eine wichtige Erkenntnis, dass niemand vollkommen ist. Eigentlich eine Selbstverständlichkeit, und doch müssen wir uns das immer wieder bewusst machen. Vergessen wir es, kann Wut und Enttäuschung entstehen und mit der Zeit in Verbitterung umschlagen. Es ist daher wichtig, immer wieder nach den liebenswerten Seiten in dem Menschen zu suchen, mit dem wir zusammenleben. Richten wir dann bewusst unsere Beziehungsaufmerksamkeit, unsere emotionale Anknüpfung darauf, lässt dies unsere Beziehung an Tiefe gewinnen. Die Auseinandersetzung mit Problemen führt wiederum stets auch zu Chancen, das Gemeinsame wachsen zu lassen. Was für viele Bereiche unseres Lebens gilt, trifft auch auf unsere Partnerschaft zu. Auch hier steckt in jeder Krise eine gewisse Chance. Wir sollten uns dann fragen: Was kann ich dem anderen geben, was ich vielleicht noch nicht gegeben habe?

An dem Tag, an dem wir innerlich Ja zu unserem Partner gesagt haben und uns eine lange gemeinsame Zeit miteinander vorstellen konnten, vielleicht zusammengezogen sind oder sogar geheiratet haben, haben wir uns bewusst dem anderen gegenüber verpflichtet. Wir haben zugesagt, mit ihm gemeinsam den Weg zu gehen, auch wenn schlechte Zeiten kommen, auch wenn es zwischen uns einmal kriseln sollte. Vertrauen haben wir zugesichert. Damit haben wir unsere Beziehung – zumindest damals – zu einer Lebensaufgabe gemacht. Eine Aufgabe, die Arbeit bedeutet, die sich entwickeln und so zu einer Fülle des Lebens werden kann. Wir haben Hoffnung geweckt und Mut gemacht, es gemeinsam über eine möglichst lange Zeit zu schaffen. Geduld und Beharrlichkeit haben wir versprochen. Kommt es dann später zu Enttäuschungen, die nicht schnell vergehen wollen oder sich wiederholen, neigen wir dazu, dem Partner die Schuld zu geben, und sehen manchmal nur noch in einer Trennung eine Lösung.

Eine solche Phase gibt es in vielen Beziehungen. Sie müssen aber nicht daran scheitern. Vielen Paaren gelingt es, weiterzumachen und genau darin Sinn zu finden. Vielleicht entschließt sich sogar nur einer der beiden Partner dazu und schlägt diesen Weg ein. Irgendwann fühlt der andere aber die Veränderung und öffnet sich möglicherweise dieser Form der Beziehungsarbeit, und sei es nur in kleinen Schritten. Rollen, die in der Partnerschaft eingenommen wurden und sich verstetigt haben, können hier für Schwierigkeiten sorgen. Manchmal stehen sie am Beginn der Krise, sie können sich aber auch ändern. Nicht zuletzt im Ruhestand ist dies immer wieder der Fall. Vielleicht bringt dies neue Probleme mit sich, vielleicht liegt hierin aber bereits der Weg, die Beziehung auf ein neues Fundament zu stellen.

Viele von uns möchten gerne konsequenter an ihrer Beziehung arbeiten, aber nach all den Jahren ist oftmals eine gewisse Müdigkeit eingetreten. Letztendlich machen dann doch viele weiter, weil die Trennung noch mehr Kraft kosten würde, weil der Mut fehlt oder weil die Furcht vor den Schmerzen einer Trennung größer ist. Keine Beziehungsarbeit, keine Trennung – so reden und leben manche Jahr für Jahr aneinander vorbei. Der Beginn des Ruhestandes kann hier bewusst machen, dass die Chance für eine neue Verbindung besteht. Nun ist Zeit und Muße, all das, was man bisher gemeinsam geschafft hat, anzuschauen und den anderen neu zu entdecken. Was sind dessen Wünsche, Bedürfnisse? An welcher Stelle fühlt er sich schnell von mir verletzt? Was steckt dahinter? Welche Worte tun ihm gut? Auch sollte sich jeder fragen, welches Idealbild er von einer Partnerschaft hat, was er sich von einer perfekten Beziehung verspricht und wieso ihn dies möglicherweise zu manchem Irrtum verleitet oder zu hohe Erwartungen schürt. Was vermissen wir in unserer Partnerschaft und was sagt das über uns aus? Welches Bedürfnis steckt dahinter?

Vielleicht gelingt es uns, etwas weniger schnell zu urteilen oder unsere Urteile näher zu prüfen. Auch hier sind es oft Muster, die sich eingeschlichen haben und uns in ihren Bahnen halten. Gelingt es, sie zu durchbrechen, ist uns auch wieder ein anderer Blick auf den Partner möglich. Wir können ihn mit seinen Stärken und Schwächen sehen, so wie wir auch uns mit unseren Stärken und Schwächen wahrnehmen sollten. Dadurch mag sich manches Urteil relativieren, und es fällt leichter, ja drängt sich möglicherweise sogar auf, auch wieder einmal das eine oder andere zu verzeihen und nicht auf das Beziehungskonto einzahlen zu lassen. Was genießen wir mit unserem Partner, was gibt uns Freude, was Kraft – gemeinsam, aber auch jedem für sich? Das können viele Dinge sein, Kleinigkeiten, aber auch das, was unser Leben prägt. Muss es die perfekte Partnerschaft sein oder doch eher eine, die Raum hat, sich zu entwickeln, in der es kleine Unvollkommenheiten gibt, in der wir aber Reife und Ruhe finden können? Ist es das Letztere, dann eröffnet dies große Chancen gerade im Ruhestand.

Wollen Sie Ihre Partnerschaft auch im Rentnerdasein gelingen lassen, versuchen sie all dies mit Gelassenheit zu überdenken und es in den kleinen Dingen Stück für Stück umzusetzen. Es mag banal klingen, und doch ist im vom Berufsleben geprägten Alltag oftmals verloren gegangen, das es unsere Beziehung reicher und besser macht, wenn wir für den anderen nette Worte haben, wenn wir ihn hin und wieder überraschen oder ihm kleine Aufmerksamkeiten zukommen lassen, wenn wir hier und da uns gegenseitig helfen, wenn wir gemeinsam aktiv sind und Erfolg haben, wenn unsere Rituale solche der Gemeinsamkeit werden – kurz, wenn wir unsere Beziehung aufmerksam pflegen, dabei verantwortlich handeln und uns wechselseitig auch ausreichend Freiraum lassen.

Chance im körperlichen Miteinander
Laut Studien werden Aspekte wie Vertrauen, Geborgenheit und Zuverlässigkeit in einer Partnerschaft, im Laufe der Jahre wichtiger als Sexualität. Bereits in meinem Buch „Gutes Leben und Arbeiten in der zweiten Lebenshälfte" habe ich darauf hingewiesen. Gleichzeitig erlebe ich in meinen Seminaren, dass körperliches Miteinander und Sexualität auch in der späteren Lebensphase durchaus ein Thema sind.

Ein Klischee ist es, dass körperliche Liebe eine Sache der jungen Jahre ist und später keine Rolle mehr spielt. Tatsächlich braucht es aber für so etwas wie „sexuelle Weisheit" Erfahrung und gerade in der Partnerschaft eine intime Vertrautheit, die mit den Jahren wächst. Sexualität hängt stark mit dem Gehirn, Wissen und guter Kommunikation zusammen. Sie muss vom Respekt gegenüber dem jeweils anderen geprägt sein. Gerade so ist sie dann auch im Alter bereichernd und eben keineswegs auf die Jugend beschränkt. Die jeweilige Individualität spielt eine große Rolle, die man an sich und am anderen entdecken muss. Auch Offenheit ist wichtig, damit es zu einem respektvollen Miteinander kommen kann. Eine erfüllte Sexualität, die auch gerade ein Bestandteil der späten Lebensphase sein kann, hat keinen Raum für rücksichtslosen Egoismus. Auch hier zeigt sich somit das Spiel von Selbst- und Mitverantwortung.

Die schönsten und intensivsten Momente sind für viele Menschen, wenn sie einem anderen ganz nah begegnen dürfen und dieser das genauso zurückgibt. Dennoch gibt es gerade an dieser Stelle immer wieder Mangel und Leid, finden sich hier Bedürfnisse, die nicht gestillt werden. In jeder Partnerschaft entstehen Konflikte. Im Älterwerden können sich sowohl Freude als auch Mangel verstärken. Ist die Sexualität und erotische Liebe bisher erfüllend gewesen, kann dies im Älterwerden noch intensiviert werden, indem sich zwei Menschen in der Partnerschaft immer besser kennenlernen und nicht nur die eigenen Bedürfnisse mitteilen, sondern auch die des anderen wahrnehmen und stillen können. Mit Blick auf die erotische Liebe können sich jedoch im Laufe einer Beziehung auch Mangel und Konflikte intensivieren. Aber müssen Bedürfnisse dann unerfüllt bleiben, oder können sie sich ändern?

Auch in der erotischen Liebe geht es darum, dass wir lieben und geliebt werden wollen. Die Menschen sind hier unterschiedlich; der eine hat mehr, der andere weniger Bedürfnisse. Die körperliche Liebe kann als Ausdruck dessen verstanden werden, lieben und geliebt werden zu wollen. Diesen Ausdruck können wir aber auch unabhängig von der Sexualität leben. Es ist gewiss nicht leicht, sich den Unterschied bewusst zu machen, zumal sich die körperlichen Regungen immer wieder zeigen. Probleme in der Partnerschaft – und das beschränkt sich keineswegs auf die spätere Lebensphase – hängen häufig mit den verschiedenen Wünschen rund um die Berührung zusammen. Nehmen wir die Studien beim Wort und machen uns bewusst, dass die Zufriedenheit in einer Paarbeziehung langfristig auf gegenseitiger Verantwortung, Fürsorge, Vertrauen, Wertschätzung und gemeinsamen Interessen basiert, so wird vielleicht auch ersichtlich, dass wir einen Weg für neue Berührung leben können. Berührung, das haben wir jüngst in der Corona-Zeit mit seinem schwierigen „Social Distancing" oft schmerzhaft erleben müssen, ist für uns Menschen meistens sehr wichtig. Es gilt ja auch als erwiesen, dass bereits eine Umarmung von 20 bis 30 s das Immunsystem stärkt und das Wohlbefinden steigert.

In der Philosophie Platons findet sich eine tiefe Wertschätzung für die Formen der Liebe und Intimität, die sich jenseits der physischen Anziehung entfalten. Gerade im Alter, wenn die körperliche Erscheinung den unvermeidlichen Veränderungen der Zeit unterliegt, öffnet sich ein Raum für eine besondere Art der Verbindung zwischen Partnern. Diese Verbindung, die Platon vielleicht als Annäherung an die Idee der „reinen Liebe" beschrieben hätte, zeichnet sich durch eine tiefe seelische und emotionale Nähe aus. Es ist eine Form der Liebe, die die äußerlichen Veränderungen transzendiert und sich auf das wahre Wesen des anderen konzentriert – auf das Schöne und Gute, das in jeder Person zu finden ist.

Diese tiefe Form der Intimität im Alter ist etwas wahrhaft Besonderes in der Partnerschaft. Sie beruht auf der Bereitschaft, sich dem anderen mit einem Körper zu zeigen, der die Geschichten und Erfahrungen eines ganzen Lebens trägt. Diese Offenheit und das Teilen der eigenen Verletzlichkeit setzen ein außergewöhnliches Maß an Vertrauen und eine starke emotionale Bindung voraus. Es geht dabei nicht vorrangig um körperliche Anziehung, sondern um die Akzeptanz und Wertschätzung des anderen in seiner Gesamtheit. Die Spuren des Alterns werden nicht als Makel gesehen, sondern als Zeichen eines gemeinsam gelebten Lebens, das Schönheit in all seinen Phasen birgt. In diesem Sinne wird die Intimität im Alter zu einem kraftvollen Ausdruck der Liebe – einer Liebe, die nicht nur die Jugend und ihre äußerlichen Merkmale umarmt, sondern auch die Reife, die Weisheit und die Schönheit, die das Altern mit sich bringt.

Kontakt zu Kindern und Enkeln
Eine im Ruhestand häufig gelebte Beziehung über die Generationen hinweg ist die zu den eigenen Kindern und Enkeln. Auch wenn sie sich im Laufe der Jahre verändert hat, da die Kinder oft nicht mehr in der gleichen Stadt wohnen, gehört sie doch zu den Beziehungen, die ungeachtet der räumlichen Distanz am intensivsten gelebt werden. Ohnehin ist tatsächlich nur jedes fünfte Enkelkind in Deutschland mehr als eine Stunde Fahrt von seinen Großeltern entfernt. Darüber hinaus spielen die älteren Generationen oft eine ausgleichende Rolle in der Familie. Wenn Eltern streng sind, sind Großeltern oft nachsichtiger; umgekehrt neigen Großeltern dazu, disziplinierender zu sein, wenn die Eltern eine Laissez-faire-Haltung an den Tag legen. In vielem aber stimmen die verschiedenen Generationen grundlegend überein. Möchten die Eltern ihre Kinder gesundheitsbewusst ernähren, tragen die Großeltern solche Werte häufig mit. Viele Großeltern sehen ihre Rolle darin, für ihre Enkel da zu sein, ohne sich in die Erziehung einzumischen. Viele Kinder wiederum sehen ihre Großeltern als Vorbilder und stre-

ben danach, im Alter wie sie zu sein. Oftmals rangieren Oma und Opa auf der Vorbilderliste der Kinder gleich nach den Eltern.

Positiv ist auch, wenn Enkelkinder das Älterwerden ihrer Großeltern miterleben können. Durch diesen Prozess verstehen sie besser, was der Lebenszyklus bedeutet und wie das Altern unausweichlich ist. Dieses Wissen hilft ihnen dabei, zu begreifen, dass Veränderungen zum Leben gehören und dass diese akzeptiert werden müssen. Wenn Kinder ihre Großeltern altern sehen, können sie älteren Menschen gegenüber Empathie lernen und Respekt zeigen. Sie passen beim Spaziergang ihr Tempo den langsameren Schritten der Älteren an, sie hören zu und versuchen, die Worte, Gedanken und Interessen der Älteren auch dann zu verstehen, wenn kognitive Verluste beobachtet werden. Sie lernen Empathie, besonders wenn geliebte Familienmitglieder, die immer für sie da waren, selbst Hilfe brauchen. Sie schämen sich nicht für Ihre Großeltern und deren Alter, sondern entwickeln ein Verständnis für die Herausforderungen und Schwierigkeiten, die das Älterwerden mit sich bringt. So lernen sie auf ihre Weise in jungen Jahren, mit dem Altern umzugehen – und mag es auch in der hier erfahrenen Form noch weit in der Zukunft liegen.

Großeltern können eine Quelle der Weisheit sein und ihren Enkeln viel beibringen. Sie erzählen Familiengeschichten, vermitteln Traditionen, Lebensfähigkeiten und Werte. Dies hilft den Kindern, ihre Familienkultur und -geschichte besser zu verstehen und zu schätzen. Sie können von der Lebenserfahrung der Großeltern lernen. Schließlich stärkt das Miterleben von deren Älterwerden die Bindung zwischen den Generationen. Es ermöglicht tiefe und bedeutungsvolle Beziehungen, die das Leben bereichern können. Das kann schmerzlich sein, gerade dann, wenn die Enkel den Tod der Großeltern erleben. Oft ist dies das erste Mal, dass sie in ihrer Nähe von Tod und Vergänglichkeit erfahren. Sie können dabei wichtige Bewältigungsstrategien erlernen und verstehen, dass Trauer ein normaler Teil des Lebens ist. Diese Trauer kann intensiv sein, die Kinder können aber auch eine tiefe Dankbarkeit gegenüber ihren Großeltern empfinden. Oft bildet sich hier ein unsichtbarer Faden, der die Generationen verbindet.

Hochbetagte Eltern
Im Ruhestand verfügen wir oft über mehr Zeit, die wir unseren hochbetagten Eltern widmen können. Während manche ihre Eltern oder einen Elternteil bereits verloren haben, werden andere gerade jetzt mit den beginnenden Einschränkungen ihrer Eltern konfrontiert oder haben sich vielleicht schon länger neben ihrem Berufsleben um diese gekümmert. In solchen Phasen erleben wir oft eine Rollenumkehr: Wir unterstützen jetzt unsere Eltern, so

wie sie uns in der Vergangenheit unterstützt haben. Es ist erfreulich, dass unsere Eltern heutzutage so alt werden können, denn das fügt unserem Leben neue Facetten hinzu. Jeder zusätzliche Tag, den wir mit unseren Eltern verbringen, kann wertvoll sein. Ihre Langlebigkeit ermöglicht es uns, weiterhin von ihnen zu lernen und ihre Lebensweisheiten zu sammeln. Dabei kann uns das Altern unserer Eltern die Flüchtigkeit des Lebens und die Wichtigkeit der Zeit, die wir zusammen verbringen, bewusster machen. Wenn wir unsere Eltern altern sehen, gewinnen wir Einblicke in den Prozess des Älterwerdens. Dies kann uns dabei helfen, besser zu verstehen, was es bedeutet zu altern, und uns darauf vorzubereiten, selbst älter zu werden.

Der Umgang mit den älteren Eltern kann natürlich auch eine Herausforderung sein. Mit Geduld, Empathie und Verständnis können wir jedoch versuchen, eine unterstützende und liebevolle Beziehung zu erhalten. So haben ältere Menschen oft das Bedürfnis, so unabhängig wie möglich zu bleiben. Sie schätzen ihre Freiheit und Selbständigkeit, auch wenn sie körperlich oder geistig nicht mehr so fit sind wie früher. Wir sollten ihre Autonomie nicht nur respektieren, sondern ihnen auch helfen, so selbstständig wie möglich zu bleiben. Unbedingt müssen wir sie in Entscheidungen einbeziehen, die ihr Leben betreffen.

Ältere Menschen brauchen oft mehr Zeit, um Aufgaben zu erledigen oder Informationen zu verarbeiten. Sind wir geduldig und geben ihnen die Zeit, die sie brauchen. Dabei können wir auch selbst etwas vom hektischen Alltag entschleunigen. Und wenn wir überfordert sind, sollten wir offen und ehrlich mit unseren Eltern über unsere Bedürfnisse und Wünsche sprechen.

Wichtig ist für unsere Eltern vor allem der regelmäßige Kontakt, gerade wenn viele ihrer Freunde und Angehörigen bereits verstorben und die sozialen Kontakte deutlich weniger geworden sind.

Wir können lernen, mehr Verständnis für unsere Eltern aufzubringen und für sie da zu sein. Vielleicht können wir ihnen zuhören, wenn sie über ihre Sorgen und schweren Gedanken sprechen. Unerledigte Angelegenheiten aus der Vergangenheit, insbesondere schmerzhafte Verluste wie der Tod eines Partners, können eine Rolle spielen. Auch der Wunsch, ein physisches oder psychisches Leiden zu beenden oder ein einsames, leidvolles Lebensende zu vermeiden, kann vorhanden sein. Wir sollten das Leben der Eltern nicht beschönigen, aber gleichzeitig auch das Positive hervorheben und ihnen zeigen, dass wir sie verstehen und uns um sie kümmern, so wie sie sich früher um uns gekümmert haben.

Manchmal sehen wir uns als erwachsene Kinder mit der Lebensmüdigkeit unserer Eltern konfrontiert, ein Thema, das uns oft unvorbereitet trifft. Ältere Menschen sprechen dies selten direkt an, dennoch ist es präsent. Diese

Erschöpfung kann teilweise der modernen Medizintechnik zugeschrieben werden, die ein immer längeres Leben ermöglicht – ein Umstand, der viele beunruhigt. Daher sind wir heute mehr denn je gezwungen, über das Lebensende nachzudenken. Gerade im hohen Alter, wenn die Endlichkeit des Lebens immer deutlicher wird, haben Menschen das Recht, gehen zu wollen. Dies ist nicht zwangsläufig mit Suizidgedanken verbunden, sondern kann Teil des natürlichen Prozesses des Funktionsverlusts der Organe sein, der vielleicht bereits begonnen hat. Oft gibt es klare Anzeichen für eingeschränkte Vitalität, wie etwa erheblichen Gewichtsverlust oder zunehmende Müdigkeit, die sich in einem erhöhten Bedürfnis nach Ruhe äußert. Alltägliche Aktivitäten werden zunehmend anstrengend und erfordern mehr Zeit sowie manchmal auch Unterstützung. In solchen Fällen wünschen sich einige, dass sich die Medizin lediglich auf die Linderung der Beschwerden konzentriert und von lebensverlängernden Maßnahmen absieht.

Für Unruhe sorgt oft das Gefühl, dass die Betroffenen von ihren Angehörigen nicht gehen gelassen werden, wenn es eines Tages so weit ist. Daher ist es gerade für Kinder und Enkel wichtig, die verschiedenen Aspekte der Lebensmüdigkeit zu erkennen und zu akzeptieren. Dies erfordert Verständnis und Empathie.

Oft kommt es aber auch bei Hochbetagten selbst, wenn sie eigentlich des Lebens müde sind, zu inneren Konflikten und ambivalenten Gefühlen – der Abschied vom Leben fällt den meisten Menschen letztendlich nicht leicht, selbst wenn sie bereit dazu sind. Gerade der Abschied von Partnern, Kindern und Enkeln fällt oft besonders schwer.

Manchmal kann es sinnvoll sein, den Hausarzt, einen Hospizdienst oder ein Palliativteam mit einzubeziehen. Eine einfühlsame Beratung über bestehende Möglichkeiten des Sterbens – und sei es in der Ferne – kann den psychischen Druck erheblich mindern. Bereits das Ausstellen einer Vorsorgevollmacht oder einer Patientenverfügung kann helfen, Klarheit über den eigenen Weg zu gewinnen und das Gefühl der Selbstbestimmung zurückzuerlangen. Auch das Reflektieren über das vergangene Leben kann hilfreich sein. Fragen wie „Was hat mein Leben reich gemacht?", „Worauf blicke ich mit Freude zurück?" oder „Welche wertvollen gemeinsamen Erinnerungen haben wir?" können in den Vordergrund rücken. Als erwachsene Kinder bietet sich uns in dieser späten Lebensphase die Gelegenheit, unseren Eltern für all das zu danken, was sie für uns getan haben.

Wenn die Eltern schließlich versterben, endet ein wichtiges Kapitel im Leben ihrer Kinder. Das Loslassen kann sehr schwerfallen, selbst wenn der Verstand weiß, dass es ein erfülltes Leben war und die Zeit für den Abschied gekommen ist. Die Beziehung zu den Eltern zählt meist zu den tiefsten und dauerhaftesten in einem Menschenleben. Der Tod löst diese Bindung und verursacht emotionale Schmerzen. Die Vorstellung, die Eltern nie wieder zu sehen, zu hören oder ihre Nähe zu spüren, kann beängstigend und überwältigend sein. Umso wichtiger ist es, die Erinnerungen an die verstorbenen Eltern neu in unser Leben zu integrieren. Auf diese Weise bleiben sie immer ein Teil von uns, was auch für die eigene Lebensreife von Bedeutung ist. Mehr zum Thema Abschied, Sterben und Tod finden Sie im Abschn. 10.4.

> **Denkanstoß**
>
> Wie erleben Sie die Beziehung zu Ihren hochbetagten Eltern? Was schätzen Sie besonders an ihnen? Gibt es wertvolle Erinnerungen, die Sie teilen oder bei Ihren Eltern wieder aufleben lassen könnten? Welche gemeinsamen Momente genießen Sie besonders? Gibt es auch Situationen, die Ihnen schwerfallen oder in denen Sie sich überfordert fühlen? Was können Sie durch den Umgang mit Ihren älteren Eltern für Ihr eigenes Leben lernen? Vielleicht sind es Tugenden wie Geduld und Empathie? Wie finden Sie eine ausgewogene Balance zwischen Selbstverantwortung und der Fürsorge für Ihre Eltern?
> Was nehmen Sie aus diesen Erfahrungen für Ihr eigenes Älterwerden mit? Wie betrachten Sie Fragen rund um Sterben, Tod und Trauer im Kontext Ihrer hochbetagten Eltern? Falls Sie sich intensiver mit dem Thema beschäftigen möchten, können Sie sich im Internet über Hospizdienste und Palliativteams in Ihrer Umgebung informieren oder einen Kurs in diesem Bereich, z. B. „Letzte Hilfe", besuchen.

9.4 Die Rolle von Freundschaften, Bekannten und Nachbarschaft im Ruhestand

Unser Beziehungsleben ist nicht nur von Familie und Partnerschaft geprägt, sondern auch durch Kontakte außerhalb dieser Kreise. Manche Menschen vernachlässigen diese Beziehungen jedoch über Jahre hinweg und stehen dann beim Übergang in den Ruhestand vor der Herausforderung, plötzlich mehr Zeit zu haben. Manche sehen diesen Lebensabschnitt sogar als Risiko für ihr soziales Leben, vor allem wenn berufliche Kontakte wegfallen. Doch gerade jetzt eröffnen sich viele neue Möglichkeiten.

Soziale Kontakte sind für uns Menschen essenziell. Wir sind von Natur aus soziale Wesen, und das ändert sich auch im Alter nicht. Diese Kontakte fördern nicht nur unser emotionales Wohlbefinden, sondern wirken sich auch positiv auf unsere körperliche Gesundheit aus. Soziale Interaktionen sind stimulierend und schaffen ein Gefühl der Zugehörigkeit. Auch die Philosophie lehrt uns, dass soziale Verbindungen nicht nur eine Quelle des

Trostes und der Freude, sondern auch essenziell für ein erfülltes und sinnvolles Leben sind – es handelt sich also um eine alte Erkenntnis.

Aristoteles, der große Denker der Antike, prägte die Sichtweise auf Freundschaft als eine der grundlegenden Säulen des guten Lebens. Seine Unterscheidung zwischen nutzenbasierten, vergnügungssuchenden und auf dem Guten beruhenden Freundschaften bietet einen tiefen Einblick in die Natur menschlicher Beziehungen und ihre Evolution über die Lebensspanne. Im Ruhestand können nun gerade diese tieferen, charakterbasierten Freundschaften zu einem Anker werden, der uns durch die Zeiten des Wandels führt. Sie sind ein Spiegel unserer selbst, Zeugen unseres Lebens und Träger gemeinsamer Erinnerungen. Diese Beziehungen bereichern unser Leben, indem sie uns mit einem Gefühl der Kontinuität und des tiefen gegenseitigen Verständnisses umgeben. Zugleich eröffnet der Ruhestand die Möglichkeit, neue Bekanntschaften zu knüpfen und die sozialen Kreise zu erweitern. Die Begegnung mit Gleichgesinnten in Kursen, Clubs oder innerhalb der Gemeinschaft kann neue Perspektiven eröffnen und die Freude am lebenslangen Lernen und Entdecken nähren.

Freundschaften können sich im Laufe der Zeit vertiefen, aber sie können auch auseinanderdriften. Mit zunehmendem Alter neigen wir dazu, unsere Kontakte nach unserem Wohlbefinden auszuwählen und uns von Beziehungen, die uns nicht mehr guttun, zu distanzieren. Es ist nicht nur wichtig, Freundschaften und Bekanntschaften im Ruhestand zu pflegen, sondern sie aktiv zu gestalten. Dies kann für das fortgeschrittene Alter nicht nur wertvoll, sondern auch sinnvoll sein. Ebenso kann es ratsam sein, daneben auch lockere und nicht so intensive Bekanntschaften zu pflegen. Besonders im hohen Alter, wenn viele Gleichaltrige versterben, bieten solche Kontakte, obwohl sie enge Freundschaften nicht ersetzen können, dennoch die Möglichkeit, soziale Interaktionen zu erleben.

Denkanstoß

Welche Freundschaften bedeuten Ihnen besonders viel? Wie investieren Sie in diese Beziehungen? Hören Sie Ihren Freunden wirklich zu? Zeigen Sie echtes Interesse an ihren Belangen? Sorgen Sie für einen regelmäßigen Austausch und ein ausgewogenes Verhältnis bei Treffen und Einladungen? Erleben Sie gemeinsam sowohl heitere und unbeschwerte als auch intensive und tiefe Momente? Auf was möchten Sie in der Zukunft verstärkt Wert legen? Und wie sehen das Ihre Freunde und Bekannten? Beginnen Sie doch ein Gespräch über dieses Thema. Vielleicht entdecken Sie dadurch ganz neue Facetten Ihrer Beziehungen.

Ältere Menschen benötigen oft spezielle Infrastrukturen, um in ihrem Wohngebiet zurechtzukommen und in den eigenen vier Wänden leben zu können. Dazu gehören nahe gelegene Ärzte und Apotheken, eventuell auch ein Mittagstisch oder ein gut erreichbares Café sowie Essenslieferdienste. Zentrale Anlaufstellen in der Nachbarschaft können entscheidend sein, um bei Fragen der Pflege oder anderen Problemen Unterstützung zu finden. Daher sollten wir frühzeitig darauf achten, welche Möglichkeiten es gibt. Wir können sogar selbst aktiv werden und in unserem Wohngebiet etwas initiieren (vgl. Abschn. 8.2).

Die Rolle der Nachbarschaft wandelt sich somit, und sie kann zu einem lebendigen Schauplatz des Austauschs und der Unterstützung werden. In einer Zeit, in der familiäre Bindungen möglicherweise räumlich gestreckt sind, bietet die lokale Gemeinschaft ein Netzwerk der Zugehörigkeit und der gegenseitigen Fürsorge. Aktiv am Leben der Nachbarschaft teilzunehmen, bedeutet, sowohl zum eigenen Glück als auch zur Lebensqualität der Gemeinschaft beizutragen.

Die philosophische Betrachtung von Freundschaften und sozialen Beziehungen im Ruhestand lädt uns ein, die tiefere Bedeutung dieser Verbindungen zu erkennen. Sie sind nicht nur ein angenehmer Zeitvertreib oder eine Quelle sozialer Unterstützung, sondern ein wesentlicher Bestandteil dessen, was es heißt, ein gutes und sinnvolles Leben zu führen. In der Gemeinschaft mit anderen, sei es durch langjährige Freundschaften, neue Bekanntschaften oder die Teilnahme am Nachbarschaftsleben, finden wir Trost, Freude und eine tiefere Verbindung zum Leben selbst. So wird der Ruhestand zu einer Zeit, in der die wahren Werte des Lebens – Liebe, Gemeinschaft und das Streben nach einem guten Leben – in den Vordergrund treten und uns leiten.

9.5 Wenn Generationen aufeinander zugehen: Im Älterwerden die Jugend entdecken

Der Begriff „Generation" wird oft im kulturellen und soziologischen Kontext verwendet, um Gruppen von Menschen zu beschreiben, die ungefähr zur selben Zeit geboren wurden und bestimmte kulturelle, soziale oder politische Eigenschaften teilen. Zum Beispiel sind Babyboomer, Generation X, Millennials, die Generation Z und Alpha Bezeichnungen für spezifische Generationen. Jede Generation wird als einzigartig angesehen, charakterisiert durch die Ereignisse, Technologien und kulturellen Veränderungen ihrer prägenden Jahre. Wie Ethnizität oder Geschlecht und Gender wird auch das Konzept der Generationen als eine Art kulturelles Interpretationsschema betrachtet, um die Identitäten und Unterschiede der Menschen zu erläutern. Kulturwissenschaften gehen aber heute nicht mehr zwangsläufig davon aus, dass Individuen einer festgelegten Generation angehören. Stattdessen wird verstanden, dass Generationen „konstruiert" sind und sich durch soziale und kommunikative Prozesse formen.

Die Beschäftigung mit verschiedenen Generationen ist für Ruheständler aus mehreren Gründen wichtig und bereichernd. Erstens fördert der intergenerationelle Austausch das gegenseitige Verständnis und baut Vorurteile ab. Ältere Menschen können ihre Lebenserfahrungen, Wissen und Werte mit jüngeren Generationen teilen, während sie gleichzeitig von neuen Perspektiven, Technologien und Ideen lernen. Dieser Austausch kann zu einem lebendigen Dialog führen. Zweitens trägt die Interaktion mit jüngeren Menschen dazu bei, das Gefühl der Isolation zu verringern, das manchmal im Ruhestand auftreten kann. Sie bietet Gelegenheiten für soziale Kontakte und Aktivitäten, die das geistige und körperliche Wohlbefinden fördern. Drittens unterstützt die Auseinandersetzung mit den jüngeren Generationen Ruheständler dabei, aktuell zu bleiben und sich an die schnelllebige Welt anzupassen. Das erlaubt es ihnen, voll am gesellschaftlichen Leben teilzunehmen und unabhängig zu bleiben. Schließlich bietet die intergenerationelle Interaktion die Möglichkeit, ein Vermächtnis zu hinterlassen und Einfluss auf die Zukunft zu nehmen. Indem sie ihre Geschichten, Erfahrungen und Lektionen weitergeben, tragen Ruheständler zur Bildung der Identität der jüngeren Generationen bei und hinterlassen Spuren, die weit über ihr eigenes Leben hinausreichen.

Insgesamt stellt die Beschäftigung mit verschiedenen Generationen für Ruheständler eine Quelle der Bereicherung, des Lernens und der Verbundenheit dar, die dazu beiträgt, den Ruhestand als eine aktive, sinnvolle und erfüllte Lebensphase zu gestalten. Schwierig wird es, wenn aufgrund der Herausforderungen rund um den demografischen Wandel (vgl. Abschn. 5.2) oder der Klimakrise, die unterschiedlichen Generationen pauschal einander als fast schon feindliche Blöcke gegenübergestellt werden. Gerade weil die damit verbundenen Probleme Auswirkungen auf die verschiedenen Lebensalter haben, dürfen nun keine Vereinfachungen vorgenommen werden. Generationenklischees, wie „die Älteren sind alle bequem und fahren SUVs" oder „die Jüngeren sind alle faul", sind nicht nur kontraproduktiv, sie stimmen auch ganz einfach nicht. Abgesehen davon, dass damit kaum eine Lösung der Probleme zu finden sein dürfte, wird dadurch verdeckt, dass grundsätzlich in einer Gesellschaft Abhängigkeitsverhältnisse bestehen: Jüngere und Ältere brauchen einander!

Der Begriff „Generationen" ist trotz seiner Unschärfe in vielen Bereichen des öffentlichen und wissenschaftlichen Diskurses von Bedeutung. Seine Unschärfe wird oft durch seine Vielseitigkeit kompensiert, die eine breite Palette an Funktionen und Perspektiven eröffnet. Die Bezeichnung „Kriegsgeneration" für diejenigen, die den Zweiten Weltkrieg erlebt haben, bietet beispielsweise eine Möglichkeit, den Wandel im Laufe der Zeit zu verstehen. Wenn von Generationen gesprochen wird, sollte dies auch immer mit den individuellen Lebensphasen einher gehen.

Wichtig ist, dass der Begriff auch dazu anregt, über seine eigenen Begrenzungen und Möglichkeiten kritisch nachzudenken. Diese kritische Auseinandersetzung fördert wiederum die kontinuierliche Verbesserung des Konzepts und seiner Anwendungen. In diesem Sinne bleibt „Generationen" ein nützliches, wenn auch schwammiges Konzept, dessen Vorteile die damit verbundenen Risiken der Ungenauigkeit oft überwiegen.

So komme ich zur eigentlichen Frage: Wie können verschiedene Generationen oder wie können Alt und Jung gemeinsam mit demografisch bedingten Krisen oder der Krise des Klimawandels umgehen? Welche Haltung benötigen wir, um gemeinsam im Dialog zu bleiben? Welche Generationenklischees erlebe ich in meinem Umfeld, wie wirken sie sich aus und wie lassen sie sich überwinden, damit Jung und Alt aufeinander zugehen und die Älteren auch gerade aus dem Ruhestand heraus ihre Offenheit gegenüber der Jugend zum wechselseitigen Verständnis entwickeln können? Das sind Fragen, mit denen wir uns heute beschäftigen müssen (Schröder-Kunz, 2019a).

Die unterschiedlichen Generationen leben in ein und derselben Welt. Sie unterscheiden sich, aber sie kommen nicht darum herum, Dinge gemeinsam anzupacken. Voraussetzung dafür ist, im gemeinsamen Austausch zu bleiben. Wenn Sie nun selbst im Ruhestand wenig Kontakt zur jüngeren Generation haben und das bedauern, überlegen Sie, wo und wie Sie ihr begegnen können. Es gibt meist viele Möglichkeiten, sei es bei einem Hobby oder einem freiwilligen Engagement, wie zum Beispiel in der Flüchtlingshilfe oder im Umweltschutz. Wichtig in der Begegnung wird sein, wie Sie auf die Jüngeren zugehen. Bleiben Sie offen und interessiert, hören Sie zu und geben Sie nicht ungefragt Ratschläge. So werden Sie vielleicht schneller das Interesse und den Respekt der jüngeren Generation wecken, als Sie es sich jetzt noch vorstellen können.

Wenn Jung und Alt miteinander ins Gespräch kommen wollen, anstatt sich nur gegen- oder bestenfalls nebeneinander zu positionieren, dann gelingt dies am besten, indem zunächst darauf geachtet wird, was es Positives bei der jeweils anderen Generation gibt, welche Gemeinsamkeiten entdeckt werden können. Eine solche Einstellung braucht es in beide Richtungen: von Jung nach Alt und von Alt nach Jung. Und sind wir hier offener, haben wir weniger Vorbehalte, dann werden wir sicherlich nicht in allem, aber doch in vielem und wahrscheinlich gerade auch in Wichtigem und Grundlegendem feststellen: Jung und Alt sind sich an vielen Stellen sehr ähnlich! Manchmal sind sich ein Dreißig- und ein Siebzigjähriger in ihrem Gedankengut ähnlicher als zwei Siebzigjährige.

Wir müssen bei alledem auf unsere Sprache achten. Sie ist so häufig der Schlüssel für ein gutes, nicht unbedingt konfliktfreies, aber konstruktives Miteinander. Wir sollten uns gegenseitig korrigieren, wenn wir feststellen, dass der andere in krassen Pauschalisierungen spricht; wir müssen gemeinsam unsere Maßstäbe hinterfragen. Vielleicht entdecken wir dann so jeweils bei uns selbst neue, bislang ungenutzte Potenziale, wenn wir die der anderen Seite betrachten? Auch müssen wir unser gegenseitiges Interesse wahren.

Die andere Generation ist nicht einfach nur ein Störfaktor. Es wurde ja schon deutlich: Wir sind aufeinander angewiesen. Dass die geburtenstarken Jahrgänge aktuell und in den kommenden Jahren in Rente gehen, hat natürlich Auswirkungen auf die Gesellschaft. Nur wenn diese große Gruppe der Älteren bereit ist, sich gesellschaftlich einzubringen, wenn sie bereit ist, ihre eigenen Interessen nicht über die der Jüngeren zu stellen, wenn sie bereit ist, das Alter aktiv und positiv für sich selbst, aber ebenso für andere zu gestalten, kann sie eine wichtige Ressource in unserer Gesellschaft sein – und vielleicht dann auch ein Vorbild für jene Zeit, wenn die Jüngeren selbst in die ältere Lebensphase kommen.

Bei einem Workshop fragte ich die Teilnehmer, was jüngere bzw. ältere Mitarbeitende tun müssten, um eine Brücke zwischen den Generationen zu schlagen. Die Antworten bezogen sich teils auf den betrieblichen Kontext, insgesamt zeigten sie aber recht eindeutig, dass beide Seiten nahezu das Gleiche tun sollten: Wertschätzung und Toleranz zeigen, dem Gegenüber das Gefühl geben, dass er etwas wert ist, und ihn seine Arbeit im Rahmen seiner Möglichkeiten machen lassen. Es gehe immer wieder darum, den anderen im Anderssein auszuhalten.

Zusammengefasst könnte man sagen: Wir sollten den Einzelnen egal welchen Alters in seiner Individualität, mit seinen Bedürfnissen, Werten und Fähigkeiten sehen und ihm hierbei mit Wertschätzung begegnen. Dadurch kann schließlich auch mit Konflikten konstruktiv umgegangen werden. Diese Empfehlungen gelten übrigens auch für andere Formen der Vielfalt und nicht nur in Bezug auf die Altersdiversität. In Abschn. 9.2. wurde bereits darauf eingegangen und zudem der Umgang mit Vorurteilen behandelt.

> **Denkanstoß**
>
> Wie oft sagen Sie bei persönlichen oder gesellschaftlichen Konfliktsituationen: *die* Jüngeren oder *die* Älteren, und drücken damit indirekt der genannten Generation einen Stempel auf? Wie können Sie mit Ihren Worten zukünftig mehr zur Generationensolidarität beitragen? Wie möchten Sie Jüngeren gegenüber auftreten, wenn Sie um Rat gefragt werden? Sind Sie dabei offen und bereit, auch von den Jüngeren zu lernen? Wie können Sie sie wirklich unterstützen?

9.6 Gelassenheit im Umgang mit anderen

Vielleicht kennen Sie das: Die Handwerker, die Sie gerufen haben, kommen zu spät, haben die Hälfte vergessen, denken nicht mit, wissen nicht weiter, führen falsch aus. Sie stehen daneben und haben das Gefühl, dass Ihre Vorstellungen von Tüchtigkeit, Funktionsfähigkeit und Gründlichkeit über den Haufen geworfen werden. Sie scheinen der Einzige zu sein, der weiß, wie man es richtig macht. Ärgerlich auf der einen Seite, auf der anderen Seite ein Thema unserer Zeit. Die Babyboomer werden lernen müssen, sich an die „neue Welt" mit Fachkräftemangel und Veränderung der Arbeitswerte anzupassen. Sich über – zumindest in den eigenen Augen – mangelnde Kompetenz und Unzuverlässigkeit aufzuregen, erhöht nur den eigenen Blutdruck. Lassen Sie sich davon leiten, entsteht auf der Beziehungs- oder Geschäftsebene nur Verdruss oder Chaos.

Ein anderes Beispiel: Sie sind im Krankenhaus. Schmerzen plagen Sie. Sie wollen einfach nur davon erlöst werden und die Ursache für das Ganze geklärt wissen. Aber dort scheint alles drüber und drunter zu gehen. Sie landen in unterschiedlichen Räumen, haben dazwischen immer wieder Wartezeiten, dafür aber keinen durchgehenden Ansprechpartner. Sie empfinden es als großes, unsystematisches Durcheinander und haben das Gefühl, immer kränker zu werden. Es ist zum Verzweifeln, und da sollen Sie sich in Gelassenheit üben? Umso mehr macht es Sinn, wenn Sie schon im Vorfeld an Ihrer inneren Haltung arbeiten. Die Situation ist ja aus den Medien zur Genüge bekannt: Für die Älteren, die immer mehr werden, gibt es immer weniger medizinisches Personal. Die, die vor Ort sind, geben in der Regel ihr

Bestes. Ihre Arbeitssituation ist nicht immer leicht, und nicht nur die Patienten, auch sie selbst müssen immer wieder nicht nur eine gehörige Portion Frust aushalten, sondern den Mangel irgendwie verwalten. Dazu kommt die psychische Belastung, es ständig mit dem Leid und den schweren Lebenssituationen anderer zu tun zu haben. Überforderung und Burnout im Gesundheits- und Pflegebereich sind nicht selten. Insbesondere die Corona-Pandemie sorgte für einen Anstieg und brachte viele Ärzte und Pflegekräfte an die Grenzen ihrer psychischen und physischen Belastbarkeit. Wenn ich heute mit Menschen aus diesen Berufen spreche, höre ich oftmals, dass die Erschöpfung aus dieser Zeit noch nachwirkt – zusätzlich zum steigenden Fachkräftemangel. All dies ja im Grunde zu wissen, mag Ihnen in Ihrer Situation unmittelbar nichts bringen, aber wenn Sie es sich im Vorfeld bewusst machen, schützt es vielleicht doch vor zu hohen Erwartungen. Den anderen hier Vorwürfe zu machen, bringt nicht weiter, sondern verschlimmert die Situation. Die Zahl aggressiver Patienten in Kliniken steigt. In den vergangenen Jahren ist die Form der Gewalt immer direkter geworden. Manche Kliniken schützen ihre Mitarbeiter mittlerweile mit Deeskalationstrainings und Sicherheitsdiensten.

Mit etwas Abstand betrachtet kann all das nur heißen, dass wir uns in Ruhe und Gelassenheit üben müssen. In den beschriebenen Situationen ist das aus verständlichen Gründen nicht einfach, und doch scheint es unerlässlich, möchte man sein Leben nicht ständig von Stress und Enttäuschungen geprägt sehen. Daher ist es wichtig, sich früh genug in diesen Tugenden zu üben. Hilfreich sind sie im ganzen Leben – auch im Beruf und insbesondere in unserem späten Berufsleben, nicht weniger aber für den Übergang in den Ruhestand.

Dazu braucht es die Arbeit an sich selbst. Möchte ich beispielsweise mehr Ruhe und Gelassenheit üben, bin ich ein hektischer Mensch, der mehrere Dinge gleichzeitig tut, und sind daher die genannten Eigenschaften spätestens für das Älterwerden wichtig, kann ich gezielt daran arbeiten. Ich kann ein Buch darüber lesen, wie man gelassener wird, wie man eine solche Haltung lernen und Stück für Stück ausbilden kann. Ebenso können Beratungsangebote helfen. Das Einüben bestimmter Verhaltensmaßnahmen benötigt manchmal auch Rituale. Es geht darum Gelassenheit zu kultivieren. Das kann so einfach sein wie eine Tasse Tee in Ruhe zu trinken, täglich Tagebuch zu schreiben oder Zeit in der Natur zu verbringen. Solche Rituale schaffen dann eine gute Ausgangssituation, um mit mehr Gelassenheit an die Dinge heranzugehen und sich weder selbst überwältigen zu lassen noch andere zu überwältigen.

Konflikte konstruktiv lösen

Ruhe und Gelassenheit meint nicht, Konflikten aus dem Weg zu gehen; ruhige und gelassene Menschen sind keineswegs konfliktscheu. Aber mit ihrer Haltung schaffen sie es leichter, konstruktiv an eine Lösung heranzugehen. Verdrängen lassen sich Konflikte ja nicht; sie treten im Miteinander von Menschen immer wieder auf. Irgendwie gehören sie dazu, obwohl sie als störend empfunden werden. Sie verweisen oft auf ein Problem, das sonst verdeckt bleibt. Insofern können sie auch als Chance angesehen werden. Aber wie mit ihnen umgehen?

Befinden wir uns in einem Konflikt mit anderen, kommt es auch immer wieder auf unsere Haltung an: Möchten wir den Konflikt lösen? Oder möchten wir nur unserer Wut und Enttäuschung Luft machen? Das natürlich widerspricht gerade einer ruhigen und gelassenen Haltung. Für eine Lösung braucht es die Bereitschaft, an uns selbst zu arbeiten. Wir müssen überlegen, wie wir konstruktiv auf den anderen eingehen können. Wollen wir nur unseren Vorwürfe vehement Ausdruck verleihen und glauben, damit die betreffende Sache zu klären, hat das oft nur verhärtete Fronten, zumindest aber einen weiterhin schwelenden Konflikt zur Folge. Möchten wir diesen hingegen konstruktiv lösen, kann es sinnvoll sein, gleich zu Anfang im Gespräch das auch zu erwähnen. Damit signalisieren wir eine gewisse Offenheit, zeigen, dass es uns nicht nur darum geht, einen Standpunkt aggressiv zu formulieren und auf ihm zu beharren.

Coachs gehen manchmal bei der Klärung von Konfliktgesprächen gleich zu Anfang darauf ein, dass es in dem Gespräch um Wahrnehmungen gehen wird und nicht um Wahrheiten. Wahrnehmung bedeutet, dass es sich jeweils um Sichtweisen handelt, die zeitlich gebunden sind und daher auch begrenzt sein können. Sie stehen für Beobachtungen, nicht für Sachverhalte selbst. Damit wird klar, dass man die Beobachtungen, die Wahrnehmungen des jeweils anderen ernst nehmen muss. Es geht also gerade nicht darum, die eigene Sichtweise so zu platzieren, dass sie alles andere verdrängt, sondern darum, die der anderen anzuhören und sich zu fragen, wie es zu ihnen kommt. Auf diese Weise können sich Missverständnisse aufklären, was es den Beteiligten erlaubt, nach und nach aufeinander zuzugehen. Ein erster wichtiger Schritt in Konflikten ist es daher meist, sich im Vorfeld des Gesprächs fest vorzunehmen, dass man gut zuhört. Dass man abwartet, bevor man antwortet. Dass man sich selbst, aber auch dem anderen Zeit gibt, anstatt impulsiv zu reagieren. So kann Ruhe in das Gespräch kommen, was für alle Beteiligten hilfreich ist.

Im Älterwerden können wir das Zuhören pflegen und üben. Das geht manchmal besser als in jungen Jahren, weil sich in uns ein fester Kern herausgebildet hat, der weniger schnell verrückbar ist und einen gewissen inneren Schutz bietet. Das gibt mehr Sicherheit und hilft daher, zunächst einmal offen zu sein – im Konfliktfall muss man nicht als Erstes seine Haltung herausbilden und festigen, weil man sie schon hat. Nicht alles, was wir hören, nehmen wir dann auch so sensibel wahr wie noch in jungen Jahren. Viele werden im Alter gelassener, und das hilft, Konflikte zu lösen, anstatt sie zu eskalieren.

> **Denkanstoß**
>
> Wie verhalten Sie sich in Konflikten? Nutzen Sie konstruktiv Botschaften, indem sie ihre subjektiven Wahrnehmungen schildern, sie aber gerade nicht absolut setzen? Hören Sie dem anderen zu? Sind Sie bereit, über das Gehörte und die subjektive Wahrnehmung des anderen nachzudenken? Oder neigen sie dazu, sich gleich zu verteidigen und die Aussagen des anderen als unwahr zu erklären? Woran möchten Sie arbeiten?

Beziehungen und Begegnungen im Ruhestand

Begegnungen sind also auch gerade in der späteren Lebensphase wichtig. Im Ruhestand sind manche Bedingungen, unter denen wir auf Menschen treffen und unsere sozialen Beziehungen pflegen, anders als zuvor. Wir sind und bleiben aber soziale Wesen – und sollten daher diese Beziehungen nun, wenn die Rahmungen des Berufslebens wegfallen, bewusst gestalten. Denn der Reichtum auch gerade im Leben von Älteren ergibt sich letztlich erst aus ihnen. Ausschlaggebend ist oftmals die Qualität der Beziehungen. Im Älterwerden steigt der Wunsch nach guten, vertrauten Kontakten. Aber auch die Pflege vieler zusätzlicher loser Kontakte kann hilfreich sein, um einer Vereinsamung im hohen Alter vorzubeugen, wenn zunehmend Angehörige und Freunde gestorben sind. Mit dem neuen ESF-Bundesmodellprogramm[1] „soll die soziale Teilhabe älterer Menschen gestärkt werden. Dazu zählt der gezielte Ausbau der offenen Seniorenarbeit mit niedrigschwelligen Unterstützungs-, Bildungs-, Beratungs-, Kommunikations- und Freizeitangeboten. Zentral ist dabei auch die Stärkung der regionalen Netzwerkarbeit und der Ausbau des freiwilligen Engagements. Es wird also wahrscheinlich in Ihrer Stadt oder Ihrem Umkreis zunehmende Angebote geben, auf die Sie zurückgreifen können.

---

[1] ESF-Bundesmodellprogramm: Stärkung der Teilhabe Älterer – Wege aus der Einsamkeit und sozialen Isolation im Alter

Gute soziale Kontakte im Älterwerden sind entscheidend für die Lebensqualität und das Wohlbefinden.

> **Für die Gestaltung von Begegnungen und Beziehungen im Ruhestand können folgende Punkte hilfreich sein**
> - Pflegen Sie Ihre sozialen Kontakte – tauschen Sie sich mit Freunden, Bekannten, Verwandten regelmäßig aus und nutzen Sie dazu Gelegenheiten wie beispielsweise Geburtstage, zu denen Sie gratulieren.
> - Achten Sie auf Ihre Kontakte, bei denen Sie sich wohl fühlen. Achten Sie aber auch auf ausreichend lose Kontakte und Bekanntschaften, um Einsamkeit vorzubeugen.
> - Suchen Sie nach neuen Kontakten, die Sie im Ruhestand möglicherweise inspirieren oder zu neuen Bekanntschaften führen können. Das können jüngere Menschen sein oder auch Menschen mit ähnlichen Interessen, denen Sie in Ihrer Freizeitaktivität oder im Ehrenamt begegnen.
> - Achten Sie auf interessante Gesprächsthemen, die geeignet sind, neben dem ja zunächst durchaus sinnvollen Smalltalk auch für „Tiefgang" zu sorgen.
> - Nutzen Sie die Zeit im Ruhestand, um gemeinsame Interessen mit Ihrem Partner oder anderen Menschen zu entdecken oder weiterzuentwickeln. Das kann einander wieder näherbringen und neue Erfahrungen ermöglichen.
> - Versetzen Sie sich in die Lage anderer Menschen, pflegen Sie Offenheit und Interesse etwa durch mitverantwortliches Fragen. Empathiefähigkeit und mitverantwortliches Verhalten sind lernbar.
> - Versuchen Sie Ihre Mitmenschen zu verstehen und weniger zu bewerten. Jeder hat Stärken und Schwächen – fragen Sie also eher, was die Ursachen für das jeweilige Verhalten sind.
> - Üben Sie eine gute Kommunikation. Dazu gehört unter anderem aktives Zuhören und das Aussenden von Ich-Botschaften, anstatt vermeintlich absolute Sachverhalte vorzutragen. Wichtig ist auch die Fähigkeit, dann, wenn es angebracht ist, ein freundliches „Nein" zu äußern.
> - Akzeptieren Sie Konflikte als Teil des Lebens – sie können meist konstruktiv gelöst werden.
> - Gestalten Sie Freude im Miteinander – unternehmen Sie schöne Dinge mit anderen, kochen Sie gemeinsam oder probieren Sie zusammen etwas Neues aus.

Weiterführende Literatur

BAGSO/Deutsche PsychotherapeutenVereinigung. (2022). *Entlastung für die Seele. Ein Ratgeber für pflegende Angehörige. BAGSO – Bundesarbeitsgemeinschaft der Seniorenorganisationen e.V.* https://www.bagso.de/fileadmin/user_upload/bagso/06_Veroeffentlichungen/2021/BAGSO_Ratgeber_Entlastung_fuer_die_Seele.pdf

Bundesministerium für Familie, Senioren, Frauen und Jugend [BMFSFJ]. (2005). Fünfter Bericht zur Lage der älteren Generation. Potenziale des Alters in Wirtschaft und Gesellschaft – Der Beitrag älterer Menschen zum Zusammenhalt der Generationen. Bonn. https://www.bmfsfj.de/resource/blob/79080/8a95842e52ba43556f9ebfa600f02483/fuenfter-altenbericht-data.pdf. Zugegriffen am 07. Sept. 2023.

Brandt, N. D., Drewelies, J., Willis, S. L., Schaie, K. W., Ram, N., Gerstorf, D., & Wagner, J. (2022). Acting like a baby boomer? Birth-cohort differences in adults' personality trajectories during the last half a century. *Psychological Science 2022, 33*(3), 382–396.

Bruchhaus Steinert, H. (2014). Sexualität und Partnerschaft im Alter – eine systemische Perspektive. In T. Friedrich-Hett, N. Artner, & R. A. Ernst (Hrsg.), *Systemisches Arbeiten mit älteren Menschen* (1. Aufl.). Carl-Auer.

Bucher, A. A. (2019). *Lebensernte. Psychologie der Großelternschaft.* Berlin: Springer.

Bude, H. (2024). Abschied von den *Boomern.* Hanser.

De Beauvoir, S. (2000). *Das Alter.* Rowohlt.

Ehret, S. (2012). Sorgende Gesellschaft – Unität der Fürsorge in der Diversität. *Wege zum Menschen, Vandenhoeck u Ruprecht. Band 64*(3), 272–287.

Elias, N. (1970). *Was ist Soziologie?* (7. Aufl.). Juventa.

Erikson, E. H. (1966). *Identität und Lebenszyklus.* Suhrkamp.

Frankl, V. E. (1987). *Ärztliche Seelsorge.* Fischer.

Hofer-Moser, O. (2018). *Leibtherapie: Eine neue Perspektive auf Körper und Seele.* Gießen: Psychosozial-Verlag.

Holt-Lunstad, J. (2021a). A pandemic of social isolation? *World Psychiatry, 20*(1), 53.

Hantel-Quitmann, W. (2019). *Farbenlehre der Liebe: Chronik einer Paartherapie.* Gießen: Psychosozial-Verlag.

Kaspar, R., Wenner, J., & Tesch-Römer, C. (2022). *Einsamkeit in der Hochaltrigkeit* (D80+ Kurzberichte, Bd. 4/2022). Ceres.

Klaus, D., & Mahne, K. (2017). Zwischen Enkelglück und (Groß-)Elternpflicht – Die Bedeutung und Ausgestaltung von Beziehungen zwischen Großeltern und Enkelkindern. In K. Mahne, J. Wolff, J. Simonson, & C. Tesch-Römer (Hrsg.), *Altern im Wandel. Zwei Jahrzehnte Deutscher Alterssurvey (DEAS)* (S. 231–246). Springer VS. https://doi.org/10.1007/978-3-658-12502-8

Klaus, D., & Mahne, K. (2019). Partnerschaft und Familie im Alter. In K. Hank, F. Schulz-Nieswandt, M. Wagner, & S. Zank (Hrsg.), *Altersforschung - Handbuch für Wissenschaft und Praxis* (S. 357–389). Nomos-Verlag.

Kruse, A. (2005). Selbstständigkeit, Selbstverantwortung, bewusst angenommene Abhängigkeit und Mitverantwortung als Kategorien einer Ethik des Alters. *Zeitschrift für Gerontologie und Geriatrie, 38,* 223–237.

Mahne, K., & Huxhold, O. (2017). Nähe auf Distanz: Bleiben die Beziehungen zwischen älteren Eltern und ihren erwachsenen Kindern trotz wachsender

Wohnentfernungen gut? In K. Mahne, J. Wolff, & J. Schwarz (Hrsg.), *Konfliktmanagement: Konflikte erkennen, analysieren, lösen* (6. Aufl.). Gabler.

Riehl-Emde, A. (2014). *Wenn alte Liebe doch mal rostet.* Kohlhammer.

Rosenberg, M. B. (2016). *Gewaltfreie Kommunikation: Eine Sprache des Lebens.* Junfermann.

Schröder-Kunz, S. (2019a). *Generationen gut führen – Altersgerechte Arbeitsgestaltung für alle Mitarbeitergenerationen.* Springer Gabler.

Schröder-Kunz, S. (2019b). *Gutes Leben und Arbeiten in der zweiten Lebenshälfte – Frühzeitig den Weg ins Älterwerden gestalten.* Springer.

Staudinger, U.M. (2005). Lebenserfahrung, Lebenssinn und Weisheit. In S.-H. Filipp & U.M. Staudinger (Hrsg.), *Entwicklungspsychologie des mittleren und höheren Erwachsenenalters* (Bd. 6: Enzyklopädie der Psychologie). Hogrefe.

Tesch-Römer, C. (2010). *Soziale Beziehungen alter Menschen.* Stuttgart: Kohlhammer.

Tesch-Römer, C. (2019): Theorien der sozial- und verhaltenswissenschaftlichen Alternsforschung. In K. Hank, F. Schulz-Nieswandt, M. Wagner, & S. Zank (Hrsg.), *Handbuch Alternsforschung* (S. 49–82). Nomos Verlag.

Wahl, H.-W., & Kruse, A. (2014). *Lebensläufe im Wandel – Entwicklung über die Lebensspanne aus Sicht verschiedener Disziplinen.* Kohlhammer.

Wünsche, J., & Tesch-Römer, C. (2022). *Wie viele Menschen in der zweiten Lebenshälfte sind in der Bundesrepublik Deutschland von Einsamkeit betroffen? [DZA-Fact Sheet].* Deutsches Zentrum für Altersfragen.

Link

https://www.wegeausdereinsamkeit.de/

10

Einschränkungen und Verluste als Teil des Lebens begreifen

Wie wir auf den vorangegangenen Seiten sehen konnten, gibt es vieles, was wir im Ruhestand gestalten können und auch gestalten sollten: unseren Abschied aus dem Betrieb, unseren neuen Alltag, unsere Beweglichkeit rund um Körper und Kopf, unsere Aufgaben und Tätigkeiten, unsere sozialen Beziehungen und das Zusammenleben mit der jungen Generation. Dabei kann an vielen Stellen Lebensqualität und Freude entstehen. Doch wir wissen auch, dass wir im Laufe des Lebens immer wieder mit Schwerem konfrontiert werden. Die Lebenskunst ist es, beides zu akzeptieren, anzunehmen und aktiv damit umzugehen: die schönen und die schweren Seiten.

Sind unsere Erwartungen an das Leben nicht einseitig auf Freude und Gesundheit gerichtet, sondern auch auf die Möglichkeit von Verlust und Trauer, bleiben wir handlungsfähig. Wenn wir das Schwere akzeptieren, erstarren wir weniger und können konstruktiv nach Lösungen suchen. Dazu gehört, dass wir auch unserer Traurigkeit oder Verzweiflung Raum geben. Zugleich müssen wir Geduld mit uns selbst haben, wenn wir uns in einer schweren Lebensphase wiederfinden – wir sind keine Maschinen, die auf Knopfdruck die Veränderungen akzeptieren können. Vielmehr handelt es sich um einen manchmal langen Prozess, der einiges abverlangt. In ihm kann es aber schließlich zu einer Weiterentwicklung trotz Einschränkungen und Verlusten kommen. Darauf möchte ich auf den folgenden Seiten eingehen.

10.1 Sich im Alter weiterentwickeln – trotz Einschränkungen, Krankheit und Verlusten

Entwicklung – ist das nicht eine Sache der jungen Jahre? Kinder und Jugendliche entwickeln sich, und vielleicht passiert das auch noch im jungen Erwachsenenalter – aber dann? Auf eine solche Einstellung dürfte man häufig in unserer Gesellschaft treffen. Späteren Jahren, dem Alter gar wird bestenfalls Stagnation, eher aber so etwas wie ein Rückschritt, eine abfallende Kurve attestiert.

Nun ist das Alter tatsächlich mit mehr Abbau verbunden als unsere jungen Jahre. Es trifft zu, dass viele der dynamischen Prozesse, wie wir sie etwa mit körperlichem Wachstum, aber auch mit aktiver Lebensentfaltung verbinden, der Jugend vorbehalten sind. Doch dieser Blick ist einseitig. Mehr noch: Er ist falsch, wenn er dazu führt, dass die vielen Kräfte des Alters übersehen werden.

Verluste und Leid, wie sie das Leben gerade in späteren Jahren oft mit sich bringt, können wir nicht vermeiden. Wir können aber den Umgang damit ein Stück weit lernen. Und dieser Umgang bedeutet nicht nur, Leid zu ertragen, sondern kann uns bei weiteren Entwicklungsschritten helfen. Im Umgang mit Leid können wir Ressourcen entdecken und uns als Menschen vervollkommnen. Reife und Vollendung sind hier die entscheidenden Stichworte – und sie würde man wohl kaum mit den dynamischen Jugendjahren in Verbindung bringen. Alter allein mit Krankheit und Leid gleichzusetzen, verbaut den Blick auf Wesentliches, das entscheidend darüber hinausgeht.

In einem Interview bin ich kürzlich gefragt worden, ob ich Angst vor dem Alter hätte. Meine Antwort lautete: Nein, keine Angst, aber Respekt. Dabei dachte ich an eine Freundin, die an einer Autoimmunerkrankung leidet, dachte daran, wie sie gewisse Tatsachen akzeptierte, Traurigkeit durchlebte, ihrem Erleben immer wieder pointiert in Worten Ausdruck gab, bisweilen verzweifelt war, dann den klaren Entschluss fasste zu lernen, mit ihrer Situation und der weiteren Entwicklung umzugehen. Schwer war für sie vor allem, und das ist aufschlussreich, dass andere Leute sich in ihrem Verhalten ihr gegenüber veränderten.

Nun möchte ich das Leiden keineswegs verherrlichen. In unserer Selbstverantwortung und Mitverantwortung sind wir immer wieder gefordert, Leid zu vermeiden. Wir müssen aber auch verstehen, dass wir es nicht gänzlich aus unserem Leben streichen können. Wir müssen es ein Stück weit einkalkulieren. Zugleich sollten wir uns bewusst machen, dass jede Krise eine Chance in sich birgt. Menschen reagieren auf Krisen unterschiedlich, und sie haben auch unterschiedliche Widerstandskräfte. Dennoch wissen wir aus der Resilienz-Forschung, dass sich die Widerstandsfähigkeit über das Leben hinweg fördern und einüben lässt. Und das kann uns Hoffnung machen – auch für unser Alter.

Für die Haltung zum und den Umgang mit dem Alter kann hilfreich sein, was der Theologe Fulbert Steffensky zur Krankheit schreibt. Problematisch ist oft nicht allein das Leiden an sich, sondern das Verhalten des Umfelds. Der Kranke ist weniger ein Teil des normalen Lebens, sondern ein Gegenstand der Sorge. Das mag ja gut gemeint und ehrlich empfunden sein, reduziert den Kranken aber auf Defizite. Für ihn ist dann nicht allein die Krankheit bedrohlich oder einschränkend, sondern auch gerade die Beziehungen seiner Mitmenschen zu ihm. Vor lauter Sorge kann man, und sei es ungewollt, das Leben des Kranken nicht mehr als normal, nicht mehr als glücklich ansehen. Der kranke Mensch wird zu einem Objekt des Bedauerns. Zum Leid kommt dann auch noch das Mitleid hinzu, das aus Sicht des Betroffenen eine ganz eigene Last bedeutet.

Das heißt nun nicht, dass man an der Krankheit und dem Leiden des anderen keinen Anteil nehmen sollte. Empathie ist wichtig, ja unverzichtbar in unseren sozialen Beziehungen! Aber dazu gehört eben auch, „normal" mit den Betreffenden umzugehen. Bloßes Bedauern droht hingegen in Ausgrenzung umzuschlagen. Manche Menschen, denen ich im Leid begegne, wollen mit mir gerade auch über Schönes, ja Leichtes sprechen, wollen mit mir lachen und für einen Moment abgelenkt werden. Oft braucht es das, um sich dann wieder dem Schweren zuzuwenden und vielleicht sogar Sinnhaftes entdecken zu können.

> **Denkanstoß**
>
> Wie möchten Sie selbst behandelt werden, wenn Sie erkrankt sind? Nur als kranker Mensch? Möchten Sie, dass sich die anderen um Sie sorgen? Wie weit darf diese Sorge aber gehen? Möchten Sie, dass nur noch Ihre Beschwerden besprochen und analysiert werden? Oder wollen Sie weiterhin mit all Ihren Fähigkeiten und Stärken wahrgenommen werden und auch immer wieder über Schönes reden?

Diese Fragen lassen sich oft nicht so einfach beantworten. Vieles hängt ja von den konkreten Beziehungen und den betreffenden Personen sowie der jeweiligen Situation ab. Von der einen möchte man sich gerne in den Arm nehmen lassen, bei einer anderen wünschen wir eher etwas Distanz. Zugleich sollten wir unseren Mitmenschen zugestehen, dass sie unsicher sind, wie sie der kranken Person begegnen sollen und wollen. Umso wichtiger ist es, hier von beiden Seiten offen zu kommunizieren, Wünsche zu äußern oder nach den Wünschen zu fragen. Gerade so ist es möglich, den wechselseitigen Respekt und damit auch den gegenüber der kranken Person zu wahren, ja zu pflegen.

So falsch es ist, das Alter mit Krankheit und Abbau gleichzusetzen, so unsinnig wäre es zu leugnen, dass gesundheitliche Aspekte und körperliche, teils auch kognitive Einschränkungen im Alter eine zunehmende Rolle spielen. Da das Alter inzwischen ein sehr weiter Bereich sein kann, der mehrere Jahrzehnte umfasst, muss dies keineswegs gleich der Fall sein, wenn man in den Ruhestand tritt. Das ändert aber nichts daran, dass man sich mit zunehmendem Alter doch früher oder später in mehr oder weniger großen Ausmaß damit konfrontiert sieht. Nun bietet gerade eine älter werdende Gesellschaft die Chance zu lernen, „natürlicher" mit Leid umzugehen. Der demografische Wandel bringt es mit sich, dass wir mit einer viel größeren Anzahl an verletzlichen Menschen konfrontiert werden, als dies früher der Fall war. Die Babyboomer, die derzeit und in den kommenden Jahren in Rente gehen, spüren bereits ihr eigenes Alter. Viele von ihnen haben zugleich hochbetagte Eltern oder mussten bereits deren Verlust erfahren. Aufbau und Leistung und die damit verbundenen Normen und Werte gelten nicht mehr uneingeschränkt. Mit Verlust, Krankheit, Schmerz oder Tod umzugehen, haben die meisten von uns aber nicht gelernt.

In jungen Jahren haben viele von uns die Erfahrung gemacht oder zumindest geglaubt, dass es für alles ein Mittelchen oder eine Lösung gibt. Eine solche Herangehensweise hilft jetzt an vielen Stellen nicht mehr. Mit dem Alter müssen wir anders umgehen. Wichtig ist, Veränderungen wahrzunehmen und zu akzeptieren. Wir sollten erkennen, dass vieles langsamer sein wird und sein darf, dass die Kraft nicht schwindet, aber besser dosiert und manch Kuchen etwas kleiner gebacken werden muss. Wir dürfen das nicht als vorübergehenden, als zu behebenden Zustand ansehen. Das Alter ist kein Reparaturfall. Genauso wenig aber darf es auf die Beschwerden, die Krankheiten, die Einschränkungen, die Verluste, die damit einhergehen, reduziert werden. So wichtig es ist, diese zu akzeptieren, und so sehr sie uns zunehmend vor Herausforderungen stellen, so wenig darf die späte Lebensphase ausschließlich von ihnen her verstanden werden.

Es geht im demografischen Wandel nicht nur darum, dass es viel mehr Ältere geben wird, sondern es geht auch um das qualitative Leben der Älteren. Werden sie bloß noch als verletzlich angesehen, werden bald alle Angst vor dem Alter haben. Dabei soll und kann es eine erfüllende und die Individualität vervollkommnende Lebensphase sein. Dazu braucht es andere Erwartungen als früher. Wer als zu erreichende Ziele allein uneingeschränkte körperliche Fitness, durchschlagenden Erfolg im Beruf, das große Liebes-, Ehe- und Familienglück festlegt, der programmiert herbe Enttäuschungen vor – und dies nicht erst im Alter. So ist ja auch volle Genesung bei chronischer Erkrankung eine unangemessene Erwartung. Solch ein Ziel sollte daher nicht gesetzt werden; Maßstab sollte vielmehr das Gelingen des Lebens als Prozess sein – Hoffnung eingeschlossen. Steffensky verweist im Hinblick auf das Alter auch auf die Fähigkeit zu Passivität, die Tugenden der Langsamkeit, der Geduld, des Wartens und Ausharrens. Ja, im Alter kann man auch einmal etwas sein lassen und dadurch vielleicht zur Gelassenheit finden. Lernen lässt sich so vom Leiden durchaus, und auch im positiven Sinne – Dankbarkeit etwa.

Das Alter hat also durchaus Entwicklungspotenzial. Nur unterscheidet es sich von dem, was man in jüngeren Jahren darunter verstanden hat. Entwicklung ist freilich ein großes Feld. Fangen wir doch einmal bei uns selbst an. Wie sehen wir die eigene Entwicklung? Wie haben wir uns in unserem bisherigen Leben entwickelt? Welche bedeutsamen Lebenspunkte oder Lebensabschnitte fallen uns hier ein? Und wie möchten wir uns auch nach dem beruflichen Leben noch weiterentwickeln? Das sind große Fragen, auf die es auch hier wieder keine einfachen Antworten gibt. Hilfreich ist es, das eigene Leben mit all den bunten Facetten zu betrachten. Dabei können wir auch auf das Thema Sinn (Vgl. Kap. 2) stoßen. Passt das Bild einer Raupe, die sich in einen Schmetterling verwandelt, wenn wir nach der Entwicklung im Alter fragen? Wo konnten Sie sich bisher entfalten und zum Schmetterling werden? Was konnten Sie wie, wann und wo entfalten? Wie werden wir wir selbst mit all unseren Potenzialen? All das sind Fragen der Selbstverantwortung.

Entwicklung und Entfaltung hat mit Suchen zu tun. Was also suche ich? Wo bin ich noch hungrig? Und was macht mich satt? Erste Antworten finden wir, wenn wir uns fragen, was wir wirklich gut können, was uns Freude bereitet, uns schon lange (vielleicht sogar ein ganzes Leben lang) beschäftigt. Oftmals kommen hier unsere Talente zum Vorschein.

Ein Beispiel: Eine kunstbegeisterte Frau ist handwerklich begabt. Solange sie denken kann, arbeitet sie gerne mit dem erdigen Material des Tons. Sie war bisher berufstätig und konnte nur wenig diesem Interesse nachgehen. Im Ruhestand möchte sie nun mehr Zeit darauf verwenden und dabei auch mehr in die Tiefe gehen. Sie besucht viele Ausstellungen, reist durch die Welt und geht offenen Blickes durch das Leben, saugt geradezu alles in sich auf. Immer wieder beobachtet sie auch Kinder, die spielen. Wie sie sich ganz auf das Spiel einlassen und darin aufgehen, fasziniert sie. Sie fragt sich, wie

Erwachsene in eine solche Haltung, in ein solches Tun hineinfinden können. Sie stellt sich ein schöpferisches Gestalten aus einer inneren Motivation heraus vor, ein Sich-treiben-Lassen in dem, was da entsteht. Ihr großer Wunsch ist es, dieses Spiel in ihrer Tonkunst darzustellen. Mit ihrem Talent und ihrem neuen Wissen, das sie durch die Beobachtungen gewonnen hat, setzt sie sich an ihren Arbeitstisch, nimmt erdige Tonmasse in die Hand und fängt intuitiv an zu gestalten – zu spielen. Dabei ist sie fast abwesend, spürt sich selbst ganz und wahrhaftig – eine Leichtigkeit und gute Schwere zugleich. Sie spürt Entwicklung – in sich selbst. Freunde und Bekannte bewundern die Tonarbeit später bei ihr zu Hause. Man kommt ins Gespräch über das Spielen und wie es noch mehr in das eigenen Leben geholt werden kann. Das Kunstwerk bringt so auch andere zum Nachdenken.

Sich selbst mit den eigenen Begabungen zu sehen und zu entwickeln und an diesem Entstehen auch andere teilhaben zu lassen, kann etwas sehr Wertvolles sein – auch für andere Menschen. So will die Frau ihr neues Wissen über Kunst und den kreativen Schaffensprozess nun auch für andere Menschen einbringen. Sie bietet im Brennpunktviertel ihrer Stadt einen Kurs für Kinder an. Kinder können dort frei gestalten und kreativ werden. Viele von ihnen verarbeiten in ihren Kunstwerken spielerisch ihre Sorgen und Nöte.

Auch viele Jahre später setzt die Frau ihre Fähigkeiten, ihr handwerkliches Geschick und die schöpferische Kraft ein, als Verluste in ihr Leben treten. Körperliche Einschränkungen und der Tod ihres Mannes sind die schwersten. In ihrer Trauer schaffen ihre Hände ganz neue Formen. Sie lernt sich selbst mit ihrer Trauer und Verzweiflung zu akzeptieren. Sie bringt sie zum Ausdruck, versteht sie gerade dadurch umso mehr, nimmt sie an und kann sie mit der Zeit verändern. Der Schmerz wird etwas weniger, aber nicht, weil er verdrängt wurde, sondern weil sie sich bewusst mit ihm in kreativer Weise auseinandergesetzt hat.

In diesem Beispiel zeigt sich eine Entwicklung, die dem Alter nicht per se vorbehalten ist, sich aber doch in diesem erst entfalten kann. Deutlich wird auch, wie umfassend es ist, was ich hier unter Entwicklung verstehe: Es bezieht sich auf bestimmte Interessen und Fähigkeiten, reicht aber weit über sie hinaus. Es ist eine Entwicklung des Lebens in der späten Lebensphase selbst.

Die Entdeckung der Langsamkeit in einer schnelllebigen Zeit
Die Welt verändert sich schnell. „Rasend schnell", sagen viele. Der Alltag wird vielfach von Technik dominiert. Vieles wird dadurch einfacher, man spart sich einige Mühen und Wege. Zugleich entsteht damit aber auch Un-

sicherheit, kommt es doch unablässig und in immer kürzeren Abständen zu vielfältigen Veränderungen. Auf den Straßen finden wir oftmals eine Betriebsamkeit und Unruhe, die nicht zur späten Lebensphase passen will, sie aber nicht ausspart. Und obwohl man sich von mancher Innovation eine Zeitersparnis und Vereinfachung erhofft, kommt eine gehörige Portion Unruhe ins Leben. Hier stellt sich dann nicht selten das Gefühl von Verlusten ein, und manch einer mag sich nach der „guten alten Zeit" zurücksehnen.

Aus der Perspektive des Alters gilt es immer wieder den Wert der Langsamkeit zu entdecken und sich anzueignen. Auch die Jüngeren können ihn sich zusammen mit den Älteren erschließen. Gemeinsam können die Generationen zurückschauen und fragen, welche Werte damals spürbar waren und heute vermisst werden, wie man sie auf die Gegenwart übertragen und wieder lebendig werden lassen kann oder wie Neues und Altes verbunden werden können.

Früher verbrachten viele ältere Menschen ganz natürlich ihren Lebensabend auf der Bank vor dem Haus und erledigten allenfalls noch kleine Hilfen im Haushalt oder Handwerk für die jüngeren Generationen. Sie beobachteten das Geschehen, sinnierten über die Welt, hielten hier und da ein Schwätzchen mit den Nachbarn oder machten ein Nickerchen in der Sonne. Heute sehen wir das eher selten. Heute müssen wir gezielt Strukturen schaffen, damit die Älteren ihren Lebensabend gemäß ihren Bedürfnissen und Möglichkeiten gut verbringen können. Begegnungsstätten müssen eingerichtet oder erweitert, Nachbarschaftshilfen organisiert, Rückzugsmöglichkeiten ebenso wie Orte der Teilhabe geschaffen werden. Viel hat sich hier in den letzten Jahren getan, vieles aber steht noch an gerade angesichts des weiter zunehmenden Anteils der Älteren und auch der Hochbetagten an der Bevölkerung. Die Zeit können wir nicht zurückdrehen. Aber denken wir an die Bank vor dem Haus, kann uns das doch ein wenig bei dem helfen, was einem bekannten Romantitel entspricht: der Entdeckung der Langsamkeit. Letztere ist gerade nicht als ein Manko, nicht so sehr als ein Zeichen von Abbau und nachlassenden Kräften anzusehen. Sie muss vielmehr als Wert, ja vielleicht als Tugend angesehen werden. Und damit hat sie dann in unserer heutigen Welt wohl nicht ihren ausschließlichen, aber doch bevorzugten Platz im Alter. Dinge langsam anzugehen heißt auch, mit Bedacht vorzugehen. Bringt der Ruhestand es mit sich, dass man nicht mehr mit allem immer gleich und auf der Stelle mithalten muss, dann kann er zumindest in dieser Hinsicht als eine privilegierte Position angesehen werden. Sie erlaubt Gelassenheit, Ruhe, vielleicht einen geweiteten Blick und so auch eine ganz eigene Entwicklung, die anders wohl gar nicht möglich wäre.

10.2 Autonomie und Hilfsbedürftigkeit

Die steigende Lebenserwartung ermöglicht vielen Menschen ein hohes Alter. Viele bleiben auch im fortgeschrittenen Alter gesund, und wer in den Ruhestand geht, kann oft damit rechnen, dass es eine Weile dauert, bis sich körperliche Gebrechen nennenswert bemerkbar machen. Dennoch kommt irgendwann der Punkt, an dem der natürliche Alterungsprozess unsere Fähigkeiten einschränkt und wir möglicherweise auf Hilfe angewiesen sind. Abgesehen von Krankheiten, die den Zustand rasch verändern können, ist es vor allem der natürliche Alterungsprozess, der uns Grenzen setzt.

Dies ist meist ein langsamer Prozess, und viele ältere Menschen arrangieren sich besser damit, als sie es sich in jungen Jahren vorgestellt haben. Trotzdem fällt es manchen Älteren schwer, einen Pflegebedarf einzugestehen. Gepflegt zu werden bedeutet – je nach Ausmaß des Bedarfs –, einen Teil der Selbstständigkeit zu verlieren. Dies ist meist sehr schwer zu akzeptieren. Bisher war es für sie selbstverständlich, ihren Alltag allein zu bewältigen. Wenn einfache Aufgaben zur Herausforderung werden, passiert das meist schleichend und wird von den Betroffenen oft nicht bemerkt oder sogar verdrängt. Pflegebedarf kann hochbetagte Eltern, Geschwister oder den Partner bzw. die Partnerin treffen, während man sich selbst noch fit fühlt. Doch auch pflegende Angehörige sind oft stark belastet.

Wie auch immer, es ist wichtig, sich mit dem Thema auseinanderzusetzen und hinzuschauen, was wir entweder bei uns selbst oder im nahen und fernen Umfeld höchstwahrscheinlich einmal erleben werden. Anzeichen dafür, dass ein Mensch im Alltag deutliche Einschränkungen erfährt, können vielfältig sein: Vielleicht verlässt die Person aus Selbstschutz oder Angst nur noch selten die Wohnung, zeigt Unsicherheiten beim Gehen und muss Aktivitäten weit im Voraus planen. Oder es werden Haushalt, Kleidung und Hygiene vernachlässigt, und ein Gewichtsverlust ist feststellbar. Wenn jemand häufig darüber spricht, wie schwierig es ist, den Alltag zu bewältigen, sind das Hinweise auf einen möglichen Hilfebedarf.

Unsere Gesellschaft vermittelt oft den Eindruck, dass Anerkennung nur durch aktive Beiträge zum Gemeinwohl und körperliche sowie geistige Gesundheit verdient wird. Das macht es umso schwieriger, die Realität altersbedingter Einschränkungen und den damit verbundenen Hilfebedarf zu akzeptieren. Dieser Prozess ist oft von Scham begleitet. Das Eingeständnis dieser Notwendigkeit, sowohl gegenüber sich selbst als auch anderen, ist der erste und entscheidende Schritt, der es ermöglicht, die Angehörigen mit Taktgefühl zu involvieren. Hier ist keine falsche Scheu angebracht.

10 Einschränkungen und Verluste als Teil des Lebens begreifen

Wir sollten frühzeitig darüber sprechen, dass die meisten von uns im Alter eines Tages, und sei es nur für kurze Zeit, auf Hilfe angewiesen sein werden. Wir können uns darauf vorbereiten, indem wir heute schon die genannten Aspekte in unserem engen Umfeld ansprechen und diskutieren. Durch diese frühzeitige Thematisierung legen wir den Grundstein für die Offenheit, die wir später benötigen werden.

Einfach ist das nicht, wird ja das Thema immer noch tabuisiert, weil es mit großer Angst behaftet ist. Gleichzeitig weiß ich durch meine Gespräche mit jungen und alten Alten, dass sie erleichtert sind, wenn sie sich einen möglichen Hilfebedarf erst einmal konstruktiv anschauen. Ihnen wird bewusst, dass eher das Verdrängen eine Belastung darstellt, während die Auseinandersetzungen mit den Möglichkeiten eine Entlastung bedeutet.

Was können Sie also selbst tun, wenn Sie eines Tages auf mehr Hilfe angewiesen sind? Natürlich ist es nicht einfach, die eigene Scheu und vielleicht auch Scham zu überwinden, aber in den meisten Fällen zeigen Angehörige und Freunde Verständnis und sind dankbar, wenn man sich ihnen öffnet. Zum einen zeigen Sie damit Vertrauen, zum anderen ermöglichen Sie es Ihren Lieben, aktiv Unterstützung anzubieten. Ohnehin haben enge Angehörige oft bereits eine Ahnung und sehen, dass Sie manches nur noch mit Mühe oder gar nicht mehr alleine schaffen. Haben Sie sich entschlossen, das Thema auf den Tisch zu bringen, ist es ratsam, dies persönlich und nicht telefonisch zu tun. Laden Sie Ihre Vertrauensperson ein und schaffen Sie eine angenehme Atmosphäre. Es ist wichtig, dass Sie Ihre Gefühle und Bedürfnisse in Worte fassen. Sagen Sie deutlich, dass Sie Hilfe benötigen, jedoch anderen nicht zur Last fallen möchten. Betonen Sie, dass Sie Ihre Selbstständigkeit so weit wie möglich wahren wollen und gemeinsam nach Lösungen suchen möchten, wie Sie Unterstützung erhalten können, ohne dabei Ihre Autonomie gänzlich einzubüßen. Offenheit lohnt sich. Wenn Ihre Lieben nicht das Gefühl haben, Ihnen die Hilfe aufdrängen zu müssen, wird es einfacher sein, ein Gleichgewicht zwischen Unterstützung und Pflege einerseits und Selbstbestimmung andererseits zu finden.

Als Ruheständler werden Sie aber auch leicht damit konfrontiert, dass andere es sind, die sich in der beschriebenen Situation befinden. Was können Sie tun, wenn eine Person in Ihrem näheren Umfeld Hilfe benötigt, wenn Sie Anzeichen für Unterstützungsbedarf erkennen, dieser aber nicht artikuliert wird? Es ist nicht einfach, einen geliebten Menschen darauf anzusprechen, dass er Schwierigkeiten hat, sich selbst zu versorgen. Im Zentrum des Gespräches sollte daher das Positive stehen: Es geht um Ihre Bereitschaft zu helfen. Es geht nicht darum, der Person ihre Defizite ständig vor Augen zu führen oder ihr gar ihren Umgang damit vorzuwerfen. Formulieren Sie lieber Angebote. Schlagen Sie zum Beispiel vor, gemeinsam einzukaufen, weil man ohnehin noch etwas zu besorgen habe. So verleihen sie der angebotenen Hilfeleistung eine alltägliche Normalität, eine gewisse Beiläufigkeit, und zeigen damit, dass die ältere Person auch dann, wenn sie hilfsbedürftig ist, keine Last darstellt, sondern Teil der Familie ist. Weisen Sie ausdrücklich darauf hin, dass es normal ist, sich in der Familie gegenseitig zu unterstützen – schließlich hat die ältere Person früher auch anderen geholfen.

Wichtig ist es, wertschätzend Rücksicht auf die Gefühle der betroffenen Person zu nehmen. Es ist ein langsamer Lernprozess, Hilfe zu akzeptieren – das geschieht nicht über Nacht. Das persönliche Verhältnis ist wichtig: Geht es um eine verwandte Person oder um eine Bekannte? Für manche wird es schwieriger, je näher das Verhältnis ist. Andere wiederum benötigen eng Vertraute, um sich zu öffnen. Verwenden Sie „Ich-Botschaften" und sprechen Sie von Ihren Beobachtungen, statt der Person direkt ein „Problem" zuzuweisen. Zum Beispiel: „Mir ist aufgefallen, dass du in letzter Zeit öfter erschöpft wirkst." Es ist auch hilfreich, wenn Sie als Sorgender Ihre eigenen Unsicherheiten offenlegen können. Ein möglicher Ansatz könnte sein: „Ich habe das Gefühl, dass du ein wenig Hilfe gebrauchen könntest. Ich möchte mich aber auch nicht aufdrängen. Können wir darüber sprechen, was wir in Zukunft tun können?" Über Pflegebedürftigkeit und entsprechende Hilfestellungen zu sprechen, sollte bedeuten, gemeinsam eine Lösung zu finden und, falls erforderlich, Hilfe von außen zu holen (vgl. dazu auch Abschn. 9.3 die Passage zu den „Hochbetagten Eltern").

Pflegebedürftigkeit ist kein Sonderfall mehr. So ist in einer Pressemitteilung vom 30. März 2023 vom Statistischen Bundesamt (Destatis) zu lesen: „Die Zahl der pflegebedürftigen Menschen in Deutschland wird allein durch die zunehmende Alterung bis 2055 um 37 % zunehmen. Laut den Ergebnissen der Pflegevorausberechnung des Statistischen Bundesamtes (Destatis) wird ihre Zahl von rund 5,0 Mio. Ende 2021 auf etwa 6,8 Mio. im Jahr 2055 ansteigen. Dabei werden bereits 2035 etwa 5,6 Mio. (+14 %) erreicht. Nach 2055 sind keine starken Veränderungen mehr zu erwarten, da die geburtenstarken Jahrgänge aus den 1950er und 1960er Jahren, die sogenannten Babyboomer, dann durch geburtenschwächere Jahrgänge im höheren Alter abgelöst werden." Wie umfangreich die Pflege zu sein hat, ist je nach Pflegegrad ganz unterschiedlich. Der Pflegesektor selbst wird wachsen müssen, wenn er dem Bedarf gerecht werden soll. Der wachsende Bedarf wird nicht nur auf die zu Pflegenden selbst Auswirkungen haben, sondern auch auf ihre Angehörigen sowie die Pflegekräfte – denn bei Letzteren mangelt es an vielem, vor allem an Personal und ausreichenden Mitteln. Auf

10 Einschränkungen und Verluste als Teil des Lebens begreifen

alle Fälle ist Pflege ein großes gesellschaftspolitisches Thema. Zugleich ist sie etwas, das wahrscheinlich jeden früher oder später betreffen wird, ob als pflegebedürftige Person oder als Angehöriger.

Ein wichtiger Punkt, der trotz aller strukturellen und personellen Mängel nicht übersehen werden darf, ist die Würde und Autonomie der Betroffenen. Pflegebedürftigkeit darf nicht mit Fremdbestimmung gleichgesetzt werden. Zwar limitieren die vorhandenen Einschränkungen bereits die Selbstbestimmung, aber auch die Struktur und Organisation der Pflege können dies tun. Insbesondere angesichts der zunehmenden Bedeutung demenzieller Erkrankungen im Alter ist es eine Herausforderung, dem Ideal der Selbstbestimmung gerecht zu werden. Dennoch sollten alle Beteiligten bestrebt sein, die Autonomie der Betroffenen so weit wie möglich zu erhalten. Immer wieder muss abgewogen werden, wo und wie dies möglich ist und wo die Gefahr einer Selbstschädigung es verbietet. Angesichts der unterschiedlichen Rollen im Pflegeverhältnis ist es nicht einfach, sich hier abzustimmen. Die Würde, die jedem Menschen in unserer Gesellschaft als unveräußerliches Recht zusteht und im Grundgesetz verankert ist, verpflichtet uns, ihre Wahrung immer wieder neu in Angriff zu nehmen. Sie muss kontinuierlich thematisiert werden und sollte bei allen medizinischen und pflegerischen Entscheidungen der Maßstab sein. Dies gilt insbesondere dann, wenn der Lebensweg sich dem Ende nähert und bestimmte Maßnahmen der Würde des Einzelnen nicht mehr entsprechen.

Wir müssen es uns immer wieder deutlich machen: Hilfe zu erhalten und anderen zu helfen ist etwas Natürliches. Es liegt in unserer Natur, dass wir uns gegenseitig unterstützen und füreinander da sind. Indem wir Hilfe annehmen, erkennen wir an, dass wir nicht alleine sind und dass es in Ordnung ist, Unterstützung anzunehmen, wenn wir sie brauchen. Umgekehrt kann es eine wunderbare Erfahrung sein, anderen zu helfen und ihnen das Gefühl zu geben, dass sie nicht alleine sind. Helfen wir uns gegenseitig, so stärken wir unsere Verbindungen und schaffen eine gemeinsame Grundlage des Mitgefühls und der Fürsorge. Es ist ein wertvoller Austausch, der uns alle bereichert und uns daran erinnert, dass wir als Gemeinschaft füreinander da sind.

> **Denkanstoß**
>
> Können Sie gut Hilfe annehmen? Wie wichtig ist Ihnen Ihre Autonomie? Können Sie sich auf den Gedanken einlassen, dass Sie andere Menschen eines Tages um Hilfe bitten werden? Was könnte Ihnen dabei helfen? Und wie können Sie jetzt schon an Ihrer Haltung arbeiten?

10.3 Arbeit an der Vergangenheit

Ist der Ruhestand der Übergang in die späte Lebensphase, beginnt oft eine Zeit innerer Reflexion und des Rückblicks auf das eigene Leben. Das können schöne Erinnerungen sein, für die wir dankbar sind, aber auch solche, die unser Leben nachhaltig geprägt haben. Manchmal treten traumatische Erfahrungen oder ungelöste Konflikte wieder in den Vordergrund und beeinträchtigen unser Wohlbefinden. Wir haben uns doch vorgenommen, im Ruhestand die Dinge in Ruhe anzugehen, frei von beruflichem Ballast. Und nun wirft die Vergangenheit Fragen auf und beunruhigt uns. Wie können wir da wieder zu einer inneren Balance gelangen?

Die eigene Vergangenheit gleicht keiner abgeschlossenen Bilderbuchgeschichte, die man blätternd als Unbeteiligter durchlebt. Insbesondere, wenn schwierige Themen noch nicht bewältigt sind, können wir uns aktiv mit ihnen auseinandersetzen. Es erfordert eine bewusste und konkrete Herangehensweise, sich den ungelösten Fragen und Konflikten zu stellen. So kann es gelingen, den gerade im Alter so wichtigen inneren Frieden zu finden.

Ein wichtiger Schritt auf dem Weg zur inneren Balance ist die Bereitschaft, sich mit den eigenen traumatischen Erinnerungen und schmerzhaften Erfahrungen auseinanderzusetzen. Oftmals werden solche Erlebnisse vom Gehirn verdrängt. Doch im Laufe der Zeit tauchen sie meist wieder auf: Wir begegnen ihnen in Träumen, irgendetwas ruft sie uns ins Gedächtnis, oder unsere Gedanken kreisen plötzlich wieder um sie, kehren immer wieder zu ihnen zurück und zwingen uns, sie stärker ins Bewusstsein zu rücken. Stellen wir uns diesen Erinnerungen und geben ihnen Raum, können wir beginnen, sie zu verarbeiten. Erfolgt dies auf produktive Weise, kann es uns gelingen, Frieden mit ihnen zu schließen.

Sollten wir es nicht schaffen, die Erinnerungsarbeit so zu bewältigen, dass sie sinnvoll in unsere Lebensgeschichte integriert werden kann, ist es ratsam, externe Unterstützung zu suchen. Das könnte das Gespräch mit einer empathischen Freundin oder Freund sein, wobei darauf zu achten ist, dass diese nicht selbst belastet werden. Bei anhaltenden Gefühlen wie Traurigkeit, Angst oder Hoffnungslosigkeit sollte die Inanspruchnahme professioneller Hilfe, etwa durch einen Psychotherapeuten, in Erwägung gezogen werden. Auch eine psychosoziale Beratung kann in weniger schwerwiegenden Fällen hilfreich sein. Ein erfahrener Therapeut oder Berater kann dazu beitragen, die vergangenen Ereignisse zu verstehen, mit ihnen umzugehen und neue Perspektiven zu entwickeln. Durch den Dialog mit einem einfühlsamen Gegenüber erhalten wir die Möglichkeit, unsere Gedanken und Gefühle zu ordnen, alte Verletzungen zu heilen und zu einer Art innerer Versöhnung zu gelangen.

Mit einer solchen Versöhnung ist nicht gemeint, dass wir das Geschehene vergessen oder rechtfertigen. Es geht vielmehr darum zu akzeptieren, was war. Das erlaubt es uns dann, die negativen Emotionen loszulassen. Dieser Prozess vollzieht sich nicht von alleine; er braucht Zeit, verlangt Geduld und bedeutet einiges an emotionaler und geistiger Arbeit. Es gibt keine festgelegte Zeitspanne und keinen vorgegebenen Weg, um psychische Stabilität zurückzugewinnen. Jeder Mensch hat seine eigene Reise zu absolvieren. Doch mit Offenheit, Unterstützung von außen, ob es sich dabei nun um enge Vertraute oder um professionelle Therapeuten handelt, und der Bereitschaft zur Selbstreflexion ist es möglich, auch im reifen Alter Dinge zu bewältigen, die das Leben stark gezeichnet haben. Gerade der Ruhestand bietet Raum und Zeit für diese wichtige innere Arbeit. Vielleicht eignet sich insbesondere der Beginn, die Phase des Übergangs, dazu, uns bewusst mit unserem bisherigen Leben auseinanderzusetzen. Konfrontieren wir uns mit den ungelösten Fragen und Konflikten unserer Vergangenheit und streben nach innerer Balance, kann es uns gelingen, die späte Lebensphase des Alters zu einer Zeit der Ruhe und Lebensfülle werden zu lassen – einer Fülle, die gerade auch das Schwere umfasst, aber nicht durch tiefe, schmerzende Risse auseinanderbricht.

> **Denkanstoß**
>
> Gibt es etwas in Ihrem vergangenen Leben, dass Sie im Laufe der Zeit immer noch belastet und das Sie gerne aufarbeiten möchten? Wie könnte das gelingen? Wie wollen Sie die Sache in den Blick nehmen, um Frieden schließen zu können? Gibt es eine Person in Ihrem Umfeld, die Ihnen gut zuhört und mit der Sie gemeinsam in Ihren Gedanken weiterkommen? Wäre es sinnvoll, eine psychosoziale Beratung zu suchen, um wieder zu einer inneren Balance zu gelangen?

10.4 Endlichkeit: Sterben und Trauer

Die Endlichkeit im Blick – auch das ist Entwicklung
Wenn ich als Hospizhelferin über das Sterben spreche, wird dieses sonst oft tabuisierte Thema real und greifbar. Für viele Menschen ist das hilfreich, um die Situation sterbender Angehöriger oder Freunde besser zu verstehen. Gleichzeitig gibt es Personen, die lieber nicht mit dieser Realität konfrontiert werden möchten. Sie empfinden meine Worte zuweilen als beängstigend oder sogar als Zumutung. In solchen Momenten erlebe ich betroffene Stille. Dabei ist es nicht meine Absicht, Unbehagen zu erzeugen. Ich

berichte – unter Wahrung meiner Schweigepflicht – über meine Tätigkeiten und meine Beobachtungen. Wir sollten den Mut aufbringen, uns schrittweise mit den Themen Sterben, Tod und Trauer auseinanderzusetzen und dabei kontinuierlich dazulernen. Dadurch sind wir in der Lage, Sterbende in unserem näheren Umfeld zu begleiten. Diese Begleitung ist nicht nur für die Sterbenden selbst von Bedeutung, sondern kann auch für uns als bereichernde Erfahrung und als Akt der Fürsorge angesehen werden. Erfreulicherweise beobachte ich immer mehr ein wachsendes Interesse an diesen Themen. Viele Menschen möchten mehr über das Sterben erfahren, einen natürlichen Prozess, der untrennbar zum Leben gehört.

Die Medizin hat heute zahlreiche Möglichkeiten, um uns am Leben zu erhalten, und das ist auch gut so. Und doch werden wir uns fragen müssen, unter welchen Bedingungen wir so lange leben wollen, wie es medizinisch möglich ist. Wir sind dafür verantwortlich, in unserer Selbstbestimmung den Weg der Endlichkeit mitzugestalten, und angesichts des medizinischen Fortschritts mit seinen Folgen sind wir das mehr als je zuvor. Das ist eine große Chance. Gleichzeitig überfordert es uns. Denn mit unserer Endlichkeit sind meistens viele ambivalente Gefühle verbunden. Selbst wenn sich die Betroffenen manchmal lebensmüde fühlen, bleibt doch der Bezug zu ihrem Leben. Es wird wohl immer ein gewisser Schmerz um die verschiedensten Abschiede geben: von Menschen, von liebgewonnenen Dingen, von unserem Umfeld. Zugleich kann die Ungewissheit über das, was da kommt, ein bedrückendes Gefühl in uns auslösen. Selbst gläubige Menschen, die an einen gütigen Gott glauben, berichten mir manches Mal davon.

Als Hospizhelferin unterstütze ich den Leitspruch der Malteser: „Nicht durch eine Hand, sondern an einer Hand sterben." Ich glaube daran, dass Sterben ein Prozess ist, in den wir nicht durch assistierten Suizid eingreifen sollten. Dennoch bleiben viele offene Fragen, auf die sich keine abschließenden Antworten finden lassen. Wir können und dürfen uns immer wieder überlegen, welche Medizin wir schlucken, und alle Maßnahmen können überdacht werden. Es geht darum, im Bewusstsein der Konsequenzen zu einer selbstbestimmten Entscheidung zu gelangen. Ich glaube daran, dass Familien hierzu miteinander ins Gespräch kommen können, ja sollten und müssen. Ebenso glaube ich daran, dass der Mensch lernen kann, die Sterblichkeit in sein Leben zu integrieren und dadurch an Lebensqualität dazu gewinnen kann.

Sterben konfrontiert uns an vielen Stellen mit dem Verlust der Selbstkontrolle und der Autonomie. Sterben ist stets individuell; jeder stirbt seinen eigenen Tod. Als Begleitende können wir da sein und da bleiben, wo man, ist die medizinische Therapie am Ende, nichts mehr machen kann oder will. Es gilt das Sterben zu akzeptieren und den Weg hin zum Tod auszuhalten, um dem Begleiten seinen Sinn zu geben.

Sterben heißt loslassen – sowohl für den Sterbenden als auch für den, der ihn begleitet. Dieses letzte Loslassen können wir uns schon früh im Leben bewusst machen und sogar ein Stück weit üben, beispielsweise auf Beerdigungen. Dieses Üben kann auch im Hinblick auf die eigene Endlichkeit von Bedeutung sein. Womöglich wird es noch offene Wünsche geben, die man sich noch nicht erfüllt hat. „Ich habe mein Leben noch nicht gelebt" – das wird von manchen Menschen am Lebensende geäußert. Manches Mal hilft es dann, den Blick auf das zu lenken, wo wir Fülle – und sei es nur im Kleinen – erlebt haben. Wo war das Leben gut? Was hat für mich Sinn ergeben? Was konnte ich lernen? Kann ich meinen Frieden schließen mit dem, wo meine Sehnsucht nicht gestillt wurde? Kann ich betrauern, wo ich Mangel hatte, wo ich verletzt wurde? Das können große Fragen sein, die sich nicht sofort beantworten lassen, sondern die ihre Zeit und ihren Raum brauchen. Manches Mal hilft hier die Unterstützung und das Gespräch mit einem zuhörenden Menschen. Integrieren und Frieden schließen kann für den Übergang und das Sterben von großer Bedeutung sein. Je früher wir diese Facetten in unserem Leben anschauen, desto besser, wie schon in Abschn. 10.3 deutlich wurde.

Sind wir diejenigen, die das Sterben eines uns lieben Menschen erleben, es begleiten oder damit konfrontiert sind, fühlen wir uns oftmals ohnmächtig. Sterben und Trauer sind immer noch Tabuthemen. Tatsächlich ist es aber wichtig, dass wir uns frühzeitig damit beschäftigen. Und diese Beschäftigung muss keine düstere Angelegenheit sein. Sich ernsthaft mit diesen Fragen auseinanderzusetzen, kann unterschiedliche Formen annehmen. In Darmstadt beispielsweise gab es 2022 ein Theaterstück mit dem Titel „Sie werden lachen. Es geht um den Tod". Es handelte sich um ein Improvisationsstück, das im Malteser Hospizzentrum aufgeführt wurde. Von diesem wurde im selben Jahr auch die Karikaturenausstellung namens „Wenn der Tod dich anlacht" nach Darmstadt geholt. Das mag im ersten Moment irritieren, aber selbst Trauernde, die den plötzlichen Verlust eines sehr nahestehenden Menschen zu beklagen haben, berichten mir manchmal, dass sie ihrem Schmerz mit einem gewissen Humor begegnen. Ein Rezept gibt es für all dies freilich nicht, und man sollte natürlich sehr behutsam mit solchen Fragen umgehen, ganz besonders als Außenstehende. Es zeigt aber, dass Scheu und Tabuisierungen nicht nur unnötig, sondern eher kontraproduktiv sind.

Die Auseinandersetzung mit dem Thema Vergänglichkeit kann unterschiedliche Formen annehmen. Naturbetrachtungen sind eine davon, wie uns die Fotografin Herlinde Kölbel vor Augen führt. Die Frage der Vergänglichkeit hat sie in ihrer Herangehensweise an Pflanzen behandelt: Sie hat verwelkende Blumen abgelichtet und dabei den Prozess des Vergehens auf ganz eigene Weise dokumentiert und in der künstlerischen Darstellung einen „unvergleichlichen Zauber", eine „ganz besondere Anmut" entdeckt. So lasse die Natur im Vergehen eine neue Schönheit entstehen. Für den daraus entstanden Bildband hat sie als begleitende Texte passenderweise Passagen aus Ovids „Metamorphosen" verwendet: „Keines verbleibt in derselben Gestalt, und Veränderung liebend / Schafft die Natur stets neu aus anderen andere Formen, / Und in der Weite der Welt geht nichts – das glaubt mir – verloren; / Wechsel und Tausch ist nur in der Form. Entstehen und Werden / Heißt nur, anders als sonst Anfangen zu sein, und Vergehen / Nicht mehr sein wie zuvor."

Trauer
Der Trauer liegt stets ein Verlust zugrunde. Dabei kann es sich um Dinge, Situationen, Tiere, vor allem aber um Menschen handeln. Begreifen lässt sie sich als ein Prozess, der den Umgang mit diesem Verlust ermöglicht, ihn in sinnvoller Weise in das eigene Leben integriert. Weil sie ein Prozess ist, vollzieht sie sich in der Zeit; ihre Dauer kann dabei ebenso wie ihre Ausdrucksformen oder die damit zusammenhängenden inneren Vorgänge ganz unterschiedlich sein. Wie sie sich äußert und wie sie vom Trauernden erlebt wird, hängt vom Einzelnen ab. Trauer ist individuell. Zwar gibt es in vielen Kulturen gewisse Bräuche, sie schaffen aber oft nur einen formalen oder rituellen Rahmen. Trauer hängt für den Trauernden davon ab, wie dessen Beziehung zu dem Verstorbenen war. Konkret kann sie sich verschieden auswirken: Sie kann sich sowohl in körperlichen wie in psychischen Reaktionen zeigen, im sozialen wie im sonstigen Verhalten. Als Trauernde haben die Betroffenen bestimmte Bedürfnisse; das Umfeld sollte sie respektieren und berücksichtigen.

Dass getrauert wird, ist bei einem schweren Verlust ganz normal, ja ein wichtiger Vorgang, dem daher Raum gegeben werden muss, sowohl vom Einzelnen selbst als auch von seinem Umfeld. Wird die Last zu schwer, ist es aber sinnvoll, sich professionelle Hilfe zu holen. Ich kenne trauernde Menschen, die sich frühzeitig Trauergruppen angeschlossen haben, um ihrem Kummer Worte zu geben und zudem mit anderen in den Austausch zu kommen.

Jeder muss seinen individuellen Weg finden, mit seiner Trauer und dem Unfassbaren in kleinen Schritten umzugehen. Trauer braucht Zeit. Es wird dabei Phasen geben, in dem man mit seiner Trauer bei sich sein möchte, als auch solche, in denen man eine Gemeinsamkeit in der Trauer sucht. Wie dies verteilt ist, dürfte bei den meisten ganz unterschiedlich sein. Der Prozess selbst aber ist wichtig. Auch wenn er schwer ist, wenn man es als eine dunkle Zeit erlebt, bleibt dem Trauernden nichts anders übrig, als ihn zu durchlaufen. Zugleich sollte man sich aber nicht selbst mit tatsächlichen oder vermeintlichen Erwartungen dahingehend belasten, wie man mit der Trauer umzugehen hat, wie man „richtig" oder „angemessen" trauert. Vielmehr sollte man Bedürfnisse zulassen – auch solche, die von der Trauer unmittelbar wegführen. Kleinere Ablenkungen in der Trauerphase bedeuten kein Scheitern, sondern sind im Gegenteil oft Bestandteile eines normalen Verlaufs. Trauer gelingt dann, wenn man dem Verlust einen sinnvollen Platz in seinem Leben verschafft und zugleich doch allmählich wieder hoffnungsvolle Momente erlebt und das Zutrauen in das Leben zurückgewinnt – nicht trotz, sondern gerade mit der schweren Erfahrung, die man gemacht hat. So wie der geliebte Mensch ein zentraler Teil des eigenen Lebens war, so ist er es auch dann, wenn er gestorben ist. Es entsteht eine neue Beziehung, die auf der alten aufbaut.

Die Trauerexpertin Chris Paul spricht von „Facetten des Trauerns", die einem Kaleidoskop gleich unablässig neue Muster bilden. Es handelt sich um ein Modell der verschiedenen Bereiche, in denen die Trauer auf dem Trauerweg erlebt wird. Stets geht es um intensive Gefühle; Paul verweist auf Schmerz, Sehnsucht und Ohnmacht, aber auch auf Dankbarkeit und Liebe. Der Tod des geliebten Menschen bringt manchen dazu, nach dem Sinn des eigenen Weiterlebens zu fragen. Worum geht es nun im Einzelnen bei diesen Facetten, denen jeweils eine Farbe zugeordnet wird? Zum einen ist da das *Überleben*, das Paul als „rohe, simple Angelegenheit" beschreibt. Es gilt, die Tage und Nächte zu überstehen. Die Formen, die diese Bewältigung annehmen kann und darf, sind ganz verschieden. Eine andere Facette ist das *Begreifen der Wirklichkeit*. Hier zeigen sich die Schwierigkeiten, den Verlust zu begreifen. Während das Überleben wie eine Flucht wirken kann, steht hier die bewusste, gezielte Auseinandersetzung im Vordergrund: den Verstorbenen noch einmal sehen und berühren, sich über den Tod und die Umstände genauer zu informieren, mit anderen darüber sprechen, die Endgültigkeit realisieren oder auch religiöse Erwägungen anstellen. *Gefühle* sind die nächste Facette. Eine Vielzahl davon kann es geben, und oft stellen sich gleich mehrere, teils widersprüchliche ein. Sie äußern sich etwa im Weinen oder wütenden Schreien, aber auch im Verstummen. Oft haben sie körperliche Symptome zur Folge. Wiederum eine andere Facette besteht aus *Anpassungen*, etwa Veränderungen im Alltag, im Haushalt, in der eigenen Rolle. Mit dem Verstorbenen *in Verbindung bleiben* ist eine weitere Facette.

Erinnerungen spielen hier eine Rolle. Es geht darum, was von ihm im eigenen Leben bleiben soll, wie er in das Leben des Trauernden dauerhaft integriert wird. Schließlich ist das *Einordnen des Verlusts* eine Facette, bei der vor allem Sinnfragen, die Fragen nach dem „Warum" dominieren, aber auch Neubewertungen des eigenen Lebens oder bisheriger Einstellungen vorkommen können.

All das, was hier nur knapp dargestellt werden konnte, zeigt die Komplexität von Trauer. Sie ist vielschichtig, es geht bei ihr aber nicht um einen kognitiv schwierigen oder gar künstlichen Prozess. Trauer ist vielmehr etwas Natürliches, und auch die unterschiedlichen Aspekte, Phasen oder eben Facetten, in denen sie durchlebt wird, sind durchaus „normal", auch wenn sie oft zu Recht als Extremsituationen durchlebt werden. Ebenso wie Verlust und Leiden Bestandteile unseres Lebens sind, ist es auch die Trauer. Sie nicht zu verdrängen, sondern sich bewusst und auch schon früh mit ihnen auseinanderzusetzen, lässt erst das Leben als Ganzes begreifen. Sich mit ihnen zu beschäftigen, leistet so auch einen Beitrag dazu, sich im psychischen Sinne für das Alter zu „rüsten".

10.5 Psychische Widerstandskraft rechtzeitig für das Alter stärken

Das Alter ist keine Zeit des Niedergangs, es ist eine Zeit der Reife und der Fülle des Lebens. Sie enthält aber auch Schweres, manchmal Leiden, oft Trauer und Verlust; sie geht, wenn auch nicht gleich zu Beginn des Ruhestands, allmählich, manchmal auch rasch mit Einschränkungen, Gebrechen und Krankheit einher. Und doch ist sie keine bloße Verfallsform des früheren Lebens, sondern eine Lebensphase ganz eigenen Rechts, die es zu gestalten gilt. Dazu gehört es auch, die Herausforderungen des Alters und des Alterns anzunehmen und einen erfüllten, manchmal Jahrzehnte dauernden Lebensabend zu bestreiten – mit Freude und Trauer, mit Gewinn und Verlust, mit Regsamkeit und zugleich mit Ruhe und Gelassenheit.

Damit dies gelingt, braucht es psychische Widerstandskraft. Wir sahen in den vorangehenden Kapiteln immer wieder, dass es falsche Altersbilder, gesellschaftliche Zwänge, eigene Fehlerwartungen geben kann. Wir sahen auch, dass im Alter gewisse Herausforderungen auftreten, die weitgehend dieser Lebensphase vorbehalten sind. Ersichtlich wurde aber auch das große Potenzial, das der Ruhestand und die späten Lebensjahre in ihrer Vielfalt bieten und das es zu entdecken, zu gestalten gilt. Vorbereiten sollten wir uns auf freudvolle, aber auch auf schwere Momente, auf Verluste und Rückschläge. Um die Resilienz im Alter aufzubauen, scheinen mir sechs Fähigkeiten von Bedeutung. Dabei ist es wichtig zu wissen, dass es sich hier um einen Prozess handelt: Diese Fähigkeiten wollen aufgebaut und auch immer wieder geübt werden.

Die erste wird unter dem Begriff der *Selbstwirksamkeit* gefasst. Gemeint ist ein Vertrauen in sich selbst. Das geht eng mit Selbstwertgefühl und Selbstvertrauen einher. Dass hin und wieder Selbstzweifel aufkommen, ist durchaus normal, sie sollten aber nicht überhandnehmen oder sich verfestigen. Wer grundsätzlich davon überzeugt ist, dass er die Dinge, die er anpackt, auch bewältigen wird, geht anders an Probleme heran. Dieser Überzeugung liegt wiederum Erfahrung zugrunde: das Wissen, bereits in diesem oder jenem Erfolg gehabt zu haben, die Gewissheit, dass dieser Erfolg auf dem eigenen Tun beruhte. Auch Krisen, die in der Vergangenheit durchlaufen wurden und aus denen man nicht gebrochen, sondern eher gestärkt hervorgegangen ist, sind wichtig. Bestärkt wird die Selbstwirksamkeit zudem von vertrauensvollen Beziehungen, in denen andere einen stärken und gut zureden; weiß man darum, wird man auch selbst eher in diese Rolle schlüpfen und andere in ihrem Selbstvertrauen stärken. Besteht eine positive Selbstwirksamkeit, befördert dies die eigene Lebensqualität.

> **Denkanstoß**
>
> Wann standen Sie das letzte Mal vor einem Problem, haben sich selbst gut zugeredet und gesagt: „Ich schaffe das!"? Möchten Sie diese Haltung stärken und sich Ihre bisherigen Erfolge im Leben noch einmal bewusst machen? Wann sind Sie an Krisen gewachsen? Blicken Sie auf Ihre Lebenserfahrung zurück und schauen Sie, was Sie alles schon bewältigt und bewirkt haben. Wenn Ihnen dieser Blick schwerfällt, dann fragen Sie doch einmal Ihr Umfeld.

Die zweite Fähigkeit besteht darin, Unveränderliches zu akzeptieren. Das ist gerade für das Alter wichtig. Es mag nicht leichtfallen, aber nur so gelingt es, schwere Zeiten durchzuhalten und sie so zu durchstehen, dass das Belastende nicht von Dauer ist. Das Unveränderliche zu akzeptieren heißt allerdings nicht, zu erstarren und zu resignieren. *Akzeptanz* meint auch nicht, das Schwere zu verdrängen, wegzuschieben und zu ignorieren. Vielmehr müssen Gefühle zugelassen werden. Akzeptanz schafft erst die Voraussetzung, um realistisch mit Problemen umzugehen und an den richtigen Punkten anzusetzen – eben nicht da, wo es nichts mehr zu ändern gibt, sondern dort, wo sich die Situation wieder etwas mehr ins Positive ändern lässt. Gelassenheit spielt daher ebenso eine wichtige Rolle wie waches Bewusstsein. Das ist nicht einfach. Schwierig wird es mit der Akzeptanz vor allem, wo es um einen schweren Verlust geht, etwa den des Lebenspartners. Loslassen ist wichtig, zugleich aber auch schwer – für den Sterbenden, aber auch für den, der ihn begleitet. Der Tod ist etwas Unveränderliches, das in jedem Leben eine Rolle spielt. Sich mit der Endlichkeit des (eigenen) Lebens auseinanderzusetzen und sie auf eine grundlegende Weise zu akzeptieren, dürfte dabei helfen, die psychische Widerstandskraft im Alter zu stärken.

Als *Optimismus* kann die dritte wichtige Fähigkeit gelten. Sie steht keineswegs im Gegensatz zu der Akzeptanz des Unveränderlichen, auch wenn das auf den ersten Blick so scheinen mag. So wenig wie diese Schwarzseherei und Resignation meint, so wenig ist Optimismus mit Blauäugigkeit oder Wirklichkeitsflucht zu verwechseln. Optimismus meint eher ein grundlegendes Vertrauen in die Dinge, darauf, dass Herausforderungen Chancen sind, darauf, dass das Leben trotz der Krisen und trotz des Schweren in ihm sinnerfüllt und positiv ist. Der Blick richtet sich eher in die Zukunft, das Vergangene wird dabei aber nicht vergessen, sondern positiv gedeutet. Optimismus ist die Grundlage, die freudvollen Momente im Leben als solche wahrzunehmen, zu genießen und, ja, auch immer wieder herbeizuführen. In gewisser Weise hängt er mit der Selbstwirksamkeit zusammen: Fehlt das eine, wird es meist auch mit dem anderen eher schwer.

Die vierte Fähigkeit hat damit zu tun, dass wir Menschen soziale Wesen sind. Es geht um die *Orientierung an anderen Menschen* und um *unsere Kontakte und Beziehungen* mit ihnen. In schweren Lebensphasen ist es oft wichtig, nicht allein zu sein. Es muss nicht unmittelbar eine hilfreiche Handlung der anderen sein, bereits der Umstand, dass soziale Bindungen stabil sind, wirkt förderlich. Wechselseitige Wertschätzung und gegenseitiges Vertrauen befördern das grundlegende Gefühl, nicht allein zu sein, und sie stärken das Selbstvertrauen. Das soziale Netz ist daher wichtig, und es wirkt bereits, bevor es einen auffängt. Gerade im Alter aber, wenn sich nach dem Übergang in den Ruhestand doch manches auch bei den Sozialkontakten ändert, ist es daher wichtig, dieses Netz zu pflegen.

Sich entspannen, in gewisser Weise aber auch verzichten zu können, ist ebenso eine wichtige und hier die fünfte Fähigkeit, um die Resilienz im Alter zu stärken. Das war schon im Berufsleben so, wenngleich es oft bei vielen Menschen vernachlässigt wurde, es ist aber auch nun im Ruhestand von Bedeutung. Wir brauchen Aktivität, wir brauchen aber auch Erholung und Ruhephasen. Wenn wir uns bewusst für sie entscheiden, bedeutet das auch, dass wir etwas anderes dafür sein lassen, ja darauf verzichten müssen. Das ist besonders dann wichtig, wenn wir in einer Krise stecken und unsere psy-

10 Einschränkungen und Verluste als Teil des Lebens begreifen

chische Widerstandskraft brauchen. Wir sollten uns dann vielleicht für die Ruhephase entscheiden, anstatt zum dritten Mal in der Woche abends auszugehen. Körper und Geist brauchen Regenerierungsphasen. Das fällt einem meist nicht automatisch zu, man muss Ruhephasen vielmehr bewusst selbst gestalten, planen, sich herausnehmen. Gerade auch im Älterwerden sind sie wichtig. Ohne sie kann die psychische Widerstandskraft bald Risse bekommen. Wir wissen ja aus dem Berufsleben, dass permanenter Stress kontraproduktiv ist. Warum sollten wir das dann für unser Alter nicht ebenfalls berücksichtigen?

Und noch etwas anderes, das auch schon im Berufsleben eine Rolle spielte oder zumindest spielen sollte, ist wichtig und verweist damit auf die sechste Fähigkeit zur besseren Resilienz im Alter: Stichwort *Fehlerkultur*. Fehler treten ja nicht nur bei der Arbeit auf, sondern auch im alltäglichen Leben. So wie bei der kollektiven Arbeitsorganisation eine positive Fehlerkultur Früchte trägt und letztlich die Leistung verbessert, so sollten wir auch mit Blick auf den Ruhestand und das Älterwerden einen Umgang mit Fehlern – den eigenen wie denen der anderen – pflegen. Gelingt das, ist es für die Gestaltung der späten Lebensphase und den Umgang mit den Herausforderungen, die damit einhergehen hilfreich. Das gilt ganz besonders, wenn es um gewisse Schwächen geht, die wir im Alter an uns selbst oder an anderen feststellen, etwa um die häufig genannten Gedächtnisprobleme. Wie oft schimpfen Ältere mit sich selbst, wenn ihnen ein Name nicht mehr einfällt. Als wären solche Fehler ein besonders schweres Vergehen! Wir sollten nachsichtiger sein mit uns selbst, aber auch mit den anderen. Körperliche oder geistige Abbauprozesse, so sehr man auch selbst dazu beitragen kann, dass sie nicht zu früh auftreten, sind Teil des natürlichen Alterungsprozesses. Schwächen, die daraus resultieren, sollten nicht als Fehler oder Versäumnisse angesehen werden, sondern als etwas Unvermeidliches und zu Akzeptierendes. Auch verläuft der Abbauprozess nicht immer kontinuierlich, und solche Schwächen sind bisweilen Ausdruck von Überforderung in Krisenzeiten. Gerade dann braucht es Ruhephasen. Wir erkennen hier deutlich, wie die oben genannten Fähigkeiten zur psychischen Widerstandskraft beitragen und sich wechselseitig ergänzen können.

Wir müssen uns also eigene Fehler eingestehen. Keiner ist vollkommen, wir alle haben Stärken und Schwächen – sich dies bewusst zu machen hilft, damit umzugehen. Daher sind auch die Ergebnisse unserer Handlungen nicht vollkommen – selten gelingt etwas zu hundert Prozent. Nehmen wir die Fähigkeit der Akzeptanz zu Hilfe und verstehen den genannten Umstand als etwas Unveränderliches, so wird es uns nicht aus der Bahn werfen, wenn uns etwas nicht genau so gelingt, wie wir es wünschen; es wird uns aber dabei helfen, nicht zu resignieren, sondern Herausforderungen auch im Alter weiter anzunehmen.

In meinen Resilienz-Coachings erlebe ich immer wieder, wie die sechs genannten Aspekte für das Älterwerden nicht nur Sinn ergeben, sondern wie sich auch Ideen für konkrete Handlungsweisen daraus ableiten und in den Alltag einbringen lassen. Mit diesen sechs Fähigkeiten kann es gelingen, eine für den Ruhestand und das Alter hilfreiche Resilienz zu fördern. Wir müssen diese Fähigkeiten immer wieder üben und uns bewusst machen, denn sie sind niemandem einfach so in die Wiege gelegt. Der große Erfahrungsschatz der Menschen, die in Rente gehen, zur Verfügung steht, bietet dabei eine gute Grundlage: Jeder kann im Rückblick auf sein bisheriges Leben erkennen, wo solche Fähigkeiten bereits eine Rolle gespielt haben. Das wird helfen, sie wieder aufzugreifen und sie sich mit Blick auf die späte Lebensphase neu anzueignen oder anzupassen.

Weiterführende Literatur

Bertelsmann Stiftung. (2020). Soziale Innovationen: Das Beispiel Alter und Pflege. https://www.bertelsmann-stiftung.de/fileadmin/files/user_upload/Impulspapier_010720.pdf. Zugegriffen: 29. Juli 2023.

Bucay, J. (2019). *Das Buch der Trauer: Wege aus Schmerz und Verlust*. Fischer.

De Beauvoir, S. (2000). *Das Alter*. Rowohlt.

Jaspers, K. (1973). *Philosophie II Existenzerhellung*. Springer.

Kalisch, R. (2020). *Der resiliente Mensch*. Piper.

Kast, V. (1990). *Trauern. Phasen und Chancen des psychischen Prozesses*. Kreuz.

Kast, V. (1994). *Sich einlassen und loslassen. Neue Lebensmöglichkeiten bei Trauer und Trennung*. Herder.

Kast, V. (1997). *Der schöpferische Sprung* (7. Aufl., S. 24–28.). Dtv.

Kast, V. (2013). *Lebenskrisen werden Lebenschancen: Wendepunkte des Lebens aktiv gestalten*. Herder.

Koelbel, H. (2023). *Metamorphosen*. Steidl Verlag.

Korte, M. (2021). *Hirngeflüster – Wie wir lernen, unser Gedächtnis effektiv zu trainieren*. DTV.

Kruse, A. (2005). Selbstständigkeit, Selbstverantwortung, bewusst angenommene Abhängigkeit und Mitverantwortung als Kategorien einer Ethik des Alters. *Zeitschrift für Gerontologie und Geriatrie, 38*, 223–237.

Paul, C. (2021). *Ich lebe mit meiner Trauer*. Gütersloher Verlagshaus.

Ramge, T. (2023). *Wollt ihr ewig leben? Vom Fluch der Unsterblichkeit und Segen der Biotechnologie*. Reclam.

Schmid, W. (2023). *Schaukeln. Die kleine Kunst der Lebensfreude*. Insel Verlag.

Schröder-Kunz, S. (2016). *Studie „Selbstverantwortung und Mitverantwortung bei älteren Arbeitnehmern in der sich verändernden Arbeitswelt".* (nicht veröffentlicht)

Schröder-Kunz, S. (2019a). *Generationen gut führen – Altersgerechte Arbeitsgestaltung für alle Mitarbeitergenerationen.* Springer Gabler.

Schröder-Kunz, S. (2019b). *Gutes Leben und Arbeiten in der zweiten Lebenshälfte – Frühzeitig den Weg ins Älterwerden gestalten.* Springer.

Schröder-Kunz, S. (2020a). *Älterwerden in Krisenzeiten. Chancen nutzen, Risiken vermeiden.* Springer.

Simonson, J., & Tesch-Römer, C. (2022). *Ältere Menschen in Deutschland – Verletzlichkeit, Resilienz und Teilhabe* (Vortrag Parlamentarischer Abend am 15. Dezember 2022. DZA). Deutsches Zentrum für Altersfragen.

Sonnenmoser, M. (2016). *Resilienz in Familien: Gemeinsam Krisen überwinden.* Deutsches Ärzteblatt.

St. Nadolny. (1987). *Die Entdeckung der Langsamkeit.* Piper.

Statistischen Bundesamtes (Destatis). (2023). Pflegevorausberechnung: 1,8 Millionen mehr Pflegebedürftige bis zum Jahr 2055 zu erwarten. https://www.destatis.de/DE/Presse/Pressemitteilungen/2023/03/PD23_124_12.html. Zugegriffen: 20. Aug. 2023.

Steffensky, F. (2019). *Fragmente der Hoffnung.* Radius.

Weinhardt, M., Lärm, A., Boos, B., & Tesch-Römer, C. (2022). *Einstellungen zu Menschen mit Demenz in Deutschland.* DZA Aktuell.

Wellensiek, S.K., & Galuska, J. (2014). *Resilienz: Kompetenz der Zukunft. Balance halten zwischen Leistung und Gesundheit.* Beltz.

Welter-Enderlin, R., & Hildenbrand, B. (2006). *Resilienz – Gedeihen trotz widriger Umstände.* Carl-Auer-Systeme.

11

Schluss: Den Ruhestand als Chance begreifen und gestalten

Mit dem Ruhestand beginnt die späte, die nachberufliche Lebensphase. Es handelt sich um eine Zeit, die meist nicht nur wenige Jahre umfasst, sondern sich auf ein, zwei, vielleicht drei Jahrzehnte beläuft. Sie ist nichts, was dem „eigentlichen Leben" nur anhängt; sie ist keine Zeit des Niedergangs, sondern kann vielmehr als eigenständiger, wichtiger Teil unseres Lebens angesehen werden, in dem dessen ganze Fülle zum Tragen kommt. Der Ruhestand ist daher etwas, das gestaltet sein will, um den ganzen Reichtum des Alters bestmöglich entfalten zu können; er ist als Chance zu begreifen, die es wahrzunehmen gilt.

Vorbereitung auf den Ruhestand
Zunächst ist der Übergang in den Ruhestand der Abschied aus dem Berufsleben. Manche von uns haben das Glück, ihre Arbeit bis zum Schluss als erfüllend zu erfahren, als etwas, das Sinn und Zufriedenheit gibt. Manche empfinden sie als immer größeren Druck, den loszuwerden sie kaum erwarten können. Wieder andere sehen sie als bloßes Mittel zum Zweck an, um den Lebensunterhalt zu verdienen; weder der Leidensdruck noch der Abschiedsschmerz spielen bei ihnen eine größere Rolle. Wie auch immer wir zu unserer Arbeit stehen, für den Ruhestand ist es hilfreich, die positiven Aspekte nicht aus dem Blick zu verlieren.

Vielleicht hat uns die berufliche Tätigkeit erlaubt, unsere Fähigkeiten auszubilden und einzusetzen, hat unserem täglichen Tun Sinn gegeben, uns persönlich wachsen lassen und uns das Gefühl vermittelt, einen Beitrag zu leisten. Vielleicht war sie Quelle der Erfüllung und hat uns trotzdem die Möglichkeit gelassen, auch andere Bereiche des Lebens zu pflegen, Freiräume außerhalb der Arbeit zu nutzen und einen zuträglichen Ausgleich zwischen Beruf, Familie und Freizeit zu finden. Trifft das zu, ist das eine gute Basis, um mit einem guten, vielleicht auch leicht wehmütigen Gefühl aus dem Berufsleben zu scheiden und den Ruhestand mit Kraft und Zutrauen anzugehen. Aber auch wenn die Bedingungen so günstig sind, sollte man sich bewusst bereits in der Zeit vor dem Ruhestand auf ihn vorbereiten, um einen guten Übergang zu schaffen.

Zu empfehlen ist, den Abschied weitgehend selbst zu gestalten. Es kann unterschiedliche Formen geben, und es wird im Einzelfall von dem Arbeitgeber, den jeweiligen Rahmenbedingungen, vom Verhältnis zum Betrieb und zu seinen Kolleginnen und Kollegen abhängen. Besser ist aber, selbst Einfluss darauf zu nehmen, als das Gefühl zu haben, verabschiedet, ja gar aus dem Berufsleben geschoben zu werden. Das betrifft nicht nur die Abschiedsfeier, sondern auch die letzten Wochen, Monate, Jahre, die das Ende des Berufslebens bereits im Blick haben. Das Gleiche gilt für den Zeitpunkt, an dem das Rentnerdasein beginnen soll: Befasst man sich frühzeitig mit dieser Frage, kann man selbst gewisse Entscheidungen treffen, nicht zuletzt, ob ein früherer Renteneintritt sinnvoll und möglich ist oder ob nicht auch länger gearbeitet werden kann und dies auch den eigenen Vorstellungen entspricht. Vielleicht ist auch eine Stundenreduzierung und damit ein gleitender Übergang hilfreich. Das hat, abgesehen von finanziellen Erwägungen, nicht zuletzt mit dem zu tun, wie man sich den Ruhestand und den Übergang in ihn wünscht, und sollte als Teil der Vorbereitungen für ihn angesehen werden. Wichtig ist, einen positiven Blick auf das Berufsleben und das, was danach kommt, zu werfen.

Der Beruf prägte unsere Identität und spielte eine bedeutende Rolle in unserem täglichen Leben. Entsprechend bleibt er ein Teil unserer Geschichte und unserer Persönlichkeit. Rückt der Ruhestand näher, können wir uns bewusst machen, welche Werte und Erfahrungen wir aus dieser Zeit mitnehmen möchten. Gerade der Abschied bietet nun die Gelegenheit, sich bewusst zu machen, was in der Vergangenheit geschaffen und erlebt wurde. Es ist eine Zeit der Reflexion, in der das Schöne noch einmal in Erinnerung gerufen werden kann. Nicht selten herrscht eine gewisse Wehmut, da man sich von liebgewonnenen Menschen, Orten oder Tätigkeiten trennt. Es ist eine Gelegenheit, die Erinnerungen zu würdigen, das Gelernte zu reflektieren und die gewonnenen Einsichten für die zukünftige Lebensgestaltung zu nutzen. Der Abschied erinnert uns daran, dass unser Leben aus verschiedenen Kapiteln besteht und jedes Kapitel, einschließlich des Berufslebens, seine eigene Bedeutung und Relevanz hat.

11 Schluss: Den Ruhestand als Chance begreifen und gestalten

Der Ruhestand ist also auch ein Anfang, ein Übergang zu neuen Möglichkeiten und Perspektiven. Er bringt einige Veränderungen und Herausforderungen mit sich und bedarf daher einiger Vorbereitung. Erfolgt der Übergang sanft, ist er nicht nur gesünder, sondern auch zufriedenstellender und erlaubt es eher, die vielen Chancen zu erkennen. Auch sollten möglichst keine Altlasten mitgeschleppt werden und keine Konflikte offenbleiben; wer unzufrieden aus dem Beruf ausscheidet, wird weniger einen offenen Blick für die neuen Möglichkeiten haben.

Den einen richtigen Weg in den Ruhestand gibt es nicht, sind doch unsere Bedürfnisse und Fähigkeiten unterschiedlich. Wichtig ist es aber, bei der Vorbereitung falsche Erwartungen zu vermeiden, nicht alles im Voraus bis ins kleinste Detail zu planen, bestimmte Prozesse zu akzeptieren und sich mit Gewinnen und Verlusten bewusst auseinanderzusetzen. Da dies Zeit braucht, sollte früh genug damit begonnen werden. Die Rente ist ein gesellschaftliches Thema, und so auch das Alter. Zugleich ist der Ruhestand aber immer auch eine ganz individuelle Angelegenheit. Um den Übergang zu bewältigen, ist Vorbereitung wichtig. So können wir unsere Erwartungen realistisch ausbilden und eine erfüllte und sinnvolle Zeit nach dem Berufsleben gestalten.

Ruhestand als Anfang

Wenn wir zurückblicken, können wir so etwas wie Melancholie und Dankbarkeit fühlen. Hinter uns liegen Momente des Lachens und der Tränen, von Euphorie und Rückschlägen, von kleinen und großen Triumphen, von Niederlagen und dem Wiederaufstehen, Glücksmomenten, Weltschmerz, Traurigkeit, Geschenken und Verlusten. Aber was liegt vor uns? Auch wenn wir in den Ruhestand treten, wird sich unser Leben nicht grundlegend verändern. Wir bleiben die Person, die wir immer waren. Diese Kontinuität bildet das Fundament für all die Veränderungen, die nun im Zuge einer neuen Freiheit auf uns zukommen.

Abschiede sind die Grundlage für Veränderungen und eröffnen die Möglichkeit, neue Wege einzuschlagen. Das gilt auch für den Ruhestand: Wer aus dem Berufsleben ausscheidet, ist keineswegs am Ende seines Lebens angelangt. Ebenso falsch wäre es zu denken, nun gehe das Leben erst richtig los. Es beginnt eine neue, wertvolle Lebensphase, die mit dem bisherigen Leben verbunden bleibt.

Der Ruhestand muss nicht bis ins letzte Detail im Voraus geplant sein. Pläne darf und sollte man haben, wichtiger aber ist es, eine innere Haltung zu entwickeln, um mit dem Potenzial und den Herausforderungen des neuen Lebensabschnitts umgehen zu können. Das beinhaltet die Anerkennung der Notwendigkeit zur persönlichen Weiterentwicklung sowie die Selbstreflexion. Sie hilft uns, den Ruhestand als eine Zeit der Erfüllung, des Wachstums und der neuen Chancen zu gestalten. Haben wir uns gut vorbereitet, können wir dann in der Realität des Ruhestandes eine neue Balance zwischen Tätigkeit und Ruhe finden – immerhin geht es um einige Jahre und Jahrzehnte, und für manche wird der Ruhestand die längste Lebensphase sein. Wir bleiben auch nach dem Berufsleben Teil der Gesellschaft und sind daher aufgefordert, uns mit Zukunftsfragen, ob es nun den Klimawandel, das Rentensystem oder die Pflege ist, auseinanderzusetzen. Indem wir uns den gesellschaftlichen Realitäten stellen und zugleich unsere eigene Entwicklung vorantreiben, können wir eine erfüllte und lebendige Lebensphase im Ruhestand gestalten.

Chance für gesundes Nichts-Tun
Wer zu viel plant, sich zu viel vornimmt, riskiert, dass der Ruhe- zu einem Unruhezustand wird. Dabei ist doch in einer Welt, die von Aktivität, Lärm und Hektik geprägt ist, die Ruhe eine wertvolle Ressource, die uns nun gerade in dieser nachberuflichen Lebensphase mehr als bisher zur Verfügung steht. Lösen wir uns von äußeren Ablenkungen und dem ständigen Druck des Alltags, schafft sie Raum für Reflexion und Innenschau. Nun können wir tiefer in uns hineinhören, nun finden wir einen Ort der Stille, an dem unsere Gedanken zur Ruhe kommen und sich intensive Emotionen beruhigen und zu mehr Gelassenheit entwickeln können.

Im Ruhestand haben wir die Möglichkeit, die Ruhe bewusst zu suchen und zu pflegen. In ihr können wir unsere Lebenserfahrungen und -erkenntnisse verarbeiten und neue Perspektiven gewinnen. Sie schafft den Raum, uns mit den großen Fragen des Lebens auseinanderzusetzen und nach Sinn und Bedeutung zu suchen. Zugleich können Ruhe und Stille aber auch eine Herausforderung sein, wenn sich unangenehme Gefühle und Gedanken in ihr zeigen, die wir vielleicht jahrelang verdrängt haben. Gerade diese Konfrontation mit uns selbst ist jedoch ein wichtiger Teil des inneren Wachstums. Sie bringt uns dazu, uns mit unseren Ängsten, Zweifeln und Unsicherheiten auseinanderzusetzen und daran zu wachsen.

In der Ruhe können wir uns auf den gegenwärtigen Moment konzentrieren und die kleinen Freuden des Alltags wertschätzen. Das eröffnet neue Möglichkeiten, zu mehr Achtsamkeit und einem bewussten Leben zu finden. Wir können das Tempo verlangsamen, die Schönheit der Natur genießen, Kunst und Kultur erkunden und uns in die Welt der Bücher, Musik oder Meditation vertiefen. All das erlaubt uns ein tieferes Gefühl von Erfüllung und Zufriedenheit. Nicht immer werden wir diese Ruhe empfinden können; der Alltag und das Leben um uns herum betrifft uns weiterhin, und wir wollen ja auch nicht nur um uns selbst kreisen. Hier gilt es, ein für einen selbst sinnvolles Gleichgewicht zu finden und immer wieder angesichts der Veränderungen, die ja weiterhin kommen werden, neu herzustellen. Grundsätzlich aber bietet die Ruhe im Ruhestand die Chance eine tiefere Verbindung mit uns selbst und der Welt um uns herum einzugehen. Indem wir die Ruhe im Ruhestand kultivieren, können wir eine neue Dimension des Seins entdecken und eine erfüllte, gelassene und sinnerfüllte Zeit des Lebens erfahren.

Veränderungen und die Offenheit als Tugend des Alters
Auch im Ruhestand werden wir von Veränderungen betroffen sein – sei es bei uns selbst, seien es Veränderungen in der Welt um uns herum. Der Wandel in unserer Gesellschaft vollzieht sich schneller als früher, und dies wird auch uns als Rentnerinnen und Rentner betreffen. Oft macht das Unstete im Alter mehr zu schaffen. Dennoch müssen wir, um den damit einhergehenden Anforderungen gerecht zu werden, uns eine gewisse Offenheit bewahren.

Offenheit braucht es für vieles. Nur mit ihr können wir uns weiterhin entwickeln und mit der Welt verbunden bleiben. Wir müssen nicht alle Veränderungen, ja alles, was uns begegnet, gutheißen und übernehmen. Aber indem wir grundsätzlich für neue Erfahrungen, Ideen und Perspektiven offenbleiben, können wir unseren geistigen Horizont erweitern und unser Wissen vertiefen. Es ist die Offenheit, die uns ermutigt, Neues auszuprobieren und uns neuen Herausforderungen zu stellen. Wer offen ist, dessen Geist bleibt wach, und er ist eher bereit, mit anderen Menschen in Kontakt zu treten, Beziehungen zu knüpfen und sich auf Begegnungen einzulassen. Auch im Alter sind so neue Freundschaften und eine aktive Teilhabe an der Gesellschaft möglich.

Zugleich erleichtert Offenheit im Älterwerden eine aktive Auseinandersetzung mit dem Sinn und der Bedeutung des Lebens. All das hilft dabei, die späte Lebensphase bewusst zu gestalten. Wer offen ist, findet auch eher zu einer Gelassenheit, die den Umgang mit Veränderungen und erforderlichen Anpassungen erleichtert. Als Ältere, die sich ihre Offenheit bewahren, ja sie vielleicht erst jetzt richtig entwickeln, können wir eine positive Kraft und Kontinuität inmitten des gesellschaftlichen Wandels sein. Wir sind neugierig, ohne deshalb unsere eigenen Werte aufzugeben. Und wir sollten uns die Begeisterungsfähigkeit, die ohne Offenheit kaum zu haben ist, bewahren. Wer offen ist, kann eher Verantwortung übernehmen und sich für das einsetzen, was ihm wichtig ist. So lässt sich nicht nur das eigene Leben gestalten, sondern auch ein Beitrag zu einer besseren und gerechteren Welt leisten.

Gesundheit und Endlichkeit

Die Wahrung der eigenen Gesundheit und des Wohlbefindens im Ruhestand ist von großer Bedeutung. Durch aktive Fürsorge für ihre physische und psychische Gesundheit können Menschen im Ruhestand zu einem aktiven und erfüllten Leben beitragen. Dies ermöglicht es ihnen, weiterhin positiv auf ihr Umfeld einzuwirken und aktive Mitglieder der Gesellschaft zu sein. Wir befinden uns auch hier somit im Feld von Selbst- und Mitverantwortung.

Zugleich stehen wir hier aber auch vor erheblichen Herausforderungen. Unser Gesundheitssystem ist nicht ausreichend auf die spezifischen Bedürfnisse der wachsenden Gruppe älterer Menschen vorbereitet, obwohl die größer werdenden Probleme seit Jahren, ja Jahrzehnten – Stichwort demografischer Wandel – bekannt sind. Gemeint sind vor allem die Pflege und die entsprechenden Strukturen, ebenso aber auch der oft wenig beachtete Bereich der Psychotherapie. Die Auseinandersetzung mit Leid und der Umgang damit wird eine neue Herausforderung darstellen. Von Resilienz ist in den letzten Jahren häufig und in unterschiedlichsten Zusammenhängen zu hören, sie ist aber auch gerade für ältere Menschen an vielen Stellen erforderlich.

So wichtig es ist, bei all diesen Fragen zu angemessenen Entscheidungen zu kommen, so nötig ist es, sich stärker als bisher mit unserer Sterblichkeit zu befassen. Medizinisch gibt es immer mehr Möglichkeiten, das Leben zu verlängern, auch wenn dabei Unsterblichkeit ein wohl unerreichbarer Traum (oder Albtraum?) ist. Ein länger werdendes Leben birgt seine eigenen Widersprüche und Herausforderungen, und letztendlich ist es Aufgabe jedes Einzelnen, sich auch mit dem eigenen Tod auseinanderzusetzen. Auf alle Fälle aber sollten wir mehr als bisher über die Endlichkeit des Lebens sprechen – nicht aus einer Perspektive der Angst, sondern mit einem konstruktiven Ansatz. Die vielen Menschen im Ruhestand können hier einen wertvollen Beitrag leisten. Sie sind mit der Endlichkeit des Lebens konfrontiert und müssen in irgendeiner Weise damit umgehen. Dabei ist es wichtig, die jüngeren Generationen in diese Reflexion einzubeziehen und ein Vorbild zu sein.

Selbst in hohem Alter und bis zum letzten Atemzug können wir Aspekte unserer Gesundheit bewahren, die nicht nur unser körperliches, sondern auch unser geistiges und soziales Wohlbefinden ausmachen. Das Alter bietet die Möglichkeit, die Höhen und Tiefen des Lebens zu erleben. Es zu leugnen oder vermeiden zu wollen, ist keine Lösung. Schließlich wird auch unsere letzte Ruhe kommen, und dann geht es darum, loszulassen und Frieden zu finden. Daher ist die Auseinandersetzung mit unserer eigenen Endlichkeit und Sterblichkeit ein wesentlicher Bestandteil eines erfüllten Lebens – unabhängig vom Alter.

Lebenserfahrung und Gesellschaft

Die Herausforderungen, denen wir uns als Gesellschaft wie auch als Einzelne gegenübersehen, werfen auch Gerechtigkeitsfragen auf. So ist die Verteilung von Lasten eine große gesellschaftliche Frage, nicht nur im Gesundheits-, sondern auch gerade im Rentensystem. Immer wieder wird in diesem Zusammenhang von Generationenkonflikt gesprochen. Einfache Lösungen gibt es hier nicht; sie zu finden wird unsere Gesellschaft noch einige Zeit beschäftigen.

Allerdings sollten wir die Veränderungen in der Gesellschaft hinsichtlich der Altersstruktur nicht als reines Szenario des Niedergangs betrachten. Mit ihnen ergeben sich Aufgaben für die jüngeren wie die älteren Generationen. Eine inklusive und gerechte Gesellschaft sollte Chancengleichheit und soziale Gerechtigkeit fördern und strukturelle Barrieren abbauen. Jeder Einzelne kann einen Beitrag leisten, indem er sich engagiert und seine Fähigkeiten einbringt. Eine der zentralen Aufgaben der Babyboomer und der angrenzenden Generationen im Ruhestand besteht darin, ihr Wissen und ihre Erfahrungen weiterzugeben. Durch Mentoring oder Lehrtätigkeiten können sie beispielsweise jüngeren Generationen helfen, von ihrem Fachwissen und ihren Lebenserfahrungen zu profitieren. Dies fördert den Wissenstransfer und ermöglicht den nachfolgenden Generationen, auf einem soliden Fundament aufzubauen.

Ein Engagement ist für Ruheständler aber auch in anderer Weise möglich. Sie können sich in gemeinnützige Organisationen, gemeindebasierte Projekten oder andere soziale Initiativen einbringen. Damit tragen sie dazu bei, soziale Ungerechtigkeiten anzugehen, benachteiligten Gruppen zu helfen und das Gemeinwohl zu fördern. Ebenso ist die Unterstützung in der Familie, ob nun eine Entlastung der Kinder etwa durch Enkelbetreuung, die Sorge um die eigenen, hochbetagten Eltern oder die Pflege der Partnerin oder des Partners, ein Bereich, in dem es ohne die Ruheständler oft nur mit Mühe geht und in Zukunft wohl noch weniger gehen wird. Ebenso können sie eine wichtige Rolle als Ratgeber und Stütze innerhalb der Familie einnehmen und generationsübergreifende Bindungen stärken. Auch ein politisches Engagement ist denkbar. In all diesen Bereichen sollten sie ihre reiche Erfahrung einfließen lassen, ohne sie allerdings aufzudrängen. Treten sie offen auf, werden ihre Hilfe und ihr Wissen dankbare Aufnahme finden.

Die Ruheständler verfügen meist über einen großen Erfahrungsschatz. Er basiert auf ihren langen Lebensjahren, viele davon im Beruf, in der eigenen Familie, aber auch früher als Kinder und Jugendliche in einer Zeit, die gewiss nicht in allem, aber doch in manchem ganz anders beschaffen war als die heutige. Sie haben Höhen und Tiefen erlebt, Erfolge erzielt und Niederlagen erlitten; sie haben oft gelernt, mit schwierigen Situationen umzugehen, Krisen durchzustehen und unterschiedliche Perspektiven einzunehmen. Mit ihren geschichtlichen Erfahrungen könnten sie als eine Art „Wächter des kollektiven Gedächtnisses" dabei helfen, den gesellschaftlichen Fortschritt auf der Grundlage früherer Erfahrungen zu gestalten. In ihrem Leben haben sie immer wieder Neues gelernt, und auch jetzt nach dem Beruf sollten sie weiter für das Lernen offen sein. Das wird es ihnen dann erlauben, sich am intergenerationellen Austausch zu beteiligen. Dieser Austausch wird nicht nur in einem formalen Rahmen, etwa in Organisationen, Kursen oder Ähnlichem stattfinden, sondern vor allem informell. Einbringen sollten sich die Älteren nach ihren Möglichkeiten in beiden Fällen.

Insgesamt kann so die Nutzung der Erfahrungen der Älteren und ganz besonders jetzt der vielen neuen Ruheständler unsere Gesellschaft bereichern. Sie eröffnet die Chance auf eine umfassendere und ganzheitlichere Entwicklung. Öffnen müssen sich dazu freilich nicht nur die Alten, sondern auch die Gesellschaft selbst, indem sie die Weisheit und das Wissen der älteren Generation schätzt und respektiert und Teilhabe ermöglicht. Die Integration der Erfahrungen der Älteren in die Gesellschaft erfordert so auch einen bewussten und respektvollen Umgang mit ihnen. Es ist wichtig, ihre Stimmen anzuerkennen und anzuhören, ihnen Raum für Mitbestimmung zu geben und sie in Entscheidungsprozesse einzubeziehen. Altersdiskriminierung und Stereotype müssen überwunden werden, um den vollen Wert der Erfahrungen der Älteren zu erkennen und zu nutzen. Bei gegenseitiger Achtung und einer Begegnung auf Augenhöhe können die Generationen voneinander lernen und so jede zusammen mit der anderen wachsen.

Neue Aufgaben auch gerade im Ruhestand
Der Mensch ist von Natur aus ein tätiges Wesen. Auch im Ruhestand gewinnen Aufgaben eine besondere Bedeutung, da sie uns dabei helfen, unsere Identität zu stärken und neue Entdeckungen zu machen. Mögliche Tätigkeiten ergeben sich nun in den meisten Fällen – auch wenn es hier angesichts der teils äußerst niedrigen Renten wieder zu vermehrter Erwerbstätigkeit gekommen ist –nicht mehr aus finanziellen Erwägungen, sondern basieren auf dem Wunsch nach inhaltlicher Erfüllung. Es geht nicht mehr um die so genannte Work-Life-Balance, die uns vor einem Burnout bewahrt, sondern um eine Lebensbalance, in der es eine wichtige Rolle spielt, Aufgaben zu haben. Sie ermöglichen es uns, neue Talente und Möglichkeiten zu entdecken und Freude an gemeinsamen Projekten zu haben. Zugleich helfen sie uns, uns weniger auf die eigenen Sorgen und Konflikte zu konzentrie-

ren und nicht zu viel um uns selbst und die Unannehmlichkeiten des Älterwerdens zu klagen. Darüber hinaus entsprechen sie dem grundlegenden menschlichen Wunsch, tätig zu sein und zu wirken. So erfahren wir Sinnhaftigkeit und Erfüllung und gehen eine tiefere Verbindung mit der Welt um uns herum ein.

Die Relevanz von Aufgaben im Ruhestand liegt also darin, dass sie unsere Identität stärken, uns neue Entdeckungen gestatten und uns aktiv und engagiert halten. Indem wir unsere Fähigkeiten nutzen und unsere Leidenschaften verfolgen, können wir auch im Ruhestand ein erfülltes und bedeutungsvolles Leben führen.

Beziehungen und Konflikte
Beim Ausscheiden aus dem Arbeitsleben gehen für die meisten Berufstätigen viele Kontakte verloren oder werden zumindest deutlich weniger. Auf der anderen Seite ergeben sich zahlreiche Möglichkeiten, neue Begegnungen zu gestalten und alte Kontakte zu vertiefen. Menschen im Ruhestand können darauf achten, entsprechende Gelegenheiten wahrzunehmen und selbst herbeizuführen. Vielleicht werden sich die innerfamiliären Beziehungen etwas intensivieren, vielleicht treffen wir vermehr auf Gleichgesinnte im Ehrenamt. Wichtig ist, bewusst solche Beziehungen zu pflegen, da sie für unser menschliches Wohlbefinden so zentral sind. Soziale Beziehungen sind gewissermaßen ein Tanz zwischen dem Ich und dem Anderen, zwischen Autonomie und Gemeinschaft. Sie zeigen uns, dass wir nicht isolierte Wesen sind, bringen aber zugleich unsere Individualität zum Ausdruck.

Begegnungen mit und Beziehungen zu anderen zu pflegen bedeutet, einen Raum für Nähe zu schaffen, der zugleich Autonomie und Unabhängigkeit nicht infrage stellt. Sie sind in gewisser Weise die Schnittfläche, wo Selbst- und Mitverantwortung zusammenkommen. Damit sie gelingen, braucht es Empathie, Respekt und Achtung für die Würde des anderen. Das gilt in Bezug auf die zunehmende Vielfalt in der Gesellschaft, aber auch gerade für die so wichtige Beziehung zur jüngeren Generation. Dass es dabei in Beziehungen auch zu Spannungen und Konflikten kommt, ist ein normaler Teil des menschlichen Zusammenlebens. Indem wir lernen, sie konstruktiv zu bewältigen, können wir persönlich wachsen, unsere Konfliktfähigkeit verbessern und unsere Beziehungen stärken. Sie fordern uns dazu auf, Kompromisse zu finden und gemeinsame Lösungen zu erarbeiten. Berücksichtigen wir verschiedene Perspektiven und suchen nach gemeinsamen Interessen, können wir neue Wege finden, um Konflikte in einer für alle förderlichen Weise zu bewältigen.

Älterwerden als Zeit des Wachstums

Der Ruhestand und die Phase des reifen Alters sind wichtige Meilensteine im menschlichen Leben, die eine Fülle von Möglichkeiten und Herausforderungen mit sich bringen. Der Renteneintritt markiert nicht nur das Ende einer beruflichen Laufbahn, sondern den Übergang in eine neue Lebensphase, in der wir die Chance haben, uns auf andere Aspekte des Lebens zu konzentrieren und neue Erfahrungen zu machen. So erlaubt er es uns, die Hektik des Arbeitslebens hinter uns zu lassen und den eigenen Alltag mitsamt Aktivität und Ruhe neu zu gestalten. Jetzt können wir uns bewusst Zeit für uns selbst nehmen, um über unser Leben nachzudenken, unsere Werte zu überprüfen und unsere Prioritäten neu auszurichten. In dieser Phase des reifen Alters haben wir die Gelegenheit, uns eingehend den Fragen des Sinns zu widmen und nach einer tieferen Verbindung zu uns selbst zu suchen.

Zugleich ist der Ruhestand (und manchmal bereits die Jahre davor) oft eine Zeit, in der wir uns mit unserem Erbe und Vermächtnis beschäftigen. Wir können unsere Lebenserfahrungen, unsere Weisheit und unsere Werte weitergeben, sei es an Familienmitglieder, Freunde oder die Gesellschaft im Allgemeinen. Wir können unsere Talente und Fähigkeiten auf neue Weise einsetzen, ob nun im Ehrenamt, im Minijob, in Form eines Mentorings oder kreativ mittels Kunst oder Schreiben. Das sind oft neue Aktivitäten in unserem Leben, mit denen wir unsere Leidenschaften und Interessen vertiefen und Freude und Erfüllung erfahren können. In dieser Lebensphase können wir unsere Potenziale neu, manchmal überhaupt zum ersten Mal ausschöpfen und so eine Erfüllung unserer Lebensmöglichkeiten erfahren. Der Ruhestand und das reife Alter sind somit eine Zeit des Wachstums und der Selbstreflexion, eine Zeit, um Dankbarkeit zu kultivieren und die kleinen Freuden des Lebens zu genießen.

Die neue Rentnergeneration, also die, die seit einigen Jahren in den Ruhestand gehen, und die, die dies in den nächsten zehn Jahren tun werden, ist die der Babyboomer. Auch wenn das Generationenkonzept nicht zu strikt angewendet werden sollte und Pauschalurteile zu vermeiden sind, weisen sie einige Merkmale auf. So handelt es sich um eine recht heterogene Gruppe, der im Leben viele Möglichkeiten offenstanden. Als erste Nachkriegsgeneration sind sie in einem überwiegend antiautoritären Umfeld aufgewachsen. Im Vergleich zu der vorangehenden Generation weisen sie weniger geradlinige Lebensläufe auf; sie kennen unterschiedliche Standpunkte, haben verschiedene Positionen eingenommen und sind, wenn auch erst im mittleren Erwachsenenalter, dem Einfluss des Internets ausgesetzt gewesen. Sie haben hart für ihre Rechte und ihren Platz gekämpft, haben sich angepasst, auch

11 Schluss: Den Ruhestand als Chance begreifen und gestalten

an die neuen Anforderungen in der digitalen, globalen Welt. Die vielfältigen Lebenswege der Babyboomer, einschließlich ihrer Brüche und Neuanfänge, bergen so ein hohes Potenzial, mit ihren Erfahrungen ihre späte Lebensphase für sich, aber auch für die Gesellschaft, deren Teil sie sind, zu gestalten. Mit diesem Erfahrungshorizont können sie auch im Ruhestand wertvolle Beiträge für die Lösung gegenwärtiger und zukünftiger gesellschaftlicher Probleme leisten. Dazu müssen sie aber die Beziehung zur jüngeren Generation pflegen, selbst lernbereit und offen sein und eine Haltung gegenseitiger Wertschätzung einnehmen.

Der Ruhestand als Beginn der späten Lebensphase macht es erforderlich, sich mit dem eigenen Altern auseinanderzusetzen. Beginnen sollte man damit schon vor dem Ende des Berufslebens, spätesten aber mit dem Übergang in die Rente. Hier haben wir nun auch die Möglichkeit, uns mit unserer Vergänglichkeit zu versöhnen und den Wert des Lebens in seiner Ganzheit zu erkennen. Es ist, je weiter die Jahre vorrücken, eine Zeit des Abschieds, aber auch des Wachstums und der Transformation. Dies sollten wir uns schon zu Beginn bewusst machen, um so die damit einhergehenden Herausforderungen und Chancen mutig anzunehmen und zugleich eine Brücke zwischen den Generationen zu schlagen. Daraus ergeben sich unterschiedliche Aufgaben, sowohl in Bezug auf das eigene Leben wie auch im Hinblick auf andere. Durch unsere Erfahrungen, Ressourcen und unser Engagement können wir einen positiven Beitrag zur Gesellschaft leisten und gleichzeitig die eigene Erfüllung und Zufriedenheit finden.

Der Ruhestand kann eine besondere Zeit sein, um das Gefühl von Entfremdung, das manche in unserer modernen, technologiegetriebenen Welt empfinden, zu überwinden. Vielleicht fühlen wir uns verloren oder entwurzelt, abgetrennt von der Natur und den eigenen Ursprüngen. Träume, Hoffnungen und Erwartungen, die wir – oder unsere Eltern – für uns hatten, zielten auf Aufbau, Stabilität und Sicherheit. Angesichts dessen kann sich für manch einen eine Kluft voller persönlicher Enttäuschungen, Gefühle des Versagens und Zukunftsängste öffnen. Es scheint, dass diese Kluft zwischen extrem hohen Erwartungen an die Selbstverwirklichung und der Lebensrealität nie so groß war wie in diesem Moment. Das kann zu schmerzhaften Krisen des Selbstwertgefühls führen. Doch diese Krisen können bearbeitet werden und sind so eine Chance, für mehr Klarheit zu sorgen und eine neue Entwicklung anzustoßen.

Wir haben nun im Ruhestand die Chance, die Welt mit neuen Augen zu sehen und uns selbst neu zu entdecken. Das erlaubt es uns, innerlich zu wachsen, uns selbst besser kennenzulernen und die eigene Lebensreise besser zu verstehen. Es hat ein bedeutendes Kapitel in der Geschichte unseres

Lebens begonnen, in dem wir unseren eigenen Weg finden. Er bietet, wenngleich unter den Bedingungen gesellschaftlicher Vulnerabilität, die Chance auf ein selbstbestimmtes Altern. Verstehen wir ihn daher als eine wertvolle Phase, die es zu nutzen gilt, um eine erfüllte und gute Lebensweise und das damit verbundene Wohlbefinden zu kultivieren.

Jeder, der in den Ruhestand geht, hat Höhen und Tiefen erlebt und seine eigenen Bewältigungsstrategien entwickelt. Die entsprechenden Fähigkeiten müssen wir nutzen, um unsere späte Lebensphase nach dem Berufsleben zu gestalten – in Selbst- und in Mitverantwortung. Sicher braucht es an vielen Stellen Mut und Veränderungsbereitschaft. Aber wir haben einen großen Erfahrungsschatz. Bewahren wir uns unsere Offenheit, schaffen wir eine ganz persönliche Balance zwischen Ruhe und Aktivität und nutzen wir die Chancen, die uns die späte Lebensphase schenkt – trauen wir es uns zu!

Printed in the USA
CPSIA information can be obtained
at www.ICGtesting.com
CBHW051939180824
13382CB00004B/125